Ripley's Einfach unglaublich!

Ripley's
Einfach unglaublich!

BETRETEN AUF EIGENE GEFAHR!

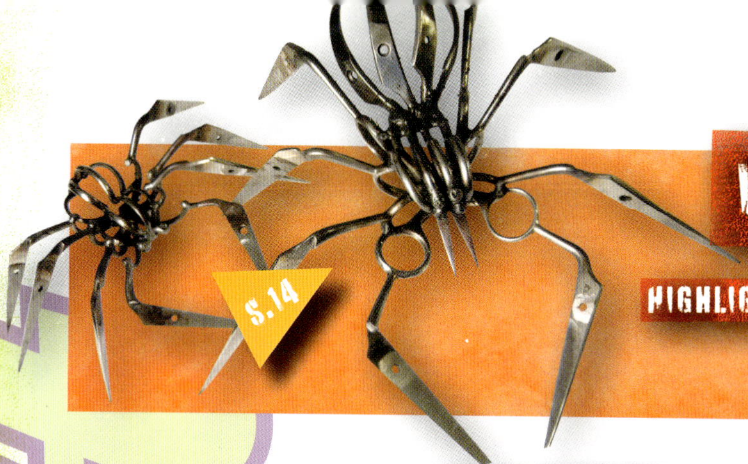

S.14

S.49

S.67

S.87

S.108

S.134

Miniaturwunderland - das Event

Ripley's meets Miniaturwunderland!

GROSSE MÄNNER MAL GANZ KLEIN – ZUM AUFTAKT INS FÜNFTE DEUTSCHE RIPLEY'S-JAHR LUD *RIPLEY'S – EINFACH UNGLAUBLICH!* DREI SUPERHELDEN INS MINIATURWUNDERLAND NACH HAMBURG. HÖHEPUNKT DES ABENDS: DIE DREI DURFTEN EINE MINIATURVERSION VON SICH SELBST AUFSTELLEN – GANZ SCHÖN KOMPLIZIERT FÜR GROSSE HELDENHÄNDE!

DAS MINIATURWUNDERLAND IST MIT 1.150 QUADRATMETERN REINER BAUFLÄCHE DIE GRÖSSTE MODELLBAUANLAGE DER WELT! ZWÖLF KILOMETER GLEISE IM MASSSTAB 1:87 SIND BEREITS VERLEGT WORDEN, UND DIE ANLAGE WIRD STÄNDIG WEITER-ENTWICKELT UND VERGRÖSSERT.

Normalerweise bewegt Franz Müllner mit seinen Riesenpranken lieber ausgewachsene Autos!

DIE FIGUREN: IN LIEBEVOLLER KLEINARBEIT WERDEN DIE FIGUREN VON DEN BASTLERN DES MINIATURWUNDERLANDS INDIVIDUALISIERT. SIE BESTEHEN AUS KUNSTSTOFF. DER UMBAU UNSERER FIGUREN DAUERTE CA. EINE STUNDE PRO FIGUR – UND DIE HAT SICH GELOHNT!

Swing, Show Acts, exklusive Einblicke in die wunderbare Welt der Miniaturen – mit einer gelungenen Auftaktveranstaltung startet *Ripley's – Einfach unglaublich!* ins fünfte Jahr.

Das deutsche *Ripley's* wird schon fünf Jahre alt? Einfach unglaublich! Und wo ließe sich der Geburtstag besser feiern als im unglaublichen Miniaturwunderland in der Hamburger Speicherstadt! Liebe Gäste waren natürlich auch eingeladen, die von phantastischen Phänomenen und erstaunlichen Ereignissen verzaubert wurden: Als Franz Müllner, Kraftathlet aus Österreich, demonstriert, was man mit einem Bierfass mit 50 l Inhalt so alles anstellen kann, geht ein eschlossenes „Oh" durch den Raum, und das Zertrümmern einer Kokosnuss unter Zuhilfenahme eines rohen Hühnereis durch „Hammerhand" Muhamed Kahrimanovic kommentieren die Zuschauer mit „unglaublich!". Marco Hort, Innovationskünstler aus der Schweiz, zaubert durch seine Strohhalm-Performance ein Strahlen besonders in die Augen der Kids.

Hort, Müllner und Kahrimanovic präsentieren zusammen mit Wunderland-Geschäftsführer Frederik Braun ihre Miniaturen.

ICH KENNE DEIN GEHEIMNIS

In zahlreichen Shows und Fernsehauftritten hat *Ripley's*-Gesicht Jan Becker seine scheinbar übersinnlichen Fähigkeiten unter Beweis gestellt: Er findet eine Stecknadel, die irgendwo in Berlin versteckt wurde. Er spielt russisches Roulette mit präparierten Fallschirmen und springt dann aus einem Flugzeug. Er fährt mit verbundenen Augen Autorennen. Nie passiert ihm etwas, alles gelingt. Sein Geheimnis? Er liest die Gedanken der Menschen, die ihn umgeben.

Jan Becker – unglaublicher Mentalist und Wundermacher!

Wer den Gewinner der Uri-Geller-Show einmal live erlebt hat, vergisst das nie! Mit Hilfe seiner zahlreichen Artefakte verzaubert Jan Becker sein Publikum: Er entlarvt jeden Dieb und jeden Lügner und kann schöne Worte in Wasser verwandeln. Was er wohl mit seiner sehkraftspendenden Fingerspitzenkerze anstellt? Besucht ihn – und findet es heraus! Seine aktuellen Termine findet ihr unter *www.jan-becker.com*

Wer schon immer wissen wollte, ob man Gedankenlesen erlernen kann, hat jetzt die Gelegenheit dazu, denn der Wundermacher hat sich dazu entschlossen, aus dem Nähkästchen zu plaudern! In seinem Buch „Ich kenne dein Geheimnis: Enthüllungen eines Wundermachers" (Pendo-Verlag, September 2011, ISBN 10-3866122837, gebundene Ausgabe, EUR 18,99) verbindet Jan Becker psychologisches Fachwissen, Lust an der Inszenierung, Empathie und Intuition zu einem einzigartigen Allerlei der kleinen Wunder und der großen Geheimnisse. Und er zeigt uns allen, wie man das Wundermachen lernen kann. Gut – nicht alles. Aber einfach unglaublich viel!

MENSCHEN ZU BEGEISTERN UND SIE DAZU ZU BEWEGEN, AN IHRE TALENTE ZU GLAUBEN UND DIESE ZU LEBEN – DAS IST DIE IDEE DES TAGS DER UNGLAUBLICHEN ATTRAKTIONEN 2011. IM EUROPARK SALZBURG BRINGEN STARS AUS DEN USA, DEUTSCHLAND, ÖSTERREICH UND DER SCHWEIZ DIE LUFT ZUM VIBRIEREN – MIT INSGESAMT ZWÖLF ATTRAKTIONEN, DAVON ZWEI PUBLIKUMSWETTEN, UND FÜNF LIVEACTS. ERLEBE DEN STÄRKSTEN MANN ÖSTERREICHS MIT EINER FASZINIERENDEN BUNGEE-SHOW, DEN GRÖSSTEN MANN DER WELT UND VIELE WEITERE ARTISTEN, SPORTLER UND STARS!

TAG DER UNGLAUBLICHEN ATTRAKTIONEN
powered by MyPhone & Friends
2011

UNGLAUBLICHE STARS UND EMOTIONEN BEIM TAG DER UNGLAUBLICHEN ATTRAKTIONEN IN SALZBURG!

Die Tänzer der Crew *Nobulus* arbeiten nicht nur professionell im Bereich urbanes Tanztheater zusammen, sondern sind auch dank ihrer langjährigen Freundschaft zu einer starken Gemeinschaft zusammengewachsen! Ihr erklärtes Ziel: Das urbane Tanztheater über Österreichs Grenzen hinaus populär zu machen – was ihnen mit ihrem Programm *Out of the Shadow* auch sicherlich gelingen wird!

Mitmachen ist angesagt! Wie viele Kinder bilden in 30 Minuten die längste Eis-Schleck-Kette der Welt? Und wie hoch wird der Turm aus Geschirrspüler-Tabs? Das alles entscheiden die Besucher im Europark Salzburg!

UND JETZT BIST DU DRAN!

DU HAST EIN GANZ UNGLAUBLICHES TALENT? DU TANZT, PERFORMST, TREIBST EINEN UNGEWÖHNLICHEN SPORT ODER HAST DEINEM TIER ETWAS GANZ BESONDERES BEIGEBRACHT? ZEIG ES UNS! RIPLEY'S SUCHT DAS *TALENT DES JAHRES 2012*. BEWIRB DICH UNTER WWW.RIPLEYS.DE, GEWINNE € 3.000 PREISGELD UND EINE AUSSTATTUNG, DIE ZU DEINEM BESONDEREN TALENT PASST!

Die Funny Skippers aus Lüneburg nehmen mit ihrem „Rope Skipping" regelmäßig an nationalen und internationalen Wettbewerben teil und waren auch schon im TV zu sehen.

GEWINN' DICH NACH KANADA!

Ripley's lädt dich und deine/n beste/n Freund/in nach Kanada ein – auf eine fünftägige Reise zu den Niagarafällen. Ihr wohnt in der Great Wolf Lodge im Ripley's Water Park Resort. Die Teilnahmebedingungen erfährst du unter www.ripleys.de.

So spektakulär gestalten die Ripley's-Fans ihre Einsendungen zum Gewinnspiel!

Sei immer auf dem neuesten Stand! Ripley's Deutschland berichtet für dich auf Facebook exklusiv von den brandaktuellen Entwicklungen rund um deine Ripley's-Stars!

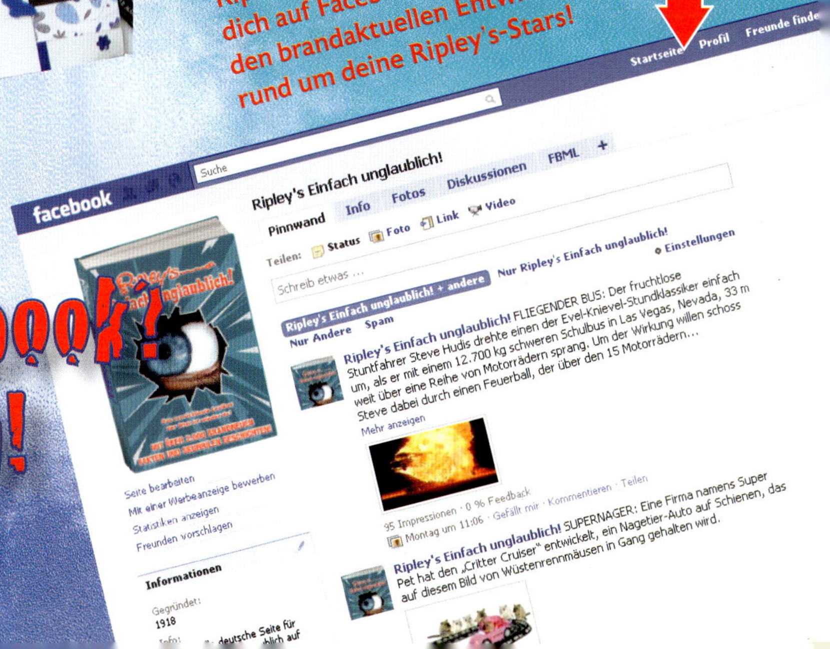

Du bist bei Facebook! Ripley's auch!

Die Ärzte in einem Krankenhaus im chinesischen Wuhan staunten nicht schlecht, als eines Tages ein vierjähriges Mädchen zu ihnen gebracht wurde, dessen rechte Hand sechs Finger zählte! Besonders ungewöhnlich war, dass kein erkennbarer Daumen vorhanden war. Da das Mädchen aufgrund der Missbildung Gegenstände nicht fest greifen konnte, wurde der Extrafinger operativ entfernt und neues Muskelgewebe aufgebaut.

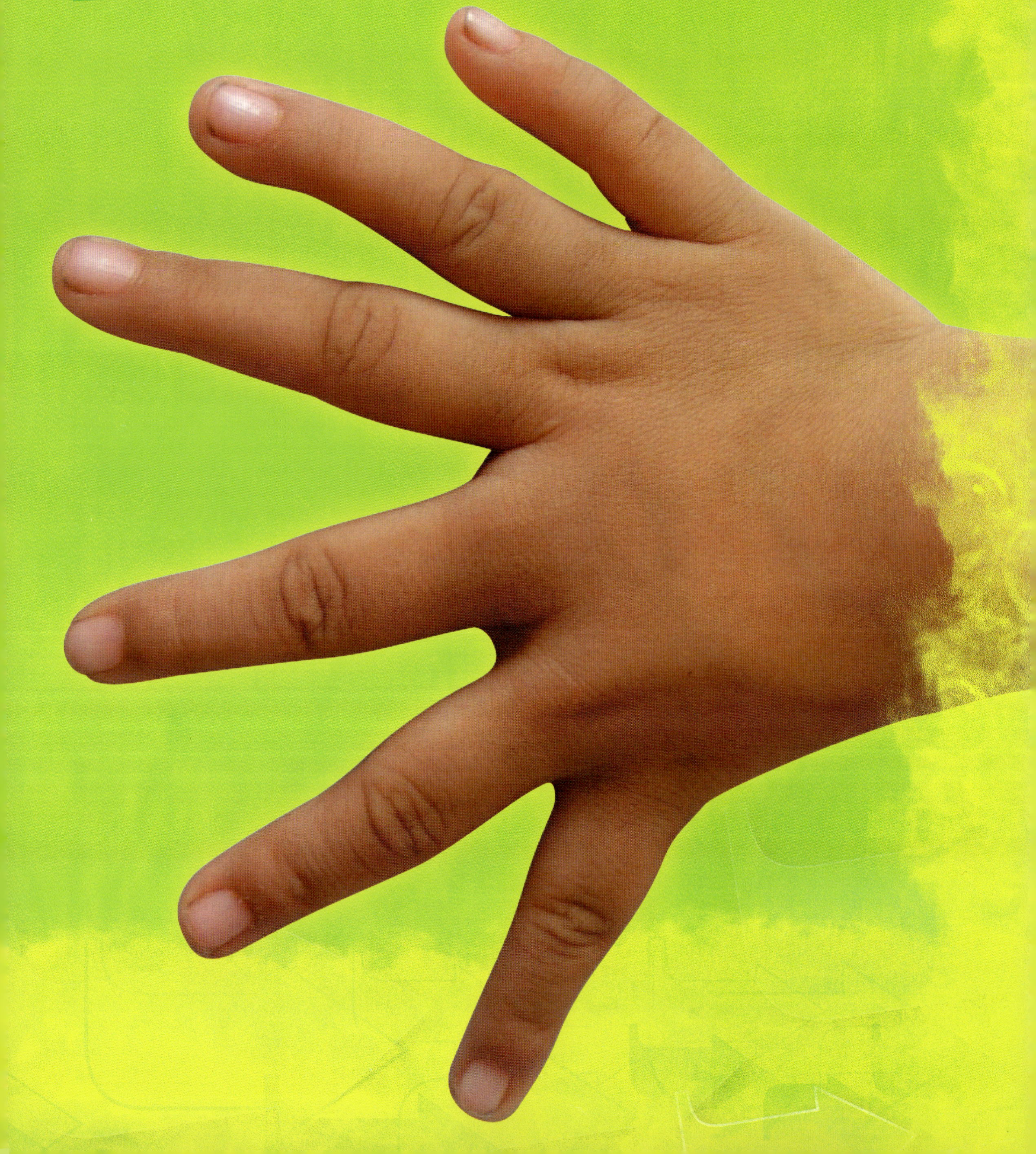

WIRKLICH WAHR!

WIRKLICH WAHR!

DER LAVA-JUNKIE

FÜR EINEN GUTEN SCHNAPPSCHUSS WÜRDE DER HOBBYFOTOGRAF PATRICK KOSTER WIRKLICH FAST ALLES TUN – SELBST AUF DEM RAND EINES AKTIVEN VULKANS SCHLAFEN! DER NIEDERLÄNDISCHE INGENIEUR HAT VOR ÜBER ZEHN JAHREN BEGONNEN, NATURPHÄNOMENE ZU FOTOGRAFIEREN, UND IST WIE BESESSEN VON DER URGEWALT DER VULKANE. ER BEZEICHNET SICH SOGAR SELBST ALS „LAVA-JUNKIE“ UND HIELT NEBEN EINEM BRODELNDEN VULKAN UM DIE HAND SEINER FRAU AN. FÜR SEINE SCHNAPPSCHÜSSE RISKIERT KOSTER SOGAR SEIN LEBEN, DENN GIFTGASE, HEISSE ASCHE UND FLIEGENDE GESTEINSBROCKEN SIND EINE STÄNDIGE GEFAHR FÜR DEN WAGHALSIGEN FOTOGRAFEN. DER ENDLOSE STROM HEISSER LAVA WIRKT DAGEGEN NUR NOCH HALB SO GEFÄHRLICH. TROTZ DER RISIKEN TRÄGT KOSTER ALLTAGSKLEIDUNG UND NUR EINE GASMASKE ZUM SCHUTZ VOR DEN SCHÄDLICHEN DÄMPFEN. ER FOTOGRAFIERTE UNTER ANDEREM BEREITS VULKANE AUF DEN KANARISCHEN INSELN, IN ÄTHIOPIEN, ITALIEN, GRIECHENLAND UND AUF HAWAII UND HAT NOCH EINE LANGE LISTE VON ZIELEN VOR SICH.

Die Oberfläche dieses Lavasees im Vulkankrater des Erta Ale blubbert ununterbrochen und ist stets in Bewegung, wobei potenziell tödliches Schwefeldioxid freigesetzt wird. Das angrenzende Gelände ist uneben und bröckelig, weswegen Koster bei jedem Schritt achtgeben muss, nicht abzustürzen.

Kochende Lava ergießt sich aus dem Kīlauea auf Hawaii in den Pazifik. Bei Kontakt mit dem kühleren Meerwasser kann die Lava explodieren und durch die Luft geschleudert werden. Zudem besteht Gefahr durch Giftgasschwaden, die Kohlenwasserstoffsäure, Vulkanasche und messerscharfe Lavastückchen mit sich führen.

Bunte Salztonebene in Dallol, Äthiopien. Die Erdkruste ist hier so dünn, dass heißes Salzwasser an die Erdoberfläche dringt und faszinierende Vulkanlandschaften bildet. Die Gegend ist mit bis zu 60 °C extrem heiß, sodass Dehydrierung ein ernsthaftes Risiko darstellt.

Koster vor einer Lavafontäne des aktivsten Vulkans der Welt. Die geschmolzene Lava des Kilauea, der auf der hawaiischen Großen Insel liegt, wird bis zu 1.100 °C heiß.

RIPLEY'S Nachgefragt

Es gibt viele tolle Motive für Fotografen. Warum ausgerechnet Vulkane?

Vulkane zählen zu den zerstörerischsten Naturgewalten überhaupt, sind aber auch von großer Schönheit und Faszination. Es gibt nur wenige Menschen auf der Welt, die solche Fotos machen wie ich, und in meiner Heimat Holland bin ich sogar der einzige Vulkanfotograf. Das erste Mal einen echten Vulkanausbruch hautnah mitzuerleben ist wirklich ein unvergessliches Ereignis. Alles riecht nach Schwefel, der Lärm erinnert an ein Flugzeugtriebwerk, um einen herum scheint die Welt zu explodieren, Asche und Steine prasseln nieder und man sieht kaum die Hand vor Augen. Die Mischung aus Adrenalinschub und Furcht beim Fotografieren macht einfach süchtig – man will mehr und mehr davon.

Wie heiß wird es da oben?

Lava kann unglaublich heiß werden. Eine plötzliche Lavafontäne, die aus dem Erta Ale geschleudert wurde, hat die Luft einmal derart erhitzt, dass ich vom Kraterrand geflüchtet bin, weil ich Angst hatte, dass meine Kleidung Feuer fängt.

Was macht Ihnen beim Fotografieren am meisten zu schaffen?

Ganz klar die Extrembedingungen. Kameras, Stative und Linsen drohen wegen der Asche und der Gase ständig zu versagen. Außerdem kann schon der Aufstieg für mich gefährlich werden. Zudem sollte man natürlich keine Höhenangst haben. Und dann sind da auch noch die Giftgase und die Vulkanasche, die man auf keinen Fall einatmen sollte, sowie die Lavabomben, die mich treffen könnten.

Und was lieben Sie an Ihrem Hobby besonders?

Den Moment, in dem man endlich den Krater erreicht und vor diesem gewaltigen Naturphänomen steht, das einem fast die Sinne raubt.

Haben Sie manchmal Angst?

Ja, und das ist auch gut so! So wird meine Aufmerksamkeit geschärft und ich kann schnell auf unerwartete Ereignisse reagieren. Mit der Zeit wird man vorsichtiger und lernt, dass die besten Bilder nicht zwangsweise direkt neben dem Krater geschossen werden.

Sind Sie jemals in wirklich lebensbedrohliche Situationen gekommen?

Na ja, ein paar Mal ist es schon knapp geworden. In Tansania ist eine kleine Steinbrücke, die über die kochende Lava führte, nur Sekunden, nachdem ich sie verlassen hatte, zusammengebrochen. Und auf Hawaii stand ich auf Felsvorsprüngen, die schon am nächsten Tag nicht mehr existierten, weil sie ins Meer gestürzt waren. Das Wasser ist an diesen Stellen extrem heiß, sodass man ein Bad darin wohl kaum überleben würde. Und auf dem Stromboli in Italien waren die Bedingungen auf dem Gipfel so extrem, dass ich eine Gasmaske und einen Helm tragen musste. Der Wind trieb dort Giftgase und Asche über den Krater, und ich konnte keine Bilder machen.

Seidenmantel

Als ein nichts ahnender Autofahrer aus dem holländischen Rotterdam 2009 zu seinem Auto zurückkehrte, fiel er vor Schreck fast um – denn der Wagen war in einen gigantischen Seidenkokon eingehüllt, den Tausende von Raupen um die Karosserie gesponnen hatten. Die Larven der Pfaffenhütchen-Gespinstmotte hatten den Honda wohl für einen echten Leckerbissen gehalten und sich artgemäß in schützende Seidennetze eingesponnen, um ihr Abendessen ungestört genießen zu können.

STILLES ÖRTCHEN!?

Im Juli 2009 wurde Janifer Bliss in Tampa, Florida, von einer Kugel getroffen, während sie auf einer Hoteltoilette saß. Die Person in der Nachbarkabine hatte aus Versehen eine Pistole fallengelassen, wodurch sich ein Schuss löste. Die Kugel traf zum Glück aber nur Bliss' Bein.

GUT VERSTECKT

Nachdem die zweijährige Natalie Jasmer aus Greenville, Pennsylvania, 2009 mit ihrer Familie Verstecken gespielt hatte, blieb sie unauffindbar. Als Polizei und Feuerwehr schon eine Stunde lang nach ihr gesucht hatten, spürte der Hund der Jasmers sie schließlich in einer Schublade unter der Waschmaschine auf, wo sie eingeschlafen war.

UNZERTRENNLICH

Die eineiigen Zwillinge Peter und Paul Kingston aus West Sussex, England, sind seit über 75 Jahren unzertrennlich. Sie arbeiteten zunächst für denselben Elektrikerbetrieb und dann als Animateure im gleichen Feriencamp, zudem leben sie seit 40 Jahren mit ihren beiden Frauen im selben Haus.

ES RAPPELT IN DER KISTE

Im deutschen Willich entkam im November 2008 ein Häftling aus dem Gefängnis, indem er sich in einer Kiste versteckte, die per Kurier verschickt wurde.

IDENTITÄTSKRISE

Ein Richter aus dem malaysischen Kuala Lumpur, der den Vorsitz über einen Fall von Drogenhandel hatte, sprach die Angeklagten, eineiige Zwillinge, frei, weil die Polizei nicht mehr feststellen konnte, welcher von ihnen ursprünglich festgenommen worden war.

GARTENGRAB

Im März 2009 legte Sheila Woods aus dem englischen Devon beim Gärtnern ein Grab aus dem Jahr 1833 frei – komplett mit Grabstein, Sarg und Leiche –, und zwar mitten in ihrem Garten!

Scherenspinnen

Tag für Tag konfisziert das Sicherheitspersonal an amerikanischen Flughäfen Hunderte von Scheren und anderen gefährlichen Gegenständen. Der Künstler Christopher Locke sammelt und verarbeitet sie zu faszinierenden Metallskulpturen, darunter Spinnen aus Scheren und Krabbeltiere aus Taschenmessern.

VOGELFREUND

Als die Zollbeamten am Internationalen Flughafen in Los Angeles 2009 einen Reisenden durchsuchten, fielen ihnen fast die Augen aus dem Kopf, weil sie unter seiner Hose 14 lebende Vögel fanden, die er sich an die Beine gebunden hatte. Die Beamten waren auf ihn aufmerksam geworden, weil sie Vogelkot und Federn an seinen Socken bemerkt hatten und Schwanzfedern unter seinem Hosensaum herausragten.

KUCKUCKSKINDER

Kay Rene Reed Qualls und DeeAnn Angell Shafer fanden im Alter von 56 Jahren heraus, dass sie bei der Geburt aus Versehen vertauscht worden und bei den falschen Eltern aufgewachsen waren. Geboren wurden sie 1953 im Pioneer Memorial Hospital in Heppner, Oregon, doch der Fehler wurde erst bei einem DNA-Test im Jahr 2009 entdeckt.

KÄFERSCHRECK
Im Dezember 2008 nahm die Polizei im japanischen Osaka einen Mann fest, der in einem Schnellzug Tausende von Käferlarven freigelassen hatte, um die weiblichen Fahrgäste zu verängstigen.

FISCHOFON
Als Andrew Cheatle an einem Strand im englischen Worthing sein Handy verlor, glaubte er nicht, es jemals wiederzusehen. Doch eine Woche später tauchte es überraschend wieder auf, und zwar im Magen eines Riesendorschs! Der elf Kilogramm schwere Fisch war dem Fischer Glen Kerley ins Netz gegangen, der beim Ausnehmen erstaunt das unbeschädigte Mobiltelefon aus dem Bauch des Tieres zog.

SCHALTTAG-FAMILIE
In der Familie Keogh wurden in drei aufeinander folgenden Generationen Kinder am Schalttag, dem 29.2., geboren. Die Chancen für so einen Zufall liegen bei 3.118.535.181 zu 1. Peter Keogh wurde 1940 geboren, sein Sohn Eric im Jahr 1964 und seine Enkelin Bethany 1996.

WILDFANG
Ein russisches Mädchen wurde seine ersten fünf Lebensjahre lang von Hunden und Katzen großgezogen! Das Kind aus der sibirischen Stadt Tschita übernahm einige Verhaltensweisen der Tiere und springt beispielsweise bellend an der Tür hoch, wenn jemand den Raum verlässt.

NAHE VERWANDTSCHAFT
Nachdem sie sich 60 Jahre zuvor aus den Augen verloren hatten, stellten die Geschwister George Culwick und Lucy Heenan aus dem englischen Birmingham im Jahr 2008 fest, dass sie nur 6,5 km weit voneinander entfernt leben.

AUF WOLKE NEUN
Am 9.9.2009 bot ein Discounter-Supermarkt im kalifornischen Los Angeles neun Paaren Billighochzeiten für nur 99 Cent an! Nach der Trauung erhielten die frischgebackenen Ehepaare $ 99,99 (€ 72,86) bar auf die Hand und wurden auf eine romantische Hochzeitsreise geschickt.

VERMÖGEN AN DER ANGEL
Zwei australischen Teenagern, die im September 2009 einen Angelausflug nach Tuntable Creek in New South Wales machten, ging der Fang ihres Lebens ins Netz: ein Plastikpäckchen, das € 63.400 in bar enthielt.

ZUTIEFST VERBUNDEN

Chang und Eng Bunker (1811–1874) waren die ersten bekannten siamesischen Zwillinge und Namensgeber des höchst seltenen Phänomens, da sie aus Siam (heutiges Thailand) stammten. Ein Stückchen Knorpel verband die Körper der Zwillinge, die später in Kuriositätenkabinetten auftraten, in der Bauchregion. Die beiden heirateten Schwestern und hatten insgesamt 21 Kinder. Chang starb 1874 im Schlaf an einem Schlaganfall. Als Eng am nächsten Morgen entdeckte, dass sein Bruder tot war, weigerte er sich vehement, sich operativ von seinem Zwilling trennen zu lassen. Er starb drei Stunden später, da Changs Herz das Blut nicht mehr in Engs Körper zurückpumpen konnte.

ROADKILL-KALENDER

Kevin Beresford reiste durch ganz Grossbritannien, um überfahrene Tiere am Strassenrand zu fotografieren. Der aus den Bildern entstandene Kalender für das Jahr 2010 wurde ein Bestseller – trotz oder gerade wegen der äusserst verstörenden Fotos von zerschmetterten Eichhörnchen, plattgefahrenen Füchsen und zerfledderten Elstern.

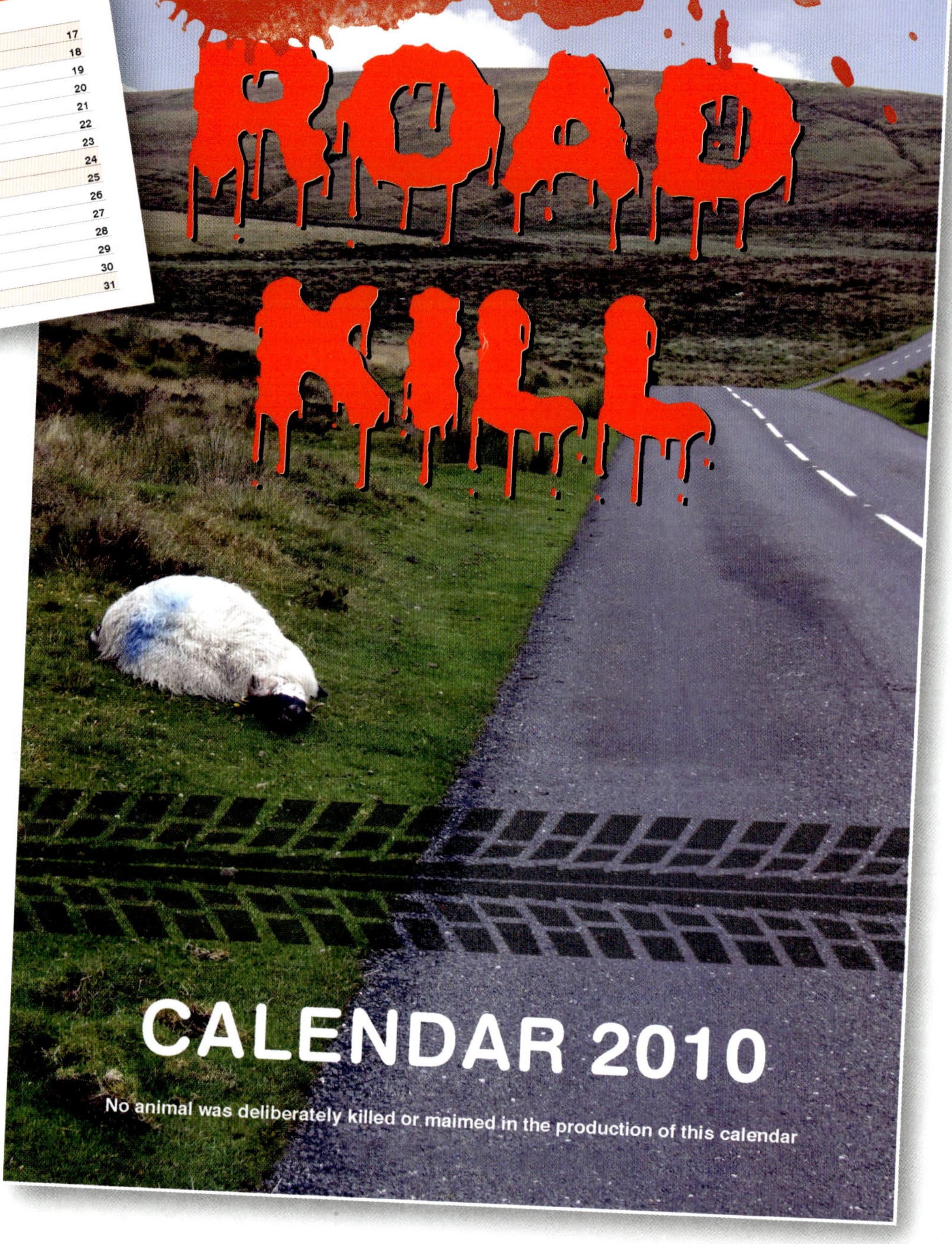

ASTRONAUTENSCHECK

Bei einer Auktion in Amherst, New Hampshire, wurde im Juli 2009 ein Scheck im Wert von € 7,65, den Neil Armstrong wenige Stunden, bevor er seine Reise zum Mond antrat, unterzeichnet hatte, für unglaubliche € 19.930 versteigert – genau 40 Jahre nach dem Ausstellungsdatum! Armstrong hatte damit Schulden bei einem NASA-Manager beglichen, da er nicht sicher war, ob er von seiner Mission zurückkehren würde.

ZAHNFUND

Ein Kunde eines Walmart-Supermarkts in Falmouth, Massachusetts, fand im Münzfach eines Geldbeutels, den er kaufen wollte, angeblich zehn menschliche Zähne. Laut Polizei waren es die Zähne eines Erwachsenen, doch da keine DNA-Spuren vorhanden waren, konnte nicht ermittelt werden, von wem sie stammten.

SALAMI GEGEN RASER

Zu einer absonderlichen Verkehrsmaßnahme griff die Polizei aus der bulgarischen Hauptstadt Sofia 2009, als von einer Salami-Fabrik gespendete Würste an umsichtige Autofahrer verschenkt wurden. Wer brav an gekennzeichneten Straßenübergängen für Fußgänger bremste, durfte eine Salami mit nach Hause nehmen.

LANGE REISE

Eine Flaschenpost, die 1969 vor der Küste von New Jersey ins Meer geworfen worden war, wurde 39 Jahre später nur 645 km weit entfernt in Corolla, North Carolina, entdeckt.

SPÄTE POST

Dave Conn aus Hudson, Ohio, hätte eine Postkarte 47 Jahre, nachdem sie abgeschickt worden war, erhalten. Sie war 1962 von einer Frau aus Helena, Montana, versendet worden, doch durch die Verzögerung erreichte sie den Adressaten, der 1988 verstorben war, niemals.

ANGRIFF DER KORKEN

Nachdem ein LKW, der Wein geladen hatte, auf einer Autobahn in Wamsutter, Wyoming, einen Unfall gebaut und Feuer gefangen hatte, stand das Rettungsteam plötzlich in einem Hagel aus Korken, da die Flaschen in der Hitze explodierten.

RUDERRETTUNG
Als der Pilot John O'Shaughnessy mit seinem Kleinflugzeug zwischen Wales und Irland mitten auf der Irischen See notlanden musste, glaubte er, sein letztes Stündlein hätte geschlagen. Doch als sein Flugzeug bereits halb im eiskalten Wasser versunken war, wurde er zufällig von einer Rudermannschaft entdeckt, die mit ihrem Boot Großbritannien umrunden wollte.

SELBSTERKLÄREND
Vlado Taneski, ein mazedonischer Kriminalreporter, berichtete derart detailliert über eine Mordserie, dass die Polizei im Juni 2008 schließlich herausfand, dass er selbst der Täter war!

GEISTER-DETEKTIVIN
Als Zona Shue aus Greenbrier County, West Virginia, im Jahr 1897 verstarb, ging man zunächst von einer natürlichen Todesursache aus. Doch Shue fand keine Ruhe und erschien ihrer Mutter als Geist, um ihr in allen Einzelheiten zu schildern, wie ihr Ehemann Edward sie ermordet hatte. Ihre Mutter überredete daraufhin die Behörden, den Fall wieder aufzunehmen, und eine Autopsie der exhumierten Leiche ergab, dass Shue tatsächlich ermordet worden war. Edward wurde schließlich für das Verbrechen verurteilt.

RINDERWAHN
Die Kunden eines Lebensmittelgeschäfts in Puyallup, Washington State, mussten im Jahr 2009 aus dem Laden flüchten, nachdem eine Horde Rinder sich bei einem Kirmesumzug losgerissen hatte und durch die Gänge irrte. Im Jahr zuvor hatte sich ein Bulle bei demselben Umzug in eine Bank geflüchtet.

PROPHETISCHE NAMEN
Ein Löschtrupp aus dem englischen Bournemouth sollte 2008 ein Feuer in einer Bar namens *The Inferno* löschen, direkt neben einer Bar, die den Namen *The Old Fire Station* (deutsch: *Die Alte Feuerwache*) trug.

DOPPELGELD
Im August 2009 scharten sich Trauben von Kunden um einen defekten Geldautomaten in einem Supermarkt in London, der stets den doppelten Betrag ausspuckte! Sobald die Geschäftsführung von der Fehlfunktion erfuhr, wurde das Gerät gesperrt, doch zu diesem Zeitpunkt hatten die glücklichen Kunden bereits über € 5.465 abgehoben.

EIN-TAGES-BILLIONÄR
Nachdem John Muszynski aus Manchester, New Hampshire, im Juli 2009 an einer Tankstelle mit seiner Kreditkarte eine Schachtel Zigaretten gekauft hatte, überprüfte er sein Guthaben und stellte fest, dass er plötzlich über 23 Billiarden Euro besaß! Leider korrigierte die Bank of America den Fehler am nächsten Tag.

Auto-Ausgang
Nachdem Ken Imhoff im Keller seines Hauses in Wisconsin 17 Jahre lang an seinem eigenen Lamborghini herumgebastelt hatte, musste er zu seinem Erschrecken feststellen, dass es keine Möglichkeit gab, das Auto ins Freie zu befördern. Kurz entschlossen baute er eine Rampe und mietete einen Bagger an, um eine Auffahrt in seinen Garten zu graben. Zu diesem Zweck entfernte er sogar einen Teil des Fundaments seines Eigenheims. Doch seine Mühen wurden, wie hier zu sehen ist, wenigstens mit Erfolg belohnt!

ÄRZTE OHNE ENDE
Nach sechs Generationen und 217 Jahren im Dienst der Gesundheit hängte der letzte Dr. Maurice aus dem englischen Marlborough im Jahr 2009 sein Stethoskop an den Nagel. Dr. David Maurices Familie hatte sich seit 1792 ununterbrochen um das Wohl der Bewohner des Städtchens gekümmert.

GALGENHUMOR
Nachdem die Polizei aus dem japanischen Izu den Tipp erhalten hatte, dass in einem Wald in der Umgebung eine Leiche in einem Schlafsack liegen würde, barg man den toten Körper in seiner Umhüllung und brachte ihn für die Obduktion aufs Polizeirevier. Doch als der Schlafsack geöffnet wurde, fand man darin nur eine lebensgroße Puppe, die eine Bluse, einen Rock und eine braune Perücke trug.

SCHAUFEL-HOCHZEIT
Im chinesischen Xi'an hält man es traditionell für ein schlechtes Omen, wenn die Braut auf dem Weg zur Trauung den Boden mit ihren Füßen berührt. Deswegen heiratete im Jahr 2008 ein Paar kurzerhand mitten in der Luft – und zwar in zwei Baggerschaufeln, die sich Braut und Bräutigam jeweils mit zwei Brautjungfern bzw. zwei Trauzeugen teilten.

Mutanten-Fisch
Den Kopf dieses unidentifizierten, 1,40 m langen Fisches, der nahe der Stadt Taizhou in Ostchina gefangen wurde, zierte ein riesengroßer Saugnapf! Verständlicherweise wollte keiner der Dorfbewohner die merkwürdige Kreatur essen.

GRUSELIGE UNTERMIETER

Willkommen in der wundersamen Welt der Parasiten! Diese kleinen Kerlchen sind erschreckend schlau: Sie leben auf oder in anderen Organismen und manipulieren das Verhalten ihrer ahnungslosen Wirte zu ihren eigenen Gunsten. Nicht selten bedeutet dies für den Wirt den Tod.

Todespilze

Diese Pilze befallen Raupen und andere Insekten, töten sie und mumifizieren den Körper, während sie sich ausbreiten. Einige Pilze verwandeln Insekten sogar in ferngesteuerte Zombies, die kurz vor ihrem Tod noch an eine für die weitere Verbreitung des Pilzes besonders geeignete Stelle krabbeln.

Hirnfresser

Die Fliege landet auf dem Kopf der Ameise und legt ein Ei, aus dem später eine gehirnfressende Larve schlüpft. Im Lauf der Zeit köpft die Larve die Ameise und lebt noch zwei Wochen lang in ihrem Schädel, bis sie als ausgewachsene Scharfrichterfliege schlüpft.

Dieser Parasit befällt Schnecken, deren Augenstiele daraufhin anschwellen und sich bunt verfärben. So werden Vögel angelockt, die den Schnecken die Augenstiele abpicken. Die Plattwürmer brüten daraufhin in den Eingeweiden der Vögel. Andere Schnecken fressen wiederum den infizierten Vogelkot, und der Todeskreislauf beginnt von neuem.

Lebenslänglich

Männliche Amerikanische Seeteufel sind viel kleiner als die Weibchen. Sie verbeißen sich im Körper der Weibchen, bis erst ihre Haut und dann ihre Blutgefäße zusammenwachsen. Das vertrocknete Männchen wird dann auf ewig ein Teil des Körpers des Weibchens und dient nur noch dem Zweck, Eier zu befruchten.

Blickfang

Bewusstseins-Kontrolle

Saitenwürmer beginnen ihr Dasein als winzige Kreaturen, die in den Eingeweiden von Insekten leben, die sie von innen auffressen, bis sie mit bis zu einem Meter Länge größer sind als ihr Wirt. Durch die Anwesenheit der Würmer verspürt das Insekt den Drang, Wasser zu suchen, in dem es sich dann ertränkt. Der ausgewachsene Wurm verlässt seinen Wirt und lebt in seinem natürlichen Umfeld weiter.

Bauchbewohner

Eine parasitäre Seepockenart haftet sich an Krebse, nistet sich in deren Uterus ein und zwingt den Wirt, sich der Parasiteneier anzunehmen. Ist der Krebs männlich, wird er von dem Parasiten sterilisiert. Zudem wird der Bauchraum gedehnt, wodurch sich das Männchen schließlich in ein Weibchen verwandelt.

Jagd auf Jäger

Der Tarantulafalke, eine Wespenart, jagt Vogelspinnen und lähmt diese durch einen Stich, der zu den schmerzhaftesten überhaupt zählt. Die Spinne wankt zu ihrem Nest zurück, wo die Wespe ein Ei auf dem Insekt ablegt. Schlüpft die Wespenlarve, frisst sie die gelähmte Spinne bei lebendigem Leib.

Zweitzunge

Diese Kreaturen krallen sich an den Zungen von Fischen fest und saugen das Blut heraus, bis die Zunge austrocknet und abstirbt. Der Parasit bleibt dann anstelle der Zunge im Rachen des Fisches und übernimmt deren Funktion, wobei er sich von Blut, Schleim und Futterresten ernährt.

KÜHLKNALL

Kathy Cullingworth aus dem englischen West Yorkshire wurde eines Nachts von dem Knall ihres plötzlich explodierenden Kühlschranks geweckt. Die Kühlschranktüren waren zerschmettert, und in der ganzen Küche lagen Nahrungsmittel herum.

DANKBARER DIEB

In Rom bedankte sich ein Dieb überschwänglich bei der Polizei, nachdem diese ihn vor einer Gruppe wütender koreanischer Touristen gerettet hatte, die er gerade hatte ausrauben wollen. Nachdem der Dieb einem Familienmitglied die Handtasche entrissen hatte, nahmen die Koreaner die Verfolgung auf und probierten ihre Taekwondo-Kenntnisse an ihm aus. Erst als der 48-jährige Dieb von einem Polizisten festgenommen wurde, ließen die Touristen von ihm ab.

FIESER DELFIN

Eine Frau, die vor Mahia Beach, einem Strand auf der Nordinsel Neuseelands, mit einem freundlichen Delfin namens Moko gespielt hatte, wusste nicht mehr ein noch aus, als der Große Tümmler sie plötzlich nicht mehr ans Ufer zurückkehren lassen wollte! Erst nach langer Zeit hörte jemand ihre Hilferufe und fand sie ausgekühlt und erschöpft mitten auf dem Meer, wo sie sich an einer Boje festklammerte. Laut den Einheimischen fühlen sich die Delfine im Winter, wenn weniger Menschen schwimmen gehen, häufig einsam und wollen nicht aufhören zu spielen.

LOTTO-GOTT

Mike McDermott aus dem englischen Hampshire gewann 2002 gleich zweimal mit denselben Zahlen. Die Chancen dafür stehen bei 5,4 Billiarden zu eins.

SCHATZKAMMER GEPLÜNDERT

Ein älterer japanischer Geschäftsmann verlor 2,91 Millionen Euro in bar, die ein findiger Dieb in dessen Garten ausgegraben hatte.

GURKENDIEBE

Im Jahr 2009 untersuchte die australische Polizei eine Serie von Diebstählen in Adelaide, bei denen Salatgurken gestohlen worden waren! Innerhalb von drei Monaten waren bei elf Einbrüchen in verschiedenen Gemüseanbaubetrieben Gurken im Wert von über € 6.200 geklaut worden!

ENDLICH ANGEKOMMEN

Nach fünf Jahren in den Fluten wurde 2009 in Cornwall, England, eine Flaschenpost an den Strand gespült, die ein amerikanischer Teenager 2004 auf den Bahamas von einem Kreuzfahrtschiff geworfen hatte – 6.440 km weit entfernt! Der Urheber der Nachricht war Daniel Knopp aus Baltimore, Maryland.

SCHLECHTES GEWISSEN

Nachdem ein Krimineller im Juli 2009 eine Bank im kalifornischen Walnut Creek ausgeraubt hatte, fühlte er sich offenkundig so schuldig, dass er den Diebstahl in der Kirche beichtete und dem Pfarrer € 875 überreichte.

HAARSKULPTUR

DER CHINESISCHE FRISEUR HUANG XIN ARBEITETE SIEBEN TAGE UND NÄCHTE AN DIESER VIER KILOGRAMM SCHWEREN SKULPTUR VON BARACK OBAMA, DIE AUS MENSCHENHAAR BESTEHT, DAS ER IN SEINEN SALONS GESAMMELT HAT. XIN VERWENDET NUR FRAUENHAAR, DA DIESES WEICHER IST. HUANG XIN HAT AUSSERDEM EIN DETAILGETREUES HAARMODELL DES TORS DES HIMMLISCHEN FRIEDENS IN PEKING ANGEFERTIGT. FÜR SEINE SKULPTUREN WÄSCHT UND FÄRBT ER DIE HAARE UND KLEBT SIE DANN AUF PAPIER, DAS ER PROBLEMLOS FORMEN KANN.

Total verbockt!

Dieser Schafsbock aus dem norwegischen Helgoysund hing eine Stunde lang an einem 4,50 m hohen Telegrafenmasten fest, nachdem er versucht hatte, sich an einem Stromkabel abzuseilen, um zu einem Feld mit Mutterschafen zu gelangen. Der liebestolle Bock hatte sich auf einer höher gelegenen Wiese mit dem Horn in dem Kabel verfangen, und seine Rutschpartie wurde erst von dem Mast gestoppt. Schließlich gelang es einer deutschen Touristengruppe, das Schaf wieder auf den Boden zurückzuholen.

KOLLATERALSCHADEN

Der Geschichtsfan William Maser, der in seiner Freizeit Militärfeuerwaffen aus dem 19. Jahrhundert nachbaut, schoss im September 2009 aus Versehen eine ein Kilogramm schwere Kanonenkugel durch die Wand seines Nachbarhauses in Georges Township, Pennsylvania. Die Kugel hatte einen Durchmesser von fünf Zentimetern und traf ein 365 m entfernt liegendes Haus, durchschoss ein Fenster und eine Wand und landete schließlich in einem Schrank.

SPÄTER ABSCHLUSS

Eleanor Benz erhielt 2009 ihr Abschlusszeugnis – mit 73 Jahren Verspätung! Im Alter von 17 Jahren hatte sie kurz vor dem Abschluss an der Lake View High School in Chicago während der Großen Depression die Schule verlassen müssen, um ihre Familie zu unterstützen. Doch pünktlich zu ihrem 90. Geburtstag wurde ihr feierlich das Diplom überreicht. Eleanor Benz hat übrigens 15 Kinder, 54 Enkelkinder und 37 Urenkel und ist damit schon eine Klasse für sich!

SCHON GEZAHLT?

Dem deutschen Mathematiker Adam Ries, der bereits seit 450 Jahren tot ist, wurde 2009 ein Brief an sein ehemaliges Wohnhaus zugestellt, in dem seine lange überfälligen Rundfunkgebühren eingefordert wurden. Ries war 1559 gestorben, Jahrhunderte vor der Erfindung des Fernsehens!

Familienähnlichkeit

Dhanna Ram aus dem indischen Rajasthan lässt sich seit 1988 seinen Schnurrbart wachsen, der 2009 schon 1,40 m lang war. Inspiriert wurde er durch seinen Vater Karna Ram Bheel, dessen Schnurrbart bei seinem Tod unglaubliche zwei Meter maß!

MĀORI-MUMIEN

Die neuseeländischen Māoristämme mumifizierten die tätowierten Köpfe ihrer im Kampf gefallenen Kriegsgegner samt Haut, Haaren und Zähnen. Die Schädel galten als Trophäen, aber auch die Köpfe der eigenen Stammesführer und Familienmitglieder wurden abgetrennt und mumifiziert – nicht selten, um zu verhindern, dass andere Stämme sie stahlen. Angeblich wurden auch ganze Körper mumifiziert, doch es wurde niemals ein Exemplar gefunden. Die Gesichtstätowierungen der Māori, *Ta Moko* genannt, wurden unter grossen Schmerzen mit feinen Knochenmeisseln in die Haut gestochen. Im 18. Jahrhundert begannen europäische Reisende, die Schädel zu sammeln, und schon bald waren die mumifizierten *Ta Mokos* so beliebt, dass die Māori schön tätowierte Feinde besonders vorsichtig töteten, um den Markt weiter mit frischen Schädeln bedienen zu können. Erst im 19. Jahrhundert wurde diese mörderische Praxis gesetzlich verboten.

Ripley's erklärt

Um einen Kopf zu mumifizieren, entnahmen die Māori zunächst das Gehirn und die Augen aus dem abgetrennten Schädel. Der leere Kopf und die Augenhöhlen wurden dann mit Pflanzenfasern ausgestopft. Anschliessend wurde der Schädel 24 Stunden lang getrocknet, wobei Koch-, Dampf- und Räuchertechniken zum Einsatz kamen.

MODERNE KANNIBALEN

Der Journalist Paul Raffaele berichtete 2006, dass er auf Neuguinea einen bis dato unentdeckten Kopfjägerstamm aufgespürt hätte, der Feinden noch immer den Kopf abschnitt und die sterblichen Überreste verspeiste.

MENSCHEN-GULASCH

Der antike griechische Historiker Herodot berichtete über einen Nomadenstamm im Iran, der alte und schwache Mitglieder der Gemeinschaft tötete und zusammen mit Tierfleisch kochte und verspeiste. Herodots Schriften zufolge war dies dort die angemessene Todesart.

MUMIE AUS EIS

Im Jahr 1995 fanden zwei Bergsteiger in den Anden die mumifizierte Leiche eines Mädchens, die am Hang des Ampato-Berges festgefroren war. Obwohl das Mädchen vermutlich bereits im 15. Jahrhundert starb, war ihr Körper erstaunlich gut erhalten.

Nicht nur Köpfe können geschrumpft werden. Die Jivaros hatten einst einen goldsuchenden spanischen Armeeoffizier in ihrer Gewalt und schrumpften seinen gesamten Körper von schätzungsweise 1,75 m auf winzige 78 cm zusammen.

Robert Ripley hält einen Schrumpfkopf der Jivaros aus Südamerika in der Hand.

EURO-SKALPS

Auch in Europa wurden noch bis ins 20. Jahrhundert hinein Skalpierungen durchgeführt. In Montenegro gab es Stämme, die die Leichen ihrer Gegner köpften, damit diese nicht angemessen beerdigt werden konnten.

TOTENFLECKEN

Kopfjäger aus Borneo malten sich für jeden Menschen, den sie getötet hatten, einen blauen Punkt auf einen Finger. Als der Häuptling Temonggong Koh Ende des 20. Jahrhunderts starb, waren seine Hände über und über mit Farbe bedeckt.

GEHÄUTET

Der peruanische Stamm der Sausa häutete seine Feinde, füllte die Häute mit Asche, nähte sie wieder zu und stellte sie als Trophäen und Statussymbole zur Schau.

Kopflastig

Eine der unglaublichsten Entdeckungen, die Robert Ripley auf seinen ausgedehnten Reisen machte, waren die Schrumpfköpfe aus Südamerika. Die Jivaro-Stämme aus Ecuador und Peru köpften ihre Feinde, entfernten die gesamte Haut in einem Stück und schrumpften diese auf Faustgröße. Die *Tsantas*, wie die Köpfe in ihrer Sprache genannt werden, sollten die bösen Geister der getöteten Feinde in Schach halten. Die Lippen der Schrumpfköpfe wurden zugenäht, damit die Seelen nicht entweichen konnten. Als westliche Touristen im 19. und 20. Jahrhundert begannen, die Gegend zu bereisen, wurde diese Praxis durch die plötzliche Nachfrage nach den gruseligen Souvenirs noch befeuert. Angeblich wurden auch Menschen getötet, nur um für Nachschub zu sorgen. Robert Ripley berichtete in seinem Tagebuch, dass von einem deutschen Wissenschaftler, der sich auf der Suche nach den Kopfjägern in den Dschungel begeben hatte, nichts weiter als ein rotbärtiger Schrumpfkopf zurückkehrte. Erst kürzlich veröffentlichte ein Team von TV-Dokumentarfilmern ein polnisches Videoband aus den 1960er-Jahren, das nicht nur zu beweisen scheint, dass die Jivaros zu dieser Zeit noch *Tsantas* herstellten, sondern auch den gesamten Prozess detailgetreu wiedergab.

GLÜCKSKÖPFE

Der gefürchtete Wa-Stamm aus den Dschungeln Myanmars schnitt bis in die 1970er-Jahre hinein Menschen die Köpfe ab, da diese als Glücksbringer galten.

RIPLEY'S ERKLÄRT

DIE JIVAROS SCHNITTEN DIE ABGETRENNTEN SCHÄDEL VORSICHTIG AM HINTERKOPF AUF UND TRENNTEN HAUT, FLEISCH UND HAARE IN EINEM STÜCK VOM KNOCHEN. DANN NÄHTEN SIE DIE AUGENLIDER ZU UND VERSIEGELTEN DEN MUND MIT HOLZSTIFTEN. DARAUFHIN WURDE DER KOPF MINDESTENS ZWEI STUNDEN LANG IN EINEM KRÄUTERSUD GEKOCHT, DER AUCH GERBSÄURE ENTHIELT UND DIE HAUT AUSTROCKNETE. IM FOLGENDEN SCHRITT WURDEN DIE FLEISCHRESTE VON DER HAUT GEKRATZT UND DER KOPF UNTER ZUHILFENAHME VON HEISSEN STEINEN UND SAND WEITER GESCHRUMPFT. DANN WURDE ER LANGSAM WIEDER IN SEINE URSPRÜNGLICHE FORM GEBRACHT. AM ENDE NÄHTEN DIE JIVAROS DEN MUND ZU UND TROCKNETEN DEN SCHRUMPFKOPF MEHRERE TAGE LANG ÜBER DEM OFFENEN FEUER.

Siam-Krokos

Diese siamesischen Krokodilzwillinge wurden auf der Samut Prakan Crocodile Farm and Zoo nahe der thailändischen Stadt Bangkok geboren. Die Tiere, die nach den berühmtesten siamesischen Zwillingen aller Zeiten (vgl. S. 15) Chang und Eng Bunker benannt wurden, hatten jeweils einen Kopf und vier Beine, teilten sich aber einen Unterleib und einen Schwanz.

GIFTIGE MEDITATION

Suang Puangsri hat die unterste Etage seines zweistöckigen Hauses in Thailand seinen 4.600 Haustieren überlassen – die allesamt Skorpione sind! Der praktizierende Buddhist meditiert täglich mehrere Stunden lang in ihrem Gehege und steckt sich dabei auch hin und wieder Skorpione in den Mund. Angeblich wurde er schon so oft gestochen, dass er gegen das Gift immun ist.

FALSCHER DIEB

Die Angestellten eines kleinen Supermarktes in Waterloo, Ohio, der innerhalb von zwei Monaten zweimal ausgeraubt worden war, hielten einen betrunkenen Kunden für den Räuber und warfen ihm eine Tüte mit Bargeld vor die Füße. Doch der Mann ignorierte das Geld und torkelte aus dem Laden.

Kung-Fu-Hu

Der chinesische Kung-Fu-Meister Hu Qiong kann sich eine Minute lang mit einem Elektrobohrer, der mit voller Geschwindigkeit läuft, in die Schläfe und den Bauchnabel bohren, ohne sich zu verletzen. Der „Unzerstörbare Hu" kann außerdem mit bloßen Händen eine laufende Elektrosäge auffangen.

WERTVOLLER MÜLL

Als David Jenks 2009 in Syracuse, New York, zu seinem Auto spazierte, fand er am Straßenrand mehrere volle Mülltüten. Als er sie wegräumen wollte, stellte er fest, dass sie nicht mit Abfall, sondern mit Geldscheinen im Wert von € 182.170 gefüllt waren!

EIN KINDERSPIEL!

Die dreijährige Pipi Quinlan aus Auckland, Neuseeland, besuchte, während ihre Eltern schliefen, eine Online-Auktionsseite und kaufte eine mechanische Schaufel für € 8.745!

KROKO-ERPRESSER

Die Abteilung für organisiertes Verbrechen der Polizei von Neapel, Italien, beschlagnahmte ein Krokodil, das von einem Gangster dazu benutzt worden war, Schutzgeld von den ortsansässigen Geschäftsleuten zu erpressen. Laut Polizei lud der Mann seine Opfer zu sich nach Hause ein und bedrohte sie mit dem 40 kg schweren, 1,70 m langen Reptil, bis er bekam, was er wollte.

GEFÄHRLICHER FANG

Der Berufsfischer Rodney Salomon aus St. Petersburg, Florida, machte 2009 den Fang seines Lebens – einen 2,40 m langen, in den USA hergestellten Luftkampf-Flugkörper, der jeden Moment hätte hochgehen können. Trotz der Lebensgefahr holte er die Rakete ein, befestigte sie auf dem Dach seines Bootes und fischte zehn Tage lang ungerührt – auch während Gewittern – im Golf von Mexiko weiter, ehe er in den Hafen zurückkehrte.

HINRICHTUNGS-HERZOG

Die Bauarbeiter, die 1851 an einer Kirche nahe dem Tower of London in der englischen Hauptstadt arbeiteten, entdeckten in der Krypta einen abgetrennten Kopf. Man fand heraus, dass dieser dem Herzog von Suffolk gehörte, einem Adeligen, der 1554 im Tower geköpft worden war. Sein Schädel war dank der Sägespäne, die auf dem Hinrichtungsgerüst ausgestreut gewesen waren und die die Feuchtigkeit aufgesogen hatten, gut erhalten geblieben.

LAHME POST

Im Juli 2009 erhielt Wendy Bosworth aus dem englischen Wolverhampton eine Postkarte aus Griechenland – 22 Jahre, nachdem sie losgeschickt worden war! Ihre Nichte Joanne Bosworth hatte die Karte 1987 bei einem Urlaub auf der Insel Nisyros versendet.

DOPPELLEBEN

Im chinesischen Zhengzhou mussten zwei Frauen, die in derselben Fabrik arbeiteten, feststellen, dass sie auch mit demselben Mann verheiratet waren! Cui Bin teilte seine Freizeit auf zwei Haushalte auf und hatte immer eine gute Erklärung für seine langen Abwesenheiten parat. Gleichzeitig freundeten sich seine nichts ahnenden Ehefrauen zufällig miteinander an, weil sie beide Karaoke-Fans waren.

DISKRIMINIERTER JEDI

Der Gründer der durch die *Star Wars*-Filme inspirierten Jedi-Religion drohte mit einem Rechtsstreit, nachdem er gebeten worden war, einen Supermarkt zu verlassen, weil er den traditionellen Kapuzenumhang der Sekte trug. Daniel Jones aus Holyhead, Nordwales, ist das Oberhaupt der International Church of Jediism und fühlte sich von dem Supermarkt aufgrund seines Glaubens diskriminiert.

QUALLENWERFER

Im September 2009 wurde in Madeira Beach, Florida, ein 41-jähriger Mann festgenommen, weil er angeblich Jugendliche mit Quallen beworfen hatte.

AFFENSCHANDE!

Der schlechtgelaunte Schimpanse Tiao aus einem Zoo in Rio de Janeiro, Brasilien, der die Besucher regelmäßig mit seinen Exkrementen bewarf, wurde 1988 von einem Satiremagazin für die Bürgermeisterwahl der Stadt als Kandidat aufgestellt. Tiao erlangte über 400.000 Stimmen und wurde damit dritter von zwölf Kandidaten.

UNERWARTETES ERBE

Zwei Monate nach dem Tod ihres Ehemannes Donald ging Charlotte Peters aus Danbury, Connecticut, seine Habe durch und fand einen Lottoschein, mit dem er 7,29 Millionen Euro gewonnen hatte! Er hatte den Schein nur wenige Stunden vor seinem Herzinfarkt im November 2008 gekauft.

MÄHERSAMMLUNG

Stan Hardwick aus dem englischen North Yorkshire besitzt 365 Rasenmäher – einen für jeden Tag des Jahres. Der sogenannte „Lawn Ranger" (deutsch: „Rasenhüter") hat Tausende von Euro in seine Sammlung investiert. Einige Exemplare stammen sogar aus den 1850er-Jahren!

SCHWERE BÜRDE

Anlässlich einer Sikh-Feier im Jahr 2009 im indischen Amritsar trug Baba Balwant Singh einen riesigen Turban, der mit 60 kg Gewicht mehr wog als er selbst! Abgewickelt war der Kopfschmuck unglaubliche 700 m lang, was in etwa der Länge von sieben Fussballfeldern entspricht.

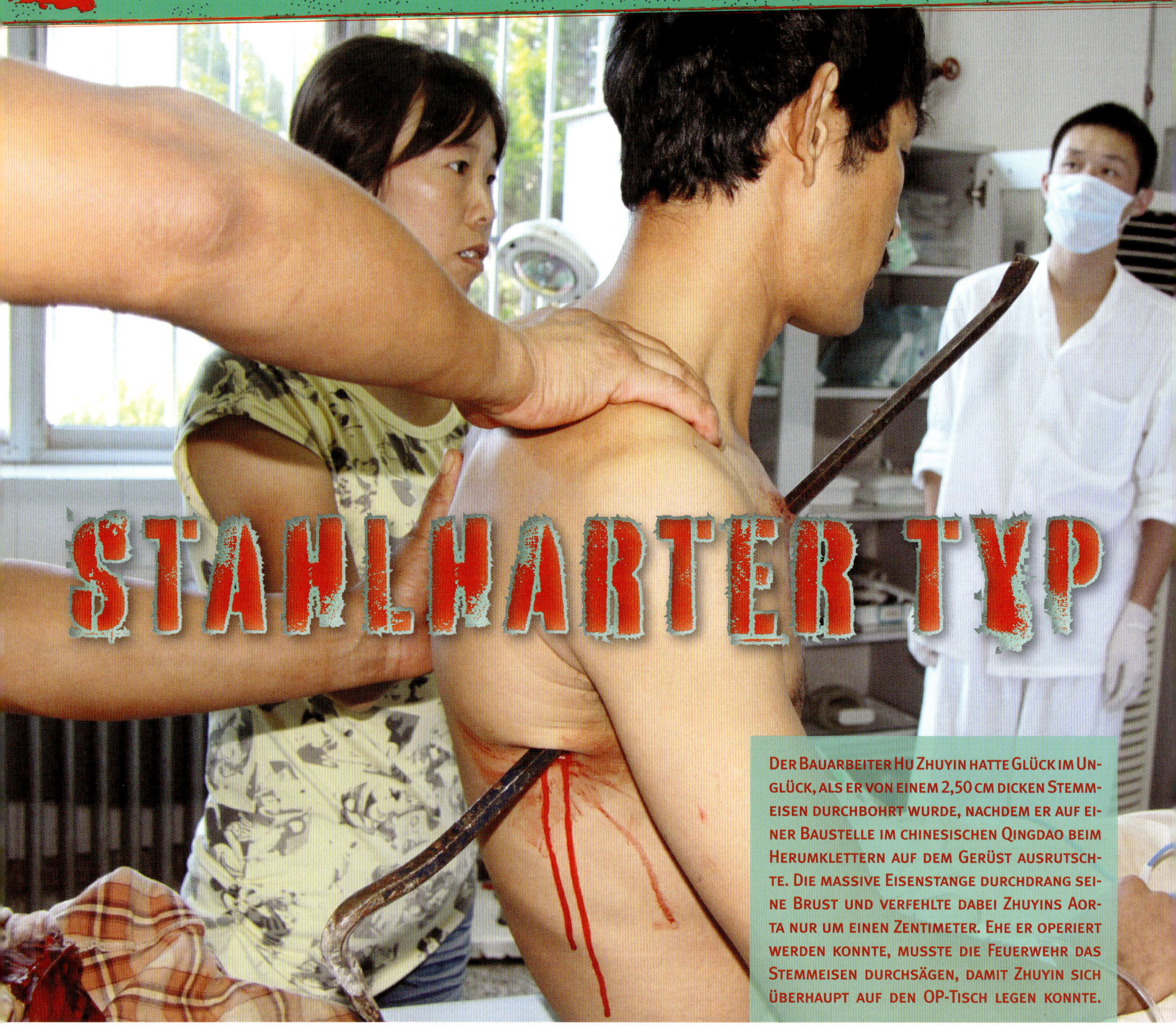

STAHLHARTER TYP

DER BAUARBEITER HU ZHUYIN HATTE GLÜCK IM UNGLÜCK, ALS ER VON EINEM 2,50 CM DICKEN STEMMEISEN DURCHBOHRT WURDE, NACHDEM ER AUF EINER BAUSTELLE IM CHINESISCHEN QINGDAO BEIM HERUMKLETTERN AUF DEM GERÜST AUSRUTSCHTE. DIE MASSIVE EISENSTANGE DURCHDRANG SEINE BRUST UND VERFEHLTE DABEI ZHUYINS AORTA NUR UM EINEN ZENTIMETER. EHE ER OPERIERT WERDEN KONNTE, MUSSTE DIE FEUERWEHR DAS STEMMEISEN DURCHSÄGEN, DAMIT ZHUYIN SICH ÜBERHAUPT AUF DEN OP-TISCH LEGEN KONNTE.

FETTIGES VERSTECK

Obwohl er mehrfach durchsucht worden war, konnte der 255 kg schwere George Vera eine Pistole in zwei verschiedene Gefängnisse in Texas schmuggeln, indem er sie zwischen seinen Fettrollen versteckte.

OMA-MAMA

Im November 2008 brachte die Inderin Rajo Devi aus Haryana im Alter von 70 Jahren ein gesundes Kind zur Welt.

BLUTIGE TRÄNEN

Der Teenager Calvino Inman aus Rockwood, Tennessee, leidet an einer Krankheit, durch die er Blut weint. Die Blutungen, die bis zu einer Stunde andauern können, treten mindestens dreimal täglich auf.

BRUNNENGEFÄNGNIS

Der 84-jährige Bob Bennett kam wie durch ein Wunder mit ein paar Kratzern davon, nachdem er im Juni 2009 vier Tage lang in einem Brunnenschacht gefangen gewesen war. Auf der Suche nach einer Wasserquelle war er in das 2,40 m tiefe Loch auf seinem abgelegenen Grundstück am Benson Lake in Kanada geklettert und musste daraufhin feststellen, dass er in der Falle saß.

BEINBRUCH

Nachdem Steve Webb jahrzehntelang Schmerzen gelitten hatte, entdeckte der Mann aus dem englischen Essex, dass er über 29 Jahre mit einem gebrochenen Bein herumgelaufen war! Im Alter von 20 Jahren hatte er sich bei einem Motorradunfall verletzt, doch erst 2009 stellte sich heraus, dass der Bruch niemals verheilt war.

HEIMLICHE KUGEL

Im April 2009 begab sich die Albanerin Mrike Rrucaj wegen starker Kopfschmerzen in Behandlung. Ärzte entfernten daraufhin eine Kugel aus ihrer Wange, die dort zwölf Jahre lang ohne ihr Wissen festgesteckt hatte.

ZWEITBABY

Julia Grovenburg aus Fort Smith, Arkansas, verblüffte die Medizinwelt, indem sie schwanger wurde, obwohl sie bereits ein Kind in sich trug! Bei ihrer ersten Ultraschalluntersuchung meinte sie, in der achten Woche schwanger zu sein – was stimmte. Doch gleichzeitig war sie auch in der elften Woche schwanger! In ihrer Gebärmutter wuchsen ein Junge und ein Mädchen heran, die durch die extrem seltene Superfötation, eine Überbefruchtung, gezeugt worden waren.

NEUER SCHÄDEL

Ein Mann, dessen Schädelplatte nach einem Unfall vor über 50 Jahren teilweise entfernt und durch eine Metallplatte ersetzt werden musste, versetzte die Ärztewelt in Erstaunen, weil sich seine Knochen wie durch ein Wunder regeneriert hatten! Bis zu diesem Zeitpunkt war nur ein einziger vergleichbarer Fall bekannt. Als Chirurgen das Metallstück im Kopf von Gordon Moore aus dem englischen Northumberland 2009 wegen einer Infektion entnehmen wollten, entdeckten sie darunter einen nigelnagelneuen Knochen!

BESTECKHUSTEN

Die Ärzte, denen der mysteriöse Husten von John Manley aus Wilmington, North Carolina, zwei Jahre lang Rätsel aufgegeben hatte, staunten nicht schlecht, als sie 2009 endlich die Ursache für sein Leiden entdeckten: ein 2,50 cm langes Stück Plastikbesteck, das sich in seiner Lunge verfangen hatte. Vermutlich hatte er es aus Versehen verschluckt, als er in einem Fast-Food-Restaurant ein Getränk zu sich nahm.

KRÄCHZENDE LEHRER

Nachdem der Feuerwehrmann Brian Wilson aus Damascus, Maryland, 1995 bei einem Autounfall eine schwere Kopfverletzung erlitt, verlor er sein Sprachvermögen. Die Ärzte gingen davon aus, dass sein Zustand irreversibel sei. Doch Wilsons Hauspapageie gaben ihr Herrchen nicht auf: Sie unterhielten sich so lange mit ihm, bis er schließlich antwortete. Um seine Dankbarkeit zu zeigen, nahm er im Laufe der Jahre an die 80 herrenlose Papageien bei sich auf.

Scherenschlucker

Mr. Lin aus Putian, China, verschluckte aus Versehen eine neun Zentimeter lange, vier Zentimeter breite Schere. Er hatte sich mit dem Metallgegenstand in den Zähnen herumgestochert, als er plötzlich lachen musste, woraufhin ihm die Schere in den Hals rutschte. Nachdem er erfolglos versucht hatte, sie wieder hochzuwürgen, musste sie operativ entfernt werden.

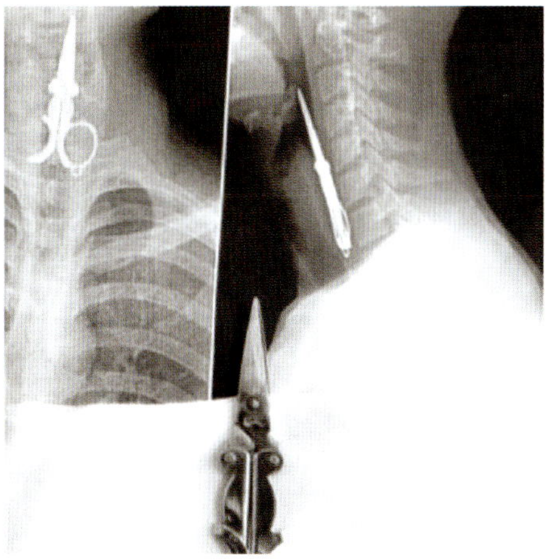

LUFTANGRIFF

Wissam Beydoun aus Dearborn, Michigan, plauderte 2009 nichts ahnend vor seinem Haus mit einem Nachbarn, als ihn ein Stück Metall an der Schulter traf, das sich von einem Flugzeug gelöst hatte. Die Aluminiumscherbe, die 20 × 15 cm groß war und etwa sechs Gramm wog, verursachte zum Glück nur eine kleine Beule.

Riesengrab

Nachdem der 450 kg schwere José Luis Garza 2008 im mexikanischen Juárez verstorben war, musste ein extragroßer Sarg für ihn angefertigt werden, der von 20 Personen in dieses gigantische Grab gehievt wurde.

MADENNASE

Nachdem eine 70-jährige Inderin fünf Tage lang unter dauerhaftem Nasenbluten gelitten hatte, wurden ihr in einem Krankenhaus nahe Mumbai 40 Maden aus der Nase entfernt. Eine Stubenfliege hatte ihre Eier in einem der Nasenlöcher abgelegt, und die geschlüpften Maden hatten sich von dem Fleisch der Frau ernährt, wodurch die Blutungen ausgelöst worden waren.

KLEINES PROBLEM

Um sich mehr beruflichen Respekt zu verschaffen, blätterte Hajnal Ban aus Logan, Australien, € 22.000 für eine Schönheitsoperation hin, bei der ihr beide Beine gebrochen und verlängert wurden. Nach der OP war die zierliche Politikerin mit nunmehr 1,62 m um 7,50 cm größer als vorher.

HIRNSCHADEN

Als der 19-jährige Chris Clear aus Penrose, Colorado, einem Freund half, eine Bodenfräse zu transportieren, brach ein großer Metallstift aus dem Gerät und bohrte sich in Chris' Gehirn. Um Haaresbreite verfehlte der Stift mehrere Hauptarterien und konnte durch eine neunstündige OP entfernt werden. Heute ist nicht einmal mehr eine Narbe zu sehen, und Clear konnte seinen alten Job bei der freiwilligen Feuerwehr wieder aufnehmen.

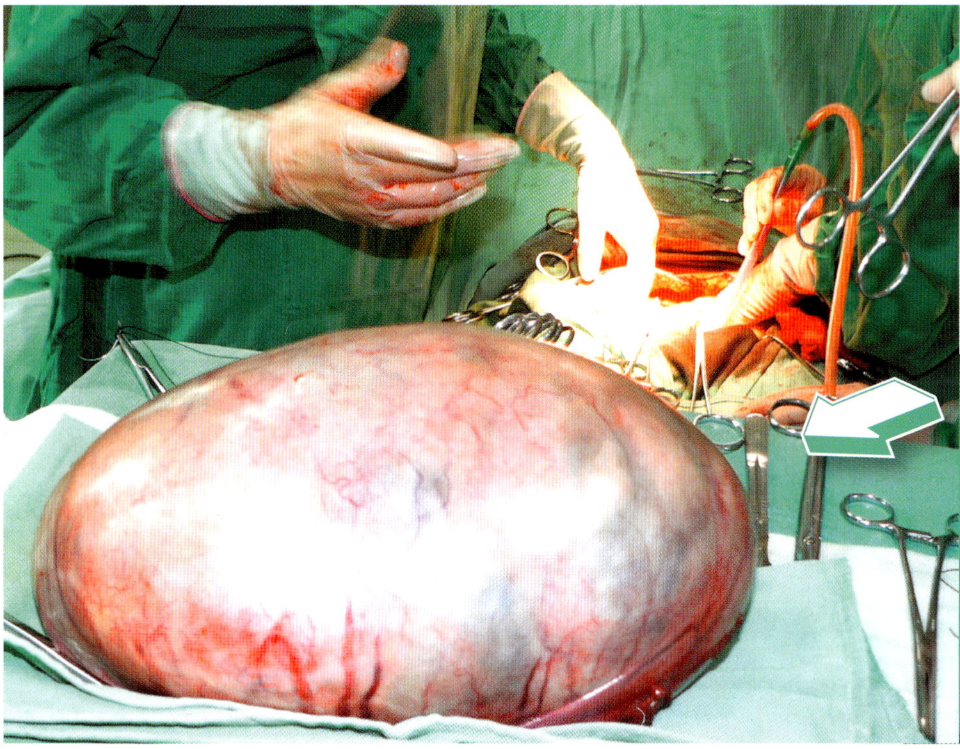

Sumo-Zyste

Eine Chinesin, die schwanger zu sein glaubte, erlebte ein böses Erwachen, als ihr in einem Krankenhaus in Haikou statt eines Babys eine 3,50 kg schwere Zyste aus dem Bauch entnommen wurde! Es handelte sich dabei um die größte Eierstockzyste, die in den letzten 20 Jahren operiert wurde.

Jawort mit Schaf

Zu ihrer Hochzeit trug die passionierte Schäferin Louise Fairburn aus Lincolnshire, England, ein Brautkleid aus Wolle, die von ihrer eigenen Schafherde stammte! Ihren Mann Ian zierte eine Weste aus demselben Material. Die Anfertigung des Kleides dauerte 120 Stunden und kostete € 3.520. Fairburn liebt ihre Schafe so sehr, dass die Vierbeiner sogar auf ihren Hochzeitsfotos posieren mussten.

DOPPELNAME ÜBERFLÜSSIG

Kelly Hildebrandt, eine Studentin aus Miami, Florida, gab 2009 ihre Verlobung bekannt – und zwar mit einem gewissen Kelly Hildebrandt! Aus Langeweile hatte sie eines Abends ihren eigenen Namen bei Facebook eingegeben und nur einen Treffer gefunden: einen jungen Mann aus Lubbock in Texas. Sie schrieb ihm eine Nachricht, sie wurden Freunde, und nach einem Besuch in Florida machte er ihr einen Antrag.

SMS-DISSERTATION

Caroline Tagg, eine Doktorandin an der Universität Birmingham in England, promovierte über das Thema SMS. Dreieinhalb Jahre lang schrieb sie an ihrer 80.000 Wörter langen Arbeit über Textnachrichten, nachdem sie über 11.000 SMS aus ihrem Freundeskreis analysiert hatte.

HUND IM HALTEVERBOT

Eine Politesse aus dem australischen Darwin verpasste einem Hund ein Knöllchen, weil er alleine vor einem Supermarkt wartete. Eine ältere Dame hatte das Tier an einen Zaun vor dem Rapid Creek Market gebunden, während sie ihre Einkäufe erledigte, und fand den Strafzettel bei ihrer Rückkehr an der Hundeleine vor.

DOPPELEI

Der Bauer Jeff Taylor aus dem englischen Herefordshire staunte nicht schlecht, als er ein Ei in einem Ei fand! Beide Eier waren intakt und wohlgeformt. Doppelte Eier sind auf eine Fehlfunktion der Muskelkontraktionen von Hennen zurückzuführen, durch die das Ei durch den Eileiter gepresst wird.

Hohe Töne

Im Jahr 2008 kletterte eine Gruppe von Extrem-Cellisten samt Instrumenten in nur 48 Stunden auf die vier höchsten Berggipfel Englands und Irlands, um in der Höhenluft Konzerte zu spielen. Dabei legten die Musiker eine Strecke von insgesamt 1.600 km zurück. Nach diesem Kunststück spielten sie auf den Dächern von 42 britischen Kathedralen, wofür sie nur zwölf Tage brauchten. Zudem traten sie an nur einem Tag auf allen Straßen auf, die auf dem Spielbrett der Monopoly-Sonderedition „London“ vorkommen.

LECKERE KÜNDIGUNG
Als Neil Berrett aus San Francisco 2009 seinen Job bei einer Marine-Schiffswerft kündigte, reichte er sein Kündigungsschreiben als Zuckerguss auf einer Torte ein.

SCHWERELOSE LIEBE
Die Science-Fiction-Fans Noah Fulmor und Erin Finnegan aus Brooklyn, New York, zeigten der Welt, was es heißt, sich Hals über Kopf zu verlieben, indem sie sich in einer umgebauten Boeing 727 trauen ließen, mit der es möglich ist, Schwerelosigkeit zu simulieren. € 11.000 kostete ihre Hochzeit in der Maschine des Kennedy Space Centers, die während des 90-minütigen Fluges spektakuläre Sinkflüge durchführte, bei denen das Brautpaar den Boden unter den Füßen verlor. Die Eheringe waren übrigens aus wertvollen Metallstücken gefertigt, die einem Meteoriten entnommen worden waren, der vor über 30.000 Jahren in Namibia einschlug.

AUS HEITEREM HIMMEL
Leighann Niles fuhr im August 2009 in der Nähe von Marblehead, Ohio, mit dem Auto, als ihre Windschutzscheibe plötzlich von einem Fisch durchbohrt wurde, der vom Himmel gefallen war. Ein Adler hatte den Flusstrommler wohl im nahe gelegenen Eriesee gejagt und dann im Flug fallengelassen.

BAUERNHOCHZEIT
Der Bauernsohn Markus Schmidt aus Oberbayern hielt um die Hand seiner Freundin Corinna Pesl an, indem er die Worte „Willst Du mich heiraten?“ aus 150 Heuballen formte, die er auf einem Feld auslegte. Die Heuballen waren jeweils 300 kg schwer und 3,50 m hoch. Seine Holde konnte die 70 m lange Botschaft von ihrem Schlafzimmerfenster aus sehen.

MARATHON-EHE
Rachel Pitt und Garry Keates aus dem englischen Hertfordshire heirateten, während sie am Londoner Marathon 2009 teilnahmen. Nach 38,60 km Dauerlauf machten sie einen Umweg in die St. Bride's-Kirche in der Fleet Street. Noch immer in Turnschuhen, vollendeten sie Hand in Hand die letzten 3,50 km des Marathons. Am Schluss trug der Bräutigam seine frischgebackene Ehefrau über die Ziellinie, wo sie ihren Brautstrauß in die Menge warf.

MASSENHOCHZEIT
Zehntausende von Chinesen heirateten am 9.9.2009, da sie das Datum für ein gutes Omen für eine lange Ehe hielten. Die chinesischen Worte für den neunten Tag des neunten Monats, *jiu, jiu*, bedeuten nämlich außerdem „für eine sehr lange Zeit“.

Der Kjeragbolten, ein 5 m³ großer Felsbrocken, der in einer schmalen Felsspalte im Kjeragplateau eingeklemmt ist, ist ganz in der Nähe von Stavanger in Norwegen zu bestaunen. Wer stahlharte Nerven und einen guten Gleichgewichtssinn besitzt, kann den Kjeragbolten erklimmen, von dem aus man einen atemberaubenden Blick auf die Lysefjord-Wasserstraße hat, die in schwindelerregenden 1.000 m Tiefe dahinfließt.

WAHNSINNSWELT.

SCHUPPENKINO

Der 81-jährige Don Parr aus dem englischen Birmingham baute sein Gartenhäuschen für € 11.000 in ein Kino im Stil der 1940er-Jahre um! Als Tribut an das Kino, in dem er 1943 als Vorführer gearbeitet hatte, stattete er den 4,80 m × 1,40 m großen Schuppen mit 14 Kinosesseln aus. Heute reisen eingefleischte Filmfans aus der ganzen Region an, um sich auf der 2 × 1 Meter großen Leinwand alte Streifen anzusehen.

KÖNIGREICH DER NARREN

Das Walachische Königreich, das in der Tschechischen Republik liegt, wurde 1997 von dem Fotografen Tomás Harabis gegründet, der sich damit einen Spaß erlauben wollte. König Boleslaw der Gütige (verkörpert von dem tschechischen Comedian Bolek Polívka) wurde zum repräsentativen Oberhaupt des „Staates" ernannt, während Harabis selbst den Posten des Außenministers übernahm. Das Walachische Königreich verfügt über eine eigene Währung, über eigene Pässe, eine Landesflagge, eine Universität, eine Staatslimousine und eine Marine.

KINOBUDE

In der Markthalle im englischen Coventry gibt es ein Kino, das nur 3 × 2,40 m groß ist und bescheidene vier Sitzplätze hat. „Bauherr" des winzigen Market Cinema, das ein ehemals baufälliger Stand beherbergt, war Brian Sexton.

EXHIBITIONISTENHAUS

Silvia Mertens und Pieter Peerlings, ein Architektenpaar aus dem belgischen Antwerpen, konstruierten ein nur 2,40 m breites vierstöckiges Wohnhaus inklusive Büroräumen mit transparenter Vorderseite. Als besonderes Gimmick ließen sie die Badewanne auf dem Dach installieren.

Zimmer mit Aussicht

Die Künstler und Brüder Tiago und Gabriel Primo machten es sich im Sommer 2009 in ihrem Zweitwohnsitz gemütlich, für den sie sich die Seitenwand eines Gebäudes im brasilianischen Rio de Janeiro ausgesucht hatten. Ihr spektakuläres Kunstwerk zog Tausende von Besuchern an. An der Hauswand prangten in bis zu neun Metern Höhe verschiedene Möbelstücke, darunter ein Bett, eine Couch und eine Kommode. Bis zu 14 Stunden am Tag lebten die beiden in ihrem luftigen Heim.

HAUS FREI HAUS

Gerry und Cindy Mann aus Battle Creek, Michigan, ließen sich ein ganz besonderes Verkaufskonzept für ihr Haus einfallen: Sie boten ein Miniaturmodell ihres Eigenheims für € 123.000 an und verschenkten das echte Haus als „Bonus" dazu. Das detailgetreue Puppenhaus hatte Cindys Vater Ron Caldwell im Maßstab von 1 : 12 gebaut.

NEUTRALE ZONE?!

Die russischen Kosmonauten auf der Internationalen Raumstation verrieten 2009, dass ihre Vorgesetzten ihnen befohlen hatten, die in den USA hergestellte Toilette zu boykottieren und ausschließlich das russische Modell zu benutzen.

HÖHLENBURG

Die Höhlenburg Lueg in Predjama, Slowenien, wurde im zwölften Jahrhundert auf einem 60 m hohen Überhang aus Kalkstein erbaut, und zwar mitten in einem Höhleneingang!

STAATSVERSCHULDUNG

Als im Jahr 1979 die Raumstation Skylab in Westaustralien auf die Erde stürzte, stellte die Gemeinde Esperance den USA € 290 für unerlaubte Müllentsorgung in Rechnung. Doch die Strafe wurde erst 30 Jahre später bezahlt, und zwar von dem Radiomoderatoren Scott Barley, der für den Sender Highway Radio in Barstow, Kalifornien, arbeitet. Er rief seine Zuhörer zu einer Spende auf und überwies im April 2009 den Betrag im Namen der NASA an die Gemeinde Esperance.

HAUSLOS

Um trotz Rezession und sinkender Immobilienpreise sein weitläufiges Anwesen in Morchard Bishop, England, samt Wohnhaus, vier Ferienhäuschen, Waldland und Privatsee loszuwerden, verkaufte Brian Wilshaw 46.000 Lotterielose im Wert von je € 25. Sein 4,60 ha großes Grundstück, das als Hauptpreis winkte, hatte davor pro Monat fast € 15.000 an Wert verloren.

Steinheim

Dieses bizarre Kalksteinhaus steht in Fafe, Nordportugal. Es wurde von einem unbekannten Künstler errichtet und sorgt bis heute für viel Aufsehen. Da früher nur wenige Fotos davon in Umlauf waren, bezweifelte man zeitweise sogar seine Existenz, doch mittlerweile ist es zu einer beliebten Sehenswürdigkeit geworden.

NUR FÜR SCHWINDELFREIE

Der Willis Tower in Chicago (bis 2009 Sears Tower), mit 527 m das höchste Gebäude der USA, wurde 2009 mit vier komplett verglasten Aussichtsplattformen ausgestattet. „The Ledge" (deutsch: „Der Felsvorsprung"), wie das Konstrukt genannt wird, kann bis zu fünf Tonnen Gewicht tragen und besteht aus 3,80 cm dickem Glas. Es ist im 103. Stock des Gebäudes auf 412 m Höhe angebracht und bietet einen atemberaubenden Blick auf die Stadt und den Chicago River.

GRÜNE BUCHT

Lust auf ein Badevergnügen der besonderen Art? Dann auf zum Papakolea Beach bei South Point auf Hawaii – denn dort ist der Sand nicht weiß, sondern grün! Die von einem Aschekegel umfasste Bucht ist mit Vulkansand gefüllt, der aufgrund des hohen Olivin-Gehalts eine grünliche Färbung aufweist. Olivine sind Mineralien, die häufig durch die Erosion von Basaltlava an die Erdoberfläche gelangen.

ROSA KRANKENHAUS

Die 30 Betten große Huasheng-Geburtsklinik in Yuanlin, Taiwan, hat sich für ihre Patientinnen eine ganz besondere Entspannungsmethode ausgedacht: Das gesamte Gebäude ist im pinkfarbenen Hello-Kitty-Dekor gehalten. Die Schwestern tragen rosafarbene Arbeitskleidung mit den berühmten Katzenköpfen auf den Schürzen, und selbst auf den Geburtsurkunden ist die kleine Comic-Katze abgebildet.

CONTAINER-KLASSEN

Wer das Pech hat, auf den Müllhalden im philippinischen Manila aufzuwachsen, erhält seine Schulbildung in zu Klassenzimmern umgebauten Schiffscontainern.

GERTENSCHLANKES HAUS

Das schmalste Haus New Yorks wurde 2009 für ganze 1,96 Millionen Euro verkauft. Das 2,90 × 13 m große, dreistöckige Haus in Greenwich Village wurde 1873 errichtet und schmiegt sich zu beiden Seiten an zwei größere Gebäude.

FITNESS-KIRCHE

Der Bauunternehmer und Bodybuilder Al Horvath baute eine alte Kirche in Barberton, Ohio, zu einem Fitnessstudio um. Der Altarraum ist nun im Superman-Thema gestaltet, statt Gebetsbänken zieren Fitnessbänke das Hauptschiff, und die Wände sind mit Abbildungen von legendären biblischen Gestalten wie Samson, David und Goliath verziert.

AUF DEM TROCKENEN

DIESES GANZ GEWÖHNLICHE REIHENHAUS IM ENGLISCHEN OXFORDSHIRE WURDE ZU EINER BELIEBTEN TOURISTENATTRAKTION, NACHDEM DER HAUSEIGENTÜMER BILL HEINE 1986 EINEN 7,60 M LANGEN HAIFISCH AUS FIBERGLAS IN DAS DACH MONTIERT HATTE. DER SOGENANNTE „HEADINGTON-HAI", HEINES PERSÖNLICHER PROTEST GEGEN GEWALT UND UNGERECHTIGKEIT, LÖSTE EINEN SECHSJÄHRIGEN BÜROKRATIESTREIT AUS. DER STADTRAT VON OXFORD WOLLTE DEN HAI ENTFERNEN LASSEN, LENKTE 1992 ABER ENDLICH EIN UND LIESS HEINE GEWÄHREN.

SÄURESEE

Der Sturmjäger George Kourounis aus Kanada unternahm eine lebensgefährliche Fahrt in einem Gummiboot auf dem grössten Säuresee der Welt, der sich im Tal des 2.386 m hohen Vulkankomplexes Ijen in Indonesien befindet! Als der Vulkan ausbrach, ging in einem Radius von bis zu 610 m ein Säureregen auf die Erde nieder, wodurch ein Warmwassersee entstand, der eine tödliche Mischung aus Schwefelsäure und Chlorwasserstoff enthält.

Die starke Mischung aus Vulkangasen und Regenwasser bildet ein giftiges Gebräu, das bis zu 34 °C warm werden kann.

Bad im Vulkan

Die Thermalbäder nahe dem neuseeländischen Rotomahana-See galten als einzigartiges Naturphänomen, das auch als achtes Weltwunder gehandelt wurde. In den 1880er-Jahren nahmen diese drei Männer im Schatten des nahe gelegenen aktiven Vulkans Mount Tarawera ein Bad in einem der großen mineralischen Naturbecken, die mit warmem Quellwasser gefüllt waren. Die Becken formten sich aus der Kieselerde, wenn das kochend heiße Geysirwasser abkühlte. Die „Pink and White Terraces", wie die Becken auch genannt wurden, waren bis 1886 eine beliebte Touristenattraktion. Dann brach der benachbarte Vulkan aus und zerstörte nicht nur die Thermalbecken, sondern tötete auch über 100 Bewohner der Gegend.

GEISTERFAHRERPLANET
Ein erst kürzlich entdeckter Planet, der etwa doppelt so groß ist wie der Jupiter, kreist im Gegensatz zu allen anderen bekannten Planeten gegen den Uhrzeigersinn um seinen Mutterstern. Er liegt 1.000 Lichtjahre von der Erde entfernt im Sternbild Skorpion und trägt den Namen WASP-17, da er der 17. Planet außerhalb unseres Sonnensystems ist, der mithilfe des Programms Wide Area Search for Planets entdeckt wurde.

QUAPPENREGEN
Im Juni 2009 gab ein plötzlicher Kaulquappenregen in mehreren Regionen Japans der Fachwelt Rätsel auf. In Nanao fand man auf einer Fläche von zehn Quadratmetern 100 der kleinen Nachwuchsfrösche, und weitere 70 Exemplare wurden auf einer Fußgängerbrücke entdeckt. Mysteriöserweise waren in diesem Zeitraum aber weder Tornados noch andere stärkere Stürme aufgetreten.

STAUBSTURM
Im September 2009 sahen die Einwohner Sydneys rot – denn ein gigantischer Staubsturm aus roten Partikeln ging über der australischen Stadt nieder. Menschen flüchteten in ihre Häuser und alle internationalen Flüge mussten gecancelt werden, als der Sturm, der über 1.500 km entfernt im Outback entstanden war, durch die Straßen fegte.

MONSTERKAKTUS
Vor der Universität für Zahnmedizin in Sattur, Indien, steht ein 23 m hoher Kaktus, der 2002 angepflanzt wurde und 20 cm lange Blüten treibt!

DER METEORITENSAMMLER
Rob Elliott aus dem schottischen Fife sammelt Steine der ganz besonderen Art: Über 1.000 Meteoriten hat er zusammengetragen, darunter ein über 110 Millionen Jahre altes Exemplar. In den 13 Jahren, die er seinem Hobby nun schon nachgeht, hat er Meteoriten mit einem geschätzten Gesamtwert von mehreren Millionen Euro in seinen Besitz gebracht. Um sie aufzuspüren, verwendet er einen selbstgemachten Metalldetektor aus einem alten Golfschläger, an dessen Ende ein Magnet befestigt ist.

PFEIFENDE INSEL
Auf der kleinen Kanarischen Insel La Gomera kommunizieren die Einheimischen über kilometerweite Distanzen durch eine Pfeifsprache, die auch *El Silbo* genannt wird. Das Vokabular besteht aus über 4.000 „Wörtern“ und wird mittlerweile selbst in der Schule gelehrt, da die Sprache auszusterben drohte.

DEZIMALZEIT
Nach der Französischen Revolution verwendete Frankreich zwei Jahre lang eine Dezimalzeit, die aus einem Zehn-Stunden-Tag und 100-Minuten-Stunden bestand. Viele Uhren, die zwischen 1793 und 1795 angefertigt wurden, weisen ein doppeltes Ziffernblatt auf, das die Standard- und die Dezimalzeit anzeigt.

BUTTERBRÜCKE
Aufgrund der vielen Selbstmörder, die von einer Stahlbrücke im chinesischen Guangzhou gesprungen waren, ordnete die Regierung an, das gesamte Bauwerk mit Butter einzuschmieren. In nur einem Monat hatten zahlreiche Personen die Brücke erklommen, um sich hinabzustürzen. Für acht der Selbstmordkandidaten endete das Vorhaben tatsächlich mit dem Tod. Die schmierige Maßnahme sollte den Lebensmüden ihren Aufstieg erschweren.

MELONENSKI
Beim Chinchilla-Melonenfestival, das alle zwei Jahre im australischen Queensland abgehalten wird, müssen die Wettbewerbsteilnehmer Skifahren – und zwar mit ausgehöhlten Melonen an den Füßen! Auf ihren skurrilen „Skiern“ werden sie an einem Seil einen rutschigen Abhang hinabgezogen. Gewinner ist, wer als Letzter auf die Nase fällt.

Himmelsloch

Dieses spektakuläre Bild wurde von einer Kamera an Bord der Internationalen Raumstation aufgenommen. Es zeigt die Frühphase eines Vulkanausbruchs auf der Erde, dessen Wucht ein gigantisches Loch in die Wolkendecke riss. Der riesige Rauchpilz schoss aus dem Sarytschew-Vulkan auf den Kurilen-Inseln bei Japan und bestand vornehmlich aus brauner Vulkanasche und Dampf. Aufgrund seiner hohen Temperatur verdampften die Wolken in seiner direkten Umgebung im Handumdrehen.

SEE IM SEE
Der 104 km² große Lake Manitou in Kanada ist ein See im See! Er liegt auf der 2.764 km² großen Manitoulin-Insel, die sich wiederum mitten im Huronsee befindet.

WANDERGRENZEN
Die im Gebirge gelegene Grenze zwischen Italien und der Schweiz führt auch durch Gletscher, die immer wieder schmelzen, sodass sich die Grenze verschiebt und neu ausgehandelt werden muss. Bis zu 100 m Unterschied haben die Gletscherbewegungen bereits erzeugt.

KOLOSSALE KIRCHE
Die Kathedrale Las Lajas in Kolumbien befindet sich im Tal des Guáitara-Flusses und steht auf einer Brücke, die den Fluss überspannt. Sie wurde so konstruiert, dass die Felswand des Tals ihre Rückwand bildet.

SEELENSTROM
Die Mausoleen in Santa Coloma de Gramenet, Spanien, sind mit Solarzellen ausgestattet und erzeugen Strom für die Stadt.

FEUERSTURM
Windströme und Temperaturwechsel können Großflächenbrände in hunderte von Metern hohe, tornadoähnliche Feuersäulen verwandeln.

MINI-INSELN
Obwohl die Malediven im Indischen Ozean aus fast 1.200 Inseln bestehen, haben sie nur eine Landmasse von 300 km² – das ist nicht einmal halb so viel wie die Grundfläche Hamburgs! Die meisten Inseln liegen nur 1,50 m über dem Meeresspiegel. Der höchste Punkt der Inseln befindet sich 2,40 m über NN.

DOMINANTE SONNE
Die Sonne trägt 99,8 % zur Gesamtmasse unseres Sonnensystems bei. Die gesamte andere Masse – also Planeten, Asteroide, Staub und Monde – macht damit nur 0,2 % aus.

VULKAN-BUNGEE
Ein Erlebnisreisenanbieter in Pucón, Chile, bietet Bungee-Sprünge aus einem Hubschrauber über einem aktiven Vulkan an. Die wagemutigen Kunden springen aus 140 m Höhe auf die flüssige Lava zu.

WASSERSCHEIDE
Wenn im brasilianischen Manaus das schwarze Wasser des Rio Negro mit dem braunen Wasser des Rio Solimões zum Amazonas zusammenfließt, plätschern die beiden „Wasserarten“ noch meilenlang nebeneinander her, ohne sich zu vermengen.

WANDERLAND
Im Jahr 2009 ereignete sich in der Tasmansee das schwerste Erdbeben, das Neuseeland seit 78 Jahren erlebt hatte. Seitdem liegt die Südinsel 30 cm näher an Australien als zuvor. Da die beiden Länder 2.255 km weit voneinander entfernt sind, machen die Konsequenzen des Bebens der Stärke 7,8 zum Glück aber keinen großen Unterschied.

ZEITZONEN
Geografisch deckt China fünf Zeitzonen ab – doch offiziell wird nur in einer einzigen Zeit gerechnet.

MÜLLAKTION
Fast 400.000 Freiwillige aus der ganzen Welt sammelten am 20.9.2008 auf insgesamt 27.360 km Küsten- und Uferstreifen unglaubliche 3,2 Millionen Kilogramm Müll!

GEHEIME BÄUME
Der Standort der wenigen verbliebenen australischen Wollemie-Bäume, die einst als ausgestorben galten, ist streng geheim. Wer sie untersuchen möchte, muss sich bei der Anfahrt die Augen verbinden lassen.

KOSMISCHES GEWITTER
Im Jahr 2009 ereignete sich in der Atmosphäre des Saturns ein Blitzgewitter, das über acht Monate andauerte und einen Wirkungskreis von bis zu 3.000 km hatte! Die emittierten Radiowellen waren über 10.000-mal stärker als die eines Blitzes auf der Erde.

GEISTER-GEGEND
Die Landmasse des kanadischen Territoriums Nunavut ist Millionen Mal größer als das Fürstentum Monaco, hat aber weniger Einwohner.

REGENSCHWUND
Die Verdunstungsgeschwindigkeit ist in der Wüste häufig so hoch, dass der Regen vaporisiert, ehe er den Boden erreicht.

EISBERGE
Aufgrund seiner massiven Eisdecke liegt der Kontinent Antarktis durchschnittlich 2,2 km über dem Meeresspiegel.

TEMPERATURUMSCHWUNG
Die Oberflächentemperatur auf dem Planeten Merkur kann zwischen Tag und Nacht um bis zu 538 °C schwanken.

MEERESFERN
Es gibt nur zwei „doppelte Binnenstaaten“ weltweit: Liechtenstein und Usbekistan sind beide von Ländern umschlossen, die selbst ebenfalls Binnenländer sind.

RAUE WOLKEN

Ken Prior, Mitglied der Cloud Appreciation Society aus Großbritannien, fotografierte 2009 diesen bis dato unbekannten Wolkentyp. Bis jetzt wurde er noch nicht offiziell anerkannt, doch die „Wolkenfreunde“ haben ihm vorläufig den Namen „Asperatus“, nach dem lateinischen Wort für „rau“, gegeben. Seitdem werden Wetterdaten erhoben, um die neue Wolkenart zu charakterisieren. Wenn Asperatus offiziell anerkannt wird, wäre zum ersten Mal seit über 50 Jahren ein neuer Wolkentyp entdeckt worden.

AERO-ALPHABET

Der Grafikdesigner Rhett Dashwood aus Melbourne, Australien, durchforstete Satellitenbilder seiner Heimat im Internet, bis er jeden Buchstaben des Alphabets gefunden hatte. Sie formen sich aus Gebäuden, Brücken, Flüssen, Wäldern und Feldern, die von der Erdoberfläche aus nicht zu erkennen sind. Sechs Monate brauchte Dashwood, um alle Lettern zu finden, darunter der Patterson-Lakes-Hafen (G) sowie das Cricketstadion in Melbourne (O).

SMILEY-GARTEN

Obwohl das Schloss Versailles bei Paris, dessen Park sich auf über 800 Hektar Land erstreckt, im 17. Jahrhundert errichtet wurde, entdeckte man erst kürzlich bei Luftaufnahmen, dass ein Teil der Gartenanlage einen Smiley formt!

SICHTBARES WRACK

Das Wrack der *SS Jassim*, einer bolivianischen Frachtfähre, die 2003 auf dem Wingate-Riff vor der sudanesischen Küste auf Grund lief und sank, kann aus der Luft deutlich erkannt werden.

JESUSBILD

Auf Google Earth kann man ein Abbild von Jesu Gesicht bewundern, das durch Verwehungen in einer peruanischen Sanddüne entstanden ist.

GOOGLE-KUGEL

Eine zehn Tonnen schwere, basketballförmige Skulptur mit einem Durchmesser von neun Metern ist über Google Earth zu sehen! Die Skulptur befindet sich vor der Frauen-Basketball-Hall of Fame in Knoxville, Tennessee.

Evitas Stadt

Die Ciudad Evita, eine 70.000 Einwohner große Stadt nahe Buenos Aires in Argentinien, wurde 1947 im Auftrag des damaligen Präsidenten Juan Perón gegründet. Die Stadt wurde so konzipiert, dass sie dem Profil seiner Frau Eva, auch als Evita bekannt, glich.

WO IST WALTER?

Für ihren Studienabschluss in Media Arts malte die Studentin Melanie Coles auf ein Hausdach im kanadischen Vancouver die Comicfigur Walter aus der Kinderbuchserie *Wo ist Walter?* in 16,50 m Größe, sodass Internetnutzer auf Google Earth die gesamte Stadt Vancouver wie ein Wimmelbild nutzen können.

OPRAH AUS KORN

Ein Bauer aus Queen Creek, Arizona, hat einen Kornkreis in Form des Kopfes der Talkmasterin Oprah Winfrey gestaltet, den man nur vom Flugzeug aus erkennen kann.

STEINVOGEL

Der Bildhauer Andrew Rogers hat aus über 1.500 Tonnen Stein einen vogelähnlichen Geoglyphen erschaffen, dessen Flügel eine Spannweite von 100 m haben! Die mythische, adlerähnliche Kreatur namens Bunjil befindet sich im You-Yangs-Nationalpark in Australien und stellt den Himmelsgott der Aborigines dar.

INDIANER ROCKEN!

Eine Felsformation bei Medicine Hat in Kanada, auch als „Badlands Guardian" (deutsch: „Wächter des Ödlands") bekannt, erinnert an das Profil eines Indianers, der über Kopfhörer Musik hört. Die Umrisse des Gesichtes sind durch natürliche Bodenerosion entstanden, während sich der Kopfhörer aus einer Ölquelle und der daran anschließenden Straße formt.

© Google Maps

Maus von oben

Dieser Micky-Maus-förmige Pinienwald in Florida hat einen Durchmesser von 610 m. Obwohl er sich in der Nähe von Disney World befindet, ist nicht bekannt, wer ihn angepflanzt hat.

WALDGESICHT

Im dänischen Odense ist aus der Vogelperspektive ein Wald zu bewundern, der wie ein Gesicht geformt ist. „Die Sonne als Gesicht" wurde 2005 im Rahmen der Jubiläumsfeierlichkeiten gepflanzt, die zu Ehren des 200. Geburtstages von Märchenautor Hans Christian Andersen abgehalten wurden.

LIPPEN-CANYON

Aus der Luft sehen die Ränder einer 40 m hohen Schlucht im Westen der Darfur-Region im Sudan aus wie der Schmollmund einer Frau.

FISCHDIEBSTAHL

Diebe aus Großbritannien nutzten Luftaufnahmen aus dem Internet, um wertvolle Fische ausfindig zu machen. So suchten sie per Google Earth nach Gartenteichen, die von der Straße aus nicht sichtbar waren und in denen teure Koi-Karpfen schwammen.

NEBELNETZE

Wenn vom Pazifik aus dichter Nebel Richtung Inland zieht, werden auf einem Hügel bei Lima in Peru Plastiknetze aufgespannt, die die Feuchtigkeit auffangen, wodurch die regenarme Region mit zusätzlichem Wasser versorgt wird. Seit 2006 haben die Bewohner des nahe gelegenen Dorfes Bellavista in den nebligen Wintern auf diese Weise viele hunderte Liter Wasser gesammelt.

STERNENSTAUB

Spuren der Aminosäure Glyzin wurden von der NASA im Sternenstaub aus dem Schweif des Kometen Wild 2 entdeckt. Dies könnte bedeuten, dass das Leben im All entstanden und dann durch Meteoriten- und Kometeneinschläge auf die Erde gebracht wurde. Glyzin ist ein Grundbestandteil von Proteinen, ohne die kein Leben möglich wäre.

Riesen-Reptil Das Gagudju Crocodile Holiday Inn im australischen Jabiru ist in Form eines 250 m langen Krokodils erbaut.

SCHÄDELTURM

In der serbischen Stadt Nis steht noch heute ein Turm, der aus Schädelknochen gemauert wurde. Das drei Meter hohe Bauwerk wurde 1809 von der osmanischen Streitmacht errichtet, nachdem sie die serbischen Rebellen niedergeschlagen hatte. Insgesamt 1.836 serbische Schädel wurden in den Turm eingemauert. Die Skalps wurden mit Baumwolle ausgestopft und als Beweis für den Sieg nach Konstantinopel geschickt. Seit der Befreiung Serbiens dient der Turm mit den 58 übriggebliebenen Schädeln als Mahnmal.

HAUS DER FENSTER

Im chinesischen Jinhua wurde ein Gebäude mit mehr als 1.000 Fenstern errichtet! Einer der Räume weist allein 21 Fenster auf. Alle Zimmer des vom japanischen Stararchitekten Keiichiro Sako entworfenen Hauses haben unregelmäßige Grundrisse und jedes Stockwerk ist mit einem Miniaturgarten ausgestattet.

HOCHSCHULE

Die Schule des Dorfes Gulu in der chinesischen Provinz Sichuan befindet sich auf halber Höhe eines Berges. Der Aufstieg dauert fünf Stunden und führt einen schmalen Serpentinenpfad empor, der an einigen Stellen nur 40 cm breit ist und sich an einer steilen Felswand entlang schlängelt. Zwar hat die Schule einen Basketballplatz, aber die Kinder dürfen nur dribbeln, da es Stunden dauern würde, verlorene Bälle wiederzuholen.

KIRCHENRAUB

Im Oktober 2008 wurde in Russland angeblich eine 200 Jahre alte Kirche komplett gestohlen! Die Christi-Auferstehungskirche befand sich in dem zentralrussischen Dorf Komarowo und wurde angeblich Stein für Stein von Unbekannten abgetragen.

VORSTADT-TEMPEL

Reisende aus aller Welt kommen in Scharen in die Vorstadt des Hafenortes Clacton-on-Sea in England, um dem zu einem Hindutempel umgebauten Gästezimmer von Dhirajlal und Sushila Karia einen Besuch abzustatten.

ALTE TRADITION

In Japan wird alljährlich am 15.9. der Tag des Respekts vor dem Alter gefeiert. Alle 100-jährigen Bürger erhalten zu diesem Anlass einen Silberpokal, begleitet von einem Brief des Premierministers.

BRAUTSTRASSE

Die Junggesellen aus dem abgelegenen indischen Dorf Barwaan Kala bauen gemeinsam eine Straße, auf der dem Volksglauben nach eines Tages ihre Bräute entlang spaziert kommen sollen. In dem hoch in den Kaimur-Bergen gelegenen Dorf leben über 120 Junggesellen.

MARTIALISCHE LEUCHTER

Die Kerzenleuchter in der Ružica-Kirche, die in der Parkanlage Kalemegdan der Festung von Belgrad steht, wurden aus Schwertern, Kugeln und Kanonen hergestellt. Soldaten fertigten die Leuchter während des Ersten Weltkriegs an.

INS FEUER DAMIT!

Im Rahmen des Fallas-Festes, das jeden März im spanischen Valencia abgehalten wird, werden Hunderte von bis zu neun Meter hohen Pappmaché-Figuren durch die Straßen getragen und anschließend in riesige Lagerfeuer geworfen.

KUSCHELKIRCHE
In der Bretagne wurde eine Kirche in den Fuß einer Klippe gebaut. Die St.-Gilda-Kapelle schmiegt sich unter eine riesige Granit-Felsnase am Ufer des Flusses Blavet.

ELEFANTENKRIEG
Im Jahr 1592 duellierten sich König Naresuan von Siam und der Kronprinz von Burma auf dem Rücken zweier Elefanten! In Thailand wird noch heute durch einen Feiertag an Naresuans Sieg erinnert.

LEGENDEN WERDEN WAHR
Am 18. 11. 2008 wurde im deutschen Hameln, der Stadt des Rattenfängers, ein (Schauer-)Märchen wahr, als die Behörden verkündeten, dass eine Rattenplage ausgebrochen sei.

KÄSEROLLEN
Wettkämpfer aus dem schweizerischen Bern müssen Käselaib-Attrappen so schnell wie möglich durch einen Parcours rollen. Der Wettbewerb geht auf das alte Handwerk der Käser zurück, die vor der Industrialisierung von Hand 27 cm dicke, 100 kg schwere Käseräder von bis zu einem Meter Durchmesser um Molkereien herumrollen mussten.

I-AH FÜRS JA
Für die afghanischen Präsidentschaftswahlen 2009 wurden Millionen von Wahlzetteln in die abgelegenen Bergregionen des Landes transportiert – und zwar per Esel!

URALT-BUTTER
In einem irischen Moor wurde ein 3.000 Jahre altes Butterfass geborgen! Zwei Bauern fanden das vergrabene Eichenfass, als sie den Boden eggten. Es war randvoll mit Butter gefüllt und stammt wohl aus der Eisenzeit.

RUHELOSE ZIEGEN
Auf dem Archipel Penghu auf Taiwan sind angeblich etwa 400 Ziegen wegen Schlafmangels verendet, da die acht Turbinen eines nahe gelegenen Windparks rund um die Uhr einen solchen Lärm produzierten, dass die Tiere kein Auge zubekamen.

HAAR-HAUS
Aus mit Gips vermengten Menschenhaaren konstruierte Paula Sunshine im englischen Bury St Edmunds einen auf natürliche Weise gut isolierten Anbau der eher schaurigen Art.

Rattentempel

In unseren Gefilden sind Ratten keine besonders gerngesehenen Gäste. Doch die Nagerhorden, die sich im Karni-Mata-Tempel im indischen Deshnoke herumtreiben, werden mit größtem Respekt behandelt. Die Nahrungsmittel, von denen sie kosten, gelten als gesegnet, und der Anblick einer weißen Ratte verheißt angeblich Gutes. Tötet ein Besucher aus Versehen eine Ratte, so muss er diese durch eine Rattenstatue aus Gold oder Silber ersetzen. Der hinduistischen Legende nach reinkarnierte die Heilige Karni Mata, die im 14. und 15. Jahrhundert lebte, Verstorbene als Ratten, weswegen die Tiere in dem „heiligen Rattentempel" heute nach Strich und Faden verhätschelt werden.

GRABESRUHE
Das Kloster Wat Prammanee im thailändischen Nakhon Nayok bietet hoffnungslosen Gläubigen Todes- und Wiedergeburtszeremonien an – inklusive einem kurzen „Besuch" im Sarg.

ECHOKIRCHE
Die futuristische protestantische Kirche Harajuku in Tokio, die 2005 errichtet wurde, ist mit wellenförmigen Wänden ausgestattet, durch die jedes Geräusch ein Echo von zwei Sekunden produziert.

KUSSNUSS
Beim San-Juan-Fest, das jeden Juni in Ciudadela auf Menorca abgehalten wird, bewerfen sich die Feiernden gegenseitig mit Haselnüssen, die Küsse repräsentieren sollen.

TUNNELMENSCHEN
Hunderte von Menschen leben in den dunklen, feuchten Abwasserkanälen unter der Stadt Las Vegas! Ihre teilweise komplett möblierten Unterkünfte sind trotz gesundheitlicher Risiken, Ungeziefer und Überflutungsgefahr für viele der sogenannten „Mole People" (deutsch: „Maulwurfmenschen") das einzige Zuhause, das sie sich leisten können.

Tentakel-Terror

Dieser gigantische Tentakel-Klumpen mag so aussehen, als stamme er aus einer anderen Welt – doch das gruselige Gebilde, das auf der Gower-Halbinsel in Wales an Land gespült wurde, ist ein Erdling – na ja, ein ganzer Haufen Erdlinge! Das zwei Meter lange Etwas, das von den verschreckten Touristen, die es fanden, zunächst für ein Alien gehalten wurde, war eine Ansammlung von Tausenden von Gemeinen Entenmuscheln, die sich an einem Holzpfosten festgesaugt hatten.

LANGZEIT-PROJEKT
In der antiken Provinz Syria (heutiges Jordanien und Syrien) bauten die römischen Besatzer 120 Jahre lang an einem 160 km langen Aquädukt, das in bis zu 80 m Tiefe aus dem Steinboden gehauen wurde.

GOLDWASSER
Die verbrannten Abfälle aus einer Abwasser-Raffinerie in der japanischen Präfektur Nagano enthalten mehr Gold als die ergiebigste Goldmine des Landes! 2008 wurde dort Gold im Wert von Zehntausenden von Euro isoliert, da einige Hersteller von Präzisionswerkzeug, die in der Region ansässig sind, das Metall mitverarbeiten, wodurch winzige Goldpartikel ins Abwasser gelangten.

KRÖTENTÖTEN
Im australischen Bundesstaat Queensland gibt es einen Feiertag, an dem die Einheimischen Aga-Kröten, die als Schädlinge gelten, einsammeln und ausmerzen sollen.

WOLKENHEIM
2008 wurde in der peruanischen Provinz Utcubamba eine verlassene, tausend Jahre alte Stadt entdeckt, die vom legendären Wolkenvolk in eine Bergwand gehauen und bislang niemals geplündert worden ist!

GOLD-ASTEROID
433 Eros, ein 33 km langer, bananenförmiger Asteroid, enthält Metalle im Wert von mindestens 14.570 Milliarden Euro, darunter mehr Gold, als auf der Erde jemals geschürft wurde. Der Asteroid kreist um die Sonne, zumeist zwischen den Umlaufbahnen von Erde und Mars, und soll am 31.1.2012 in 26 Millionen km Abstand an der Erde vorbeiziehen.

DOPPELSTROM
Der 2.681 km² große Wollaston-See im kanadischen Saskatchewan fließt von Natur aus in zwei Richtungen ab – nordwestlich über mehrere Flusssysteme in den Arktischen Ozean und nordöstlich in die Hudson Bay.

SALZPALAST
Der 1993 in Utah errichtete Salt Palace wurde aus reinem Steinsalz aus dem texanischen Grand Saline gebaut. In dieser US-amerikanischen Region gibt es genug Salz, um die ganze Welt 20.000 Jahre lang damit zu versorgen.

SKURRILES GESETZ
Ein Gesetz in Skamania County, Washington, verbietet es, dem Sasquatch, besser bekannt als „Bigfoot", Leid zuzufügen – einem mythischen Geschöpf, dessen Existenz niemals bewiesen werden konnte!

Salzküsten
Diese atemberaubenden roten und grünen Salzgärten, die an der Küste in der San Francisco Bay, Kalifornien, liegen, sind die Heimat von über 70 Vogelarten. Etwa 80 % der flachen, künstlichen Teiche, die der Salzgewinnung dienen, sind schon über 100 Jahre alt. Mithilfe von Sonne und Wind wird hier Salz gewonnen. Die Farben entstehen durch unterschiedlich hohe Konzentrationen von Algen, Mineralien, Mikroorganismen und Salinenkrebsen. Außerdem zeigen die Farben den Salzgehalt der Teiche an, die innerhalb von fünf Jahren eine 13–20 cm dicke Salzschicht ausbilden.

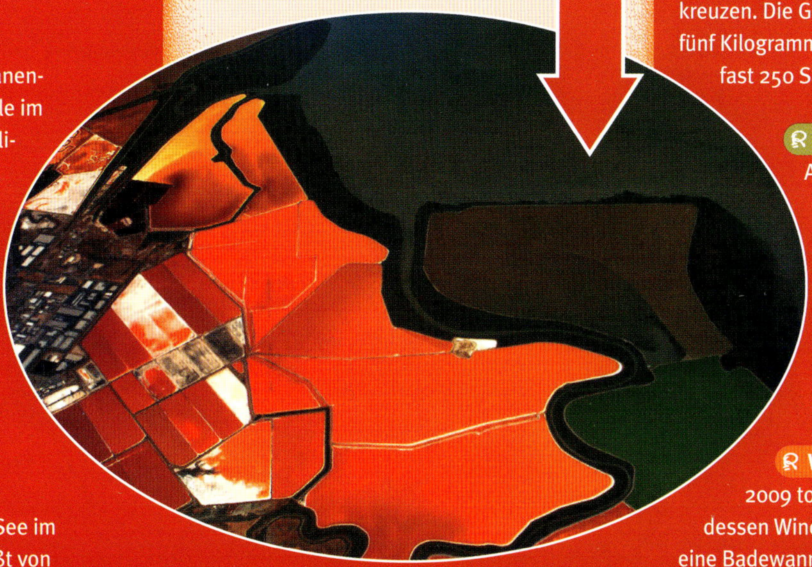

RATTENFREI
2003 wurde die gesamte neuseeländische Campbell-Insel von einer Rattenplage befreit, indem alle 200.000 Nager, die dort ihr Unwesen trieben, vergiftet wurden.

FEUCHTGEBIET
In Kanada gibt es schätzungsweise zwei Millionen Seen, die etwa 7,6 % der Landmasse bedecken.

FREMDBESTIMMT
Nur zehn Prozent der 1,7 Millionen Einwohner Dubais stammen tatsächlich aus dem Land.

AUSDAUER LOHNT SICH
Harry Hallowes, ein irischer Obdachloser, der über 20 Jahre lang in einer der teuersten Vorstädte Londons kampierte, bekam ein Stück Land geschenkt, das bis zu 2,94 Millionen Euro wert ist! Für das 800 km² große Stück Land in Hampstead Heath, wo er seit 1986 in einer winzigen Hütte lebt, erhielt er kürzlich das Eigentumsrecht.

LOCKLAND
Die Gemeinde Rappottenstein in Österreich bietet seit 2009 kostenloses Land für alle, die dort hinziehen und eine Familie gründen möchten.

GOLDGRUBE
Im Jahr 2009 entdeckte Terry Herbert, bewaffnet nur mit einem € 2,90 teuren Metalldetektor, in einem Feld im englischen Staffordshire einen mittelalterlichen Schatz aus 1.500 Teilen, der Millionen von Euro wert ist! Der 1.300 Jahre alte Fund besteht unter anderem aus goldenen Schwertgriffen, Juwelen aus Sri Lanka und altchristlichen, verzierten Goldkreuzen. Die Goldobjekte allein wiegen über fünf Kilogramm. Insgesamt füllte der Schatz fast 250 Säcke!

SALZHOTELS
Auf dem Uyuni-Salzsee in Bolivien, der zehn Milliarden Tonnen Salz enthält, stehen mehrere Hotels, die aus Salzblöcken gehauen wurden. In einigen schläft der Gast sogar in Betten aus echtem Salz!

WINDIGE WANNE
2009 toste ein Taifun durch China, dessen Winde so stark waren, dass sie eine Badewanne in eine zwölf Meter hohe Stromleitung schleuderten! Der 120 km/h schnelle Taifun Morakot erfasste das Möbelstück auf einem Hotelbalkon in Wenzhou.

UNTER EIS
Das Gamburzew-Gebirge in der Antarktis liegt unter einer vier Kilometer dicken Eisschicht begraben! Trotz der bis zu 3.000 m hohen Gipfel wurde es erst vor 50 Jahren entdeckt. Mit seinen 1.200 km erstreckt es sich außerdem so lang wie die Alpen.

MASSENBANK
Im japanischen Masuhogaura steht eine mehr als 460 m lange Holzbank, auf die bis zu 1.350 Menschen passen!

LAUFHAUS
Dänische Künstler haben gemeinsam mit Ingenieuren aus Massachusetts ein laufendes Haus entworfen! Das drei Meter hohe, solar- und windbetriebene Gebäude besteht aus Wohnzimmer, Küche, Toilette und Bett sowie einem Computer, der die sechs hydraulischen Beine kontrolliert, auf denen das Haus steht. Es kann sich auf jeder Geländeart fortbewegen und beispielsweise bei Überflutungen einfach in trockenere Gefilde abwandern.

EINZELSTIMME
Im Wahllokal Banej im indischen Gujarat gibt es nur einen Wähler: Guru Bharatdas Darshandas, den einsamen Hüters des Waldtempels.

FLASCHENTEMPEL
Auf dem Gelände des Wat-Pa-Maha-Chedi-Kaew-Tempels in Sisaket, Thailand, stehen etwa 20 Gebäude, die fast vollständig aus Bierflaschen erbaut wurden. Schon 1984 begannen die Mönche für ihr Projekt „Tempel der Millionen Flaschen" Leergut zu sammeln. Die Buddha-Mosaike im Tempel wurden aus Kronkorken zusammengesetzt.

VERLASSENE WOHNUNG
Im Januar 2009 entdeckte der Architekt Mark Aretz in Leipzig ein kleines Einzimmer-Appartement, das fast 20 Jahre zuvor, noch vor dem Fall der Berliner Mauer, verlassen und seitdem nicht mehr bewohnt worden war. Die ehemaligen Bewohner schienen es in aller Eile verlassen zu haben, als die DDR 1989 überraschend ihre Grenzen öffnete.

EINGESPERRT
Um den anhaltenden Vandalismus einzudämmen, verkündete der Stadtrat von Klaipėda in Litauen 2009, dass sich alle öffentlichen Toiletten in der Stadt automatisch verriegelten, sobald man sich länger als fünf Minuten darin aufhielte.

HÖHENANGST
Die Einwohner Münchens haben abgestimmt, dass Neubauten in der Stadt nicht höher als die Türme der Frauenkirche, also 99 m, sein dürfen, damit die Skyline nicht verschandelt wird.

EISENSÄULE
Die 6,70 m hohe eiserne Säule im indischen Delhi trotzt seit 1.600 Jahren den Gezeiten und zeigt dennoch kaum Zeichen von Verfall.

Bunte Tankstelle
Jennifer Marsh, eine Künstlerin aus Syracuse, New York, wollte ein Zeichen gegen den viel zu hohen Benzinverbrauch der USA setzen und entschied sich, einer verlassenen Tankstelle, an der sie Tag für Tag vorbeispazierte, ein neues Outfit zu verpassen. Marsh bedeckte das gesamte Gebäude inklusive Zapfsäulen und Laternen mit insgesamt 464 m² großen Flickenstoffen. Hunderte farbenfroher Stoffstücke aus aller Welt wurden von Marsh und ihrem Freiwilligenteam zusammengenäht. Die 10,60 m hohe, 12 m breite Tankstelle erinnert heute eher an ein Zirkuszelt.

Garage der Illusionen

Thomas Sassenbach aus Köln konnte die immergrauen Garagentore in seiner Heimatstadt nicht mehr ertragen und beschloss, dass es an der Zeit für einen neuen Anstrich sei! Seine Bilder wirken täuschend echt, und nicht selten bleiben Passanten fassungslos stehen, weil sie ihren Augen nicht trauen. Die über Klettverschlüsse fixierten Abdeckplanen zeigen beispielsweise einen Formel-1-Wagen, einen Düsenjäger, einen Elefanten und vieles mehr – natürlich alles im naturgetreuen Maßstab.

TIEFKÜHLSTRAND

Nahe des Palazzo Versace Hotels in Dubai wurde der erste gekühlte Strand der Welt eingeweiht, an dem wohlhabende Touristen die Sommersonne genießen können, ohne sich die Füße im heißen Sand zu verbrennen. Ein computerkontrolliertes System von mit Kühlflüssigkeit gefüllten, unterirdischen Rohren sorgt für angenehme Temperaturen.

DACHGARTEN

Seit über einem Jahrhundert wachsen Bäume auf dem Turmdach des Gerichtsgebäudes von Greensburg, Indiana. 1870 bahnte sich erstmals ein Zweig seinen Weg durch die Risse des Dachs. Heute stehen dort in 33 m Höhe zwei stolze Bäume!

KREUZWORTHAUS

Im ukrainischen Lemberg wurde die 30 m hohe Seitenwand eines Hochhauses mit einem gigantischen Kreuzworträtsel verziert. Es ist 19 Kästchen breit und 34 Kästchen hoch und fragt nach den wichtigsten Sehenswürdigkeiten der Stadt. Wenn es dunkel wird, leuchten Buchstaben in den Kästchen auf, die die Lösungen verraten.

EIN-HEIMISCHER ALFONSO

Alfonso de Marco aus dem englischen Eastbourne feierte im April 2009 seinen 107. Geburtstag, und zwar in dem Haus, in dem er seit 100 Jahre lebt! 1909 war er als Siebenjähriger aus Italien nach England emigriert und seitdem niemals wieder umgezogen.

FLUGSTUNDE

Die Schüler der Kingsland-Grundschule im englischen Stoke-on-Trent werden teilweise in einem ausgemusterten Flugzeug unterrichtet! Die alte Short 360, die früher Irland und Spanien anflog, wurde mit Tischen und Laptops ausgestattet.

FAMILIENSTRASSE

Insgesamt 69 Mitglieder ein und derselben Familie leben in einer einzigen Straße im englischen Gateshead. Die Familie Hall hat sich mehr und mehr in den Cotswold Gardens ausgebreitet, seit Catherine Hall 1958 dorthin zog. Sechs ihrer acht Kinder leben heute mit ihren Familien dort, dazu drei Onkel und eine Schwiegermutter. Insgesamt bewohnt die Familie 15 Häuser und hält über 50 Haustiere.

AMAZONAS-MARATHON

Der ehemalige Offizier Ed Stafford machte sich im April 2008 auf die Reise seines Lebens – denn der Brite hatte sich in den Kopf gesetzt, den gesamten Amazonas entlangzuwandern. Im August 2010 beendete er seinen Marsch und überstand als Erster diese gewagte Reise. Doch das Abenteuer war nicht sein einziges Ziel: Die Rettung des Regenwaldes ist ihm eine Herzensangelegenheit, und er hoffte, mit seiner Wanderung nicht nur auf sich, sondern auch auf die ökologische Katastrophe aufmerksam zu machen, die sich dort abspielt. Der Fluss ist 6.400 km lang, die Wanderstrecke betrug aber rund 9.500 km, da die kürzeste Route nicht immer die günstigste war. Im Februar 2010 hatte Stafford gemeinsam mit seinem einheimischen Führer Cho bereits die Hälfte seiner Reise hinter sich gebracht, auf der er zu großen Teilen bis zur Brust im schlammigen Wasser versank. Auf seiner Wanderung durch eine der gefährlichsten Gegenden der Welt hatte er mit Überflutungen, Giftschlangen, Zitteraalen, Piranhas und Jaguaren zu kämpfen. Er wurde von bewaffneten peruanischen Stammesleuten verfolgt und unschuldig wegen Mordverdachts verhaftet. Nur mit einem Rucksack ausgestattet, drohten auch Skorbut und Hunger, seine Reise vorzeitig zu beenden – Piranhas zum Frühstück waren für Stafford keine Seltenheit.

Vorbereitungen für den Tag

„Morgens erwache ich stets bei Sonnenaufgang. Nachdem ich meinen fast immer steifen Nacken eingerenkt habe, nehme ich eine Malaria-Tablette, die ich mit jodiertem Wasser hinunterspüle, das in einer Flasche über meinem Kopf hängt.

Da wir meistens irgendwo im Nirgendwo kampieren, schlafe ich häufig in einer einfachen Hängematte. Dann ziehe ich meine Gummischuhe über und tapse zur Wäscheleine. Mein Begleiter Cho und ich haben nur zwei Garnituren Wäsche – eine für den Tag, die meistens feucht und sandig ist, und eine für den Abend, die sauber und trocken ist.

Die nassen Sachen trocknen trotz der Leine auch über Nacht nicht, weil die Luftfeuchtigkeit so hoch ist und wegen der dicht stehenden Bäume kaum Windzug herrscht. Die Leine dient eigentlich nur dazu, dass die Kleider nicht auf dem nassen Boden liegen müssen. Im Großen und Ganzen denke ich einfach nicht darüber nach, dass die Sachen feucht sind. Dann ziehe ich meine löchrigen Socken und meine Stiefel an. Mittlerweile ist es etwa sieben Uhr, und während ich mir die Zähne putze, spaziere ich zur Feuerstelle, wo ich in der Regel feststellen muss, dass wir unser Feuerholz schon am Vorabend verheizt haben.

Mit meiner Machete bewaffnet, gehe ich dann auf Holzsuche. Mit etwas Glück findet man trockenes Holz, das in den Bäumen hängt. Holz auf dem Boden ist zu feucht. Habe ich etwas gefunden, prüfe ich, ob es trocken genug ist, indem ich es biege. Wenn es nicht

49

zerbricht, ist es innen noch saftfrisch und würde nicht brennen.

Dann entzünden wir ein Feuer aus Holzscheiten. Als Zunder nutzen wir Harz, das Ewigkeiten lang brennt und das wir am Anfang mit Spänen und Zweigen befeuern. Um halb acht kocht meist schon unser Wasser, und kurz darauf gibt es Reis zum Frühstück. Wenn wir keinen Fisch gefangen haben, essen wir dazu Dosenthunfisch. Wir beide finden es nervig, das Fischnetz aus dem Fluss zu angeln, weil das Wasser um diese Uhrzeit noch so kalt ist und man meistens schwimmen muss, um das Netz einzuholen. Auch die Piranhas aus den Maschen zu entfernen ist wegen ihrer scharfen Zähne ziemlich anstrengend, auch wenn die Fische nicht halb so schlimm sind wie ihr Ruf. Während der Reis kocht, nehmen wir unseren Fang – meistens Katzenfisch, Piranha oder Forelle – aus und grillen ihn.

Cho und ich packen unsere Sachen in einen Gummisack, der dann in unsere Rucksäcke gestopft wird. Das ist zwar umständlich, aber so sind sie wenigstens wasserdicht verpackt und wir können im Notfall schwimmen, ohne uns um das MacBook und das Satellitentelefon sorgen zu müssen.

Die Hälfte von unserem Reis füllen wir in Tupperdosen, damit wir ein Mittagessen haben. Nach dem Frühstück, also zwischen acht und halb neun, schultern wir unsere über 30 kg schweren Rucksäcke auf unsere mit Moskitostichen übersäten Rücken und laufen weiter.“

Seltsame Schutzengel

Diese geisterhafte Puppenarmee hat schon so manchem nichts ahnenden Besucher der indonesischen Insel Sulawesi einen ordentlichen Schrecken eingejagt! Die *Tau Tau* genannten lebensgroßen Figuren werden nach dem Ebenbild verstorbener Einheimischer aus Holz geschnitzt und behüten deren in Felswände eingelassene Gräber. Der Ahnenkult des kleinen Volksstammes der Toraja, der im sulawesischen Hochland lebt, ist an und für sich schon etwas ganz Besonderes: Allein die Begräbniszeremonie kann mehrere Jahre andauern!

LANDBESITZ
69 % der Landfläche Großbritanniens befindet sich im Besitz von nur 0,6 % der Bevölkerung – dabei handelt es sich fast ausschließlich um Grundbesitzerdynastien, die ihr Land bereits seit dem 19. Jahrhundert verwalten.

MINI-ALPHABET
Rotokas, die Sprache, die von rund 4.000 Einwohnern der Insel Bougainville in Papua-Neuguinea gesprochen wird, hat nur zwölf Buchstaben: A, E, G, I, K, O, P, R, S, T, U und V.

DIE LAST DER EHE
In Winesburg, Ohio, tragen die einheimischen Frauen bei einem Wettbewerb im Rahmen des Herbstfestes ihre Ehemänner durch die Gegend!

SUPERMAUER
Eine Studie aus dem Jahr 2009 zeigte, dass die Chinesische Mauer 3.850 km länger ist, als bisher angenommen. Mithilfe moderner Methoden entdeckte man weitere Teile des Bauwerks, die bisher durch Hügel, Gräben und Flüsse verborgen gewesen waren. Damit ist die Mauer insgesamt beeindruckende 8.851,80 km lang!

KÖNIGLICHES TIMING
Bis 1936 waren alle 180 Uhren aus der königlichen Sammlung im englischen Sandringham House in Norfolk auf die sogenannte Sandringham-Zeit gestellt, nach der es immer eine halbe Stunde früher war als laut westeuropäischer Zeit. Die Idee geht auf eine Marotte von König Eduard VII. zurück, der sich einbildete, so auch im Winter mehr Tageslichtstunden für die Vogeljagd herausschinden zu können.

GLETSCHER-GEBETE
Über 300 Jahre lang beteten die Bewohner des Dörfchens Fieschertal in den Schweizer Alpen, dass der Aletschgletscher, der längste Gletscher in ganz Europa, nicht weiter wachsen möge, da er ihrer Heimat gefährlich nahe kam. Doch 2009 erbaten sie Papst Benedikts Segen für eine vollkommen neue Art von Gebet – nämlich dafür, dass der Gletscher nicht weiter schmelzen möge. Wegen des Klimawandels sind die Schweizer Gletscher, die eine wichtige Energiequelle für Wasserkraftwerke sind, in den letzten zehn Jahren um zwölf Prozent geschmolzen.

KORALLENSTRASSEN
Neues Fahrerlebnis gefällig? Dann auf nach Guam, denn die Straßen auf der Pazifikinsel werden aus Korallen gebaut! Da es in Guam wenig Sand, dafür aber viel Korallenstaub gibt, wird das Pulver einfach mit Asphalt vermengt und im Straßenbau verwendet.

PRIVILEGIERT
Im Jahr 2009 war nur eine einzige Wohnung in einer luxuriösen, 32-stöckigen Wohnanlage in Fort Myers, Florida, bewohnt. Victor Vangelakos, seine Ehefrau und seine drei Kinder hatten den riesigen Pool, den Hobbyraum und das Fitnessstudio ganz für sich allein, da die anderen potenziellen Käufer wegen der Weltwirtschaftskrise einen Rückzieher gemacht hatten.

UNTERTUNNELT
Der 17 km lange St.-Gotthard-Straßentunnel, der unter den Schweizer Alpen hindurchführt, ist fast doppelt so lang wie der Mount Everest hoch.

PINKELSTEIN
In der österreichischen Stadt Raschala weist ein Schild auf einen Stein am Straßenrand hin, gegen den Wolfgang Amadeus Mozart im 18. Jahrhundert gepinkelt haben soll. Jedes Jahr kommen so viele Touristen, um den „Mozart-Pinkelstein“ zu bewundern, dass die Stadt nun ein Fest zu Ehren des Komponisten ins Leben gerufen hat.

BABY-BOOM
Das kleine Dorf Cambourne in England hat eine höhere Geburtenrate als Indien, China, Indonesien oder Brasilien! Bei nur 7.600 Anwohnern kamen im Jahr 2009 auf 1.000 Frauen 24,1 Geburten – fast doppelt so viele wie der großbritannische Durchschnitt! In dem Dorf leben ungewöhnlich viele junge Paare.

KURIOSER KNOCHEN
2009 entdeckten Wanderer in einem Wald bei Landshut in Deutschland einen seltsam geformten Knochen und alarmierten die Polizei. Diese fand heraus, dass es sich um einen Hüftknochen mit künstlichen Gelenken handelte. Doch wie der Knochen dorthin geraten war, gab den Beamten Rätsel auf – bis schließlich jemand nach oben sah und ein Skelett in einer elf Meter hohen Tanne entdeckte! Untersuchungen ergaben, dass 30 Jahre zuvor ein damals 69-Jähriger Selbstmord begangen hatte, indem er auf die Tanne geklettert und sich in der Krone erhängt hatte.

VERKEHRSBERUHIGTE ZONE
Im Fürstentum Andorra, das in den Pyrenäen zwischen Spanien und Frankreich liegt, gibt es weder Flughäfen noch Zugverkehr oder Häfen.

Die Puppeninsel

Im Texcoco-See nahe Mexiko-Stadt befindet sich eine winzige Insel, die auch Isla de las Muñecas (deutsch: „Insel der Puppen“) genannt wird. Seit dort vor vielen Jahren ein kleines Mädchen ertrank, glauben die Einheimischen, dass es auf der Insel spukt, und betreten sie möglichst nie. Nur der obdachlose Julián Santana lebte über 50 Jahre lang auf der Insel, die er mit Tausenden von Puppen schmückte, um den ruhelosen Geist des Mädchens zu besänftigen. Die Puppen erhielt er von den Einheimischen im Tausch gegen Gemüse, das er auf der Insel anbaute. Zwar verstarb Santana im Jahr 2001, doch sein schauriges Erbe besteht weiter.

Dieses Kalb mit drei Nasenlöchern wurde auf einem Bauernhof im schweizerischen Cheiry geboren. Seine nasale Eigenheit machte es bei den Einheimischen so beliebt, dass der Bauer Urs Herrmann es nicht mit den anderen Kälbern auf dem Markt verkaufte, sondern es „adoptierte“.

TOTAL TIERISCH

TOTAL TIERISCH

Flie-genial

Für die Frankfurter Buchmesse 2009 ließ sich ein deutscher Verlag eine Werbekampagne der ganz besonderen Art einfallen: Der Eichborn Verlag, dessen Logo eine Fliege ist, befestigte kleine Werbebanner mit dem Slogan „Eichborn – Der Verlag mit der Fliege" an lebenden Fliegen, die dann durch die Messehalle schwirrten. Die Banner waren mit Wachs und Fäden fixiert und schadeten den Insekten nicht. Die 200 Fliegen hatten aber leichte Probleme mit dem unbekannten Gewicht und landeten immer wieder auf zahlreichen überraschten Messebesuchern.

Therapiekatze

Als die Katze Chase aus Lexington, Kentucky, von einem Auto angefahren wurde, verlor sie ihre Nase, die Augenlider und die Gesichtshaut sowie ein Bein. Da es den Tierärzten nicht gelang, ihr Gesicht zu rekonstruieren, ist dieses mittlerweile nicht mehr mit Fell, sondern mit rosafarbenem Gewebe bedeckt. Die Katze wurde von Melissa Smith adoptiert, der Tierarzthelferin, die sie nach dem Unfall betreute. Mittlerweile hat es Chase als „Therapiekatze" mit eigenem Blog zu einiger Berühmtheit gebracht, indem sie entstellten Menschen dabei hilft, mehr Selbstbewusstsein zu entwickeln.

FELIX, DER GLÜCKLICHE

Im April 2009 wurde der zwölfjährige Kater Felix von Andrea Schröder aus Köln lebend geborgen, obwohl er fast fünf Wochen lang in den Trümmern des Stadtarchivs gefangen gewesen war.

SCHUHFETISCH

Über mehrere Monate hinweg klaute eine Füchsin mehr als 120 Schuhe aus Häusern und Gärten in der deutschen Region Föhren. Ein Waldarbeiter fand die gestohlenen Schuhe in und um den Fuchsbau herum. Kauspuren verrieten, dass die Füchsin die Schuhe ihrem Nachwuchs als Spielzeug „geschenkt" hatte.

DISCO-COLLIE

Samson, ein Border Collie aus dem englischen Manchester, tanzt wie ein Weltmeister zu Disco-Musik. Er springt und dreht sich im Takt zu seiner Lieblingsmucke und kann, auf den Hinterbeinen stehend, sogar seine eigene Version des berühmten Moonwalk aufs Parkett legen.

TOILETTENPYTHON

Erik Rantzau aus Darwin, Australien, fand in seiner Toilettenschüssel eine Schlange, die fast doppelt so groß war wie er selbst! Der drei Meter lange Teppichpython hatte schon jahrelang seinen Garten unsicher gemacht, ehe er sich im Klo einnistete.

MIGRANTENKAMELE

Kamele sind zwar eigentlich nicht in Australien beheimatet, dennoch leben im Landesinneren etwa eine Million Exemplare.

MUTANTENEIER

Thelma, das Huhn von Margaret Hamstra aus Lyndon, Washington, legte Rieseneier mit einem Umfang von bis zu 20 cm, in denen sich jeweils ein weiteres Ei befand.

HUNDEKUNST

Ziggy, der Pekinese von Elizabeth Monacelli aus Kalifornien, stellt Kunstwerke her, die für bis zu € 185 über den Auktionstisch wandern! Er malt mit einer Papiertuchrolle im Maul, in der ein Pinsel steckt. Sein Frauchen spielt ihm während seiner schöpferischen Episoden chinesische Musik vor, doch selbst mit dieser Unterstützung zieht er nur drei Pinselstriche, ehe er sich zusammenrollt und ein Nickerchen macht.

ELEFANTEN-PUSCHEN

Um die schmerzvollen Abszesse an ihren Vorderläufen zu schützen, wurde die 40-jährige Asiatische Elefantendame Gay aus dem Paignton Zoo in England mit einem Paar € 555 teurer Schnürschuhe ausgestattet. Damit sie auch richtig passten, zeichneten die Zoowärter Gays Fußumrisse nach, die dann zu einer Spezialanfertigungsfirma nach Australien geschickt wurden. Die Schuhe haben je einen Durchmesser von 40 cm und eine elefantensichere Schnürung.

FLEISCHFEST

MÄHNENMAHL Es mag unklug erscheinen, einen hungrigen Löwen auf die eigene Motorhaube zu locken, doch genau so funktioniert die neueste Attraktion des Werribee Open Range Zoos im australischen Victoria. Es scheint aber nur so, als wären die Touristen ungeschützt. Tatsächlich schirmt sie eine Glasscheibe ab, damit der Löwe sie nicht gleich mitverschlingt.

PLÜSCHIGER STAMMGAST

Seit mehr als vier Jahren nimmt Kater Casper aus dem englischen Plymouth jeden Tag denselben Bus, um eine 18 km lange Reise inklusive Rückfahrt anzutreten. Pünktlich um 10:55 Uhr steigt er vor seinem Haus in die Nummer 3 und kehrt nach einem einstündigen Ausflug zufrieden wieder zurück. Mittlerweile ist er schon so bekannt, dass der Busfahrer darauf achtet, dass Casper die richtige Haltestelle erwischt.

FISCH AUF DEM TROCKNEN

Der Goldfisch Sparkle aus dem englischen North Yorkshire überlebte acht Stunden lang an der Luft, nachdem er aus seinem Aquarium gesprungen war! Wenigstens landete er weich in einem Knäuel aus Hundehaaren und Fusseln.

ALKI-DACHS

Als die deutsche Polizei nahe Goslar einen toten Dachs von der Straße aufsammeln wollte, erwies sich dieser als ziemlich lebendig – und ziemlich betrunken! Er war mitten auf der Fahrbahn zusammengebrochen, nachdem er gegorene Kirschen gefressen hatte.

SUPERZUNGE

Das seltene afrikanische Steppenschuppentier kann seine Zunge bis zu 40 cm weit aus seinem Maul schnellen lassen, um Termiten und Ameisen zu fangen.

WELLEN-SITTICH

Nachdem der Wellensittich von Züchter Mike Peel aus dem englischen Küstenort Brixham aus seinem Käfig entkommen war, fiel er ins Meer und trieb fast einen Kilometer weit von der Küste ab. Zu seinem Glück wurde er von einer Tauchercrew gerettet und seinem Eigentümer wohlbehalten zurückgebracht.

NICHTSCHWIMMER

Obwohl ausgewachsene Flusspferde gut an ihr natürliches Umfeld angepasst sind – sie können unter Wasser sehen und ihren Atem für mehrere Minuten anhalten –, sind sie nicht dazu in der Lage, zu schwimmen oder sich auf dem Wasser treiben zu lassen, weil ihre Körper zu schwer sind. Deswegen müssen sie sich in tiefem Wasser auch immer wieder vom Grund abstoßen, um sich vorwärtszubewegen.

HUND-Â-PORTER

Bei einer Modenschau im taiwanesischen Taipeh im Juli 2009 waren Hunde in Designer-Klamotten die wahren Stars der Show! Von glitzernden Abendroben bis zu gepunkteten Badeanzügen gab es hier alles für den besten Freund des Menschen.

ZAUBERZIEGE

Die Bürgerwehr aus dem nigerianischen Bundesstaat Kwara lieferte im Januar 2009 bei der Polizei eine Ziege ab, die sie für einen Autodieb hielt, der durch Schwarze Magie seine Gestalt verwandelt hatte.

SCHLAUE KÖPFCHEN!

Die Intelligenz von Hunden entspricht vermutlich in etwa der von zweijährigen Kindern! Diese erstaunliche Entdeckung machten Tierpsychologen der kanadischen University of British Columbia, laut denen Hunde bis zu 250 menschliche Gesten und Worte verstehen, bis fünf zählen und einfache Rechnungen durchführen können.

NOMEN EST OMEN

Im Garten von Nancy Haseman aus Rio Rancho, New Mexico, lebten im Juni 2009 unfassbare 334 Hasen! Der ganze Spaß begann, als Hasemans Mann zwölf Jahre zuvor das verwahrloste Kaninchen des Nachbarn bei sich aufnahm. Sie sammelten immer mehr ungeliebte Mümmler an, die sich trotz aller Vorsichtsmaßnahmen ... nun ja, vermehrten wie die Karnickel.

KATZENWÄSCHE

Im Juli 2009 überlebte ein sieben Wochen altes Katzenjunges einen gesamten Waschgang samt Schleudern! Kater Toby aus dem schottischen Aberdeen war wohl in die Trommel geklettert, um der Sommerhitze zu entgehen.

ATEMLOS

Murmeltiere atmen während ihres Winterschlafs nur einmal alle fünf Minuten.

RECHTSPFÖTER

Je nach Geschlecht sind Hauskatzen entweder Rechts- oder Linkshänder. Katzen bevorzugen vor allem bei schwierigen Aufgaben die rechte Pfote, während Kater eher die linke benutzen.

HENNENHUNDE

Die Henne des Chinesen Cao Fengying aus Jiashan adoptierte zwei verwaiste Hundewelpen! Sie war die beste Freundin der Hündin und kümmerte sich nach deren Tod aufopfernd um ihren Nachwuchs.

DOPPELKOPF

Auf einem Bauernhof im kolumbianischen Rivera wurde im Juli 2009 ein Kalb geboren, das zwei Köpfe, aber nur ein Gehirn hatte. Wegen des zusätzlichen Gewichts des Zweitschädels konnte die kleine Jennifer nicht allein stehen, weswegen ihr der Bauer Marino Cabrera eine Stehhilfe baute.

FROSCHHOCHZEIT

Im Rahmen einer feierlichen Zeremonie wurden im Juni 2009 im westindischen Staat Maharashtra zwei Frösche verheiratet, weil man hoffte, damit den verspäteten Monsun herbeizubeschwören! Laut indischer Überlieferung stimmt eine vedische bzw. hinduistische Froschhochzeit den Regengott freundlich.

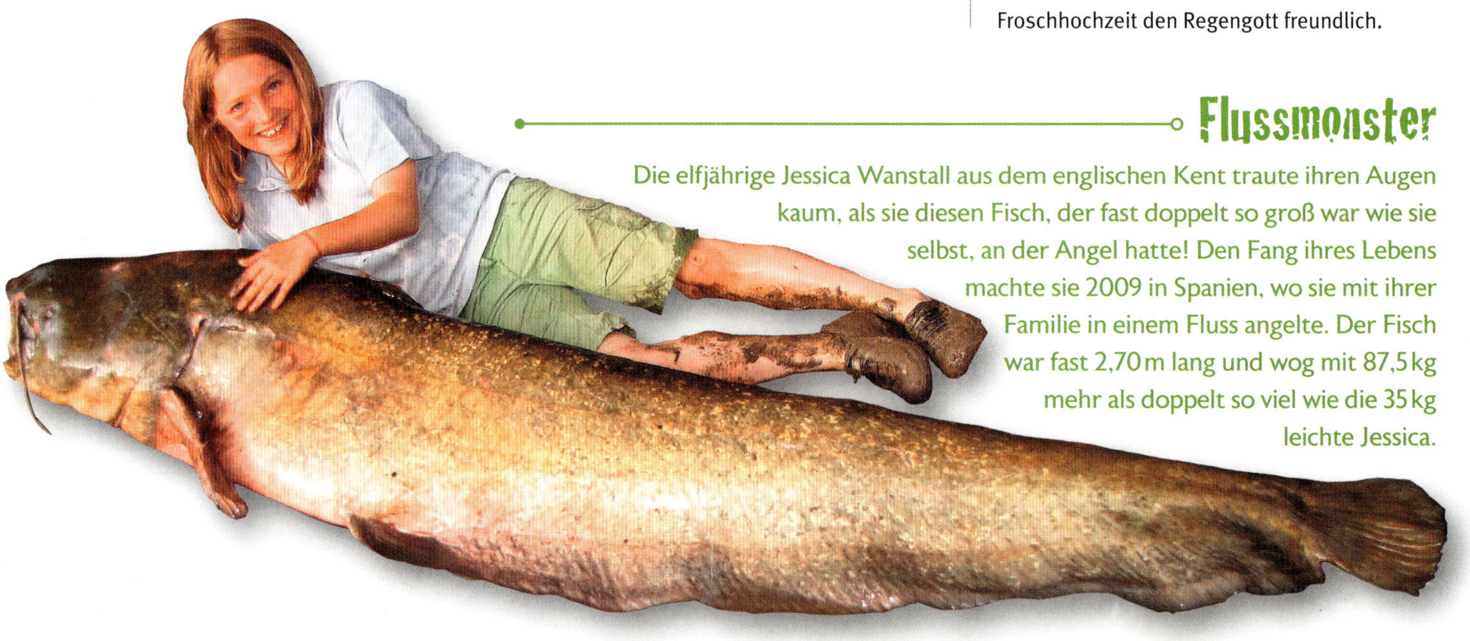

Flussmonster

Die elfjährige Jessica Wanstall aus dem englischen Kent traute ihren Augen kaum, als sie diesen Fisch, der fast doppelt so groß war wie sie selbst, an der Angel hatte! Den Fang ihres Lebens machte sie 2009 in Spanien, wo sie mit ihrer Familie in einem Fluss angelte. Der Fisch war fast 2,70 m lang und wog mit 87,5 kg mehr als doppelt so viel wie die 35 kg leichte Jessica.

Froscheier

Dr. S. D. Biju von der indischen University of Delhi entdeckte diese geniale Laichmethode einer Art von Indischem Laubfrosch. Um den Nachwuchs zu schützen, wickeln die Weibchen ihren Laich in ein Blatt, das dann mit Schaum verschlossen wird. So werden die Embryos vor grellem Sonnenlicht bewahrt.

FUSSTRINKER

Der Dornteufel, eine Echsenart aus Australien, trinkt mit den Füßen! Seine Schuppen weisen Risse auf, durch die das Wasser in die Füße gezogen und dann in den Körper weitertransportiert wird.

GLÜCKSHUND

Der Labrador Bertie brachte seinem Herrchen Dave Hallett aus dem englischen Sussex fünf Wochen in Folge € 222 bei einer Lotterie in einem Pub ein. Die Chancen für so ein Glück stehen bei 282 Millionen zu eins! Bertie sagte voraus, welche Zahl gewinnen würde, indem er mit der Schnauze auf die richtige Ziffer wies.

MAUS IN MÄUSEN

In einem Geldautomaten an einer Tankstelle in La Grande, Oregon, nistete sich eine Maus ein, die ihr Nest aus 16 zerkauten 20-Dollar-Scheinen gebaut hatte!

ROLLENTAUSCH

Obwohl Kröten für Giftschlangen eigentlich Beutetiere sind, haben einige Bergkröten aus dem Qingcheng-Mountain-Park im chinesischen Sichuan den Spieß umgedreht und den Kopf einer hochgefährlichen Bambusotter aufgefressen.

GEFANGEN IM RAD

Ein neugieriger Kater, der seinen Kopf in einen Autoreifen gesteckt hatte, musste von der Feuerwehr gerettet werden, weil er sich nicht mehr selbst befreien konnte. Der Siamkater Casper aus dem englischen Bury St Edmunds wurde in einer einstündigen Rettungsaktion vorsichtig freigeschnitten.

WEGGESPÜLT

Im schottischen East Kilbride überlebte ein heldenhafter Goldfisch eine Rutschpartie durch die Toilettenspülung und wurde schließlich aus einer Kläranlage gerettet! Seine Besitzer spülten ihn das Klo hinunter, weil sie ihn für tot hielten, doch auf seinem Weg in die Kläranlage kam er wieder zu Bewusstsein und wurde wie durch ein Wunder entdeckt.

IM FALSCHEN ELEMENT

Beim Angeln in der Chesapeake-Bucht trafen die US-Amerikaner Chad Campbell und Bo Warren auf einen Weißwedelhirsch, der 2,40 km von der nächsten Küste entfernt in 25 m tiefem Wasser schwamm!

FISCHFASTEN

Die Männchen einiger Walarten hören einfach auf zu fressen, wenn sie ausgewachsen sind, und leben nur noch von der Energie, die in ihren riesigen Fettlebern gespeichert ist. Ihre unnütz gewordenen Kiefer faulen dabei ab.

GEFLÜGELTE KATZE

Eine gesund geborene Katze aus dem chinesischen Chongqing entwickelte im Alter von einem Jahr flügelähnliche Auswüchse neben dem Rückgrat. Experten vermuten, dass die Wucherungen auf einen siamesischen Zwilling der Katze zurückzuführen sind, der im Inneren des Tieres weiterwächst. Andere halten das Phänomen für das Resultat eines Gendefekts oder einer Chemikalienvergiftung der Katzenmutter während der Schwangerschaft.

RIPLEY'S ERKLÄRT

Die Bartagame in Gefangenschaft wird verhältnismässig oft mit zwei Köpfen geboren. Dieser Umstand könnte auf Inzucht und die Tatsache, dass als Haustiere gehaltene Bartagamen jedes Jahr eine grosse Anzahl an Eiern legen, zurückzuführen sein. Zweiköpfige Bartagamen haben zwei getrennte Gehirne, können ihren Körper aber erstaunlich gut koordinieren.

ZWEIKOPF

Frank und Barbara Witte aus Fresno, Kalifornien, sind stolze Besitzer dieses ungewöhnlichen Haustieres. Ihre Bartagame Zak-n-Wheezie hat zwei Namen, da sie mit zwei Köpfen geboren wurde. Der Tierarzt prognostizierte dem Reptil einen baldigen Tod, doch heute ist Zak-n-Wheezie die wohl langlebigste zweiköpfige Bartagame der Welt.

Rattenfalle

Der berühmte Kammerjäger Julien Aurouze & Co., der sein Geschäft in der Rue des Halles in Paris hat, ist seit 1872 der Spezialist in Sachen Rattenbekämpfung. Im Schaufenster wird ausführlich erklärt, wie der Kammerjäger bei seiner Arbeit vorgeht, und zur Veranschaulichung hängen zahlreiche ausgestopfte Ratten im Fenster.

GIFTSÄUGER

Das *Hispaniolan solenodon*, ein kleines Säugetier, das auf Haiti und in der Dominikanischen Republik beheimatet ist, zählt zu den wenigen Säugetieren, deren Biss giftig ist.

MUSIFANT

Im englischen West-Midland-Safari-Park lebt ein Elefant, der die Besucher mit musikalischen Einlagen auf der Mundharmonika unterhält! Das Afrikanische Elefantenweibchen Five entdeckte das Instrument, das ein Besucher am Rand ihres Geheges vergessen hatte, und brachte sich selbst bei, es mit dem Rüssel zu spielen.

GEHÖRNT

Die Hörner von Sancho, einem Langhornrind, das auf einer Farm in New Holland, Ohio, lebt, messen von einem Ende zum anderen beeindruckende drei Meter!

TEURES SCHAF

Ein junger Texelschafsbock, eine wegen des mageren Fleisches besonders teure Rasse, wurde 2009 auf einem schottischen Viehmarkt für über € 250.000 verkauft! Der junge Widder, der bis zu 1.000 Lämmer pro Jahr zeugen könnte, ist damit das teuerste Schaf der Welt.

FALSCHER FUSS

Der dreijährige Asiatische Elefant Chhouk bekam eine Fußprothese verpasst, nachdem er mit dem linken Vorderlauf in eine Falle geraten war. Nach dem Unfall mussten zwölf Zentimeter entzündetes Gewebe entfernt werden, woraufhin ein kambodschanisches Chirurgenteam mithilfe eines Abdrucks einen künstlichen Fuß an den Stumpf anpasste. Für die OP benötigte der Jumbo zwar keine Narkose, dafür aber Berge von Rüben und Bananen.

HANDY IM HALS

Im Jahr 2009 verschluckte ein Pelikan im Tautphaus-Park-Zoo in Idaho ein Handy, das einem Besucher ins Becken gefallen war, und würgte es später wieder hervor.

BEBENSICHER

Haustierbesitzer in erdbebengefährdeten Regionen können Notfallkoffer für ihre Katzen und Hunde kaufen, die eine gepolsterte Jacke, einen Regenhut, Schuhe und eine Glocke enthalten, mit der das Tier im Schutt auf sich aufmerksam machen kann. Außerdem befinden sich darin Futter, Wasser, Näpfe und Aromatherapieöl für die gestressten Vierbeiner.

NASENHASE

In einem Zooladen in Milford, Connecticut, wurde 2009 ein Kaninchen mit zwei Nasen geboren.

Angeschnauzt

Insgesamt drei dieser bizarr deformierten Ferkel wurden 2009 in dem chinesischen Dorf Jingdezhen geboren. Zum Glück konnten die kleinen Schweinchen trotz der nach innen gewachsenen Schnauzen essen, trinken und atmen.

SUPERRATTE

In Papua-Neuguinea wurde eine bisher unbekannte Rattenart entdeckt, deren Exemplare so groß wie Hauskatzen sind! Die im Krater des erloschenen Bosavi-Vulkans ansässige Bosavi-Wollratte misst von der Nase bis zum Schwanz 80 cm und wiegt beängstigende 1,4 kg.

GIER FRISST GEHIRN

Das Welpenweibchen Betty, ein acht Monate alter Staffordshire Bullterrier aus Kent, England, wurde einer erfolgreichen Notfalloperation unterzogen, nachdem es einen Plastikpfeil gefressen hatte, der mit 27 cm Länge fast so lang war wie der ganze Hund! Der Pfeil hatte sich zwischen Speiseröhre und Dünndarm verkeilt.

RASSENTRENNUNG

Nachdem der Bauer Vic Phillips aus dem englischen Somerset seinen Aberdeen-Angus-Bullen mit einer Simmentaler Kuh gepaart hatte, kamen verschiedenrassige Zwillingskälber auf die Welt – ein weibliches Aberdeen-Angus und ein männliches Simmentaler!

LANGE NICHT GESEHEN!

Nachdem die Terriermischlingshündin Muffy im Jahr 2000 an der australischen Gold Coast verloren gegangen war, hofften ihre Besitzer, die Lampards, kaum mehr auf ein Wiedersehen. Doch neun Jahre später und 2.000 km weit entfernt tauchte sie in einem Tierheim wieder auf und konnte dank eines Mikrochips in ihrem Ohr zu ihren Besitzern zurückgebracht werden.

GLÜCKSBAND

Der Golden Retriever Mac überlebte einen Sturz von einer zwölf Meter hohen Klippe auf der englischen Isle of Wight, weil sich sein Halsband im Geröll verfing, wodurch sein Fall gebremst wurde.

TIERLINSEN

Ein deutsches Unternehmen hat Kontaktlinsen für vom Grauen Star, einer unheilbaren Augenkrankheit, geplagte Tiere entwickelt. Damit behandelt werden können unter anderem Löwen, Giraffen, Bären, Seelöwen, Kängurus und Tiger.

Echt fett

Ein englisches Tierheim rief eine Initiative für fettleibige Tiere ins Leben, deren Aushängeschild der Kater Socrates war. Der fette Vierbeiner aus Newcastle liebt Cheese-and-onion-Chips und wiegt unfassbare zehn Kilogramm – mehr als das Doppelte seines Idealgewichts! Sein Zustand ist lebensgefährlich, weswegen er mit acht weiteren Tieren Sport treiben und eine strenge Diät einhalten muss. 100 Tage dauert das Programm, an dessen Ende das Tier, das am meisten Gewicht verloren hat, gemeinsam mit seinem Herrchen auf Kosten des Tierheims in Urlaub fahren darf.

MUTTERINSTINKTE
Königspinguine adoptieren häufig den Nachwuchs anderer Pinguine und haben angeblich sogar schon versucht, eine kleine Raubmöwe großzuziehen – eine Gattung, die sich von Pinguinküken ernährt!

KIEFERLOS
Pfeilschwanzkrebse haben keinen Kiefer und schaufeln sich die Nahrung mit ihren Scheren unzerkleinert in den Mund.

WALDSCHWIMMER
Bei Überflutungen verlassen die Delfine aus dem Amazonas das Flussbecken und schwimmen durch die unter Wasser stehenden Wälder!

LUFTSPRÜNGE
Einige Tintenfischarten können aus dem Wasser springen und durch die Luft gleiten, um ihren natürlichen Feinden zu entkommen.

TAUCHMEISTER
Pottwale können bis zu drei Kilometer tief tauchen und an die 90 Minuten lang unter Wasser bleiben, ohne Luft zu holen.

BLINDER PASSAGIER
Als Vickie Mendenhall aus Spokane, Washington, 2009 ein gebrauchtes Sofa für knapp € 20 erstand, musste sie feststellen, dass sich eine Katze in ihrem neuen Möbelstück eingenistet hatte! Das Tier war durch ein Loch in der Unterseite der Couch gekrabbelt und hatte es sich in der weichen Füllung gemütlich gemacht.

KÖRPERSPRACHE
Delfine kommunizieren nicht nur über Pfiffe und Schnatterei miteinander, sondern tauschen offenbar auch durch ihre Schwanzschläge Botschaften aus. Spanische Wissenschaftler stellten nach intensiven Beobachtungen fest, dass viele Körperbewegungen der Delfine, darunter auch ihre Tauchmanöver und Sprünge, unter anderem der Verständigung dienen.

WEICHE HAUT
Die Elefanten aus dem nordirischen Belfast Zoo werden mit handelsüblicher Feuchtigkeitscreme eingerieben, damit ihre Hinterteile nicht austrocknen! Die Zoowärterin Aisling McMahon empfahl das Produkt, das sie auch selbst benutzt, weil die Haut der Vierbeiner an Läufen und Hintern zu trocken war.

FAULPELZ
Die australische Riesensepia verbringt 95% ihres Tages damit, sich auszuruhen und sich in Felsspalten vor Feinden zu verstecken.

LUFTHAI
Im englischen Cheshire wurde 2009 ein Bambushai an der Luft geboren! Das Ei war in die Quarantänestation des Blue Planet Aquariums gebracht worden, nachdem der kleine Hai in der Hand eines Tauchers zu schlüpfen begonnen hatte.

AAS-ENERGIE
2008 erließ der US-Bundesstaat Michigan ein neues Gesetz, laut dem Tierkadaver in Öko-Energie umgewandelt werden dürfen! Bakterien und Enzyme, die das Aas zersetzen, produzieren nämlich Gase, mit denen Elektrizität erzeugt werden kann.

MEGAWAL
Im Zoologischen Museum der University of Cambridge in England ist das 21 m lange Skelett eines Finnwals zu sehen, das 1865 am Strand von Sussex gefunden wurde. Der Wal hat zu Lebzeiten wohl an die 80 Tonnen gewogen.

Gigantische Zunge

Nachdem dieser bemitleidenswerte Finnwal an einen Strand in Provincetown, Massachusetts, gespült worden war, blähten die durch den Verwesungsprozess entstandenen Gase seine Zunge auf wie einen gigantischen Ballon! Der Finnwal ist nach dem Blauwal das zweitgrößte Tier der Erde. Dieses noch junge Exemplar war zwölf Meter lang und wog an die 10.000 kg.

Ripley's erklärt

Albinismus ist eine genetische Störung, bei der der Körper keine Melanine produzieren kann. Dieser Farbstoffmangel lässt Haut und Fell sowie die Augen von betroffenen Tieren auffällig hell erscheinen. Die leuchtend rosafarbene Haut von „Pinky" ist aber auch für Albinos ausgesprochen ungewöhnlich. Da sie über einen sehr schwachen hauteigenen UV-Schutz verfügen, leiden viele Albinos im Sonnenlicht. Pinky aber scheint damit keinerlei Probleme zu haben.

Bunter Delfin

Die Segler, die diesen leuchtend rosafarbenen Albino-Tümmler im küstennahen Calcasieu Lake in Louisiana entdeckten, trauten ihren Augen kaum! Trotz seiner spektakulären Hautfarbe ist Pinky kerngesund und tollt mit seinen Delfinfreunden quietschvergnügt im Wasser herum.

Schwimmhilfe

Die Haut von Haien ist mit winzigen, zahnähnlichen Fortsätzen bedeckt, die auch als Riblets bezeichnet werden und die Reibung mit dem Wasser minimieren.

Ewige Jugend

Ein geschlechtsreifes ausgewachsenes Exemplar der Quallen-Art *Turritopsis nutricula* kann sich beliebig oft zu einer sexuell unreifen Lebensform zurückentwickeln und erreicht dadurch Unsterblichkeit!

Hasenhatz

Der sechsjährige Jack-Russell-Terrier Jake saß 2009 für ganze 25 Tage in einem unterirdischen Kaninchenbau fest, bis er so stark abgemagert war, dass er wieder herauskriechen konnte! Bei einem Spaziergang mit seinem Herrchen Richard Thomas im walisischen Haverfordwest hatte der Hund einen Hasen bis in dessen Bau verfolgt und saß plötzlich in der Falle.

Männchen machen

Gou Gou, ein Pudel aus dem chinesischen Xi'an, geht wie jeder andere Hund auch täglich Gassi – allerdings auf zwei Beinen! Sein Besitzer Wang Guoqiang brachte ihm bei, auf den Hinterbeinen zu laufen, als er noch ein Welpe war. Heute spazieren die beiden täglich „Hand in Hand" durch die Stadt.

Naschbär

Ein Bär mit einer Vorliebe für Süßes brach in ein Haus im kalifornischen San Bernardino County ein und fraß fast ein Kilogramm Schokolade, die er im Kühlschrank gefunden hatte. Alle anderen Nahrungsmittel ignorierte er – bis auf eine Flasche Champagner, die er aber nicht aufbekam.

Mistfrösche

Im Bundala-Nationalpark in Sri Lanka hat sich eine Kolonie von Fröschen häuslich in den Hinterlassenschaften von Asiatischen Elefanten eingerichtet! Eigentlich leben die Frösche unter Laubstreu, doch da dieses in der Trockenzeit Mangelware ist, ziehen die Amphibien bei Bedarf in die Dunghaufen um.

Dracula-Fisch

Danionella dracula, eine in Myanmar beheimatete Fischart, hat Knochenausläufer, die sich durch die Lippen bohren und als Reißzähne dienen!

Seeschweinchen

Dieses seltsame Geschöpf ist im Cabrillo Marine Aquarium in Kalifornien zu Hause. Es ist apfelgroß und lebt eigentlich in mindestens 100 m Tiefe in den Ozeanen dieser Welt. Die Tintenfischart hat in Wahrheit natürlich keine Haare, sondern Tentakel auf dem „Kopf", und die „Gesichtszüge" sind eigentlich orangefarbene Pigmentflecken. Die „Nase" dient dem Antrieb des ulkigen Ferkel-Kalmars.

Große Entdeckung

Floh ZIRKUS

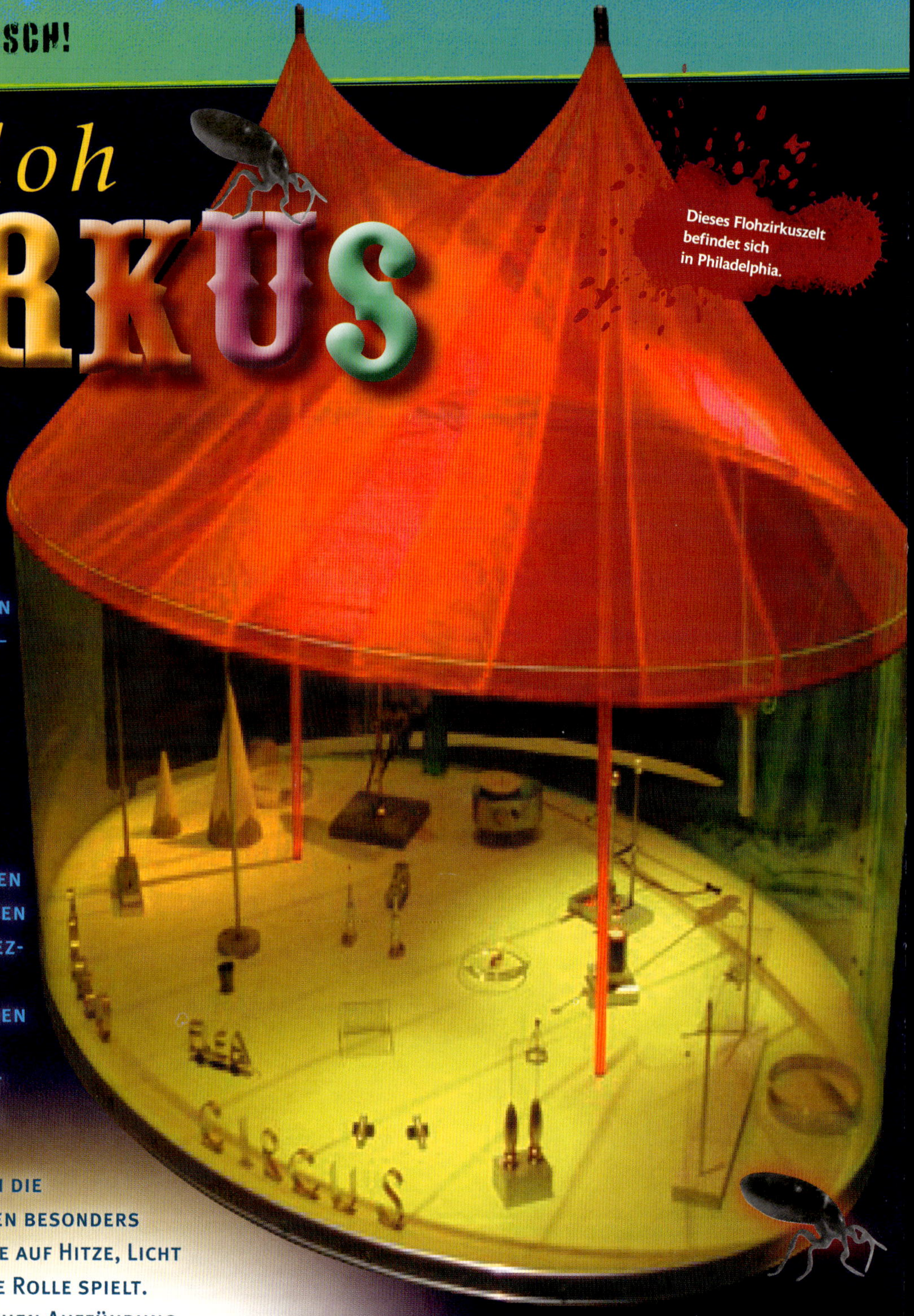
Dieses Flohzirkuszelt befindet sich in Philadelphia.

Königin der Flöhe

Die kolumbianische Künstlerin Maria Fernanda Cardoso hat grosses Vertrauen in tierisches Können – und gründete den berühmten Cardoso-Flohzirkus. In insgesamt drei Arenen zeigt ihr kleines Floh-Ensemble seit 1996 seine artistischen Leistungen. Dort treten die Insekten als Trapezkünstler und Seiltänzer auf oder werden als lebende Kanonenkugeln durch die Luft geschossen. Cardoso dirigiert sie in ihrer Zirkuskleidung durch die Kunststücke, bei denen besonders die Reaktion der Flöhe auf Hitze, Licht und Kohlendioxid eine Rolle spielt. Nach einer erfolgreichen Aufführung dürfen die Flöhe eine halbe Stunde lang von Cardosos Blut saugen.

Einer der gut trainierten Flöhe tanzt mit einem Stab auf einem Seil.

Schon gewusst?

- Ein Floh kann maximal das 160.000-Fache seines eigenen Gewichts tragen – ein Mensch müsste dafür 2.679 Doppeldeckerbusse stemmen!
- Es gibt mindestens 2.000 verschiedene Floharten.
- Flöhe existieren vermutlich bereits seit 100 Millionen Jahren.
- Flöhe können mit einem Sprung Strecken bewältigen, die das 200-Fache ihrer Körperlänge betragen – ein Mensch müsste dafür auf die Spitze des Empire State Buildings springen!
- Die größte bekannte Flohplage trat 1986 auf einer Schweinefarm in Großbritannien auf, wo 133.378.450 Flöhe gezählt wurden!
- Ein Floh kann sich während seiner Lebenszeit bis zu 500-mal reproduzieren.

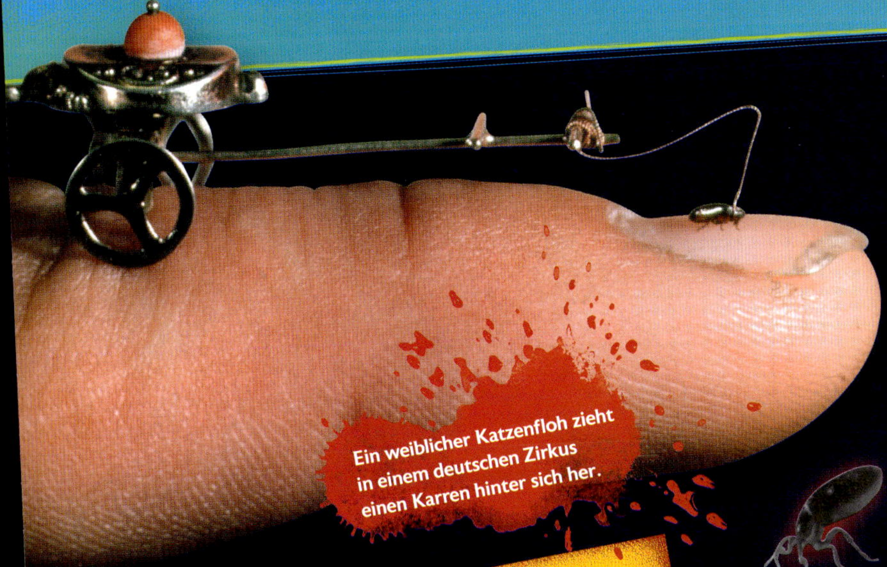

Ein weiblicher Katzenfloh zieht in einem deutschen Zirkus einen Karren hinter sich her.

Der Alberti-Flohzirkus

Der Alberti-Flohzirkus, ein Familienbetrieb, wurde 1880 in North Carolina gegründet. Derzeit wird er in der dritten Generation von Jim Alberti geleitet, der im Alter von zwölf Jahren von seinem Großvater lernte, wie man Flöhe trainiert.

Ripley's Nachgefragt

Andy Clark ist Flohzirkus-Experte und erklärt, warum Flöhe die besten Artisten der Welt sind:

Wie und wann sind die ersten Flohzirkusse entstanden?
Angeblich wurden die ersten Flohzirkusse von Juwelieren gegründet, die immer und immer kleinere Ketten herstellten, bis schließlich einer von ihnen auf die Idee kam, einem Floh ein Goldgeschirr zu verpassen. Erste Berichte über in Ketten gelegte Flöhe gehen auf das 14. bzw. 15. Jahrhundert zurück. Über einen Floh, der ein Wägelchen zog, wurde erstmals 1745 berichtet. Aber der Flohzirkus, wie wir ihn heute kennen und lieben, geht auf Louis Bertolotto zurück, der mit seinen „Gebildeten Flöhen" ab etwa 1830 in der Londoner Regent Street auftrat. Später bereiste er mit seinem Flohzirkus die ganze Welt.

Warum sind Flöhe so talentierte Artisten?
Sie haben kräftige Beine und einen guten Gleichgewichtssinn. Außerdem kann man ihnen eine Drahtschlinge um den Hals legen, die wie ein Ochsenjoch funktioniert. Mit diesem Geschirr können sie Gewichte ziehen, die ihr eigenes Gewicht um ein Vielfaches übersteigen. Zudem können sie Seiltanzen und mit ihren starken Beinen auch Fußball spielen – natürlich auf einem Miniaturfeld. Den Flöhen geschieht dabei kein Leid – bedauerlicherweise haben sie aber eine sehr kurze Lebenserwartung.

Wie trainiert man Flöhe eigentlich?
Man muss es einfach ausprobieren. Die größte Arbeit macht die Auswahl der Flöhe, denn viele lassen sich nicht gern anschirren und verweigern die Nahrung, wenn man sie trainiert. Andere reagieren sehr empfindlich auf Licht und Lärm, und wieder andere sind einfach zu schwächlich für die Kunststücke. Aber mit den geeigneten Flöhen funktioniert das Training wie von selbst.

BERÜHMTE FLÖHE

William Heckler gründete seinen Flohzirkus 1900 in New York. Im Rampenlicht stand – neben den Insekten – bis 1925 sein Sohn Roy. Weil er durch den Zweiten Weltkrieg keine Flöhe mehr importieren konnte, gründete Roy schließlich sogar eine eigene Zucht. Er fütterte seine Zöglinge mit seinem eigenen Blut, da er daran glaubte, dass seine Blutqualität besonders hoch sei und die Flöhe zu großen Leistungen befähigen würde. Er züchtete vor allem Weibchen, da diese doppelt so groß sind wie die Männchen. Mithilfe einer Glasröhre, an der die Flöhe sich den Kopf stießen, wenn sie sprangen, brachte er ihnen das Laufen und Krabbeln bei.

Wie im Flug

Schwalben erreichen Fluggeschwindigkeiten von bis zu 56 km/h. Tauchen Hindernisse wie diese nur fünf Zentimeter breite Spalte auf, klappen sie ihre 36 cm langen Flügel einfach um und fliegen ungerührt weiter. Mithilfe ihrer v-förmigen Schwanzfedern können sie atemberaubende Manöver durchführen.

LEICHENTEPPICH

Die Leichen Tausender von Generationen von Bogong-Faltern, die in Höhlen in den Australischen Alpen den Sommer verbrachten, bilden einen 1,50 m dicken Teppich auf dem Boden.

UHU-WAISE

Ein verwaister kleiner Uhu wurde in einem Raubvogel-Tierheim im englischen Cornwall 2009 von einem Springer Spaniel adoptiert! Das Paar ist mittlerweile unzertrennlich – Spanieldame Sophie verpasst dem Uhu Bramble sogar täglich eine Zungendusche!

TANZENDE RAUPEN

Die Raupen der Fliegenart *Croesus latitarsus* führen beim Fressen einen Gruppentanz auf, um Feinde abzuwehren. Dazu stemmen sechs Raupen gleichzeitig ihre Hinterbeine in die Luft, um imposanter zu wirken.

TÖDLICHE REPARATUREN

Einige Blattlausarten nutzen ein Sekret aus ihren eigenen Körpern, um Löcher in den Wänden ihrer Kolonien zu stopfen – oft sterben sie aber dabei.

DUFTHEUSCHRECKE

Die australische Pfefferminz-Stabschrecke vertreibt Feinde, indem sie ein nach Pfefferminz duftendes Sekret absondert.

HAMMER-HASE

Benny, der zweijährige Flämische Riesenhase von Martin und Sharon Heather aus dem englischen Oxfordshire, ist fast 90 cm lang und wiegt mehr als zehn Kilogramm – und das hat seinen Preis, denn sein Futter kostet €55 pro Woche!

PAPAGEIENZEUGE

Im April 2009 ordnete Richter James Martz aus Palm Beach County, Florida, an, dass ein Papagei vor Gericht „aussagen" solle, da es einen Sorgerechtsstreit um eben diesen Vogel gab.

BLINDENBLINDENHUND

Der fünfjährige blinde Border Collie Clyde hat seinen eigenen Blindenhund! Bonnie begleitet ihren „Pflegefall" in einem Tierheim im englischen Norfolk durch den Alltag und weicht ihm bei Spaziergängen oder auf dem Weg zum Futternapf keinen Zentimeter von der Seite! Wenn er die Orientierung verliert, darf Clyde ihr sogar seinen Kopf auf die Flanke legen.

RIESENWURM

Der *Megascolides australis*, ein Regenwurm, der in Australien beheimatet ist, kann bis zu drei Meter lang werden! Schon die Jungtiere sind 20 cm lang, und es dauert fünf Jahre, bis sie ausgewachsen sind. Als die Würmer in den 1870er-Jahren entdeckt wurden, hielt man sie zunächst für eine Schlangenart.

EINFACH RIESIG

Die Stabschrecke *Phoebaeticus chani*, die 1989 von einem malaysischen Naturforscher auf Borneo entdeckt wurde, ist unfassbare 55 cm lang! Der Rumpf allein misst beeindruckende 35 cm.

KLEIN, ABER OHO!

Auch viele andere winzige Tiere haben bizarre Taktiken entwickelt, um sich zu schützen.

Die Oreophrynella-Kröte ist in den Bergen Venezuelas beheimatet. Sie rollt sich bei Gefahr zu einer Kugel zusammen, spannt ihre Muskeln an und rollt die Berghänge hinab, wobei sie täuschende Ähnlichkeit mit einem Kieselstein aufweist.

Die Froschart Rana hecksheri läuft nicht etwa davon, wenn ihr ein Feind begegnet – stattdessen lassen sich die Amphibien auf den Rücken fallen und stellen sich tot. Da Raubtiere lebendige Beute bevorzugen, lassen sie von den erschlafften Fröschen ab.

Die Veränderliche Krabbenspinne kann wie ein Chamäleon ihre Farbe verändern, indem sie ein gelbes Körpersekret auf ihrer Haut verteilt. In bunten Blumen ist sie damit kaum mehr zu erkennen.

Der Schleimaal zählt zu den kleinsten Ozeanfischen. Bei Gefahr bedeckt sich sein Körper mit Unmengen von Schleim, wodurch er so glitschig wird, dass er kaum zu fassen ist. Versucht ein Raubfisch dennoch, einen Schleimaal zu verschlingen, läuft er Gefahr, an dem Schleim zu ersticken.

Verrückte Raupe

Die Raupe des Uraba lugens, einer in Australien und Neuseeland beheimateten Mottenart, schützt sich vor Angreifern, indem sie ihre bei vorherigen Häutungen abgestreiften Kopfhüllen wie einen Hut auf dem Schädel trägt. Die dadurch entstehende Spitze aus bis zu sechs Hüllen sieht nicht nur unheimlich aus, sondern lässt die Raupe auch größer wirken.

AGGRO-FROSCH

Eine vor etwa 70 Millionen Jahren auf Madagaskar beheimatete Froschart war so groß und aggressiv, dass sogar Dinosaurierbabys sich nicht mit diesen Amphibien einließen! Der *Beelzebufo ampinga* war 40 cm lang, wog an die 4,5 kg und hatte ein riesiges Maul mit starken Kiefern.

UNTER DIE HUFE GEKOMMEN

Die winzige, nur 1,8 kg schwere Chihuahua-Dame Little Berry aus Geelong, Australien, überlebte wie durch ein Wunder, nachdem ihr bester Freund, das 900 kg schwere Clydesdale-Pferd Leroy, aus Versehen auf ihren Kopf getreten war.

GIGA-SCHNECKE

Die vornehmlich in Ostafrika, Asien und der Karibik beheimatete grosse Achatschnecke zählt zu den schädlichsten Lebewesen der Welt und kann bis zu 25 cm lang werden. Ab und an verirren sich die Schnecken in Container, in denen sie als blinde Passagiere auch in andere Teile der Erde gelangen. 1966 schaffte sich ein kleiner Junge aus Miami drei Exemplare an, die seine Grossmutter daraufhin im Garten freiliess. Sieben Jahre später lebten dort 18.000 Schnecken! Es kostete die Behörden ein Jahr Zeit und über € 700.000, sie auszurotten.

TREUER GEFÄHRTE

Der Deutsche Schäferhund Buddy wählte für sein Herrchen Joe Stalnaker aus Scottsdale, Arizona, bereits dreimal den Notruf. Joe erlitt drei Schlaganfälle, bei denen ihm sein kluger Hund stets das Leben rettete.

SCHMUGGELTAUBEN

Im März 2009 fand die brasilianische Polizei heraus, dass die Insassen des Danilo-Pinheiro-Gefängnisses in Sorocaba Brieftauben züchteten, um Waren einschmuggeln zu können. Die Gefängniswärter fingen zwei Tauben ab, die Handys transportierten.

INSEKTENSAMMLERS TRAUM

Im 1881 gegründeten Naturhistorischen Museum in London sind fast neun Millionen Schmetterlinge und Motten ausgestellt!

SPITZER SELBSTSCHUTZ

Der Spanische Rippenmolch, der in Marokko, Portugal und Spanien beheimatet ist, hat sehr spitz zulaufende Rippen, die er bei Gefahr sogar durch seine Haut schnellen lassen kann.

RUTSCHENDER HAI
Im Dezember 2008 jagte ein Weißspitzen-Riffhai den Angestellten in einem Ferienhotel auf den Bahamas einen gewaltigen Schrecken ein, als er aus seinem Becken auf eine benachbarte Wasserrutsche sprang und schließlich im Pool landete.

MÜLLSCHLUCKER
Zeke, dem Kater der Scarpinos aus Cedar Knolls in New Jersey, wurden operativ die Haargummis, Schleifen, Kabelbinder und Verpackungsmaterialien, die er über ein Jahr hinweg in sich hineingestopft hatte, aus dem Magen entfernt, der schon auf fünffache Größe angeschwollen war.

HUND CRUSOE
Ein Cattle Dog, der bei einem Segelausflug mit seinen Herrchen vor der Küste von Queensland, Australien, über Bord gegangen war, schwamm acht Kilometer weit durch haiverseuchtes Gewässer und rettete sich auf die abgelegene, fast unbewohnte Insel St. Bees, auf der er vier Monate lang überlebte und sich von Jungziegen ernährte. Schließlich fanden ihn die Ranger und brachte ihn zu seinen Besitzern Jan und Dave Griffith zurück.

GRUSELSAU
Im Jahr 2008 wurde Caroline Hayes aus dem australischen Murwillumbah von einem überdurchschnittlich großen Schwein terrorisiert. Das Tier nistete sich in ihrem Haus ein und wich ihr keine Sekunde lang von der Seite.

MONSTERSCHLANGEN
Eine ausgestorbene Schlangenart, die vor 58 Millionen Jahren in Kolumbien lebte, konnte bis zu 13 m lang werden!

KLUGE KARTA
Karta, einer 27-jährigen Orang-Utan-Dame, die im Zoo im australischen Adelaide lebt, gelang im Mai 2009 ein geradezu genialer Ausbruch, für den sie den Elektrozaun um ihr Gehege kurzschloss! Zunächst blockierte sie den Stromkreis mit einem Stock, dann häufte sie Geröll an, um über die dahinterliegende Mauer klettern zu können. Allerdings schien sie die Freiheit doch etwas beängstigend zu finden, denn nachdem sie 30 Minuten lang auf der Mauer gesessen hatte, kletterte sie freiwillig wieder in ihr Gehege zurück.

KÄNGURU IM BETT
Im März 2009 erlebte die Familie Ettlin aus Australien eine Überraschung der besonderen Art, als ein Känguru durch das Fenster ihres Hauses sprang und es sich im Bett gemütlich machte. Vater Beat beschützte seine Kinder vor dem 1,80 m großen Vieh, indem er es in den Schwitzkasten nahm und unsanft nach draußen beförderte.

KÜNSTLICHER KRANICH
Naturschützer aus Wisconsin bringen vom Aussterben bedrohten Schreikranichen bei, im Winter Richtung Süden zu ziehen, indem sie ihnen ein Ultraleichtflugzeug als „Zugvogel" vorausschicken. Die Zuchttiere lernen das Flugzeug, das Kranengeschrei ausstößt, von Kindesbeinen an als „Muttertier" kennen und fliegen ihm über 2.000 km weit bis ins warme Florida hinterher.

GEKLONTER LANCELOT
Nina Otto aus Boca Raton, Florida, blätterte im Jahr 2009 atemberaubende € 113.000 hin, um ihren ein Jahr zuvor verstorbenen Hund klonen zu lassen. Schon fünf Jahre vor seinem Tod hatte sie die DNA ihres geliebten Labradors Sir Lancelot entnehmen und konservieren lassen.

SCHWEINEBUCHT
WER AUF DER UNBEWOHNTEN BAHAMAS-INSEL BIG MAJOR SPOT ISLAND EIN BAD IM MEER NEHMEN MÖCHTE, MUSS IN KAUF NEHMEN, DASS ER DAS KRISTALLKLARE WASSER MIT FERKELN TEILT. WANN UND WESHALB DIE TIERE DEN SOGENANNTEN „SCHWEINESTRAND" FÜR SICH ENTDECKT HABEN, IST ÜBRIGENS BIS HEUTE EIN RÄTSEL.

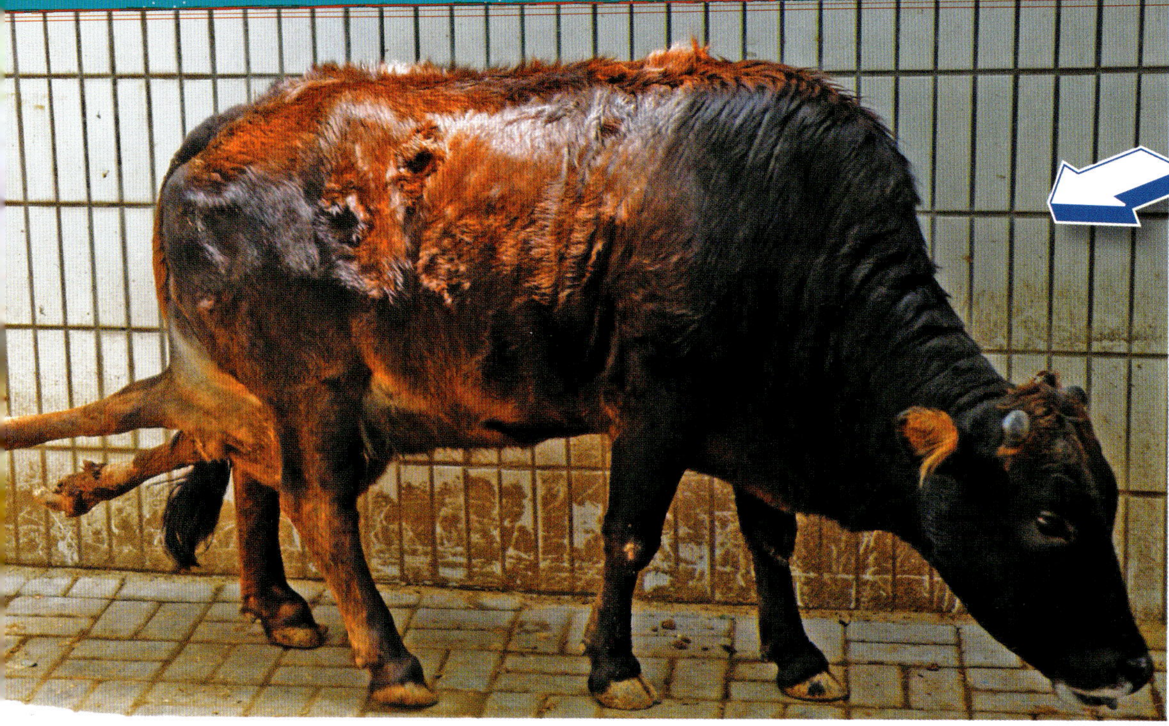

Krasse Kuh

Diese sechs Jahre alte Kuh, die im Zoo im chinesischen Yichang lebt, wurde mit sechs Beinen geboren und ist die größte Attraktion des Tierparks. Das als Polymelie bezeichnete Syndrom wird auf genetische Defekte oder Umweltbedingungen zurückgeführt, kann aber auch durch einen Zwilling entstehen, der im Körper weiterwächst.

PSYCHOFISCH

Der sogenannte Psychedelische Froschfisch, der erst 2008 vor der indonesischen Küste entdeckt wurde, springt wie ein Gummiball auf dem Meeresgrund umher, da seine Schwanzflosse nicht zentriert ist und er sich fortbewegt, indem er Wasser aus winzigen Kiemen presst, wodurch er unkontrolliert vom Boden abhebt.

BISSIGER MANN

Ein todesmutiger Kenianer entkam aus dem Würgegriff eines Pythons, indem er den Spieß umdrehte und dem Reptil in den Schwanz biss! Ihr Kampf auf Leben und Tod dauerte drei Stunden, in denen Ben Nyaumbe sein Hemd um den Kopf der Schlange wickelte, damit sie nicht zurückbeißen konnte.

FERNSEHSÜCHTIG

Jia Xiaoyu aus China wird wirklich wütend, wenn man umschaltet, während ihre südkoreanische Soap Opera läuft. Nichts Besonderes? Doch, denn Jia ist ein Kaninchen! Wenn ihre Besitzer abends ein anderes Programm sehen möchten, wird sie aggressiv und zerknabbert die Sofakissen.

WEGGEWEHT

Die acht Monate alte Chihuahua-Dame Tinker Bell, mit 2,7 kg ein echtes Leichtgewicht, ahnte nichts Böses, als sie im April 2009 auf dem Flohmarktstand ihres Herrchens in Waterford Township, Michigan, saß. Doch plötzlich wurde sie von einer 110 km/h schnellen Windbö ergriffen und über eineinhalb Kilometer weit durch die Luft getragen! Zum Glück kam sie mit einem blauen Auge davon und konnte gesund geborgen werden.

SCHLANGENGRUBE

Johannes Swart ließ sich im September 2009 in einem Naturschutzgebiet bei Pretoria in Südafrika 37 Tage lang zusammen mit 40 hochgiftigen Schlangen in einen 5 × 4 Meter großen Glaskasten sperren. Sein verrücktes Experiment endete, als ihm eine Puffotter in den Fuß biss und er ins Krankenhaus eingeliefert werden musste.

PFEIFENDE ÄFFIN

Bonnie, eine 32-jährige Orang-Utan-Dame aus dem Zoo in Washington, D. C., hat sich das Pfeifen von ihren Wärtern abgeguckt. Angeblich gründete sie außerdem eine „Pfeifschule" für andere Affen.

Der Schlangenjunge

Uorn Sambath aus dem kambodschanischen Setbo hat ein Haustier der besonderen Art: einen 4,90 m langen Python! Sein ungewöhnliches Schmusetier wird geküsst und geknuddelt, und hin und wieder darf sich Uorn sogar auf der Schlange zusammenrollen, um ein Schläfchen zu halten. Das über 100 kg schwere Reptil verirrte sich in Uorns Kinderzimmer, als er erst drei Monate alt war, und hat im Haus der Sambaths mittlerweile ein eigenes Zimmer.

Doppelt hält besser

Ripley's Nachgefragt

Warum hast du die Freakshow gegründet?

Ich sammle schon seit meiner Kindheit Memorabilien rund um das Thema Zirkus und Freakshows. Meine Menagerie soll vor allem Kinder darauf aufmerksam machen, wie vielfältig und wunderbar das Leben ist, ganz gleich, in welcher Gestalt es sich zeigt. Als ich selbst ein Kind war, habe ich eine ähnliche Freakshow besucht, die mich von Grund auf verändert hat. Es gibt für mich wirklich nichts Schöneres als den Anblick eines Kindes, das zum ersten Mal ein zweiköpfiges Tier sieht und den Mund vor Staunen nicht mehr zubekommt!

Hier ist Todd Ray mit Myrtle und Squirtle zu sehen, die sich ihren Panzer teilen müssen.

TODD RAYS „VENICE BEACH FREAKSHOW" IST DAS ZUHAUSE EINER GANZEN REIHE VON ABSOLUT VERBLÜFFENDEN ZEITGENOSSEN AUS DEM REICH DER TIERE. MIT SEINER KLEINEN MENAGERIE AN DER UFERPROMENADE IM KALIFORNISCHEN VENICE ERFÜLLTE SICH DER EHEMALIGE MUSIKPRODUZENT EINEN LEBENSTRAUM. ZU SEINER SAMMLUNG ZÄHLEN SCHILDKRÖTEN, SCHLANGEN UND ECHSEN MIT DOPPELTEN KÖPFEN, EIN FÜNFBEINIGER HUND, EIN LEGUAN MIT ZWEI SCHWÄNZEN, EINE UNBEHAARTE RATTE, ALBINOSCHLANGEN UND VIELE WEITERE SKURRILE LEBENDIGE TIERE. AUSSERDEM SIND NOCH ZAHLREICHE KONSERVIERTE LAUNEN DER NATUR ZU SEHEN, DARUNTER ZWEIKÖPFIGE KÜHE, HÜHNER UND SOGAR EIN WASCHBÄR.

Dieses in Formaldehyd konservierte Kätzchen mit zwei Gesichtern ist nur eine der vielen Kuriositäten, die in Rays Freakshow zu sehen sind.

Cheech und Chong, eine Schildkröte mit zwei Köpfen und sechs Beinen

Leguane mit zwei Schwänzen

Zweiköpfige Bartagame

Der fünfbeinige Zwergpinscher Rocky, hier mit Rays Tochter Asia zu sehen

Die zweiköpfige(n) Königsnatter(n) Laverne und Shirley

Riesenprothese

Die 48-jährige Asiatische Elefantendame Motola aus Thailand verlor vor zehn Jahren einen Teil ihres Beins, als sie auf eine Landmine trat. Guter Rat war teuer, denn eine Schwergewichtsprothese hatte es bis dahin nicht gegeben. Nachdem verschiedene Prototypen ausprobiert worden waren, erhielt Motola kürzlich in einem Elefantenkrankenhaus in Nordthailand diese maßangefertigte Prothese. Um das nicht abnehmbare künstliche Bein fixieren zu können, musste Motola ruhiggestellt werden – mit genug Betäubungsmittel für 70 ausgewachsene Männer!

DELFINRETTUNG

Tausende von Delfinen verhinderten im April 2009 im Golf von Aden einen Angriff somalischer Piraten auf eine Flotte chinesischer Handelsschiffe. Die Tiere hatten die chinesischen Frachter begleitet und verscheuchten die Angreifer mit ihren eleganten Sprüngen.

SPORTLICHE PINGUINE

Im Mai 2009 fand in Neuseeland der erste Wettkampf für Pinguine statt. Der Penguathlon wurde in Orakei bei Auckland veranstaltet. In den fünf Disziplinen Fußball, Frisbeespielen, Surfen, Swingball und Watschelrennen traten Königs- und Eselspinguine gegeneinander an.

ZEBRARITT

Der ehemalige Jockey Bill Turner reitet Woche für Woche auf einem Zebra zu seiner Stammkneipe im englischen Sherborne. Das Tier kaufte er einem holländischen Wildreservat ab und ritt es in nur zwei Wochen ein.

HEXAPUSSE

Britische Meeresforscher entdeckten kürzlich, dass Oktopusse eigentliche keine acht, sondern nur sechs Arme haben! Die beiden hintersten Gliedmaßen der Kraken dienen vornehmlich der Fortbewegung auf dem Meeresboden, während die übrigen sechs vor allem für die Nahrungsaufnahme eingesetzt werden.

METALL-KROKO

Doug Mader, ein Tierarzt aus Marathon in Florida, rekonstruierte aus vier Metallstangen und 41 Schrauben den Schädel eines Krokodils, das bei einem Autounfall im Dezember 2008 schwer verletzt worden war.

ZAHNPFLEGE

Eine Kolonie von Javaneraffen, die nahe der thailändischen Stadt Bangkok beheimatet ist, scheint viel von Mundhygiene zu halten, denn der Gebrauch von „Zahnseide“, die in diesem Fall einfach aus langen Haaren besteht, ist für die Tiere offenbar ein Muss. Es wurde sogar beobachtet, wie die Weibchen ihrem Nachwuchs beibrachten, wie man die Zahnzwischenräume am effizientesten reinigt.

15.000-FÜSSLER

Die Seesternart *Pycnopodia helianthoides* erreicht einen Durchmesser von bis zu einem Meter und hat bis zu 15.000 Füßchen.

Der Kroko-Mann

Für Chito Loco gibt es nichts Schöneres, als mit seinem riesigen Krokodil Pocho im Wasser zu plantschen! Der Fischer aus Costa Rica rettete das 445 kg schwere Untier vor 20 Jahren, nachdem es von Bauern angeschossen worden war, und pflegte es gesund. Heute tritt er einmal die Woche mit dem fünf Meter langen Reptil auf, das ihn sogar auf seinem Rücken reiten lässt.

FLEISCHFRESSER

Unerschrockene Abenteurer entdeckten auf einer Insel auf den Philippinen diese bisher unbekannte fleischfressende Pflanzenart, die gross genug ist, um eine ausgewachsene Ratte zu verschlingen! Bereits 1907 war die Pflanze beschrieben, danach aber niemals wieder erwähnt worden. Neugierig geworden, erklomm der Abenteurer Stewart McPherson mit seinem Team den Berg, auf dem er die seltene Krugpflanze vermutete, und wurde auch tatsächlich fündig. Die Karnivoren sind etwa so gross wie ein Football und von mit einem klebrigen Sekret überzogenen Tentakeln gesäumt, die Insekten und Nagetiere anlocken. Hat die Pflanze ein Opfer gefangen, wird dieses von säureartigen Enzymen zersetzt.

Skurrile Pflanzenkunde

Gemeiner Drachenwurz Die Blüten dieser hinterhältigen Pflanze verströmen nachts einen fauligen Aasgeruch und locken damit Insekten an, die dann bis zum ersten Sonnenlicht im Blütenkelch festsitzen. Danach werden sie freigelassen, damit sie die Pollen verbreiten können.

Mimose Der Name bedeutet „Schüchterne Pflanze" – nur zu Recht, denn wenn man die Mimose berührt oder sie Hitze aussetzt, schrumpfen die Zweige, und ihre Blätter rollen sich zusammen.

Hydnora africana Diese parasitäre Pflanze verströmt Fäkaliengeruch, der Mistkäfer anlockt, die das Gewächs dann bestäuben.

Titanenwurz Diese seltsame Pflanze zählt nicht nur zu den größten der Welt, sondern riecht zudem nach Aas und blüht nur alle sechs bis sieben Jahre.

Gewöhnlicher Wasserschlauch Diese seltsame Wasserpflanze kann Würmer, Kaulquappen und Jungfische fangen und verdauen.

HIPPO AUF ABWEGEN

Auf der Suche nach einer kleinen Abkühlung kletterte ein südafrikanisches Flusspferd kürzlich in einen drei Meter hohen Wasserturm – und musste feststellen, dass es in der Falle saß! Zum Glück wurde es von einem Landarbeiter gefunden und vom Team der Mpumalanga Tourism and Parks Association in einem vierstündigen Einsatz aus dem Tank herausgeholt, indem das Wasser abgelassen und das Nilpferd in einen Stahlkäfig gelockt wurde.

WACHRATTEN

In der indischen Stadt Karnal ließ man sich etwas ganz Besonderes einfallen, um die Polizeiberichte vor knabbernden Mäusen zu schützen: Man setzt dort „Wachratten" ein, die Beweisstücke und Akten verteidigen.

BIENENALARM

Im Mai 2009 saßen die Angestellten eines New Yorker Fachgeschäfts für Computerspiele mehrere Stunden lang in den Geschäftsräumen fest, weil Tausende von Bienen durch die angrenzende Straße schwärmten. Erst nachdem es einem Fachmann im Imkeranzug gelang, den Schwarm fortzulocken, konnte der Betrieb wieder aufgenommen werden.

GEFRIERKÄFER

Die neuseeländische Bergschrecke, ein großes, grillenähnliches Insekt, kann sich mehrere Monate lang einfrieren lassen, ohne Schaden zu nehmen.

SEEJAGD

Der Seelöwe Snoopy wurde von Sheriffs aus Orange County, Kalifornien, mit einem Schnellboot verfolgt und festgenommen, nachdem er in Newport Beach einen kleinen Jungen gebissen hatte. Doch kaum war der clevere Seelöwe an Bord des Streifenschiffes, trat er ordentlich aufs Gaspedal, schaltete die Sirene ein und riss das Steuerrad an sich!

PANDAFANTEN

Die Zoowärter im thailändischen Elefanten-Kraal Ayutthaya bemalten fünf ihrer dickhäutigen Schützlinge mit schwarzer und weißer Wasserfarbe, bis sie wie Riesenpandas aussahen! Nach der Geburt eines Pandaweibchens in einem Bangkoker Zoo interessierten sich die Besucher plötzlich nicht mehr für Elefanten, die Nationaltiere Thailands, weswegen sich die Zoowärter diesen seltsamen Werbegag einfallen ließen.

ÜBERRASCHUNGSGAST

Im März 2009 schwamm eine kranke Schildkröte auf direktem Weg in ein Schildkrötenkrankenhaus auf den Florida Keys! Die Unechte Karettschildkröte litt an einer bakteriellen Infektion.

Schlangenfuß

Diese deformierte Schlange wurde 2009 im chinesischen Suining gefunden. Aus dem Leib des 40 cm langen Reptils ragt ein Fuß mit Krallen. Die arme Duan Qiongxiu, die den Mutanten in ihrem Schlafzimmer fand, erschrak bei dem Anblick so sehr, dass sie die Schlange mit ihrem Schuh erschlug. Es kommt sehr selten vor, dass Schlangen Füße wachsen, sodass Qiongxius Fund unter Biologen einiges Aufsehen erregte.

HUNDELIEBE

Eine chinesische Hündin aus einem Zoo in Taiyuan liebte ihre beiden Schützlinge, zwei Rote Pandababys, so sehr, dass sie sich weigerte, ihren eigenen Nachwuchs zu säugen. Die seltenen Pandas waren kurz nach der Geburt von ihrer Mutter verstoßen und von der Hundedame, die gerade geworfen hatte, adoptiert worden.

UNGLEICH GESELLT SICH GERN

Die 4,50 m große Giraffe Gerald aus der Noah's Ark Zoo Farm im englischen Bristol hat einen eher ungewöhnlichen besten Freund: einen Ziegenbock namens Eddie. Seit über drei Jahren ist das Dreamteam unzertrennlich und teilt sich eine Schlafstätte. Manchmal darf Eddie sogar auf Geralds Rücken klettern.

WASSERSPINNE

Die Europäische Wasserspinne, auch Silberspinne genannt, lebt unter Wasser, wo sie eine seidene Tauchglocke spinnt, in der sie Sauerstoff lagert.

DURCHGESPÜLT

Ein nur wenige Wochen alter Cocker Spaniel überlebte im Juni 2009 wie durch ein Wunder einen Tauchgang durch die Toilette! Der vierjährige Daniel Blair aus dem englischen Middlesex hatte den Welpen nach einem ausgiebigen Spaziergang in der Toilettenschüssel waschen wollen und dabei aus Versehen auf die Spülung gedrückt. Doch zum Glück konnte der Hund nach vier Stunden in einem Abwasserrohr von freundlichen Klempnern gerettet werden.

ELEFANTENGEDÄCHTNIS

Elefanten können Menschen an ihrem Geruch, ihrer Hautfarbe und ihrem Kleidungsstil wiedererkennen.

ZEICHENSPRACHE

Nachdem sich herausgestellt hatte, dass der Border-Collie-Welpe Pixie taub ist, brachte die Hundetrainerin Liz Grewal aus dem australischen Coffs Harbour dem Hund Zeichensprache bei.

RAUPENALARM

Die liberianische Präsidentin Ellen Johnson-Sirleaf rief im Januar 2009 den Notstand aus, weil gigantische Armeen von Raupen das Land heimsuchten. Die schlimmste Epidemie seit 30 Jahren ließ zig Millionen von gefräßigen Raupen der Gattung *Spodoptera exempta* über das Land herfallen und versetzte 80 Städte und Dörfer in den Ausnahmezustand.

EXTREM GIFTIG

Der in Thailand beheimatete rosafarbene Tausendfüßler *Desmoxytes purpurosea* sondert das tödliche Gift Zyanid ab!

HUNDEHOCHZEIT

Zoe Christie aus dem englischen Devon lud zu ihrer Hochzeit einen ganz besonderen Ehrengast ein: den Boxerrüden Boris, der ihr fünf Jahre zuvor das Leben gerettet hatte! Christie war auf einem Feld zusammengebrochen und drohte, an Unterkühlung zu sterben, als Boris sie beim Gassigehen entdeckte und sein Herrchen John Richards auf seinen Fund aufmerksam machte.

Fröhliche Spinne

Die irreführend fröhlich aussehende Webspinne Theridion grallator lebt ausschließlich in den Regenwäldern auf Oahu, Maui, Molokai und Hawaii. Das Muster auf dem Rücken des nur fünf Millimeter großen Insektes dient dazu, natürliche Feinde zu irritieren. Tiere verfügen über ein Beuteschema, das ihnen verrät, welche Nahrungsmittel geeignet bzw. ungeeignet für sie sind – und wer möchte schon gern einen Smiley in sich hineinstopfen?!

HAUSBESUCH

Lesley Coles aus dem englischen Somerset staunte nicht schlecht, als sie auf dem Boden ihrer an diesem Tag ungewöhnlich schweren Einkaufstasche einen zusammengerollten Python fand! Das 90 cm lange Reptil hatte wohl schon an die sechs Monate unbemerkt in einem Unterschrank in Coles' Haus gelebt, ehe es entdeckt wurde.

PRÄSIDENTENBÄREN

Der damalige US-amerikanische Präsident Thomas Jefferson erhielt im Oktober 1807 zwei Grizzlybären als Geschenk! Seine neuen Haustiere gefielen ihm so gut, dass sie mehrere Monate lang im Garten vor dem Weißen Haus leben durften.

NEUGIER IST DES PFERDES TOD

Für die neugierige Gracie, ein Jungpferd aus Pullman in West Virginia, schien es nichts Spannenderes zu geben als die Untersuchung dieses ausgehöhlten Baumstammes. Leider trieb sie es etwas zu weit und musste aus dem Stamm herausgeschnitten werden. Der Nachbar Jason Harschbarger hörte ihr klägliches Gewieher, als sie versuchte, sich selbst zu befreien, und rettete sie unter Einsatz einer Kettensäge aus ihrer Misere. Gracie zog sich nur ein paar kleinere Verletzungen zu und renkte sich den Kiefer aus. Einziger bleibender Schaden war ein gesunder Respekt vor Bäumen.

KRÖTENKONZERT
In Schleswig-Holstein fand 2009 der Zweite Internationale Gesangswettbewerb für Kröten statt, bei dem Rotbauchunken aus Dänemark, Deutschland, Lettland und Schweden ihr Gequake zum Besten gaben.

BOXENDE HUNDEDAME
Chela, eine Deutsche Kurzhaar-Pointer-Hündin, ist nicht nur das Maskottchen der peruanischen Nationalpolizei, sondern kann auch boxen! Ihr Trainer Cesar Chacaliaza erzählt, dass ihr die Boxhandschuhe anfangs gar nicht gefallen hätten, sie mittlerweile aber fest auf beiden Hinterbeinen stünde und mit ihren Vorderpfoten ordentlich zuschlagen könne.

SCHLAUES SCHWEIN
Sue, das Kune-Kune-Schwein von Wendy Scudamore aus dem englischen Herefordshire, kann auf Befehl „Pfötchen" geben und bewältigt Parcours so gekonnt wie ein Hund. Scudamore hofft sogar, dass Sue eines Tages Schafe hüten kann, so wie das *Schweinchen namens Babe*.

KRAKENMONSTER
Der Pazifische Riesenkrake hat eine Spannweite von unfassbaren vier Metern!

GUMMISKELETT
Die Skelette von Haien und Rochen bestehen aus Knorpel, dem Material, aus dem menschliche Ohren und Nasen geformt sind.

FLIEGENDER AFFE
Der drei Monate alte Zwergschimpanse Bili saß auf seinem Flug vom englischen Birmingham in den Frankfurter Zoo in Deutschland wie ein ganz gewöhnlicher Passagier in der Kabine.

DIE RACHE DES WIESELS
Mr. Zhang aus dem chinesischen Wuchang behauptete 2009, seine Familie sei von einem Wiesel terrorisiert worden, weil er das Weibchen des Tieres gefangen hatte. Angeblich verrichtete das männliche Wiesel sein Geschäft auf dem Esstisch der Zhangs, brachte ihnen tote Mäuse ins Haus und sprang kreischend auf ihren Betten herum.

DIAMANTEN VOR DIE SÄUE
Anne Moon aus dem englischen Yorkshire verlor im August 2009 ihren € 1.665 teuren Verlobungsring, weil ein Ferkel ihn verschluckte. Als Moon das zehn Wochen alte Kune-Kune-Schwein Ginger streicheln wollte, verbiss sich das Tier in den Ring und ließ nicht mehr los, bis es ihn abgezogen hatte.

VATER MIT 110
Billy, ein Maurisches Landschildkrötenmännchen, das im englischen Norfolk lebt, wurde im stolzen Alter von 110 Jahren Vater! Um endlich Nachwuchs zeugen zu können, hatte es nach 15 Jahren vergeblichen Werbens die Gunst des 47-jährigen Weibchens Tammy erlangt.

WANDERAUGEN
Aussehen und Gewohnheiten von Flundern ändern sich im Laufe ihres Lebens brachial: Anfangs schwimmen die Fische vertikal und haben auf jeder Seite ihres Schädels ein Auge. Später wandert eines der Augen auf das andere zu, und die Flundern schwimmen in horizontaler Lage.

FREAK-FERKEL
In der chinesischen Provinz Zhejiang wurde 2009 ein Ferkel mit zwei Mäulern und drei Augen geboren.

PENDLER-HUNDE
Die Straßenhunde von Moskau nutzen auf ihrer Suche nach neuen Futterquellen die öffentlichen Verkehrsmittel! Jeden Morgen fahren sie mit der U-Bahn in die City, und abends geht es auf demselben Weg wieder nach Hause in die Vorstadt.

Albino-Schildkröte

DIESES SONDERBARE GESCHÖPF MAG ZWAR BESTECHENDE ÄHNLICHKEIT MIT EINEM GERUPFTEN HUHN HABEN, TATSÄCHLICH HANDELT ES SICH ABER UM EINE ALBINO-SCHILDKRÖTE, DIE 2009 AM UFER DES GELBEN FLUSSES IN CHINA GEFUNDEN WURDE. SIE IST 40 CM LANG UND WIEGT STOLZE 6,5 KG. ANGEBLICHE URSACHE IHRER BIS AUF EINEN KLEINEN ROSAFARBENEN FLECK SCHNEEWEISSEN HAUT IST EINE GENMUTATION, DIE AUF UMWELTVERSCHMUTZUNG ZURÜCKZUFÜHREN IST.

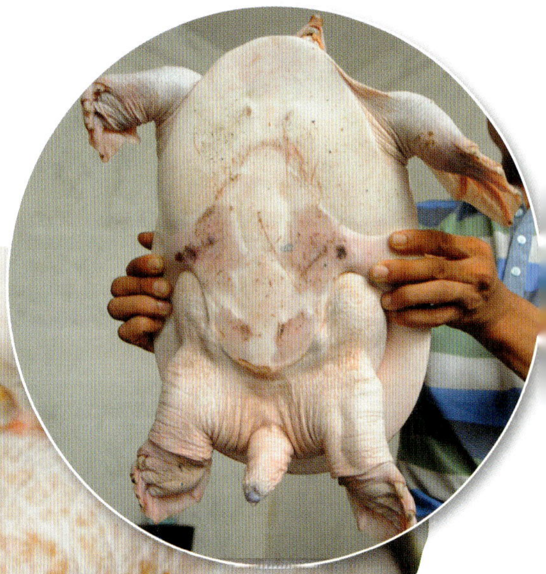

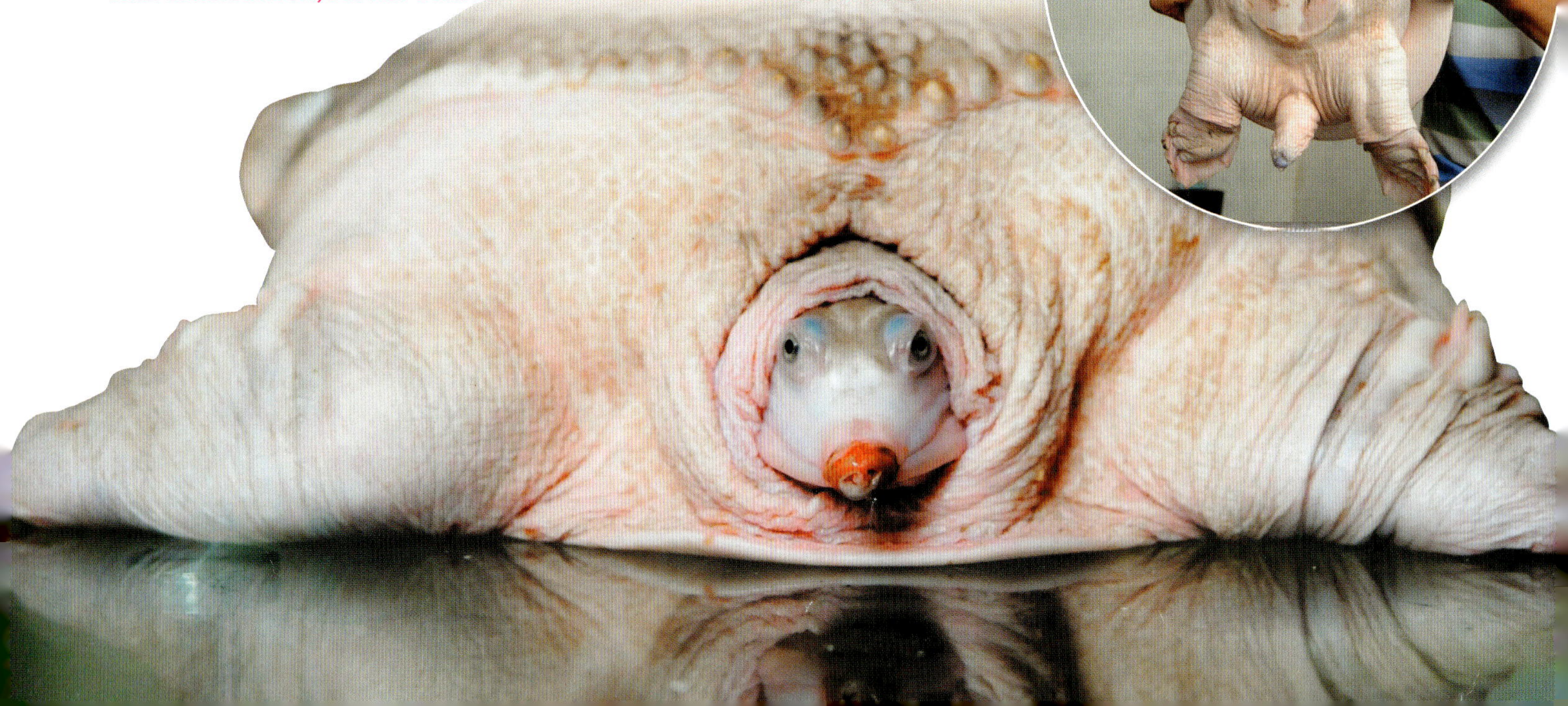

Schweinerennen

Anlässlich des Cushendun Community Fête, das im Juli 2009 in Nordirland stattfand, traten zahlreiche Schweinchen, auf denen knallbunte Strick-Jockeys saßen, in einem Wettrennen gegeneinander an. Nur Jungschweine dürfen an dieser vor allem in den USA beliebten Disziplin teilnehmen, bei der sie sogar über Hindernisse springen müssen.

BEDROHLICHE KÜSSE
Um ihre natürlichen Feinde abzuschrecken und größer und bedrohlicher zu wirken, setzen Orang-Utans eine Kusslaut-Technik ein, durch die ihre Stimme tiefer klingt. Die Kusslaute entstehen, indem sich die Affen Blätter vor den Mund halten.

FLUGBEGEISTERTE SCHILDKRÖTEN
Im Juli 2009 musste eine Landebahn auf dem John F. Kennedy International Airport in New York kurzzeitig geschlossen werden, weil etwa 80 Schildkröten auf dem Asphalt herumkrabbelten. Die 20 cm langen Diamantschildkröten waren aus der nahe gelegenen Jamaica Bay herübergewandert.

SELTSAME ESSGEWOHNHEITEN
Ein Tierarzt entdeckte im Magen von Mark und Michelle Jewells Hund Bertie neun Golfbälle, die der kleine Gierschlund verputzt hatte.

BELESENER HUND
Die New Yorker Tiertrainerin Lyssa Rosenberg hat ihrer Terrierhündin Willow das Lesen beigebracht! Willow spielt „Toter Hund", wenn sie das Wort „bang" (deutsch: „Knall") sieht, und streckt bei „wave" (deutsch: „Winken") eine Pfote in die Luft. Bei „Sit up" (deutsch: „Aufsetzen") stellt sie sich auf die Hinterläufe. Willow beherrscht 250 Kunststücke und brauchte nur sechs Wochen, um das „Lesen" zu lernen.

DACKELRENNEN
In San Diego, Kalifornien, werden regelmäßig die Wienerschnitzel Wiener Nationals abgehalten, ein Wettrennen für Dackel.

METHUSALEM
Jonathan, ein auf der Insel St. Helena beheimatetes Schildkrötenmännchen, ist schätzungsweise 176 Jahre alt! Das älteste Foto von ihm zeigt ihn vor über 100 Jahren neben einem Kriegsgefangenen aus dem Burenkrieg.

HAIKUPPELEI
Um einen männlichen Hai in Liebesrausch zu versetzen, spielten ihm die Angestellten des Sea Life London Aquariums Musik von Barry White und Marvin Gaye vor. Sie hofften, den sechsjährigen Zebrahai Zorro so endlich auf das einsame Weibchen Mazawabee aufmerksam zu machen.

Affentheater

In Zukunft werden die Besucher des Knowsley Safari Parks im englischen Prescot wohl besser auf ihr Gepäck aufpassen, denn im Juli 2009 machte sich eine 20-köpfige Affenbande über die Koffer einer Reisegruppe her. Die Paviane hatten herausgefunden, wie man Dachgepäckträger knackt, und leerten vor den Augen der hilflosen Reisenden den gesamten Inhalt auf der Straße aus! Nachdem es zu mehreren ähnlichen Zwischenfällen gekommen war, rät der Direktor des Parks, David Ross, seinen Besuchern mittlerweile davon ab, durch das Affengehege zu fahren.

INFORMATIVES MITTAGESSEN
Ein 1,80 m langer Python, der aus einem Forschungszentrum nahe Perth in Australien gestohlen wurde, konnte anhand seiner letzten Mahlzeit wiedergefunden werden. Sein Snack war ein extrem seltenes Bürstenschwanz-Rattenkänguru gewesen, das – wovon die Diebe nichts wussten – ein Routen-Kontrollgerät getragen hatte, das der Polizei den Aufenthaltsort des Pythons anzeigte.

WIEDERENTDECKT
Ein halbes Jahrhundert nach der letzten Sichtung wurde 2009 eine Population des extrem seltenen Gebirgs-Gelbschenkelfroschs entdeckt! Die scheuen Amphibien wurden im San Bernardino National Forest, Kalifornien, von einer Forschungsgruppe beobachtet.

ELEFANTEN-HINRICHTUNG
Am 13.9.1916 wurde die Elefantendame „Murderous Mary" (deutsch: „Die Mörderische Mary") aus dem Sparks Brothers Circus gehängt, weil sie in Erwin, Tennessee, einen ihrer Pfleger getötet hatte. 2.500 Zuschauer wohnten der Hinrichtung des fünf Tonnen schweren Elefanten auf einem 100 Tonnen schweren Lastkran bei.

Kurze Beine
Insgesamt vier Mal wurde die Feuerwehr aus Hampshire, England, schon von besorgten Passanten gerufen, die meinten, das kleine Shetlandpony Mayflower würde im Schlamm versinken – dabei hat die winzige Stute einfach nur sehr, sehr kurze Beine und ist nur halb so groß wie die anderen Pferde in den Salzmarschen bei River Test.

ALTER HERR
Max, der Terriermischling von Janelle Derouen aus New Iberia, Louisiana, wurde 2009 erstaunliche 26 Jahre alt – das entspricht 182 Hundejahren!

FÜNFBEINIG
Lilly, ein Chihuahua-Welpe aus Gastonia, North Carolina, wurde mit fünf Beinen geboren! Sie hatte aber kein Gefühl in dem Extrabein, das zwischen ihren Hinterläufen herabhing und sieben Wochen nach der Geburt entfernt wurde.

WEIT UNTEN
Der Scheibenbauchfisch *Pseudoliparis amblystomopsis* lebt in unglaublichen 7,70 km Tiefe im pazifischen Japangraben.

LECKERMAUL
Im kanadischen Tobermory wurde im Juli 2009 ein Schwarzbär in einer Bäckerei ertappt, wo er es sich auf dem Kühlschrank mit einer Riesenportion Kekse gemütlich gemacht hatte.

DREHFLUG
Landen Gänse aus großer Höhe, fliegen sie hin und wieder verkehrt herum. Bei diesem als „Whiffling" bezeichneten Flugmanöver drehen sie ihren Nacken um 180 Grad und legen sich auf den Rücken, um einen schnellen, aber kontrollierten Anflug zu erreichen, indem der Luftgehalt unter den Flügeln reduziert wird.

DOPPELKOBRA
Im Jahr 2009 schlüpfte im Haus des Bahnarbeiters und Hobby-Schlangenzüchters Mr. Liu aus dem chinesischen Jiujiang eine zweiköpfige Kobra, die mit beiden Mäulern gleichzeitig fressen kann.

SCHRUMPFSCHAFE
Eine Wildschaf-Rasse aus Schottland hat durch den Klimawandel zu schrumpfen begonnen! Seit 1985 sind die auf der unbewohnten Insel Hirta im St.-Kilda-Archipel beheimateten Soayschafe schon um fünf Prozent kleiner geworden, da ihre Beine kürzer werden und ihr Körpergewicht sinkt. Früher konnten in dem rauen Inselklima nur sehr große Schafe überleben, doch durch die milder gewordenen Temperaturen brauchen die Tiere auch weniger Körperfett.

Festgebissen
Reggie, ein einen Meter langes Königsnattermännchen aus West Sussex, England, musste von Tierarzt Bob Reynolds einer lebensrettenden Notoperation unterzogen werden, nachdem es versucht hatte, seinen eigenen Schwanz zu fressen. Reggie hatte seinen Schwanz wohl für eine andere Schlange gehalten, doch als ihm der Irrtum schmerzhaft bewusst wurde, war es bereits zu spät. Die Zähne von Königsnattern sind nämlich nach innen gebogen – haben sie sich an etwas festgebissen, können sie nicht mehr loslassen.

KEGEL-EI
Eines der 20 Hühner von Natalie Wiltshire aus dem englischen Willoughby legte ein kegelförmiges Ei!

SCHOSSHÜNDCHEN
Eine Israelin blätterte unfassbare € 23.670 hin, damit ihr geliebter Boxer Orchuk zusammen mit ihr in der Business Class von Paris nach Tel Aviv fliegen konnte! Für den vierstündigen Flug mit der israelischen Airline El Al buchte sie ein gesamtes Abteil, in dem mehrere Sitze entfernt werden mussten, damit der Hundezwinger hineinpasste.

TIERMODE
Die bayerische Modedesignerin Hildegard Bergbauer entwirft traditionelle Dirndl für Frauen – und Katzen, Hunde sowie Pferde!

BÄRIGER TRAUZEUGE

Für seine Hochzeit mit der Schauspielerin Missi Pyle im Jahr 2009 entschied sich der Naturforscher Casey Anderson für einen eher ungewöhnlichen Trauzeugen: Ehrengast des Festes in Montana war der eine halbe Tonne schwere Grizzlybär Brutus, der auch am Empfang teilnahm und sich mit Hochzeitstorte vollstopfte. Anderson hat den mittlerweile 2,30 m großen Bären von Kindesbeinen an großgezogen und pflegt eine innige Beziehung zu dem Giganten.

FLÜSSIGNAHRUNG

Spinnen können keine feste Nahrung zu sich nehmen, weswegen sie die Innereien ihrer Beute verflüssigen müssen. Dazu würgen sie ihre Verdauungssäfte hoch und verteilen sie auf der Beute, die dann „geknackt" und ausgesaugt wird.

ARTENREICH

Es existieren knapp 180.000 bekannte Schmetterlingsarten, von denen 40 % in Südamerika beheimatet sind.

NUKLEARE VIECHER

Die Hälfte aller wildlebenden Trampeltiere weltweit ist in einem ehemaligen Testgebiet für Nuklearwaffen im chinesischen Xinjiang beheimatet.

LIEBESPFEILE

Etwa die Hälfte aller Schneckenarten bildet sogenannte „Liebespfeile" aus, die bei der Paarung zum Einsatz kommen. Der schleimbedeckte Pfeil, der die Fruchtbarkeit erhöht, wird in die Haut der Partnerschnecke geschossen.

KAHLE KATZE

Im Tierkrankenhaus in Exeter, New Hampshire, lebt seit kurzem eine wahrhaft skurrile Touristenattraktion. Der achtjährige Kater Ugly Bat Boy ist bis auf seine voluminöse Brustbehaarung kahl. Das seltsame Aussehen des Katers, der gleich nach seiner Geburt von dem Tierarzt Stephen Bassett adoptiert wurde, geht wohl auf einen genetischen Defekt zurück.

SCHAUKELTIER

Sara, eine Labrador-Chow-Chow-Mischlingsdame, schaukelt für ihr Leben gern. Ihre Besitzer, die Familie Lanier aus Boone in North Carolina, führen sie mehrmals die Woche in einen benachbarten Park, wo sich der Hund auf dem Spielplatz ordentlich austobt.

Katzenmama

Van Nieuwenhuizen mit ihrem jüngsten Zögling, dem Gepardenbaby Aviva.

RIANA VAN NIEUWENHUIZEN AUS DEM SÜDAFRIKANISCHEN BLOEMFONTEIN IST EIN ECHTER GROSSKATZENFAN: SIE TEILT IHR ZUHAUSE MIT NEUN GEPARDEN, DREI LEOPARDEN, EINEM JAGUAR UND EINEM LÖWEN. UM ETWAS ABWECHSLUNG IN DIE SACHE ZU BRINGEN, HÄLT SIE AUSSERDEM EINEN WOLF UND DREI HUNDE.

Fiela, die zusammen mit den anderen Tieren bis zu 25 kg Huhn pro Tag verschlingt, macht es sich gern mit ihrem Frauchen am Esstisch gemütlich.

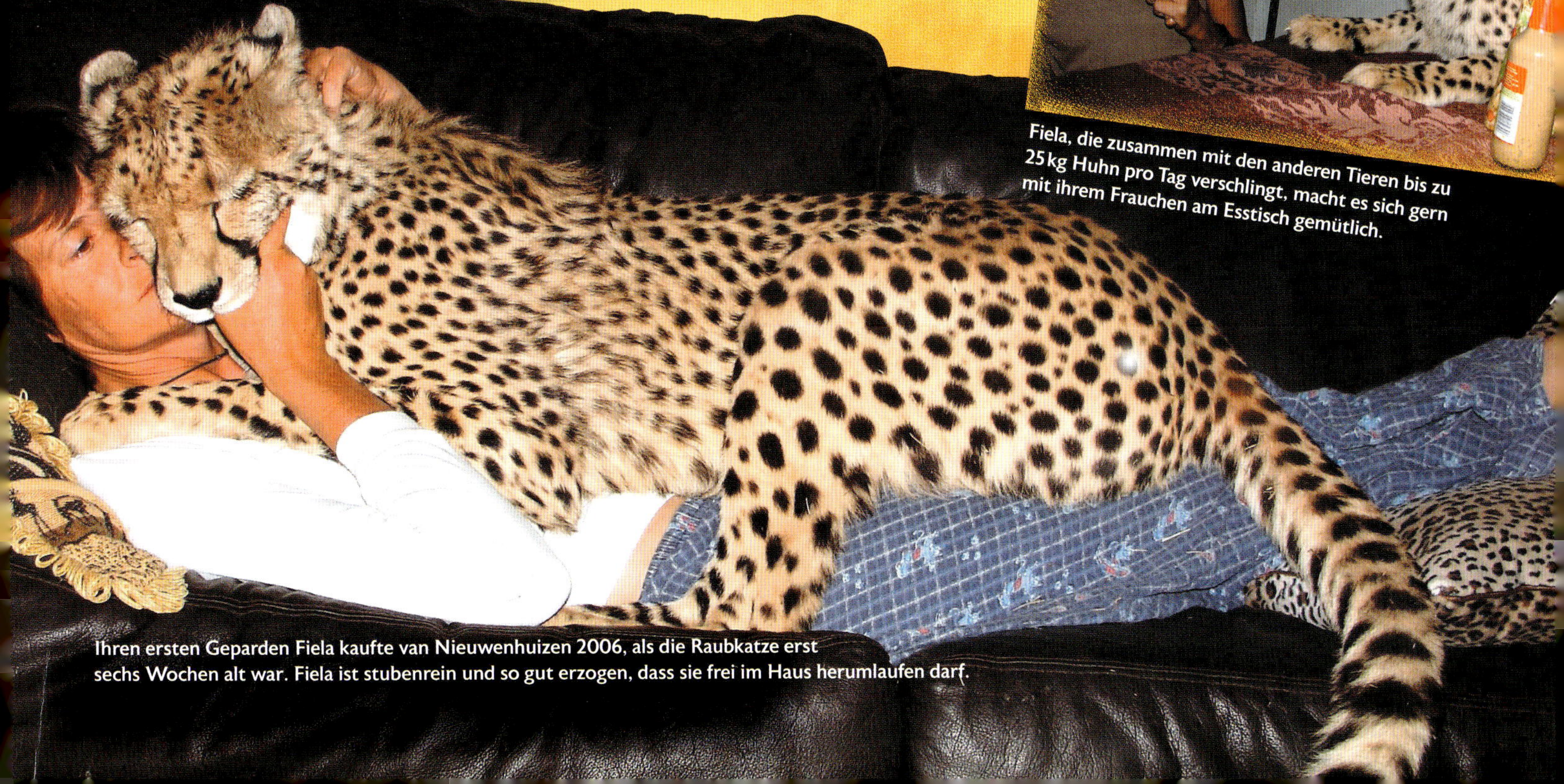

Ihren ersten Geparden Fiela kaufte van Nieuwenhuizen 2006, als die Raubkatze erst sechs Wochen alt war. Fiela ist stubenrein und so gut erzogen, dass sie frei im Haus herumlaufen darf.

KUNSTTAUBEN
Japanische Wissenschaftler versuchen, Brieftauben darauf zu konditionieren, genauso wie ein Mensch zwischen schönen und hässlichen Gemälden zu unterscheiden. Einer Studie zufolge können die Vögel Farbe, Textur und Muster von Bildern erkennen.

KLEINER PATRIOT
Ein Eichhörnchen wurde dabei ertappt, wie es kleine USA-Flaggen von einem Friedhof stahl und in sein Nest schleppte! Jedes Jahr zum Volkstrauertag stellen Freiwillige die Flaggen auf den knapp 1.000 Gräbern gefallener Soldaten auf dem Mount Hope Cemetery in Port Huron, Michigan, auf. Im Mai 2009 bemerkten sie aber, dass einige der Flaggen von den Holzstäbchen abgerissen worden waren, und entdeckten wenig später das diebische Eichhörnchen.

ZUCKREFLEX
Reißt man einem Weberknecht ein Bein aus, zuckt dieses bis zu eine Stunde lang nach.

TAPFERE TAUBE
G.I. Joe, eine Brieftaube der U.S. Army, rettete während des Zweiten Weltkriegs den Einwohnern des italienischen Dorfes Calvi Vecchia das Leben, weil sie die Nachricht von einem geplanten Bombardement rechtzeitig überbrachte. 1946 wurde Joe vom Londoner Bürgermeister mit einer Ehrenmedaille ausgezeichnet.

LEBENSRETTER
2009 wurde dem Papagei Willie vom Amerikanischen Roten Kreuz eine Auszeichnung verliehen, weil er der zweijährigen Hannah Kuusk aus Denver das Leben gerettet hatte! Als sich die kleine Hannah verschluckte, machte der sonst recht schweigsame Vogel seine Besitzerin darauf aufmerksam, indem er mit den Flügeln schlug und „Momma, Baby!“ krähte.

SCHLAUER SITTICH
Nachdem David Edwards aus Nordwales sein Nymphensittich Smokey entflogen war, hegte er kaum mehr Hoffnung, den Vogel jemals wiederzusehen. Doch nachdem der Sittich im benachbarten Wrexham aufgetaucht war, meldeten sich die braven Finder sofort telefonisch. Sobald der Vogel die Stimme von Edwards Frau durch den Hörer vernahm, krähte er ihren Namen und bewies damit, dass es sich um seine rechtmäßigen Eigentümer handelte!

LUFTIKUSSE
Mauersegler verbringen den Großteil ihres Lebens im Flug oder in ihren Nestern und landen nur auf dem Boden, wenn es notwendig ist.

RIESENHUNGER
Die in Indonesien beheimateten Komodowarane sind mit einem Gewicht von bis zu 77 kg nicht nur die größten Echsen der Welt, sondern können bei einer einzigen Mahlzeit auch bis zu 80 % ihres eigenen Körpergewichtes verschlingen.

WOLFSSCHRECK
Wer sich vor wilden Wölfen schützen will, sollte stets ein sogenanntes „Fladry“ mit sich führen, ein einfaches Seil, an dem mehrere rote Fähnchen befestigt sind. Aus unerklärlichen Gründen trauen sich die meisten Wölfe nicht, Fladrys zu überqueren.

SCHLANGENFRASS
Patty Buntine aus dem australischen Katherine bekam den Schreck ihres Lebens, als ihr Hund im März 2009 in einem Stück von einer Schlange verschlungen wurde. Auf der Suche nach ihrem dreijährigen Malteser-Terrier Bindi durchstöberte sie ihren Garten, wo sie eine Schlange fand, die so vollgefressen war, dass sie sich kaum mehr bewegen konnte. Der Hund brachte fast 60 % des Körpergewichts der Schlange auf die Waage und schien ein echter Leckerbissen gewesen zu sein.

Schlange vs. Vogel
Hier zu sehen ist ein Python, der 2009 im australischen Cairns einen wehrlosen Kakadu verschlang. Die Künstlerin Cindy Lane arbeitete gerade in ihrem Studio, als sie das verzweifelte Krächzen des Vogels hörte und eilig zur Kamera griff. Später erzählte sie, dass die Schlange etwa zwei Stunden gebraucht hätte, um ihre Beute herunterzuwürgen.

Flattermahl

UNGLAUBLICH, ABER WAHR: DIESE GOLDENE SEIDENSPINNE HAT EINEN AUSGEWACHSENEN BRAUNBRUST-SCHILFFINKEN IN IHREN FÄNGEN! DIE FASZINIERENDEN BILDER WURDEN IN EINEM GARTEN NAHE DER AUSTRALISCHEN STADT ATHERTON AUFGENOMMEN. GOLDENE SEIDENSPINNEN KÖNNEN GRÖSSER WERDEN ALS EINE HAND UND ERNÄHREN SICH NORMALERWEISE VON GROSSEN INSEKTEN – ZU EINEM LECKERBISSEN WIE DIESEM FINKEN SAGEN SIE ABER NATÜRLICH AUCH NICHT NEIN!

GIFTDRÜSEN

Mehrere Ameisenarten aus Südostasien verfügen über explosive Drüsen, aus denen sie einen tödlichen Giftregen auf ihren Gegner niederprasseln lassen.

TANZENDER PAPAGEI

Die heißen Moves des Kakadus Snowball aus Indiana, die auf YouTube zu sehen sind, lassen keinen Zweifel daran, dass Vögel sich zu Musik bewegen können. Über zwei Millionen Menschen wurden schon Zeugen, wie der weiße Vogel im Rhythmus zu seinem Lieblingssong von den Backstreet Boys das Tanzbein schwingt.

CHEMIEALARM

Argentinische Ameisen produzieren Chemikalien, mit denen sie ihre Mitameisen darüber informieren, dass sie am Leben sind. Fehlt der Duft, gilt die Ameise als tot und wird auf eine „Mülldeponie" abtransportiert.

SYNTHETISCHER SCHNABEL

2009 wurde in einer ungarischen Vogelklinik einem verletzten Storch ein brandneuer Schnabel verpasst! Die untere Schnabelhälfte konnte operativ wiederhergestellt werden, während der Facharzt Tamas Kothay den oberen Teil aus Kunstharz rekonstruierte.

WILDE FLÜGE

Um Eindruck bei den Weibchen zu schinden, stürzen sich männliche Annakolibris mit bis zu 80 km/h in den Senkflug. Häufig attackieren sie dabei auch andere Vögel oder sogar Menschen. Im Verhältnis zu ihrer Körpergröße von etwa zehn Zentimetern entspricht diese Geschwindigkeit einem 2.090 km/h schnellen Auto, also fast doppelter Schallgeschwindigkeit. Die in Kalifornien beheimateten Vögel müssen für ihre Sturzflüge 1.000-mal pro Sekunde mit den Flügeln schlagen und verbrennen ihr Körperfett dabei 400-mal schneller als ein Mensch.

GEGENANGRIFF

Dieses bemitleidenswerte Krokodil wurde am Ufer des Grumeti-Flusses im Serengeti-Nationalpark in Tansania von einer Kolonie von 50 wütenden Nilpferden totgebissen, nachdem es einem Weibchen und ihren Jungen zu nahe gekommen war. Als die Flusspferde einen schützenden Kreis um ihr bedrohtes Herdenmitglied bildeten, geriet das Krokodil in Panik und versuchte, über die Rücken der Tiere zu klettern. Für die riesigen Zähne der Nilpferde, die mit einem Biss mehrere Tonnen Druck ausüben können, war der dichte Schuppenpanzer des Reptils kaum ein Hindernis. Wenn die eigentlich friedlichen Nilpferde ihre Jungen beschützen müssen, können sie extrem aggressiv und gefährlich werden.

BIENEN VS. ELEFANTEN

Kenianische Bauern vertreiben gierige Elefanten, die sich über die Ernte hermachen wollen, mit „Bienenzäunen“! Mehrere Bienenstöcke sind durch Drähte miteinander verbunden, die bei jeder Bewegung zu schwingen beginnen. Wenn die Dickhäuter über die Drähte stolpern, scheuchen sie die Bienen auf, deren Stiche für ihre Kälber sogar tödlich enden können.

ZAHNREICH

Während Menschen nur zweimal in ihrem Leben neue Zähne bekommen, wachsen Alligatoren die Beißerchen bis zu 3.000-mal nach.

HEILIGE KUH!

In der kambodschanischen Provinz Pursat erblickte im August 2009 ein Kalb das Licht der Welt, dessen Haut dick, dunkel und schuppig war wie die eines Krokodils. Am Tag nach seiner Geburt endete eine dreimonatige Dürreperiode, weswegen es für heilig erklärt wurde. Leider verstarb die kleine Kuh schon nach drei Tagen, doch wenigstens erhielt sie eine höchst feierliche Beerdigung.

UNGEWOLLTER KAISERSCHNITT

Nachdem ein schwangeres Haiweibchen in einem Aquarium im neuseeländischen Auckland von einem anderen Hai gebissen wurde, konnten die vollkommen verblüfften Zuschauer live beobachten, wie vier Haibabys aus der Fleischwunde schlüpften! Nachdem vier weitere Junghaie aus ihrer Gebärmutter entnommen worden waren, wurde die Wunde mit einigen Stichen genäht und die Haidame war schnell wieder wohlauf.

MUTTERWÄRME

Im argentinischen La Plata rettete 2008 die Hündin China einem Findelkind das Leben, indem sie das Mädchen zwischen ihren eigenen Welpen warmhielt. Der Bauer Fabio Anze staunte nicht schlecht, als er das wenige Stunden alte Baby zwischen Chinas Nachwuchs entdeckte.

FROSCHSCHENKEL

Einem riesigen Ochsenfrosch, der nahe Johannesburg in Südafrika von einem Hund angegriffen worden war, wurde eine Beinprothese verpasst. Nach einer zweistündigen Operation konnte sich der Frosch mit einem 2,50 cm langen Stahlstab brüsten, der einen seiner Unterschenkel ersetzte.

GRILLUNFALL

Dem zwölf Wochen alten Chihuahua Smokey bohrte sich bei einem Grillabend mit seinen Besitzern im Jahr 2009 eine Grillgabel in den Kopf, mit der der arme Hund drei Tage lang herumlaufen musste! Die acht Zentimeter langen Zinken konnte nicht eher entfernt werden, weil der kleine Hund aus London, Kentucky, vor Schreck davonlief und erst zwei Tage später gefunden wurde.

TALENTIERTE TERRIER

Nachdem der Hundebesitzer Sun Chien aus dem chinesischen Shenyang einen Schlaganfall erlitten hatte, brachte er seinen Terriern Pong Pong und Wow Wow bei, ihn in einem Wägelchen mit Halterungen für Einkaufsliste und Geld zum Einkaufen zu schieben.

BIONISCHE GANS

Als im Tiggywinkles Wildlife Hospital im englischen Buckinghamshire ein zwei Wochen altes Gänseküken mit einem gebrochenen Bein eingeliefert wurde, verpassten ihm die Tierärzte kurzerhand eine bionische Prothese aus winzigen Stahlnadeln, -schrauben und -muttern, mit der es nun wieder laufen kann.

Im Mai 2009 legte der kanadische Freestyle-Motocrossfahrer Jeff Fehr auf einer Ranch im kanadischen Alberta vor dem Panorama der Rocky Mountains einen gigantischen Sprung über eine Rampe hin. Auf dem Zenit seiner Flugbahn toppte er seine Leistung mit dem komplizierten Stunt „Superman Seatgrab", der hier zu sehen ist.

LEGENDÄRE LEISTUNGEN

FELSENFEST

EINE ERFINDUNG AUS DEN 1980ER-JAHREN ERLAUBT ES BERGSTEIGERN MIT BESONDERS STARKEN NERVEN, TAUSENDE VON METERN ÜBER DEM BODEN AN STEILEN FELSWÄNDEN EIN NICKERCHEN ZU MACHEN. DER PORTALEDGE IST EIN KLEINES, TRAGBARES ZELT AUS SEILEN UND TUCH, DAS DURCH EINIGE ANKERSTELLEN GEHALTEN WIRD, DIE IN FELSSPALTEN FIXIERT WERDEN. DIE ZELTE SEHEN ZWAR ZIEMLICH WACKELIG AUS, SIND ANGEBLICH ABER ÜBERRASCHEND STABIL. MANCHE BERGSTEIGER WÄRMEN SICH DARIN SOGAR MIT EINEM GASKOCHER IHRE MAHLZEITEN AUF. DEN PORTALEDGE-BEWOHNERN WIRD ALLERDINGS EMPFOHLEN, STETS IHR KLETTERGESCHIRR ZU TRAGEN UND SICH AN DER FELSWAND ZU SICHERN, FALLS SIE ZU UNRUHIGEM SCHLAF NEIGEN.

CRICKET IN HÖHENLUFT

Zwei englische Cricket-Teams erklommen im April 2009 auf einer neuntägigen Tour den Mount Everest, um in 5.165 m Höhe eine Partie Cricket zu spielen. Das Ganze war die Idee des Cricket-Fans Richard Kirtley, dem aufgefallen war, dass das Gorak Shep auf dem Mount Everest, das höchste Felsplateau dieser Größe weltweit, von der Form her an das berühmte Londoner Cricket-Feld „The Oval" erinnerte.

ZIELGERADE

Während der Qualifikationsrunde für die Olympiade 2008 schlug die slowakische Eishockey-Frauenmannschaft Bulgarien mit 82 : 0, was mehr als ein Tor pro Minute bedeutet!

36-STUNDEN-SPIEL

Im englischen Bristol lieferten sich zwei Fußballteams bei einer Wohltätigkeitsveranstaltung im April 2009 ein 36-stündiges Spiel, bei dem über 500 Tore fielen. Die Schlacht endete damit, dass die Leeds Badgers die Bristol Academy mit 285 zu 255 schlugen.

DOPPELTES SPIEL

Am 4. 8. 1982 gelangen dem Außenfeldspieler Joel Youngblood an nur einem Tag zwei Treffer für zwei verschiedene Profi-Baseballteams in unterschiedlichen Städten! Nachmittags trat er für die New York Mets auf dem Wrigley Field in Chicago gegen die Chicago Cubs an. Nachdem er am selben Tag verkauft worden war, spielte er ein Nachtspiel für die Montreal Expos in Philadelphia.

MARATHON-GOLF

In Australien wurde im Jahr 2009 ein Golfplatz eröffnet, der sich entlang einer Autobahn 1.365 km weit durch die Wüste erstreckt. Der Nullarbor-Links-Golfplatz umfasst zwei Zeitzonen und ist länger als Deutschland! Die Löcher sind auf 18 Ortschaften und Tankstellen verteilt und liegen bis zu 100 km weit voneinander entfernt. Insgesamt dauert eine Runde an die vier Tage.

ÜBERRASCHUNGSLANDUNG

Im Februar 2009 fand ein Cricketspiel im indischen Himachal Pradesh ein überraschendes Ende, als ein verwirrter Pilot seinen Hubschrauber mitten auf dem Spielfeld landete.

Bloß nicht nach unten gucken!

Nein, dieses Bild wurde nicht verkehrt herum abgedruckt! 2009 sprang eine Gruppe von 108 furchtlosen Fallschirmspringern kopfüber und in enger Formation über Illinois in 5.486 m Höhe aus einem 290 km/h schnellen Flugzeug. Nach 40 Sekunden freiem Fall führten sie riskante Fallmanöver durch, für die sie bestimmte Positionen einnehmen mussten und sich aneinander festhielten. Erst wenige Sekunden vor dem Öffnen der Fallschirme ließen sie sich wieder los.

ABGEFAHREN!

Der österreichische Skisportler Balthasar Egger bewältigte in Heiligenblut, Österreich, im März 2009 eine Abfahrts-Gesamtstrecke von 374 km in nur 24 Stunden.

BASKETBALL-BOTSCHAFTER

Marques Haynes von den Harlem Globetrotters spielte über 50 Jahre lang Basketball und stand zuletzt 1997 auf dem Spielfeld – mit Anfang 70! Er spielte mehr als 12.000 Spiele in 97 Ländern und reiste dafür über sechs Millionen Kilometer weit, was mehr als 160 Erdumrundungen entspricht. Seine berühmten Dribbel-Künste erlernte er von seinen Schwestern. Mit der Hand nur wenige Zentimeter über dem Boden konnte er einen Ball sechsmal pro Sekunde dribbeln!

MÄNNERWIRTSCHAFT

Unter den fast 300 Athleten, die 1924 an der ersten Winterolympiade in Chamonix, Frankreich, teilnahmen, waren nur 13 Frauen – und selbst diese durften nur in der Disziplin Eiskunstlauf antreten.

PEINLICHER AUFTRITT

José Canseco, Baseballstar der Texas Rangers, jagte bei einem Spiel gegen die Cleveland Indians im Jahr 1993 einem tief fliegenden Ball hinterher und verlor diesen aus den Augen, als er den Randstreifen des Spielfeldes überquerte. Der Ball traf dann unglücklicherweise Cansecos Kopf und katapultierte sich von dort über die Absperrung, sodass die gegnerische Mannschaft einen Home Run erzielen konnte. Cansecos peinlicher Auftritt war entscheidend, denn die Indians gewannen damit 7 : 6.

SCHLECHTE CHANCEN

Die Chancen, dass ein Baseballfan bei einem Spiel der Profi-Liga von einem Ball getroffen wird, stehen bei 300.000 : 1.

EINBEIN-PITCHER

Bert Shepard war Pitcher der Profi-Baseballmannschaft Washington Senators, obwohl er als Kampfpilot im Zweiten Weltkrieg ein Bein verloren hatte.

GOLF TOTAL

Tom Bucci aus Latham, New York, versenkte im Juni 2009 im Albany Country Club innerhalb einer Woche unglaubliche 1.801 Golfbälle im Loch! Obwohl er wegen eines Gewitters 75 Minuten Spielzeit verlor, absolvierte er täglich 15 Runden (270 Löcher) mit durchschnittlich 90 Schlägen pro Runde, darunter 32 Birdies und sein allererstes Hole-in-one.

STILETTO-SPRINT

Bei einem Wettlauf im chinesischen Nanning trugen alle Teilnehmer Schuhe mit Absatz – und zwar Männer wie Frauen! Die Absätze der Männer mussten mindestens acht Zentimeter betragen, die der Frauen hingegen zehn – schließlich sind die es gewohnt, auf High Heels zu laufen!

WINDELWEICH

Der ukrainische Schwergewichtsboxer Vitali Klitschko wickelt seine Hände nach jeder Runde in die feuchten Windeln seines dreijährigen Sohnes, damit sie nicht anschwellen. Er behauptet, dass sich Baby-Urin zu diesem Zweck perfekt eignet, da er sauber und giftfrei ist und nicht stinkt.

HÜPFBALL

Die 13-jährige Anna Schmeissing aus Chicago kann Basketball spielen, während sie auf einem Pogo Stick herumhüpft.

UM LÄNGEN VORAUS

Nate Kmic, der für das College-Footballteam in Mount Union, Ohio, spielte, ist der einzige College-Footballspieler der USA, der mehr als 8.000 sogenannte Rushing Yards lief, also einmal das Spielfeld entlang. Seinen Rekord stellte er während seiner Collegezeit zwischen 2005 und 2008 auf.

SCHNEEGOLF

Im italienischen Skiort Rein in Taufers können Golffans auf einer bis zu 90 cm hohen Schneedecke golfen, und zwar in 1.600 m Höhe! Die Spieler nutzen auf dem Neun-Loch-Kurs orangefarbene Bälle, damit sie nicht stundenlang im Schnee suchen müssen.

EINARMIGER GLÜCKSTREFFER

Dem 45-jährigen ehemaligen Soldaten Alan Perrin, der fast blind ist und nur noch einen Arm hat, gelang im April 2009 auf einem Golfplatz in Exminster, England, ein Hole-in-one! Er und sein Golfpartner trauten ihren Augen kaum, als sie den Ball nach langem Suchen im Loch fanden.

KALORIENKILLER

Ein Radsportler, der an der Tour de France teilnimmt, kann während eines Tages, an dem die Strecke bergauf verläuft, bis zu 10.000 Kalorien verbrennen – mehr als viermal so viel wie jemand, der eine Woche lang täglich 75 Minuten lang spazieren geht.

Kopf in den Wolken

Im August 2009 stand der nur acht Jahre alte Tiger Brewer aus London auf einem Doppeldeckerflugzeug, das sein Großvater mit 160 km/h durch die Wolken steuerte. In 304 m Höhe machte es sich der kleine Tiger über dem Rendcomb-Flugplatz in Gloucestershire auf den Tragflächen bequem und hielt damit eine alte Familientradition in Ehren. Denn sein Großvater Vic Norman ist der Manager der SuperAeroBatics, des weltweit einzigen Formations-Wing-Walking-Teams.

BILLARD-ZWERG
Keith O'Dell Jr. aus Gloversville, New York State, spielt bis zu drei Stunden am Tag Poolbillard – obwohl er erst zwei Jahre alt ist!

BLINDER BOXER
Bashir Ramathan aus dem ugandischen Kampala ist seit über zehn Jahren blind, begann aber vor kurzem eine Karriere als Berufsboxer.

PLATZVERWEIS
Im Juni 2009 verwies ein Schiedsrichter bei einem Highschool-Baseballspiel in Iowa das gesamte Publikum, das aus mehr als 100 Personen bestand, des Platzes, weil sich die Fans danebenbenommen hatten. Don Briggs griff zu dieser drastischen Maßnahme, weil die Fans bei dem Spiel zwischen Winfield-Mount Union und West Burlington angeblich geschrien und gestritten hatten.

Rüssel Spiele

DIE UNGEWÖHNLICHE SPORTART ELEFANTEN-POLO WURDE ERSTMALS ANFANG DES 20. JAHRHUNDERTS IN INDIEN EINGEFÜHRT. DIE MODERNE VARIANTE WURDE 1983 IN NEPAL ERFUNDEN, WO DAS SPIEL HEUTE EINE REGISTRIERTE OLYMPISCHE DISZIPLIN IST. DIE TURNIERE, DIE IN THAILAND, NEPAL UND SRI LANKA STATTFINDEN, WERDEN ALLJÄHRLICH VON ZWÖLF INTERNATIONALEN MANNSCHAFTEN VON FÜNF KONTINENTEN BESTRITTEN. ORGANISIERT WERDEN SIE VON DER WEPA (WORLD ELEPHANT POLO ASSOCIATION). AN JEDEM SPIEL NEHMEN 28 ELEFANTEN TEIL, DIE VON JE ZWEI SPIELERN GERITTEN WERDEN. DIE SOGENANNTEN MAHOUTS LENKEN DIE TIERE. DAS SPIELFELD IST SO GROSS WIE EIN FUSSBALLFELD, UND DIE POLOSCHLÄGER SIND ZWISCHEN 1,80 UND 2,70 M LANG.

Elefanten-Polo REGELN

- Die Elefanten dürfen sich vor dem Torraum nicht hinlegen
- Die Elefanten dürfen während des Spiels den Ball nicht mit dem Rüssel aufheben
- Die Elefanten dürfen nicht auf den Ball treten
- Es dürfen sich nicht mehr als drei Elefanten eines Teams gleichzeitig in einer Spielfeldhälfte aufhalten
- Geschlecht, Alter und Größe der Elefanten spielen keine Rolle
- Männer dürfen sich nur mit einer Hand auf dem Elefanten festhalten, Frauen mit beiden

TANZ AUF DEM VULKAN

Bei der neuen Trendsportart Vulkan-Boarden befahren Adrenalinjunkies mit bis zu 80 km / h die Hänge aktiver Vulkane. Mit Schutzanzügen, Knieschonern und Helmen ausgestattet, sausen die Wettkämpfer auf speziell angefertigten Sperrholzbrettern den 728 m hohen Cerro-Negro-Berg in Nicaragua hinab. Seit 1850 ist der Vulkan schon 20-mal ausgebrochen, zuletzt im Jahr 1999.

BASEBALLBIENEN

Ein Baseballspiel zwischen den San Diego Padres und den Houston Astros im Jahr 2009 musste gegen Ende des neunten Innings unterbrochen werden, weil ein Bienenschwarm auf einem Teil des Spielfelds im Petco Park, San Diego, sein Unwesen trieb. Als die Insekten anzugreifen begannen, flohen die Spieler vom Feld, und der Zuschauerraum wurde teilweise evakuiert.

NAMENSVETTERN

Eine italienische Amateur-Fußballmannschaft aus Serino treibt Schiedsrichter in den Wahnsinn – denn die Spieler haben alle denselben Nachnamen: De Feo. Aber damit nicht genug: Auch der Trainer, der Vorsitzende, der Arzt und alle zwölf Sponsoren des Clubs tragen diesen Namen, und das Gelände der Mannschaft befindet sich in der Raffaele-De-Feo-Straße.

Braten-Bad

Im englischen Lancashire fand 2009 eine Wohltätigkeitsveranstaltung der ganz besonderen Art statt: die Bratensaft-Wrestling-Weltmeisterschaft! Ein bekannter Bratensoßenpulver-Hersteller stellte für den Wettbewerb 2.000 l Bratensaft zur Verfügung – das entspricht 40.000 Portionen. 16 Teilnehmer suhlten sich in der Brühe, bis „Stone Cold Steve Bisto", der mit bürgerlichem Namen Joel Hicks heißt, die Schlacht für sich entscheiden konnte. Der 30-jährige Anwalt hatte schon drei Jahre in Folge an dem Wettkampf teilgenommen.

ANFÄNGERGLÜCK

Im März 2009 gelang der 62-jährigen Norwegerin Unni Haskell beim ersten Golfschlag ihres Lebens auf einem richtigen Golfplatz ein Hole-in-one. Haskell hatte zuvor nur zwei Monate Unterricht genommen, ehe sie den Ball in dem 91-m-Loch in St. Petersburg, Florida, versenkte.

BOWLING-URGESTEIN

Emma Hendrickson aus Morris Plains, New Jersey, nahm an den US-amerikanischen Ten-Pin-Bowling-Meisterschaften im April 2009 teil – und zwar im Alter von 100 Jahren! Die Ururgroßmutter, die schon zum 50. Mal dem Ereignis beiwohnte, erzielte insgesamt 318 Punkte in drei Runden.

KÄLTESCHOCK

2007 war ein düsteres Jahr für die amerikanischen Profi-Baseballer – und für ihre Fans. Denn der Frühling war so außergewöhnlich kalt, dass in dieser Saison so wenige Home Runs und Runs im Allgemeinen erzielt wurden wie seit 1993 nicht mehr.

SPRUNGBRETTER

Im Juli 2009 sprang die 13-jährige Charlotte Wharton aus dem englischen Northamptonshire auf Wasserskiern unfassbare 30,50 m weit! Wharton, die erst seit zwei Jahren Wasserski fuhr, segelte mit einer Geschwindigkeit von fast 48 km / h todesmutig beinahe 15 m hoch durch die Luft und legte zum Abschluss eine elegante Landung hin.

Kielgeholt

Der englische Segler Alex Thomson wollte das Meer einmal aus einer anderen Perspektive betrachten und kletterte kurzerhand auf den Kiel seines 18 m langen Rennbootes, das vor der südenglischen Küste gekentert war. Der erfahrene Segler, der den Wellen in einem schicken Anzug trotzte, der ihm von seinem Sponsor zur Verfügung gestellt worden war, bezeichnete die Angelegenheit als „ziemlich gefährlich, aber absolut aufregend".

RIESEN-TEE

Ein Team vom Bay College in Michigan entwarf ein fast eine Tonne schweres hölzernes Golftee, das über acht Meter hoch und damit mehr als 80-mal größer als ein normales Tee war. Die Oberseite hatte einen Durchmesser von 90 cm.

MAGISCHER MINK

Im Jahr 2008 schaffte es der 73-jährige Ken Mink in das Basketballteam des Roane State Community College im texanischen Harriman – 52 Jahre nach seinem letzten College-Spiel! Dem Veteranen gelangen sogar zwei Freiwürfe, mit deren Hilfe das B-Team des Kings College 93 : 42 geschlagen wurde.

POLAR-POKAL

Rune Malterud und Stian Aker aus Norwegen standen 17 Tage und elf Stunden lang fast ununterbrochen auf ihren Skiern, um das Amundsen-Südpolrennen zu gewinnen. Im Wettkampf gegen die Zeit und fünf andere Teams mussten sie die Antarktis durchqueren, um den Südpol zu erreichen.

BALLKÜNSTLER

Im Mai 2009 lief der US-Amerikaner Abraham Muñoz 1.000 m in unter fünf Minuten – was keine besondere Leistung gewesen wäre, hätte er dabei nicht einen Fußball gekickt, der kein einziges Mal den Boden berühren durfte.

SCHATTENBOXER

Um das einjährige Jubiläum der Olympischen Spiele in Peking zu feiern, versammelten sich im August 2009 fast 34.000 Menschen in der chinesischen Hauptstadt und übten sich simultan im Tai Chi, der Kampfkunst des Schattenboxens.

MARATHON-MANN

Richard Donovan aus dem irischen Galway lief in weniger als sechs Tagen sieben Marathons auf sieben Kontinenten! Am 31. 01. 2009 machte er sich bei frostigen Temperaturen in der Antarktis zu seinem ersten Dauerlauf auf, dann waren Südafrika und Dubai, England, Kanada und Chile an der Reihe. Schließlich überquerte Donovan seine Ziellinie im australischen Sydney genau fünf Tage, zehn Stunden und acht Minuten nach dem Start. Insgesamt legte er in 130 Stunden 295 km zu Fuß zurück und schlief nur im Flugzeug, auf dem Weg zu seiner nächsten Etappe.

DICKER FANG

Beim Angeln im Minnetonka-See in Minnesota fing Jeff Kolodzinski 2008 unfassbare 1.680 Fische in nur 24 Stunden!

NATURTALENT

Obwohl er noch nie zuvor in seinem Leben Basketball gespielt hatte, erzielte S. Ramesh Babu aus dem indischen Bangalore 243 Korbwürfe in nur einer Stunde – das sind mehr als vier Treffer pro Minute!

RISKANTER ROLLER

Der deutsche Extrem-Inlineskater Dirk Auer erreichte auf seinen Skates eine unglaubliche Geschwindigkeit von über 290 km/h, indem er sich von einem Motorrad über eine Rennstrecke ziehen ließ. Derartig riskante Aktionen sind für Auer nichts Neues: Er fuhr außerdem bereits auf dem Dach eines fliegenden Flugzeugs herum und raste auf seinen Skates eine Achterbahn hinab.

BARTWITZ

Nachdem der US-amerikanische Schwimmer Mark Spitz bei den Olympischen Spielen in München im Jahr 1972 sieben Goldmedaillen gewonnen hatte, verriet er einem russischen Schwimmtrainer sein angebliches Erfolgsgeheimnis. Er behauptete im Scherz, dass er wegen seines Schnauzbartes gewonnen hätte, da dieser seine Nase vom Wasser freihalten würde. Im folgenden Jahr trugen alle russischen Schwimmer einen Schnauzbart!

WAHNSINNSWERFER

Mike Filippone aus North Babylon, New York, pitchte im August 2009 in nur 13 ½ Stunden den Ball auf knapp 7.000 verschiedenen Baseballfeldern.

SPIELER GEGEN GEFLÜGEL

1931 tauschte Joe Engel, Besitzer des Baseballteams Chattanooga Lookouts, den Spieler Johnny Jones gegen einen elf Kilogramm schweren Truthahn!

DER SICH DIE KUGEL GAB

Rikki Cunningham spielte im August 2009 in Greensboro, North Carolina, 72 Stunden lang nonstop gegen 80 verschiedene Gegner Billard.

VORSCHNELLES ENDE

Der erste Olympiateilnehmer, der für die winzige pazifische Inselnation Vanuatu antrat, war der Boxer Eduard Paululum, der dafür 1988 ins koreanische Seoul reiste. Bevor er gewogen wurde, verschlang er aber ein derart herzhaftes Frühstück, dass er wegen eines Pfunds Übergewicht disqualifiziert wurde und nach Hause zurückkehren musste, ohne überhaupt gekämpft zu haben.

Der 13-jährige Deutsche Maiko Kiesewetter kletterte in seiner Heimat Hamburg im November 2009 eine fünf Meter hohe Wand an ganz normalen Dartpfeilen empor.

KLETTERKÖNIG

Der Springteufel

Der waghalsige Taucher Darren Taylor, auch bekannt als „Professor Splash“, legte einen schier unglaublichen Stunt hin, indem er aus knapp elf Metern Höhe in ein Schwimmbecken mit nur 30 cm tiefem Wasser sprang. Als der Mann aus Colorado wieder auftauchte, war er zwar klitschnass, aber zum maßlosen Erstaunen seiner zahlreichen Zuschauer unverletzt. Seine Bauchklatscher-Technik mag zwar schmerzhaft aussehen, aber dadurch, dass „Professor Splash“ sich im Flug streckt, verringert er die Wucht des Aufpralls.

CADDIE AUF ABWEGEN
Im Juli 2009 lief Billy Foster, der Caddie des englischen Golfspielers Lee Westwood, zu Fuß 142 km weit vom Scottish-Open-Turnier am Loch Lomond zum British Open in Turnberry, das in der folgenden Woche stattfand.

HEIMSIEGE
Zwischen 1943 und 1955 erlebte das Basketballteam der University of Kentucky eine ununterbrochene Gewinnserie von 129 Heimspielen.

SCHACHMEISTER
Im Februar 2009 spielte der bulgarische Schachgroßmeister Kiril Georgiew innerhalb von 14 Stunden simultan 360 Partien Schach. Davon gewann er 284 und verlor nur sechs. 70 Partien gingen unentschieden aus.

Ein großer Schritt für die Menschheit
Wer war der erste Mann im All? Unglaublich, aber wahr: Es handelte sich nicht um einen Astronauten, sondern um den Testpiloten Joel Kittinger. 1960 nahm er an dem US-Air-Force-Projekt Excelsior teil, im Zuge dessen Fallschirmsprünge aus großen Höhen getestet wurden. Aus einer Höhe von 31.332 m stürzte er sich ohne speziellen Körperschutz aus einem Flugzeug. Sein freier Fall dauerte vier Minuten und 36 Sekunden – bis heute ein ungebrochener Rekord! Nachdem Kittinger eine Höchstgeschwindigkeit von 988 km/h erreicht hatte, öffnete er seinen Fallschirm in 5.500 m Höhe.

KICK-TALENT
Dan Magness aus dem englischen Milton Keynes hielt im Mai 2009 mit Füßen, Beinen und Kopf einen Fußball 24 Stunden lang in der Luft.

SOLO-TEAM
Bob Holmes aus Rumney, New Hampshire, bestritt als Ein-Mann-Team fast 17.000 Volleyballspiele und besiegte im Alleingang sogar Teams aus Profisportlern und eine Mannschaft aus über 1.000 Spielern. Insgesamt hat er sich bereits über 400.000 Gegnern gestellt, wurde dabei aber weniger als 400-mal geschlagen.

TENNIS-ASS
Innerhalb von fünf Jahren erreichte der schweizerische Tennisspieler Roger Federer je mindestens das Halbfinale von über 20 aufeinanderfolgenden Grand-Slam-Turnieren, und zwischen 2005 und 2007 kam er bei zehn aufeinanderfolgenden Grand Slams sogar bis ins Finale. Zwischen seiner Niederlage in der ersten Runde im Jahr 2002 und der im Finale in Wimbledon 2008 gewann Federer 65 Partien in Folge!

VOLLTREFFER!
Bei einem Promi-Golfturnier der BBC im Jahr 1981 gelang dem irischen Fernseh- und Radiomoderatoren Terry Wogan auf dem Gleneagles-Golfplatz in Schottland ein unglaubliches Hole-in-one über 30 m Distanz.

CRICKET-GOTT
Die indischen Cricket-Fans waren Mahendra Singh Dhoni, dem Kapitän der Nationalmannschaft, so dankbar dafür, dass er das Ansehen der Mannschaft wiederhergestellt hatte, dass sie 2008 verkündeten, in seiner Heimatstadt Ranchi einen ihm gewidmeten Tempel zu errichten.

EINARMIGE SURFERIN
Im Januar 2009 wurde die 18-jährige Hawaiianerin Bethany Hamilton Zweite bei den Frauen-Junioren-Weltmeisterschaften im Wellenreiten – und das, obwohl ihr fünf Jahre zuvor ein Hai einen Arm abgebissen hatte! Im Oktober 2003 war sie beim Surfen am Tunnels Beach auf Kauai von einem 4,50 m langen Tigerhai angegriffen worden, doch nur drei Wochen später stand sie schon wieder auf dem Board.

EINARMIGE OLYMPIONIKIN
Obwohl sie ohne rechte Hand und Unterarm geboren wurde, nimmt die Polin Natalia Partyka an Tischtennis-Turnieren für Spieler ohne Handicap teil und repräsentierte ihr Land sogar bei der Olympiade 2008 in Peking.

Schräge Surfermode
Der in Amsterdam ansässige Designer Diddo fand den Schnitt von Neoprenanzügen viel zu schick für schnödes Schwarz und entwarf eine Kollektion absolut spektakulärer Modelle: Ganz unten zu sehen ist der Tauchanzug „Haiangriff", darüber das Muskelmodell, eine Wal-Hai-Kombination und die Variante „Rostiges Eisen".

MANN Vs. BESTIE

Die todesmutigen spanischen Stierspringer aus Valencia, dort als „Recortadores“ bekannt, halten eine Tradition am Leben, die bereits 1500 v. Chr. entstand. Beherzt stellen sie sich einem angreifenden Stier in den Weg und springen mit gestreckten Beinen und ausgebreiteten Armen genau im richtigen Moment über seine heranrasenden Hörner. Bis zu vier Stunden unterhalten die Stierspringer das Publikum mit ihren wilden Stunts, wobei sie jede Sekunde lang ihr Leben oder wenigstens gefährliche Verletzungen riskieren. Die Tiere hingegen bleiben bei dieser Stierkampfvariante stets unverletzt.

Nur unglaubliche 56 cm groß!

Der 1992 geborene Khagendra Thapa Magar aus dem nepalesischen Distrikt Baglung ist der kleinste bekannte Mensch der Welt. Mit seinen 56 cm ist er kaum größer als ein Kleinkind.

Bei seiner Geburt wog er nicht viel mehr als eine Cola-Dose, und heute, als ausgewachsener Mann, bringt er nur 5,5 kg auf die Waage, also in etwa so viel wie eine Hauskatze. Er nimmt selten mehr als 100 g Nahrung pro Tag zu sich. Vermutlich ist seine geringe Körpergröße auf eine postnatale Wachstumsstörung zurückzuführen. Abgesehen von seiner Kleinwüchsigkeit ist Thapa Magar übrigens kerngesund und seine Hobbys sind Tanzen und Karate.

KRASSE KÖRPER
KRASSE KÖRPER

KRIEGSWUNDE
Noch 60 Jahre nach seiner Verletzung durch eine Granate im Zweiten Weltkrieg dringen Schrapnellsplitter durch die Haut des Engländers John Ready.

TATTOO TOTAL
Der australische Entertainer Lucky Diamond Rich ist von Kopf bis Fuß mit Tattoos bedeckt. Kein einziger Millimeter seiner Haut ist nicht tätowiert.

KNÖCHELKNACKEN
Das Geräusch knackender Knöchel entsteht durch Gasblasen, die beim Dehnen der Gelenke zerplatzen.

ARSCH MIT OHR
Kölner Ärzte retteten das abgetrennte Ohr einer Patientin, indem sie es an ihren Hintern annähten! Julia Schwarz war bei einer Prügelei ein Ohr abgebissen worden. Da der Körperteil nach der Operation aber nicht wieder anwachsen und heilen wollte, „lagerten" die Ärzte das Ohr kurzerhand an Schwarz' Po zwischen, bis die richtige Stelle operationstauglich war.

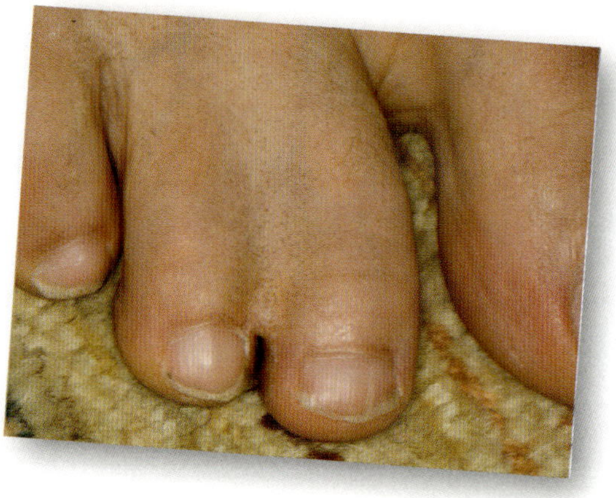

Monsterzehen

Bei Vögeln, Reptilien, Amphibien und einigen Säugetieren ist dieses als Syndaktylie bezeichnete Phänomen zwar ganz normal, bei Menschen kommt es aber ausgesprochen selten vor. Nur eines von 2.500 Neugeborenen weist miteinander verwachsene Finger- und Zehenglieder auf. Zu den berühmtesten Betroffenen zählen übrigens die Schauspieler Dan Aykroyd und Ashton Kutcher sowie der ehemalige sowjetische Diktator Josef Stalin.

LACHLEKTION
Nachdem eine Studie enthüllt hatte, dass die Deutschen täglich nur durchschnittlich sechs Minuten am Tag lachen, tat sich in Köln eine Gruppe von Yogatherapeuten zusammen, um uns das Lachen beizubringen. Weltweit gibt es übrigens über 6.000 Lachclubs, und es wurde sogar ein Weltlachtag eingeführt.

TECHNIK, DIE BEGEISTERT!
Die Schülerin Sophie Frost aus dem englischen Rayleigh hat ihr Leben ihrem iPod zu verdanken! Als sie von einem 30.000 Volt starken Blitz getroffen wurde, lenkten die Kopfhörerkabel die Spannung von Sophies lebenswichtigen Organen weg. Sie hatte das Gerät erst vier Tage zuvor von ihrer Großmutter geschenkt bekommen.

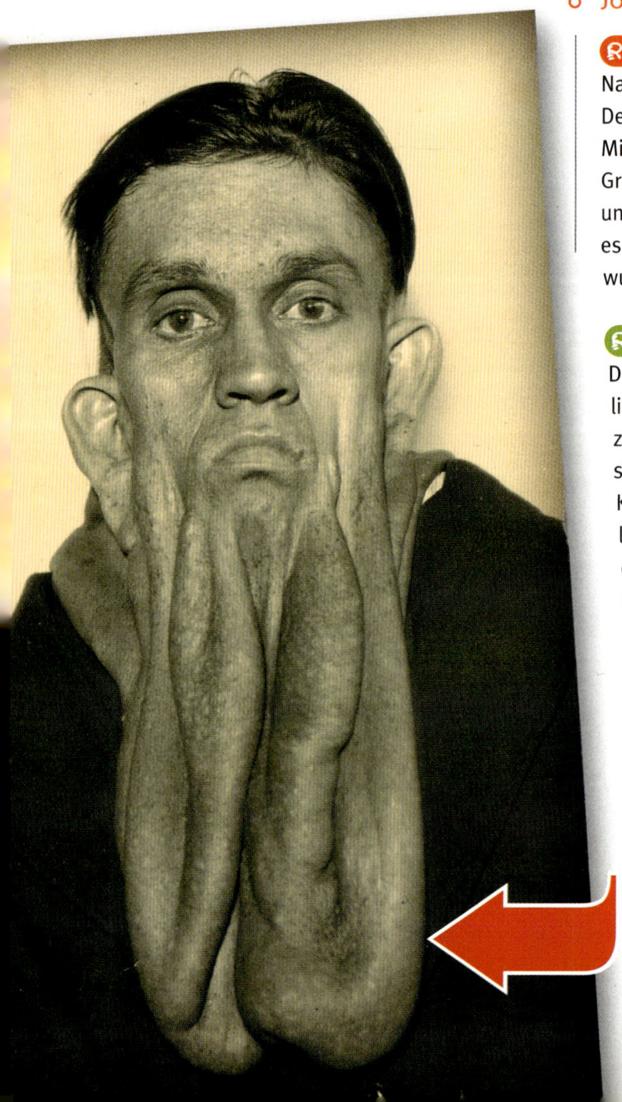

Der Faltenmann

Arthur Loos, der 1933 im Ripley's Odditorium in Chicago auftrat, hingen gigantische Hautfalten vom Gesicht herab. Er litt an Neurofibromatose, die starke Hautabnormitäten verursacht.

SCHLAFSPRINGER
Marius Purcariu aus dem rumänischen Arad kam wie durch ein Wunder mit einigen Kratzern davon, nachdem er im Schlaf aus einem Fenster im vierten Stock gefallen war! Man fand ihn in einen Vorhang gewickelt auf dem Dach eines parkenden Autos. Vermutlich überlebte er nur, weil sein Körper beim Schlafwandeln vollkommen entspannt gewesen war.

DUFTWOLKE
Im Juli 2009 wurden in Texas 34 Personen ins Krankenhaus eingeliefert – und zwar nur, weil jemand ein zu starkes Parfüm versprüht hatte! Nachdem eine Mitarbeiterin einer Filiale der Bank of America in Fort Worth den Duft aufgetragen hatte, wurde den anderen Angestellten schwindelig und übel. Insgesamt mussten am Ort des Geschehens 110 Personen wegen Brust- und Kopfschmerzen behandelt werden.

BABYALLERGIE
Nachdem sie kurz nach der Geburt ihres Sohnes James immer wieder an Ausschlag und Blasenbildung litt, stellte sich heraus, dass Joanne Mackie aus dem englischen Birmingham allergisch auf ihr eigenes Kind reagiert! Sie leidet an der äußerst seltenen Autoimmun-Hautkrankheit *Pemphigoid gestationis*, die meist schwangere Frauen befällt. Mackie kann ihren Sohn nicht stillen und muss sich feuchte Handtücher um die Arme wickeln, wenn sie ihn anfassen will.

LEIDEN FÜR DIE SCHÖNHEIT
Tiffanie DiDonato aus Jacksonville, North Carolina, die an einer seltenen Form von Kleinwüchsigkeit leidet, ließ sich zu ihrer Hochzeit durch mehrere Operationen um 35 cm verlängern! Pünktlich zur Trauung war sie statt 114 cm stolze 145 cm groß! Die Schönheitschirurgen mussten für diese äußerst schmerzhafte Prozedur ihre Knochen brechen, die daraufhin Stück für Stück gedehnt wurden und so pro Tag um einen Millimeter wuchsen.

LICHTGESTALTEN
Unser Körper strahlt winzige Mengen von Licht aus, die das menschliche Auge nicht erfassen kann. Biolumineszenz, die Fähigkeit, selbst Licht zu erzeugen und auszustrahlen, war beim Menschen bisher unbekannt. Am Spätnachmittag ist unser Licht am stärksten, nachts am schwächsten. Die größte Leuchtkraft haben Wangen, Stirn und Nacken.

STAHL-HARTER TYP

Der ehemalige Bankfilialleiter John Lynch aus dem englischen Hertfordshire trägt über 240 Piercings! Alleine 150 davon befinden sich an seinem Kopf und Hals. Flugreisen sind für Lynch mittlerweile nicht mehr möglich, da sein nicht abnehmbarer Schmuck regelmässig die Sicherheitsscanner am Flughafen durcheinanderbringt. Abgesehen von seinen Piercings hat Lynch Hunderte von Tätowierungen, darunter ein Porträt von Marilyn Monroe, das fast seinen ganzen Oberkörper bedeckt. Sein erstes Piercing liess er sich übrigens erst stechen, als er schon über vierzig Jahre alt war!

MONSTER ARME

TINY IRON AUS LONDON HAT EINEN WIRKLICH UNGLAUBLICH GROSSEN BIZEPS. MIT EINEM UMFANG VON 61 CM IST ER BREITER ALS SO MANCHER OBERSCHENKEL. DURCH BLOSSES ANSPANNEN SEINER BEEINDRUCKENDEN MUSKELN KANN TINY IRON SOGAR EIER ZERDRÜCKEN! DER EHEMALIGE BODYGUARD IST HEUTE SCHAUSPIELER UND WRESTLER UND ERNÄHRT SICH FAST AUSSCHLIESSLICH VON HÜHNCHEN, UM SEIN SCHWERGEWICHT VON 127 KG HALTEN ZU KÖNNEN.

EINGELEGTES BEIN

Song Weiguo aus dem chinesischen Jiangyan hat vor 20 Jahren sein amputiertes Bein in Formaldehyd einlegen lassen. 1989 verlor er, nachdem er einen halben Liter Schnaps getrunken hatte, bei einem Motorradunfall sein linkes Bein, das er nun einmal jährlich am Tag des Unfalls hervorholt – als Symbol gegen Alkohol am Steuer.

FLEDERMAUS-JUNGE

Ein blinder Junge aus Dorset in England hat gelernt, durch Echo-Ortung zu „sehen“ – eine Technik, die auch Delfine und Fledermäuse nutzen. Wenn er mit der Zunge schnalzt, kann Lucas Murray anhand des Echos große Gegenstände erkennen. Er hat diese Fähigkeit soweit perfektioniert, dass er mittlerweile sogar Basketball spielen kann!

LUNGENZWECKE

Chinesische Ärzte fanden nach langem Suchen endlich die Ursache für die ständigen Hustenanfälle eines Achtjährigen heraus: In der Lunge von Xiao Ming aus Mingguang hatte ein Jahr lang eine rostige Heftzwecke festgesteckt!

METEORITENEINSCHLAG

Im Juni 2009 wurde der 14-jährige Gerrit Blank aus Essen von einem 48.000 km/h schnellen Meteoriten getroffen. Das rotglühende, erbsengroße Gestein prallte von seiner Hand ab und traf den Erdboden, wo es einen 30 cm großen Krater hinterließ. Gerrit wurde zwar von der Wucht des Aufpralls umgerissen, kam aber bis auf eine 7,60 cm lange Wunde an der Hand unverletzt davon.

PFERDEFÜSSE

Die Designerin Kim Graham aus Seattle hat das ultimative Accessoire für alle erfunden, die gern größer und vor allem eleganter wirken möchten. Ihre pferdebeinartigen Gliedmaßenverlängerungen, die sie „Digitigrade Leg Extensions“ taufte, bestehen aus Stahl, Kabeln, Schaum und Hartplastik und machen den Benutzer um 35 cm größer. Es dauert angeblich nur eine Viertelstunde, um zu lernen, wie man damit läuft – solange man Treppen meidet. Der Spaß kostet €550 pro Paar plus weitere €150 für Hufe mit Sprungfedern für einen besonders weichen Gang.

GENERATIONENÜBERGREIFEND

Im irischen Dublin wurden im August 2009 innerhalb von nur 30 Minuten drei Generationen derselben Familie im selben Krankenhaus geboren! Eileen McGuinness, 85, wurden ihr 69. Enkel, ihr 58. Urenkel und ihr erster Ururenkel geschenkt. Die drei Mütter wussten übrigens nicht, dass sie sich alle gleichzeitig im selben Krankenhaus befanden.

RETTUNGSBAUM

Als die 66-jährige Maureen Evason aus dem englischen Plymouth bei einem Urlaub auf Teneriffa von einem 45 m hohen Vulkangrat fiel, rettete ihr der einzige Baum, der auf dem Berg wuchs, das Leben. Ihr Kopf blieb zwischen zwei Ästen stecken, die wie eine natürliche Halskrause funktionierten.

EINSAMER KNOCHEN

Das Zungenbein, das direkt über dem Kehlkopf sitzt, stabilisiert die Zungenmuskulatur und ist der einzige Knochen im Körper, der nicht direkt mit dem Skelett verbunden ist.

Kartoffelnase

Die Nase von Liu Ge ist fast 7,50 cm breit – eine eher unwillkommene Nebenwirkung seiner Arbeit als offizieller Kognak-Tester im chinesischen Peking. Ge trank 50 Jahre lang etwa zwei Liter Kognak pro Tag, wodurch sich die Blutgefäße in seiner Nase immer mehr erweiterten. Die Hauterkrankung wird als Rosazea oder Kupferrose bezeichnet.

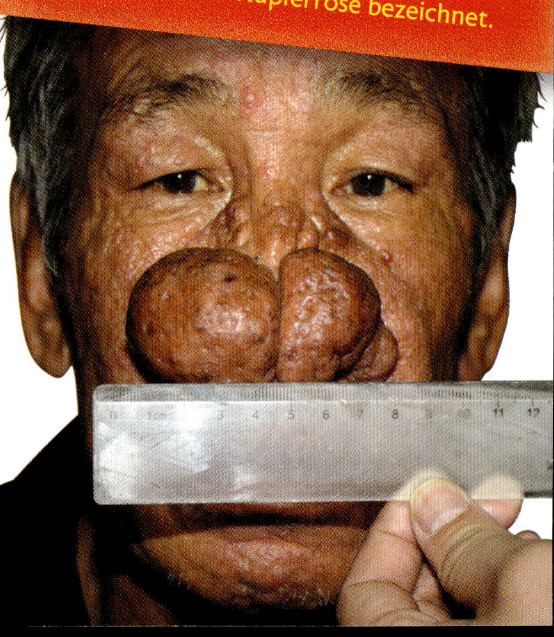

HAI-ATTACKE
Als die 13-jährige Hannah Mighall beim Wellenreiten von einem Weißen Hai angegriffen und unter Wasser gezogen wurde, rettete ihr beherzter Cousin Syb Munday ihr das Leben. Syb, der den Angriff in der australischen Binalong Bay beobachtet hatte, schwamm ihr zu Hilfe und setzte den 4,90 m langen Fisch mit gezielten Kopfschlägen schachmatt. Hannah überlebte, doch ihre zerbissenen Beine mussten mit 200 Stichen genäht werden.

GEDANKENÜBERTRAGUNG
Der gelähmte Neurowissenschaftler Scott Mackler von der University of Pennsylvania arbeitet mit einem Computerprogramm, das seine Gedanken in Text umwandelt! Er trägt eine Spezialkappe, die seine Gehirnströme misst und so bestimmte Buchstaben erkennt, an die Mackler denkt.

STARKER ZWERG
Liam Hoekstra aus Grand Rapids, Michigan, konnte im Alter von nur drei Jahren Möbel herumschieben, 2,30 kg schwere Gewichte heben und andere beeindruckende Kraftübungen zum Besten geben. Obwohl er kleiner ist als die meisten seiner Altersgenossen, weist sein Körper extrem wenig Fettanteil, dafür aber 40 Prozent mehr Muskelmasse als der Durchschnitt auf. Wegen seines schnellen Stoffwechsels isst er bis zu sechs Mahlzeiten am Tag.

AUF EINEN SCHLAG
Der Architekt Malcolm Darby aus dem englischen Leicestershire hatte seit seiner frühen Kindheit dicke Brillengläser tragen müssen und war fast blind gewesen – bis er im Alter von 70 Jahren einen Schlaganfall erlitt und plötzlich scharf wie ein Adler sehen konnte!

STAYIN' ALIVE
Eine Frau aus Massachusetts rettete ihrem Mann nach einem Herzstillstand das Leben, indem sie ihn zum Rhythmus von „Stayin' Alive" von den Bee Gees wiederbelebte! Die American Heart Association hatte kurz zuvor eine Anleitung für Herz-Rhythmus-Massagen herausgegeben, laut der die Geschwindigkeit des Songs genau den richtigen Takt für erfolgreiche Wiederbelebungsmaßnahmen vorgebe.

GEDÄCHTNIS-GENIE
Bob Petrella, ein Fernsehproduzent aus Los Angeles, kann sich an so gut wie jedes Erlebnis seit seinem fünften Geburtstag erinnern! Ganz gleich ob Geburtstagsfeiern, Silvesterabende oder alltägliches Geplauder – was in den letzten 53 Jahren alles geschehen ist, weiß Petrella ganz genau. Das sogenannte hyperthymestische Syndrom, bei dem das episodische Gedächtnis besonders stark entwickelt ist, wurde bei nur vier bekannten Fällen weltweit nachgewiesen.

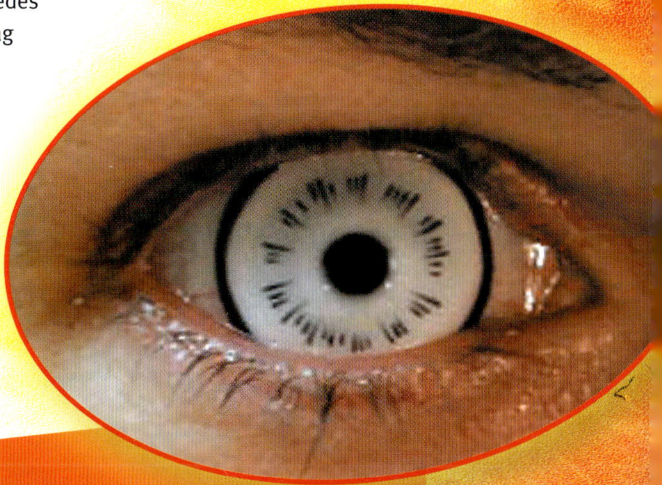

Gruselaugen
Der Hollywood-Künstler für Special Effects Kevin Carter kreiert diese bunten Kontaktlinsen, mit denen man seinen Mitmenschen einen ordentlichen Schrecken einjagen kann. Bis zu zwei Tage lang arbeitet er mit einem winzigen Pinsel an einem einzigen Linsenpaar, das bis zu € 550 kostet.

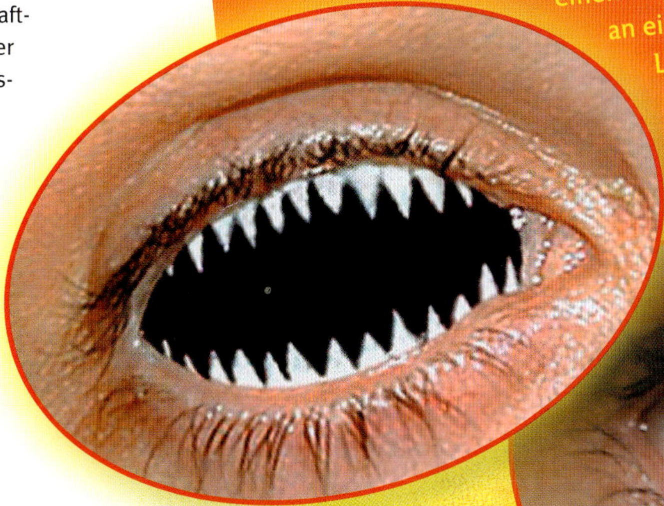

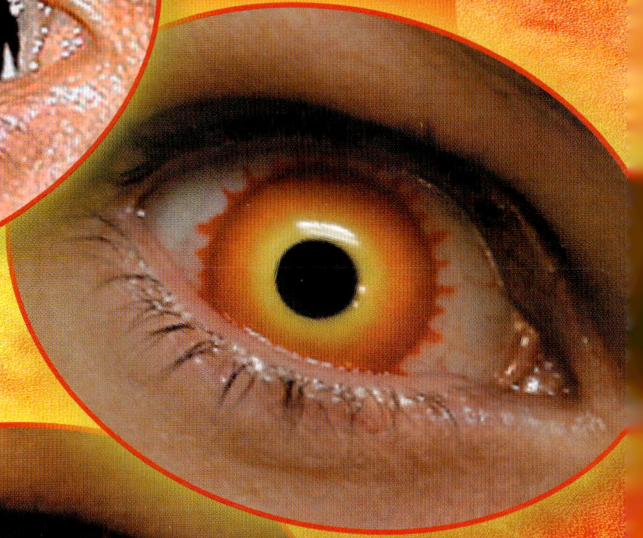

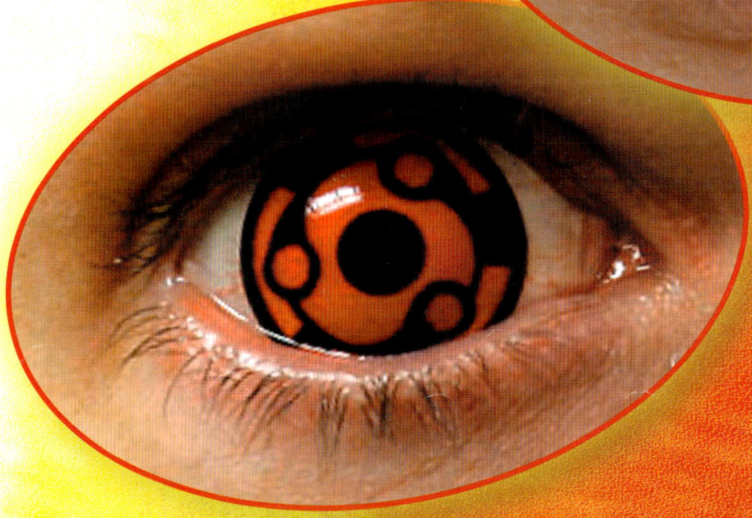

6 7 8 9 10 11 12 13 14

16 17 18 19 20 21 22 23 24

Mini Teenie

Die 16-jährige Jyoti Amge aus dem indischen Nagpur zählt zu den kleinsten Teenagern der Welt. Trotz ihrer Grösse von 60 cm und einem Gewicht von nur fünf Kilogramm führt sie ein ganz normales Leben. Tatsächlich ist Jyoti sogar ziemlich stolz auf ihre Körpergrösse und freut sich darüber, dass sie oft im Mittelpunkt steht. Jeden Morgen fährt ihr Bruder sie und ihre Schwestern auf dem Motorrad in die Schule, wo eine massangefertigte Bank auf sie wartet. In ihrer Freizeit interessiert sie sich übrigens für Mode und träumt davon, eines Tages Schauspielerin zu werden – sie war sogar schon in einem Video des indischen Popstars Mika Singh zu sehen.

Ripley's erklärt

Jyoti leidet an Achondroplasie, einem genetischen Defekt, durch den die Knochen ungewöhnlich stark verkürzt sind. Eine wissenschaftliche Studie hat enthüllt, dass Menschen mit dieser Mutation im alten Ägypten verehrt wurden und häufig an der Spitze der Gesellschaft standen. Im Grab des Pharaos Tutanchamun wurde sogar eine Grabbeigabe gefunden, auf der eine kleinwüchsige Frau zu sehen ist, und auch einige Abbildungen ägyptischer Gottheiten weisen verblüffende Ähnlichkeit mit kleinwüchsigen Menschen auf.

ORIGINALGRÖSSE!

FRÜHREIF

Das Werner-Syndrom, ein seltener Gendefekt, lässt den Erkrankten frühzeitig altern. Schon als Kinder sind die Betroffenen kahl und faltig und leiden an Grauem Star und Muskelschwund.

BLUTIGE PROTESTAKTION

Als ein Richter den Portugiesen Orico Silva dazu verurteilte, einen Teil seines Bauernhofs zu verkaufen, um Schulden zu begleichen, schnitt sich der Bauer auf dem Richtertisch mit einem Schlachtermesser einen Finger ab.

VERSCHÜTTET

Nachdem im Juni 2009 eine Kohlemine im chinesischen Xinqiao überflutet worden war, steckten drei Minenarbeiter 25 Tage lang im Schlamm fest und ernährten sich nur von Wasser, das sie von den Schachtwänden leckten.

RUMMEL-RETTER

Rummelbesucher fingen ein Kleinkind auf und retteten ihm so das Leben, nachdem es zwölf Meter tief aus einem Fahrgeschäft gefallen war, während seine Mutter den Sturz aus der Höhe hilflos mitansehen musste. Mutter und Kind hatten sich beim Aussteigen an der Außenwand der Kabine verhakt und waren mitgeschleift worden.

SCHIFFBRÜCHIG

Zwei burmesische Fischer trieben fast einen Monat lang in einem Kühlschrank durch haiverseuchtes Gewässer, nachdem ihr Schiff im Dezember 2008 vor der australischen Küste gesunken war.

SPIEL MIT DEM FEUER

He Haoyang aus der chinesischen Provinz Sichuan überlebte im März 2009 einen 10.000 Volt starken Stromschlag. Der Junge hatte auf einem Feld mit elektrischen Drähten gespielt, als diese plötzlich rissen und einen Brand verursachten. Doch He konnte sich retten und erlitt bis auf Verbrennungen an den Händen keine Verletzungen.

ZUG-ENTBINDUNG

Im September 2009 wurde in einem Schnellzug zwischen Paris und Brüssel ein kleines Mädchen geboren, das von zwei Ärzten und zwei Krankenschwestern, die zufällig an Bord waren, entbunden wurde.

STIMMLOS

Eine 60-jährige Britin kann nur einen einzigen Menschen anhand seiner Stimme erkennen: den Schauspieler Sean Connery. Die ältere Dame leidet an der sehr seltenen Phonagnosie – der Unfähigkeit, Stimmen wiederzuerkennen. Nicht einmal ihre eigene Tochter kann sie am Telefon identifizieren, weswegen sich jeder ihrer Bekannten und Verwandten über ein eigenes „Telefon-Codewort" zu erkennen geben muss.

Körperkunst

Der schweizerische Künstler Dave kreierte dieses Body-Painting-Porträt von Barack Obama. Seine schräge Mehrkörper-Kunstform bezeichnet Dave als „Fusionismus".

ZWILLINGSDORF

Auf die 2.000 Familien in dem indischen Dorf Kodinhi kommen 250 Zwillingspärchen – also sechsmal so viele wie im globalen Durchschnitt!

GEHIRNERNEUERUNG

Obwohl ihr die komplette rechte Gehirnhälfte fehlt, entwickelt sich ein zehnjähriges Mädchen aus Deutschland völlig normal! Nicht einmal ihr Gesichtsfeld ist eingeschränkt. Das linke Sichtfeld wird normalerweise von der rechten Gehirnhälfte gesteuert. Doch bei der Kleinen hatten sich schon vor der Geburt die Nerven neu programmiert: Die Fasern ihres linken Auges führen ungewöhnlicherweise direkt in die linke Gehirnhälfte.

BLACKOUTS

Mark Lester aus dem englischen Norwich kam ohne Gefängnisstrafe davon, nachdem er einen Supermarkt ausgeraubt hatte, da er an einer seltenen Krankheit leidet, die regelmäßig Blackouts auslöst. Nach seinem Überfall erzählte er seiner Mutter, er habe einen seltsamen Traum gehabt, in dem er mit einer Pistole bewaffnet in einem Laden gestanden hätte. Erst als seine Mutter einen Fernsehbericht über das Verbrechen sah, stellte sich heraus, dass Lester überhaupt nicht geträumt hatte!

DICKES PAKET!

Der vierjährige Jakob Strauss aus dem österreichischen Feldkirch musste von der Feuerwehr aus einem öffentlichen Briefkasten befreit werden, den ein Briefträger aus Versehen hatte offen stehen lassen, woraufhin der Knirps hineingeklettert und eingesperrt worden war.

ÜBERGEKOCHT

Nachdem Michael Utley beim Golfspielen mit seinen Freunden in Cape Cod, Massachusetts, vom Blitz getroffen worden war, rauchte er aus Mund, Nase und Ohren. Obwohl sein Gewebe kochte und er einen Herzstillstand erlitt, erholte er sich aber fast vollständig.

SCHNAPSZAHLEN

13 Monate, nachdem Alison Miller aus Fayetteville, Arkansas, am 08.08.08 ihre Tochter Campbell zur Welt gebracht hatte, gebar sie am 09.09.09 ihre zweite Tochter Molly Reid.

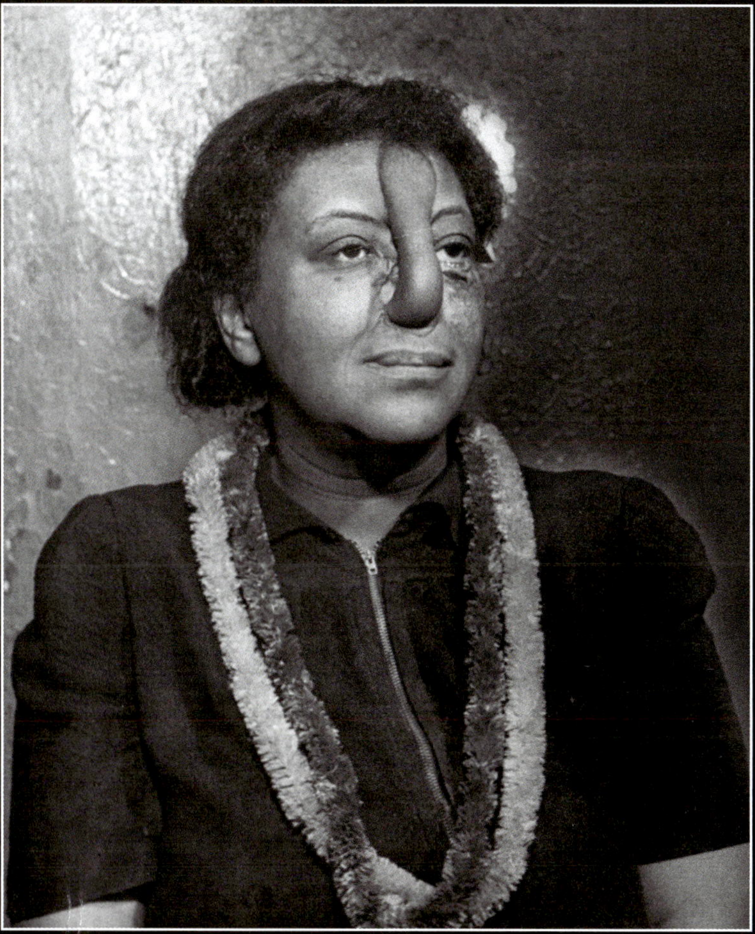

Das Elefantenmädchen

Anita, die bei ihren Auftritten als „Der einzige Mensch der Welt mit einem Elefantenrüssel“ angekündigt wurde, trat im Jahr 1944 in einer Freakshow auf Coney Island in New York auf. Damals galt Coney Island als der größte Freizeitpark der Welt.

Große Entdeckung

Total VERDREHT

Bei ihren schier unglaublichen Kunststücken scheinen Schlangenmenschen die physischen Grenzen komplett zu ignorieren. Auch erwachsene Kontorsionisten quetschen ihren Körper durch den nur 25 cm großen Durchmesser von Tennisschlägern, einen Toilettensitz, in eine 60 cm große Glasflasche oder verrenken ihre Gliedmaßen zu komplizierten Knoten.

Wie antike Skulpturen belegen, war ihre Kunst bereits im alten Rom, in Ägypten und Griechenland bekannt. Auch im buddhistischen Tsam-Tanz wird sie seit Jahrhunderten praktiziert. In der Mongolei gibt es sogar Schulen für Schlangenmenschen, in denen schon fünfjährige Kinder lernen, mit ihren Körpern das Unfassbare möglich zu machen. Im hinduistischen Yoga spielt die Kunst des Sich-Verdrehens ebenfalls eine wichtige Rolle.

Anfang des 20. Jahrhunderts waren Schlangenmenschen vor allem in den USA ausgesprochen beliebt. Einer der berühmtesten Künstler jener Zeit war „Dad" Whitlark, der selbst im Alter von 76 Jahren noch so gelenkig war wie kaum ein Kind. Er konnte sich so weit nach hinten biegen, um mit den Zähnen ein Taschentuch vom Boden aufzuheben.

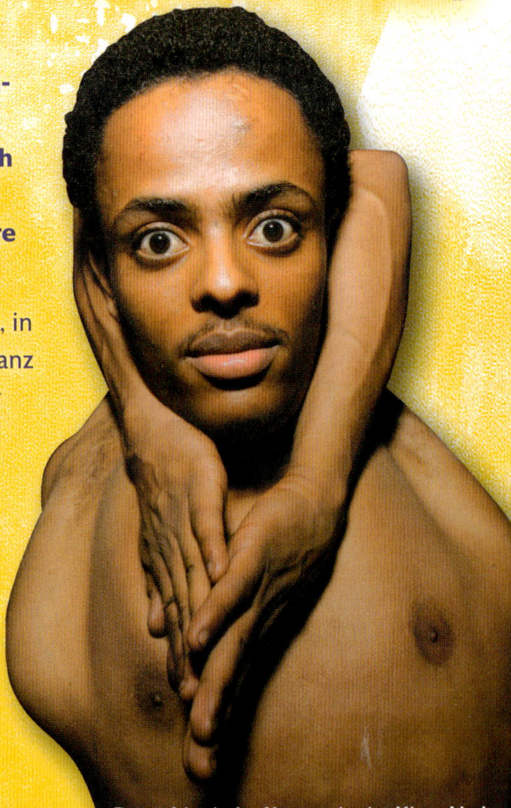

Der äthiopische Kontorsionist Kiros Hadgu, bekannt als „Der verdrehte Kiros", kann seine Arme und Beine auskugeln und seinen Torso um 180 Grad verdrehen.

Kontorsionisten sind entweder Front- oder Backbender, je nachdem, in welche Richtung ihre Wirbelsäule sich besser biegen lässt. Nur einige wenige Künstler, darunter der hier abgebildete Daniel Browning Smith (bekannt als „Der Junge aus Gummi"), können sich in beide Richtungen verrenken.

BITTE NICHT NACHKNOTEN!

Frontbending: Frontbender wie diese Frau aus den 1950er-Jahren biegen ihre Beine so weit zurück, dass sie sich durch die schmalsten Öffnungen quetschen können.

Backbending: Wie diese mongolische Kontorsionistin zeigt, können Backbender ihre Kunst auch im Handstand, auf dem Boden liegend und im Stehen darbieten.

Ripley's erklärt

Kontorsionisten sind zumeist schon von Natur aus extrem gelenkig, was ihnen das jahrelange Training erleichtert. In vielen Fällen sind ihre Fähigkeiten erblich bedingt. Die Abstände zwischen ihren Rückenwirbeln sind meist grösser als bei Normalsterblichen, wodurch ihre Bänder besonders lang und dehnbar sind. Auch das Kollagen, wesentlicher Bestandteil des Bindegewebes, ist bei ihnen ungewöhnlich geschmeidig. Frauen sind häufig bessere Kontorsionisten als Männer, da das weibliche Hormon Östrogen auf die Bänder wie ein Weichmacher wirkt. Einige Schlangenmenschen wurden auch mit dem Ehlers-Danlos-Syndrom geboren, das zur erhöhten Kollagenproduktion führt.

Balance-Akt: Und, erkennst du, welche Arme und Beine zu wem gehören? Dieser Turm aus Kontorsionisten war bei einer Show in China zu sehen.

Marinelli-Bend: Die mongolische Schlangenfrau Iona Luvsandorj kann ihr ganzes Körpergewicht mit dem Mund tragen, mit dem sie sich an einem Pfahl festbeißt. In dieser Position, auch als Marinelli-Haltung bekannt, hielt sie im Mai 2009 beachtliche 33 Sekunden lang durch.

Superspagat: Die amerikanische Artistin Ruby Ring, die in den 1940er-Jahren auftrat, nannte sich selbst die „Mutter des Superspagats", bei dem die Beine, wie hier zu sehen, in einem schier unmöglichen Winkel gespreizt werden.

Enterologie: Enterologen quetschen sich in winzige Behälter, so wie dieser Schlangenmensch im Jahr 1925.

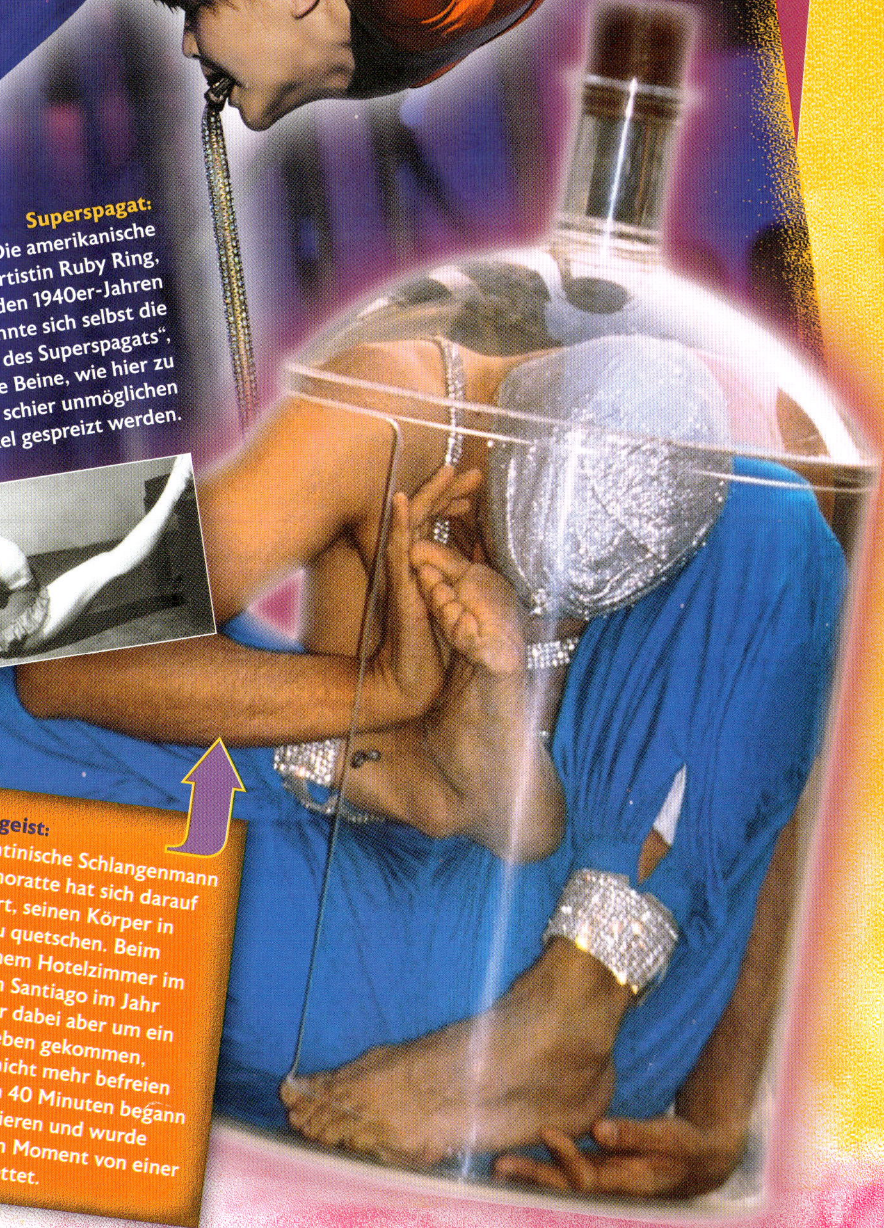

Flaschengeist: Der argentinische Schlangenmann Hugo Zamoratte hat sich darauf spezialisiert, seinen Körper in Flaschen zu quetschen. Beim Üben in einem Hotelzimmer im chilenischen Santiago im Jahr 1982 wäre er dabei aber um ein Haar ums Leben gekommen, weil er sich nicht mehr befreien konnte. Nach 40 Minuten begann er zu halluzinieren und wurde erst im letzten Moment von einer Putzkraft gerettet.

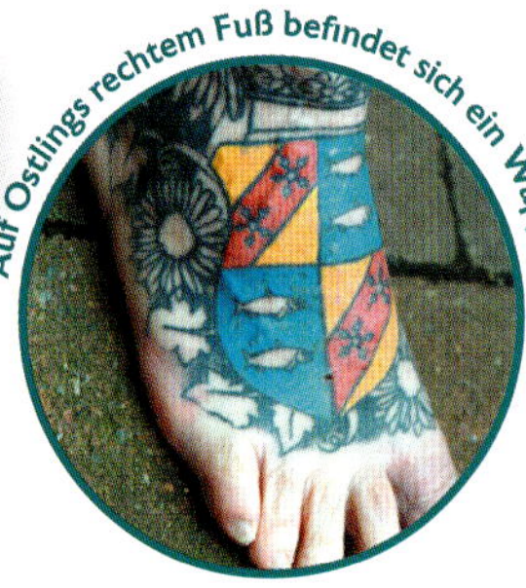

Auf Ostlings rechtem Fuß befindet sich ein Wappen.

Eine Nahaufnahme der Paradiesvogelblumen auf seinem rechten Oberschenkel.

Die Sonnenblumen auf seinem linken Oberschenkel.

Diese rote Blume bedeckt eine von Ostlings Kniekehlen.

Stillleben

Der ehemalige Geschichtslehrer Geoff Ostling aus Sydney, Australien, ist ein lebendes Kunstwerk. Vor über 20 Jahren ließ er sich seine erste Tätowierung von dem berühmten Tattoo-Künstler eX de Merci stechen und ist mittlerweile fast am ganzen Körper mit bunten australischen Blumenmotiven bedeckt. Nach seinem Tod möchte Ostling gehäutet werden, damit seine Tätowierungen in der australischen Nationalgalerie in Canberra ausgestellt werden können. Einen willigen Taxidermisten hat er bereits aufgetrieben.

ABGETRIEBEN

Jeanne Schnepp, 63, steckte fast eine Woche lang in einem Ausläufer des Wapsipinicon-Flusses in Iowa fest. Sie war Angeln gewesen, als eine starke Strömung ihr Gummiboot erfasste und in den Ausläufer schwemmte, in dem sie dann zwischen einer 3,60 m hohen Steinwand und einem Holzdamm festsaß. Zwei Gewitter und einige eiskalte Nächte und heiße Tage später wurde sie von einem anderen Angler entdeckt.

NEUE MODE

Nerds auf der ganzen Welt lassen sich Computer-Symbole auf die Haut tätowieren, beispielsweise das Apple-Zeichen oder einen täuschend echten USB-Eingang.

ENDLICH DRAUSSEN!

Ein Schrapnellstück, das 65 Jahre lang im Kiefer von Alf Mann aus dem englischen Birmingham festgesteckt hatte, fiel 2009 plötzlich heraus. Mann hatte seit seiner Verletzung im Zweiten Weltkrieg Schwierigkeiten mit dem Sprechen und Essen gehabt, bis er eines Morgens Blut und ein 1,20 cm großes Schrapnellstück auf seinem Kissen fand.

FLUSSFAHRT

Im Juli 2009 fuhr ein dreijähriger Junge mit seinem Spielzeugjeep in den kanadischen Peace River und trieb fast 13 km weit flussabwärts. Bis zu seiner Rettung saß er quietschvergnügt auf seinem batteriebetriebenen Auto im 4,50 m tiefen Wasser.

AUG UM ZAHN

Martin Jones aus dem englischen Yorkshire, der nach einem Arbeitsunfall zwölf Jahre lang blind gewesen war, erlangte 2009 sein Augenlicht wieder, indem er sich einen Zahn ins Auge einsetzen ließ! Einer seiner Eckzähne wurde gezogen und zu einer Haltevorrichtung für eine Speziallinse umfunktioniert. Er wurde erst wieder in Jones' Kiefer eingesetzt, um drei Monate lang neues Gewebe und neue Blutgefäße auszubilden, ehe das neue „Auge" in die Aughöhle implantiert wurde.

SCHUTZENGEL

Ein sechsjähriger Junge aus Göteborg in Schweden überlebte einen 21 m tiefen Sturz von einem Balkon, weil ihn ein Passant zufällig beobachtet hatte und auffing.

DOPPELORGAN

Sarah Reinfelder aus Sault Ste. Marie, Michigan, hat zwei Gebärmütter und brachte im Februar 2009 Zwillingsmädchen zur Welt, die jeweils in einem der Uteri herangewachsen waren!

STARKER SENIOR

Im Alter von 83 Jahren konnte Sidney Williams aus Port Elizabeth, Südafrika, noch immer 160 kg schwere Gewichte stemmen, obwohl er selbst „nur" 100 kg wog!

Seltsame Sammlung

Der Präparator W. K. Foster aus Winnipeg, Kanada, entfernte über 30 Tätowierungen von Leichen, während er in den 1920er-Jahren an der medizinischen Fakultät arbeitete, und konservierte die kleinen Kunstwerke. Robert Ripley krönte seine Kollektion zur „Seltsamsten Kunstsammlung der Welt" und stellte einige Exemplare 1933 im Ripley Odditorium in Chicago aus. Heute ist die Sammlung im Ripley's Museum in St. Augustine, Florida, zu sehen.

Hautkauf

Ein deutscher Kunstsammler erstand für erstaunliche € 150.000 dieses leuchtend bunte Porträt der Jungfrau Maria – obwohl es auf den Rücken eines wildfremden Mannes tätowiert ist! Das Design des belgischen Tätowierers Wim Delvoye befindet sich auf dem Rücken von Tim Steiner aus der Schweiz, der mittlerweile selbst ein richtiges Exponat ist! Laut Vertrag muss Steiner seinen Rücken nämlich dreimal im Jahr ausstellen, und nach seinem Tod wird die tätowierte Haut an den „Besitzer“ gehen.

Vorher sollten schon einige weitere Tätowierungen von Delvoye den Besitzer wechseln: Zuerst wollte ein Franzose seine Tätowierung einem Pariser Museum vererben, dann versuchte ein Brite, sein Tattoo zu verkaufen. Beide Versuche blieben bislang erfolglos.

BÄRENSTARK

Im Mai 2008 wurde Brent Case aus dem kanadischen Saanich von einem wütenden Grizzlybären angegriffen, der ihm den halben Skalp vom Schädel riss. Nachdem er sich befreit hatte, fuhr Case noch 24 km weit mit dem Auto durch die Gegend, bis er Hilfe fand!

16 ZEHEN

Im chinesischen Leizhou kam im November 2008 ein Kind mit 16 Zehen, je acht an jedem Fuß, zur Welt.

HASENFRAU

Ein Dienstmädchen aus dem 18. Jahrhundert, das im englischen Godalming lebte, wurde zur Berühmtheit, weil es behauptete, Hasen geboren zu haben. Die 25-jährige Mary Toft entband 1726 über mehrere Tage hinweg im Beisein des Geburtshelfers John Howard, der bestätigte, dass sie tierähnliche Geschöpfe zur Welt gebracht habe! Während ihrer Schwangerschaft hatte Toft angeblich mehrfach von Hasen fantasiert, was sich laut Howard direkt auf die Form der Föten ausgewirkt habe. Nachdem bekannt geworden war, dass ein Portier mehrere Hasen in ihre Kammer geschmuggelt hatte, gab die junge Frau aber zu, dass sie selbst die skurrile Geburt nur inszeniert habe.

GÖTTLICHE RETTUNG

Dem argentinischem Pastor Mauricio Zanes Condori rettete sein Buch der Psalmen das Leben, indem es eine Kugel abfing, die aus nächster Nähe auf ihn abgefeuert worden war. Der Pfarrer hatte versucht, zwei Diebe davon abzuhalten, seine Kirche in Rodeo del Medio auszurauben, als einer von ihnen nur zwei Zentimeter von seiner Brust entfernt eine Kugel auf ihn abschoss.

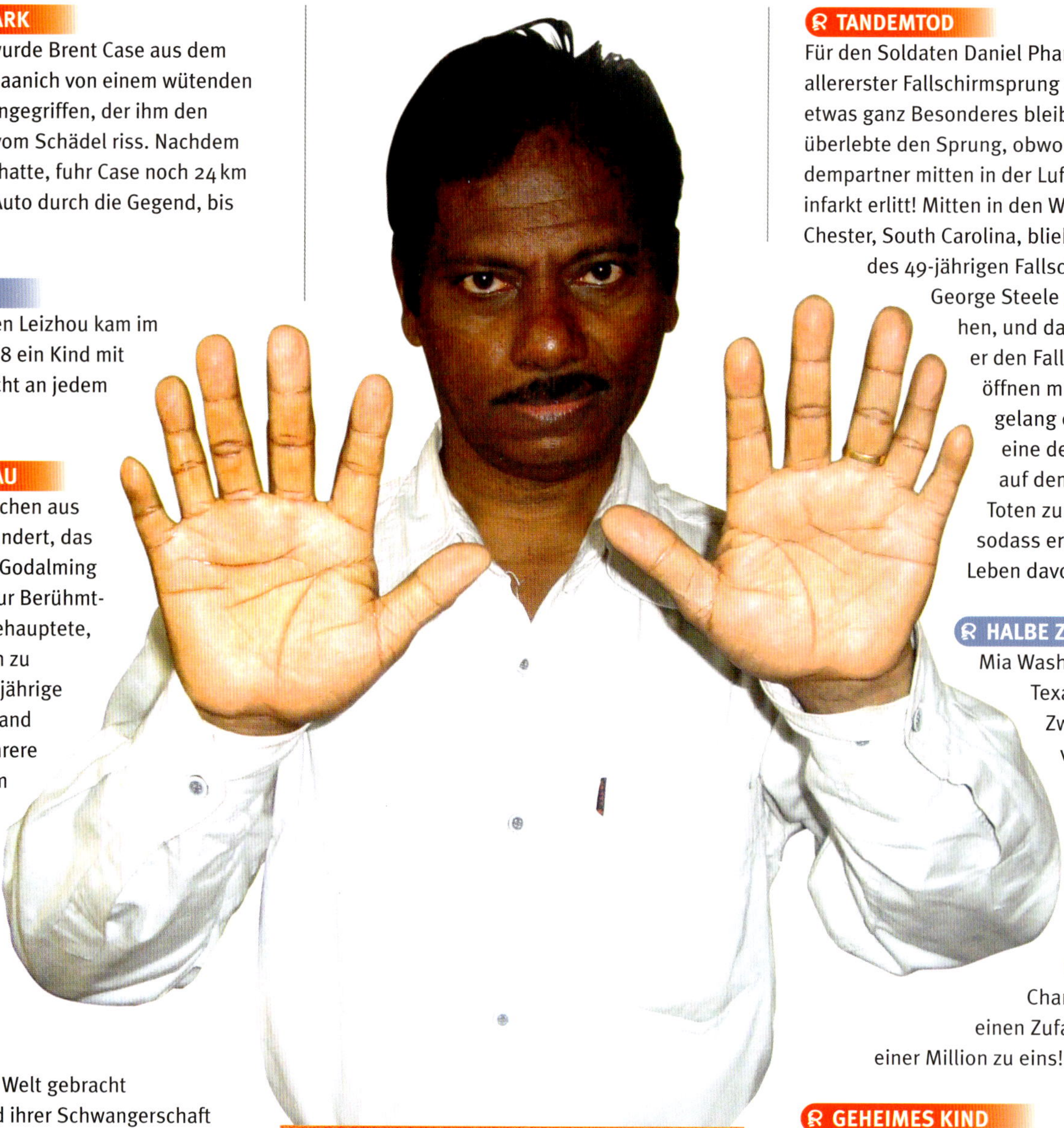

Zu viel von allem

Der an Polydaktylie leidende indische Akupunkteur K.V. Subramaniyan aus der Provinz Kerala hat an jeder Hand sechs Finger und an jedem Fuß sechs Zehen! Alle 24 Gliedmaßen sind gesund und voll funktionsfähig! Das ist absolut außergewöhnlich, da die meisten von Polydaktylie Betroffenen nur ein einziges Extraglied aufweisen, das sie normalerweise nicht nutzen können.

TANDEMTOD

Für den Soldaten Daniel Pharr wird sein allererster Fallschirmsprung wohl immer etwas ganz Besonderes bleiben. Denn er überlebte den Sprung, obwohl sein Tandempartner mitten in der Luft einen Herzinfarkt erlitt! Mitten in den Wolken über Chester, South Carolina, blieb das Herz des 49-jährigen Fallschirmlehrers George Steele plötzlich stehen, und das kurz bevor er den Fallschirm hätte öffnen müssen! Pharr gelang es, zumindest eine der Reißleinen auf dem Rücken des Toten zu öffnen, sodass er mit dem Leben davonkam.

HALBE ZWILLINGE

Mia Washington aus Texas brachte ein Zwillingspaar von zwei verschiedenen Vätern zur Welt! Justin und Jordan sind nur Halbbrüder – die Chancen für so einen Zufall stehen bei einer Million zu eins!

GEHEIMES KIND

Ärzte aus dem chinesischen Qingshen entdeckten durch Zufall, dass eine 92-jährige Frau über 60 Jahre lang ein ungeborenes Kind in sich getragen hatte! Huang Yijun aus Huangjiaotan erklärte, dass das Kind 1948 im Mutterleib verstorben sei, sie es sich aber nicht hatte leisten können, es entfernen zu lassen. Als sie sich 2009 wegen Bauchschmerzen ins Krankenhaus begab, wurde der Fötus entdeckt. Dass Yijun überlebt hat, grenzt an ein Wunder, denn normalerweise verursachen tote Embryos Infektionen.

ZWILLINGSSTADT

Zehn Prozent aller im brasilianischen Cândido Godói geborenen Kinder sind Zwillinge, die Hälfte davon eineiige. Normalerweise werden nur bei 1,25 % aller Geburten Zwillinge entbunden.

Wundermama

In den südmexikanischen Bergen von Rio Talea gibt es nur wenige Krankenhäuser und kaum ein Telefon. Als die hochschwangere Inés Ramirez im März 2000 ungewöhnlich schmerzhafte Wehen bekam, musste sie sich deswegen selbst helfen – und zwar mit einem 15 cm langen Schlachtermesser! Zur Desinfektion trank sie Reinigungsalkohol, dann nahm sie an sich selbst einen Kaiserschnitt vor, um ihren Sohn Orlando Ruiz Ramirez zu gebären. Nach der einstündigen Prozedur fiel sie in Ohnmacht. Zum Glück kehrte ihr sechsjähriger Sohn Benito, den sie losgeschickt hatte, um Hilfe zu holen, ein paar Stunden später heim. Ramirez' Mann arbeitete zum Zeitpunkt des Geschehens im Nachbarort und das nächste Krankenhaus lag 80 km weit entfernt.

WINDELRETTUNG

Der 18 Monate alte Caua Felipe Massaneiro aus dem brasilianischen Recife überlebte einen Sturz aus einem Fenster im dritten Stock, weil sich seine Windel in einem Bolzen verfing, der aus der Hauswand ragte.

DOPPEL-UTERUS

Als die im zweiten Monat schwangere Lindsay Hasaj aus London wegen Bauchschmerzen ins Krankenhaus kam, stellte sich heraus, dass sie zwei Gebärmütter besitzt!

KROKODILSTRÄNEN

Seit fast 20 Jahren litt Patricia Webster aus dem englischen Kent an dem sogenannten Krokodilstränenphänomen, aufgrund dessen sie stets in Tränen ausbrach, wenn sie etwas aß. Weil bei von diesem Syndrom Betroffenen die Nervenfasern, die eigentlich zur Speichelproduktion gedacht sind, in die Tränendrüse hineinwachsen, wird diese bei jedem Kauen stimuliert. Zum Glück konnte Webster schließlich geheilt werden – und zwar durch den Einsatz von Botox.

TOTGEBURT

Im englischen Oxford ließ man ein Baby zwei Tage lang im Bauch seiner verstorbenen Mutter, ehe es entbunden werden konnte. Jayne Soliman war einer Hirnblutung erlegen, und obwohl ihr Gehirntod bereits diagnostiziert worden war, ließ man ihr Herz noch 48 Stunden lang weiterschlagen, bis ihr Baby Aya mit nur 25 Wochen per Kaiserschnitt entbunden werden konnte.

BLAUE AUGEN

Shannon Larratt aus Kanada ließ sich 2007 das erste kosmetische Augapfeltattoo aller Zeiten verpassen! Dazu wurde ihm 40-mal mit einer tintengefüllten Spritze ins Auge gestochen, wodurch sich das Weiße in seinem Augapfel blau verfärbte. Hornhaut-Tätowierungen werden sonst nur aus medizinischen Gründen bei starken Augenverletzungen vorgenommen.

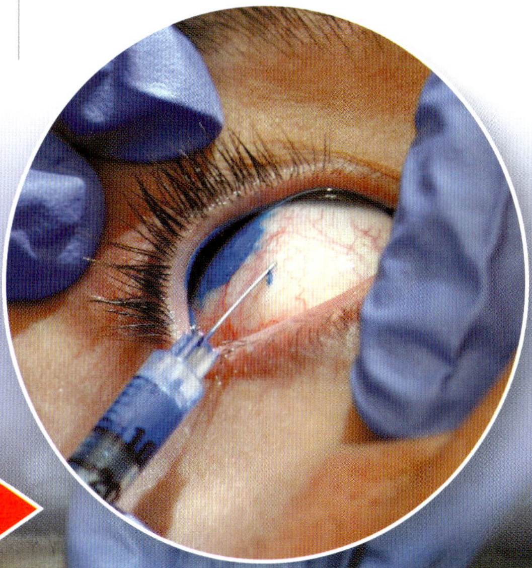

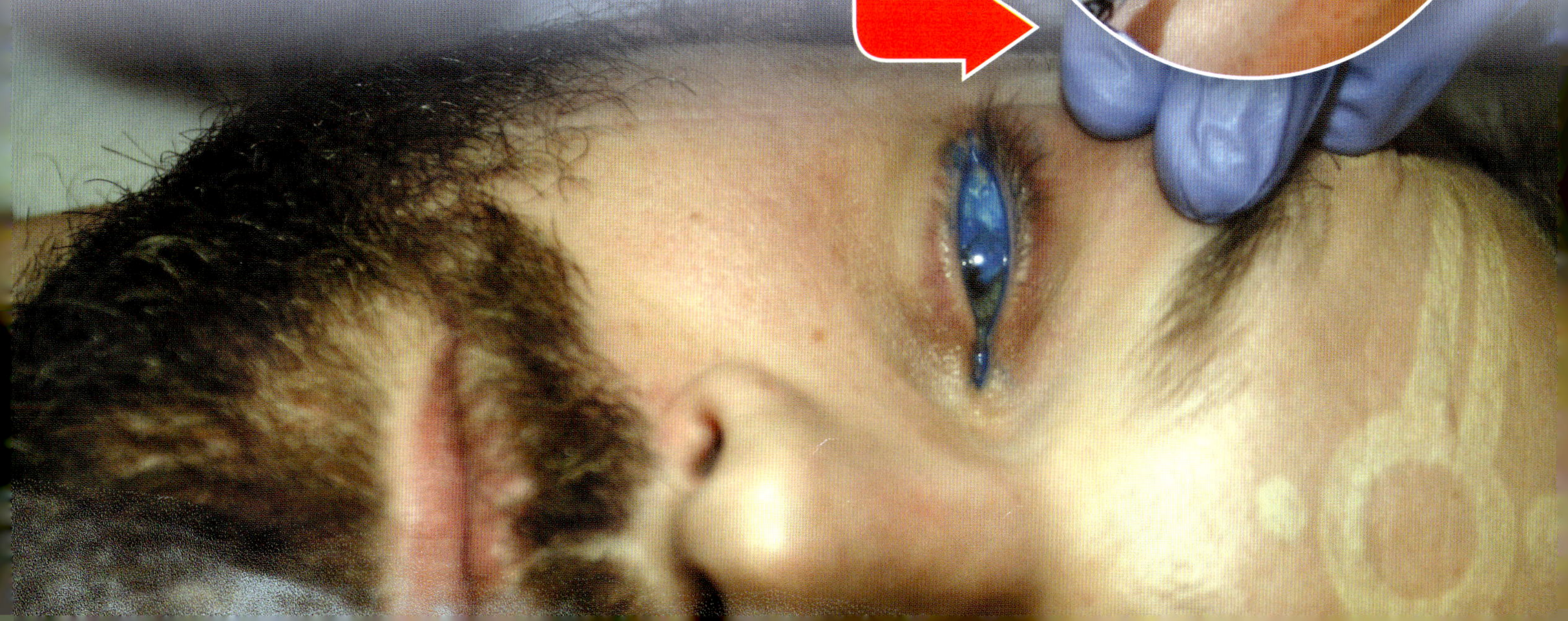

Armlocke

Justin Shaw, Berufsschlagzeuger aus Kentucky, trägt seine seltsame Armbehaarung mit Stolz! Das längste Haar ist unglaubliche 14,60 cm lang! Shaw findet seine Armlöckchen so schön, dass er sie niemals abschneiden würde. Seit er nach Miami gezogen ist, wachsen sie sogar noch schneller als zuvor, was er auf die erhöhte Vitamin-D-Produktion im Sonnenstaat zurückführt.

EINGESCHNEIT

Die 55-jährige Donna Molnar aus Ancaster, Kanada, brach im Dezember 2008 in einer Schneewehe zusammen und überlebte dort drei Tage lang, ehe sie gerettet wurde! Schließlich fand man sie unter einer 60 cm dicken Schneedecke. Nur ihr Gesicht und ihr Hals ragten noch heraus.

LUNGENBAUM

Russische Ärzte entfernten 2009 aus der Lunge eines Patienten einen Baum! Der 28-jährige Artyom Sidorkin hatte wohl einen Samen eingeatmet, der schließlich einen fünf Zentimeter hohen Spross entwickelt und extreme Schmerzen verursacht hatte.

VERSCHLUCKT

Der 40-jährige chinesische Kung-Fu-Meister Wing Ma lebte 20 Jahre lang mit einem Essstäbchen im Bauch, das er aus Versehen beim Training verschluckt hatte. Nachdem ihn 2009 plötzlich starke Schmerzen überkamen, wurde das 18 cm lange Essgeschirr operativ entfernt.

GEDANKENFUTTER

Wissenschaftler aus Québec, Kanada, haben herausgefunden, dass übermäßiges Denken dick macht! Bluttests ergaben, dass Studenten, die gerade eine Prüfung hinter sich hatten, mehr aßen, weil ihre Gehirntätigkeit ihre Blutzucker- und Insulinproduktion durcheinanderbrachte.

GESICHTSTUMOR

Die 15-jährige Vietnamesin Lai Thi Dao unterzog sich im April 2008 einer zwölfstündigen Operation, bei der ein Tumor entfernt wurde, der ein Drittel ihres Körpergewichts ausmachte! Die einst winzige Zyste auf ihrer Zunge, die sie als Dreijährige ausgebildet hatte, wog mittlerweile 5,4 kg und bedeckte ihre gesamte untere Gesichtshälfte.

EXTRAVIELE GLIEDMASSEN

Kamani Hubbard, der im Januar 2009 in San Francisco zur Welt kam, hat insgesamt 24 Finger und Zehen! Hände und Füße besitzen je ein Extraglied, von denen jedes voll funktionsfähig ist.

SCHMUDDELIG

Der 63-jährige Inder Kailash Singh hat sich seit über 35 Jahren nicht mehr gewaschen, weil er hofft, auf diese Weise endlich einen Sohn zu zeugen. Er hat bereits sieben Töchter, doch männlicher Nachwuchs ist bislang ausgeblieben. Anstatt einer Dusche nimmt der Inder jeden Abend ein „Feuerbad“, indem er sich auf einem Bein neben ein Lagerfeuer stellt und betet. Angeblich hat ein Seher ihm einst vorausgesagt, dass er nur durch diese Praktik einen Sohn bekommen werde.

SELBSTLOSER CHIRURG

Der italienische Chirurg Claudio Vitale beendete im März 2009 im Cardarelli-Krankenhaus in Neapel eine Gehirnoperation, obwohl er inmitten der Prozedur einen Herzinfarkt erlitt! Der Patient wäre niemals wieder genesen, wenn Dr. Vitale die Operation abgebrochen hätte, und so operierte er trotz seiner eigenen Schmerzen 30 Minuten lang weiter, ehe er sich selbst helfen ließ.

ARM IM BAUCH

Nachdem ein Alligator in einem See bei New Orleans 2008 dem elfjährigen Devin Funck einen Arm abgebissen hatte, wurde das Tier von Wildpflegern erschossen und der größtenteils intakte Arm aus seinem Magen entnommen.

FREUNDLICHER BLITZ

Als Nada Acimovich aus dem serbischen Sliwowitz von einem Blitz getroffen wurde, retteten ihr die Gummisohlen ihrer Schuhe das Leben – und der Stromschlag heilte ihr tödliches Herzleiden! Sie litt an Herzrhythmusstörungen, die meist mit leichten Elektroschocks behandelt werden, was in Acimovichs Fall nun aber nicht mehr nötig war.

AUGENZWEIG
John Nash, ein Polizeirekrut aus dem englischen Rochdale, stürzte bei einer Verfolgungsjagd und stieß sich dabei einen Ast in die Augenhöhle, was er aber erst bemerkte, nachdem er den Flüchtigen wenig später festgenommen hatte. Das 15 cm lange Holzstück brach zwar ab, hatte sich aber bereits durch Nashs Lid gebohrt, den Wangenknochen zerschmettert, sich unter seinem Augapfel hindurchgequetscht und war glücklicherweise kurz vor dem Gehirn gestoppt.

Lieblingsnagel
Sheng Wang aus dem chinesischen Fujian ließ sich seinen Fingernagel 15 Jahre lang wachsen, bis er unglaubliche 46 cm lang war! Seit 1996 hat er den Nagel nicht mehr geschnitten, weil er glaubt, dadurch inneren Frieden zu finden. Selbst als ihm € 7.300 für den abgeschnittenen Fingernagel geboten wurden, blieb Wang standhaft.

NIERENSTEIN
Im Januar 2009 entfernten Ärzte im ungarischen Debrezin einen Nierenstein von der Größe einer Kokosnuss aus dem Körper von Sandor Sarkadi.

STARKES MÄDEL
Jacqueline Wickens aus Elko, Nevada, stemmte im Dezember 2007 ein 140 kg schweres Gewicht, obwohl sie erst 13 Jahre alt war!

HYPNOSE-ZAHNARZT
Im Mai 2008 unterzog sich Leslie Mason aus Essex, England, einer zweistündigen Wurzelbehandlung – ohne Betäubung! Sein Freund John Ridlington hatte ihn zuvor hypnotisiert, und obwohl Mason insgesamt vier Zahnwurzeln entfernt wurden, spürte er kaum mehr als ein Ziepen.

LANGE ABWESENHEIT
Zwölf Jahre, nachdem er sich wegen eines Autounfalls krankgemeldet hatte, durch den er gelähmt und stumm geworden war, kehrte der Computerspezialist Karl McLennan aus dem schottischen Aberdeen wieder an seinen Arbeitsplatz zurück!

RIESENBABY
Im September 2009 brachte eine Indonesierin per Kaiserschnitt in einem Krankenhaus im Norden Sumatras ein 8,7 kg schweres Baby zur Welt, das 62 cm groß war!

HAARSTRÄUBEND
Malaysische Bauern sammeln säckeweise Haare in Friseursalons ein, weil sie damit gierige Wildschweine von ihren Ölpalmen-Setzlingen fernhalten können. Die Haare werden um die Pflanzen herum verteilt, weil der menschliche Geruch die Wildschweine verschreckt.

IMPROVISATIONSTALENT
Rob Carson, ein Arzt aus dem australischen Maryborough, bohrte mit einem gewöhnlichen Elektrobohrer ein Loch in den Schädel des kleinen Nicholas Rossi, um einen Ablauf für eine Gehirnblutung zu schaffen. Der Junge hatte sich die Verletzung bei einem Sturz vom Fahrrad zugezogen. Da es in dem kleinen Krankenhaus, in das er eingeliefert wurde, keine chirurgischen Werkzeuge für den notwendigen Eingriff gab, ließ sich Dr. Carson den Bohrer des Hausmeisters bringen und wurde telefonisch von einem Spezialisten aus Melbourne durch die Operation dirigiert.

Lose Haut
Etta Lake, das „Mädchen mit der Gummihaut", tingelte 1889 mit dem King-Franklin-Zirkus durch die USA. Sie konnte ihre Haut an Wangen und Hals bis zu 15 cm weit dehnen.

HAND AB!
Mr. Shi aus dem chinesischen Shenzhen wurde 2009 beim Seilziehen eine Hand abgerissen, die aber in einer fünfstündigen Operation wieder angenäht werden konnte.

KUGELSPUCKER
Nachdem Richard Jamison aus Bridgeton, New Jersey, im Februar 2009 ins Gesicht geschossen worden war, spuckte er die Kugel einfach wieder aus und suchte sich Hilfe.

SUPERBRAUE
Brian Peterkin-Vertanesian aus Washington, D. C., hat ein einzelnes rotes Augenbrauenhaar, das unglaubliche 16,20 cm lang ist! Er hat es auf den Namen Wally getauft und legt es sich für gewöhnlich hinter sein linkes Ohr, damit es ihm nicht ins Auge fällt.

WENN DU MEHR ÜBER DIE VERRÜCKTEN WACHSFIGUREN ERFAHREN WILLST, BLÄTTERE ZU SEITE 248–249!

Galerie

STAMMESFRAU DER SARA
Die Ubangi-Frauen vom Stamm der Sara aus dem afrikanischen Tschad tragen Holzscheiben in ihren Lippen, damit sie auf Plünderer weniger attraktiv wirken.

KROKODILMANN
Bobby Blackburn aus Südafrika trägt ein Krokodilsgebiss mit messerscharfen Zähnen.

Ein wichtiger Bestandteil der Ripley's-Sammlung sind die kunstvoll gestalteten Wachsköpfe bizarrer Menschen, denen Robert Ripley auf seinen Reisen begegnete. Die Köpfe, die in den Ripley's-Museen auf der ganzen Welt zu sehen sind, werden sorgfältig von Hand gemacht. Bildhauer, Masken- und Kostümbildner sowie Perückenmacher basteln im Ripley's-Atelier in Florida an den Ausstellungsstücken herum, bis diese absolut lebensecht wirken.

MENSCHLICHES EINHORN
Weng, dem Ripley 1931 in der chinesischen Mandschurei begegnete, wuchs ein 33 cm langes Horn aus dem Hinterkopf.

MANN MIT GOLDNASE
Der dänische Astronom Tycho Brahe, der im 16. Jahrhundert lebte, verlor seine Nase im Schwertkampf und trug fortan eine massive Goldreplik.

WOLFSMANN
Larry Talbot, ein fiktionaler Charakter aus dem Film *Der Wolfsmensch* von 1941, wurde von einem Wolf gebissen und verwandelte sich langsam selbst in eines der Tiere.

HUNDEGESICHTIGER JO-JO

Der Russe Fedor Jeftichew litt an Hypertrichose, dem sogenannnten Werwolfsyndrom. Sein ganzer Körper war mit 20 cm langen Haaren bedeckt. Als „Jo-Jo, der Mann mit dem Hundegesicht“ wurde er zu einer echten Berühmtheit.

AUGENPOPPER

Avelino Perez Matos aus dem kubanischen Baracoa konnte seine Augen aus den Aughöhlen hervorquellen lassen.

LÄNGSTE NASE ALLER ZEITEN

Thomas Wedders, ein englischer Unterhaltungs-künstler aus dem 18. Jahrhundert, hatte eine unfassbare 19 cm lange Nase!

WAHRE HELDEN

LEUCHTTURM-MANN

Der sogenannte „Leuchtturm-Mann“ diente in den 1930er-Jahren in den dunklen Gassen im chinesischen Chongqing als menschliche Laterne. Er hatte sich ein Loch durch seine Schädelplatte bohren lassen, in dem mit Siegelwachs eine Kerze fixiert wurde.

GRACE McDANIELS

Die Freakshow-Berühmtheit McDaniels trug den Künstlernamen „Frau mit dem Maultiergesicht“, weil ihre Lippen unfassbar weit hervorstanden.

STAMMESFRAU DER PADUANG

Die Paduang-Frauen aus Myanmar lassen sich jedes Jahr einen neuen Goldring um den Hals schweißen, bis sie maximal 20 Ringe tragen und ihre Hälse bis zu 38 cm lang sind.

Erste Schritte Jingle Luis von den Philippinen machte erst im Alter von 15 Jahren ihre ersten Schritte ohne Gehhilfe! Dr. Terry Amaral begradigte in einem New Yorker Krankenhaus ihre nach hinten gewachsenen Füße. Sechs Wochen lang trug Jingle Schrauben in den Fußknochen, die jeden Tag ein Stückchen weiter gedreht wurden, bis sie endlich in die richtige Richtung zeigten.

HAARSACK
Peng Fu, ein reisender Kräutermediziner aus dem chinesischen Suining, hat seine Haare seit 60 Jahren nicht mehr geschnitten und trägt seinen Zopf in einer Tüte auf seinem Rücken herum. Bei der letzten Messung war er 2,70 m lang und wog vier Kilogramm!

ZWEITAGSFLIEGE
Andy Wray aus Essex, England, kann sich immer nur zwei Tage lang zurückerinnern! Trennt er sich für mehr als 48 Stunden von seiner Familie, erkennt er seine Frau und seine Tochter nicht wieder. Seine dissoziative Amnesie geht wohl auf ein Trauma während seiner Zeit im Polizeidienst zurück.

ORGANISCH VERWACHSEN
Der Inder Ashok Shivnani ist der wohl einzige Mensch der Welt, dessen gesamte Organe verkehrt herum angeordnet sind. Bei der Entfernung eines Nierentumors entdeckten Ärzte in einem Krankenhaus in Mumbai, Indien, dass seine Organe spiegelverkehrt im Körper sitzen.

ÄGYPTENFAN
Nileen Namita aus dem englischen Brighton hat sich über 50 Schönheitsoperationen unterzogen, um ihrem Idol, der antiken ägyptischen Königin Nofretete, ähnlicher zu werden. Namita hält sich für die Reinkarnation Nofretetes und hat seit 1987 über € 220.000 für insgesamt acht Nasen-OPs, drei Kinnimplantate, drei Liftings, sechs Mini-Liftings, zwei Lippen-OPs und 20 kleinere Eingriffe hingeblättert.

SCHNARCH-ALARM!
Das Schnarchen von Jenny Chapman aus Cambridgeshire, England, ist lauter als ein Düsenflugzeug! Sie schnarcht mit einer Lautstärke von 111,60 Dezibel – das sind acht Dezibel mehr als das Dröhnen eines niedrig fliegenden Jets!

GRIPPEIMPFUNG
An der University of Central Florida wurden im September 2009 in nur acht Stunden 2.527 Grippeimpfungen an Angestellte, Studenten und Anwohner ausgegeben.

ASYMMETRISCH
Der rechte Unterarm des deutschen Armdrückers Matthias Schlitte hat einen Umfang von fast 46 cm – damit ist er mehr als doppelt so dick wie sein linker Unterarm!

WUNDERHEILUNG
Der vierjährige Finlay Lomax sollte laut Ärzten sein Leben lang an den Rollstuhl gefesselt bleiben – und lernte dennoch zu laufen! Der Junge aus Plymouth, England, wurde zu seinen Gehversuchen von einem Entenküken mit gebrochenem Bein inspiriert, das Finlays Mutter zu Hause gesund pflegte.

KLIMMZUGMEISTER
Der 15-jährige Bobby Natoli aus Oswego, New York, schaffte 2008 erstaunliche 53 Klimmzüge in nur einer Minute und übertrumpfte damit seinen Vater, der im Vorjahr in derselben Zeit „nur" 44 Klimmzüge geschafft hatte.

HAARE GEGEN DIE KRISE
Aufgrund der Wirtschaftskrise verkaufen viele Spanierinnen ihre Haare! Je nach Länge und Gewicht zahlt ein Exportunternehmen für Naturhaar, aus dem Perücken und Extensions hergestellt werden, bis zu € 160 für einen Zopf.

STÄBCHEN-FALL
Chinesische Ärzte entfernten aus dem Gehirn des 14 Monate alten Li Jingchao ein Essstäbchen, das sich vier Millimeter tief ins Gewebe gebohrt hatte! Beim Spielen war der kleine Junge ausgerutscht und auf das Stäbchen gefallen, das sich daraufhin durch seine Nase tief in den Schädel gebohrt hatte.

MUSKELJUNGE
Die Muskeln des fünfjährigen Rumänen Giuliano Stroe sind größer als die eines Fünfzehnjährigen! Er trainiert seinen Körper schon seit seinem zweiten Lebensjahr und beherrscht beispielsweise komplizierte Reckübungen.

FREMDE RETTERIN
2009 rettete eine wildfremde Frau der Spanierin Montse Ventura das Leben, indem sie mitten in einem öffentlichen Bus eine Krankheit diagnostizierte und Ventura eindringlich bat, einen Arzt aufzusuchen. Tatsächlich litt Ventura an Akromegalie, einer durch einen Tumor hervorgerufenen Fehlfunktion der Hypophyse, durch die Hände und Füße abnorm groß werden. Die Fremde hatte Venturas seltsam geformte Hände bemerkt, und wenig später konnte ihre „Patientin" geheilt werden.

FERNSEHEN MACHT HELDEN

Als der zehnjährige Alex Hardy aus dem englischen Wakefield zu ersticken drohte, weil er sich an einem Sandwich verschluckt hatte, rettete ihm sein bester Freund Aiden Bateman mit dem sogenannten Heimlich-Griff das Leben, den er sich in einer *Simpsons*-Folge abgeguckt hatte.

HATSCHI!

Victoria Kenny aus dem englischen Chichester brach sich beim Niesen den Rücken! Durch ihr heftiges „Hatschi“ riss eine ihrer Bandscheiben, woraufhin sie fast zwei Jahre lang querschnittsgelähmt war.

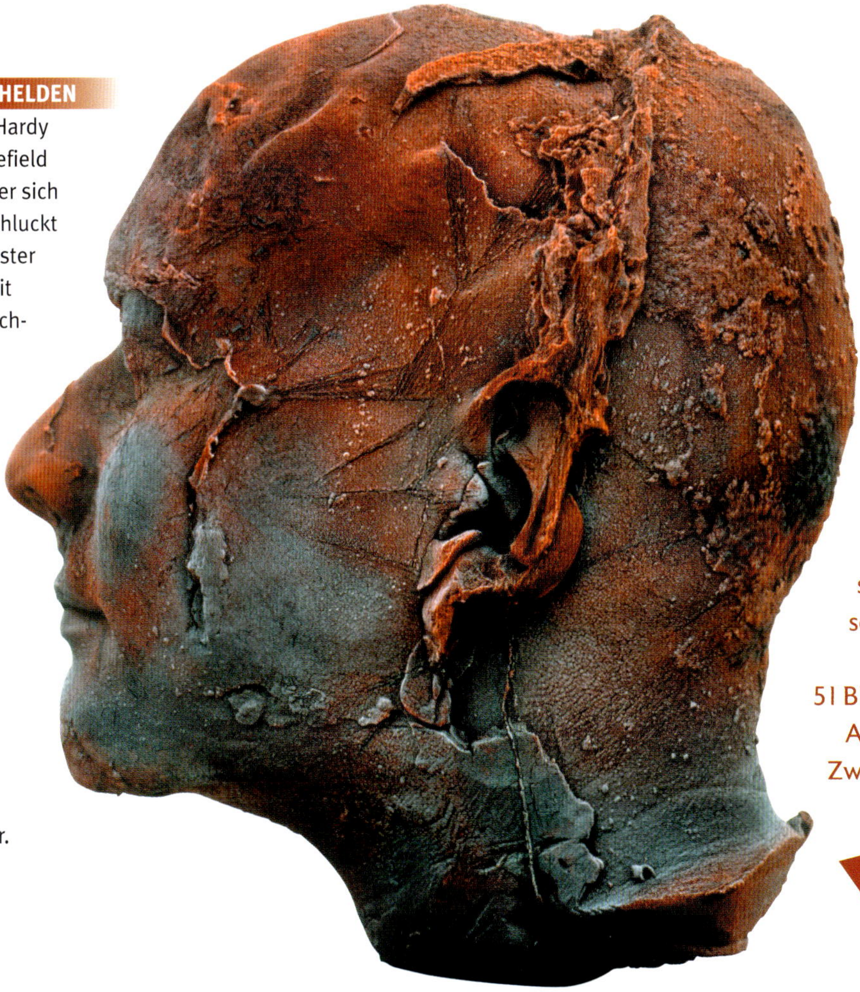

Blutbild

Dieses € 330.000 teure Selbstporträt des britischen Künstlers Marc Quinn war 2009 in der Londoner National Portrait Gallery zu sehen. Der hohe Preis ist durchaus verständlich, wenn man bedenkt, dass die Skulptur aus Quinns eigenem gefrorenen Blut besteht! Sein erstes blutiges Selbstporträt stellte der Künstler 1991 her, seitdem folgten viele weitere, für die er sich jeweils etwa 5 l Blut abzapfen lassen muss. Ein Arzt entnimmt ihm zu diesem Zweck alle sechs Wochen einen halben Liter Lebenssaft.

EIS KALT

Der lettische Entfesslungskünstler Gennady Palischewski stand schon mit einem Bein im Grab, als er in Moskau 64 Stunden lang den menschlichen Eiswürfel spielte! Fast drei Tage lang war er in einem 0,50 m^2 grossen Eisblock eingefroren, ehe er sich endlich geschlagen gab und auf eigenen Wunsch aus seinem kalten Gefängnis befreit wurde. Zu diesem Zeitpunkt hatte er sich bereits ernstzunehmende Erfrierungen zugezogen.

Lionel, der Mann mit dem Löwenkopf
Der 1891 unter dem bürgerlichen Namen Stephan Bibrowski in Polen geborene Lionel war von Kopf bis Fuß dicht behaart. Seine Hypertrichose machte ihn zu einer der größten Berühmtheiten auf Coney Island, wo er in den 1920er-Jahren in der Dreamland-Circus-Freakshow auftrat.

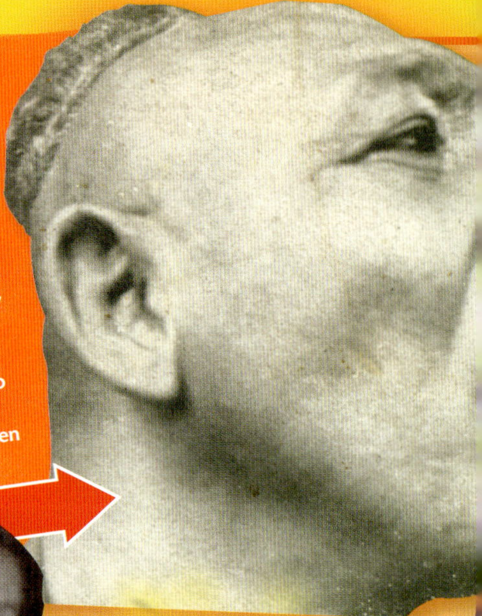

Zip, der Stecknadelkopf
Zip, 1842 unter dem bürgerlichen Namen William Henry Johnson geboren, litt wohl an Mikrozephalie, weswegen sein Kopf kegelförmig zulief, sein Gesicht aber normal groß war. Über 60 Jahre lang trat er bei den Ringling Brothers auf Coney Island auf. Anfangs war er als „Wilder" aus Afrika bekannt, später versuchte er sich ebenso erfolgreich als Komiker. Er verstarb im Alter von 84 Jahren als reicher Mann.

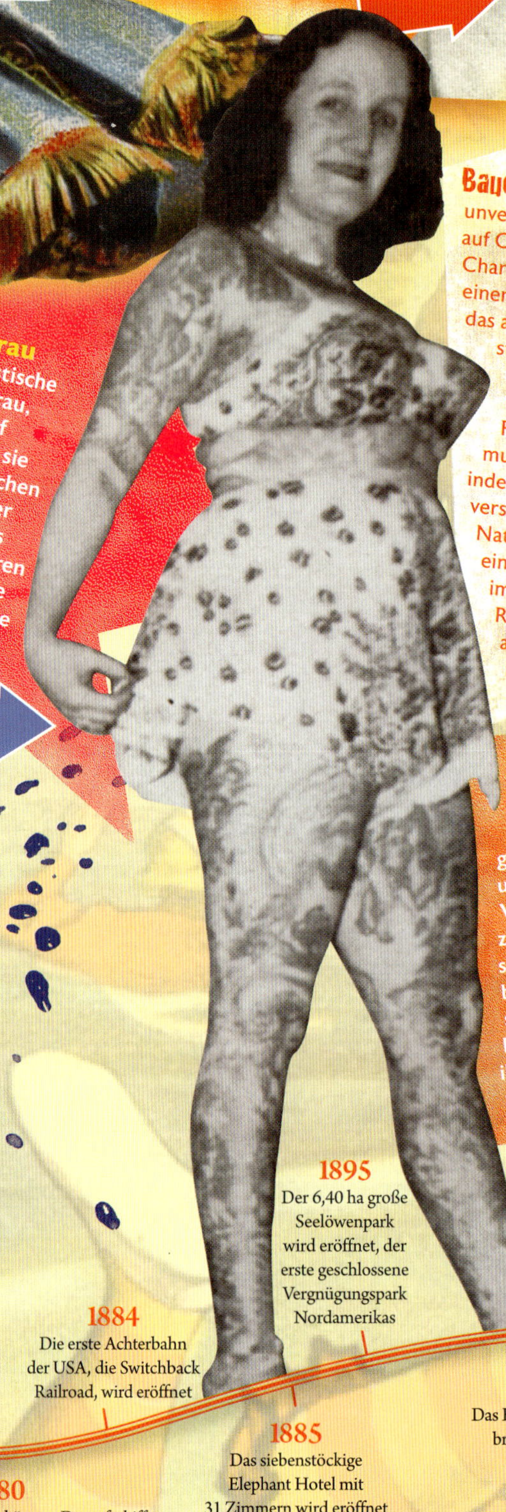

Jean Carroll, die tätowierte Frau
Carroll begann ihre artistische Laufbahn als bärtige Frau, sattelte dann aber auf Tätowierungen um, weil sie sich in den Schlangenmenschen John Carson verliebte, der keine Frau mit Bartwuchs heiraten wollte. Nach 15 Jahren erfolglosen Werbens ließ sie sich ihren Bart per Elektrolyse entfernen und dafür ihren gesamten Körper tätowieren.

Dutch Charleys Bauchlandung Eines der unvergesslichsten Ereignisse auf Coney Island war Dutch Charleys Flugversuch. In einem primitiven „Flugzeug", das aus einem Weidenkorb mit stoffbedeckten Schwingen bestand, stürzte er sich von einem 15 m hohen Fahrgeschäft. Die Flügel musste Charley selbst antreiben, indem er in Pedale trat und an verschiedenen Schnüren zog. Natürlich landete er mit einem riesigen Platsch im Wasser, wo er von Rettungsschwimmern aufgelesen werden musste.

Violetta, die Frau ohne Gliedmaßen
Die 1906 in Deutschland geborene Aloisia Wagner wurde unter dem Bühnennamen Violetta schon mit 15 Jahren zur Berühmtheit. Obwohl sie weder Arme noch Beine besaß, brauchte sie keine Hilfe, sondern hopste auf ihrem Rumpf umher und benutzte ihren Mund, um Gegenstände zu greifen.

Die große Achterbahn
Die erste Achterbahn der USA, die „Switchback Railroad", wurde 1884 auf Coney Island eröffnet. Auf seitlich positionierten Sitzen rasten die Passagiere in einem Zug auf wellenförmigen Schienen über eine 183 m lange Holztribüne, die immerhin beachtliche 15 m hoch war! Die Bahn fuhr allerdings nur von oben nach unten, wo sie dann langsam auslief. Der Spaß kostete fünf Cent und war so beliebt, dass der Erfinder LaMarcus Thompson durchschnittlich €440 am Tag damit verdiente – dabei hatte die Errichtung der Achterbahn nicht einmal €1.200 gekostet!

1829 Das Coney Island House wird eröffnet

1867 Auf Coney Island wird der Hot Dog erfunden

1876 Das erste Karussell mit handgeschnitzten Tieren wird eröffnet, eine Fahrt kostet fünf Cent

1879 Die erste Pferderennbahn wird eröffnet

1880 Wegen des neuen Piers können Dampfschiffe Passagiere aus Manhattan auf die Insel fahren

1884 Die erste Achterbahn der USA, die Switchback Railroad, wird eröffnet

1885 Das siebenstöckige Elephant Hotel mit 31 Zimmern wird eröffnet

1895 Der 6,40 ha große Seelöwenpark wird eröffnet, der erste geschlossene Vergnügungspark Nordamerikas

1896 Das Elephant Hotel brennt nieder

1897 George Tilyou errichtet den Steeplechase Park

1898 Barnum & Bailey errichten den Great Water Carnival mit Clowns, Turmspringern und vielem mehr

DIE KORALLENMÄNNER

Lin Tianzhuan aus dem chinesischen Shuimen bemerkte die ersten Wucherungen an seinen Händen und Füßen, als er 13 war. In den folgenden 25 Jahren breiteten sich die Geschwüre immer weiter aus und verhärteten sich so sehr, dass Tianzhuan schließlich seine Beine und Arme nicht mehr beugen konnte. Nachdem ihm Freunde und Nachbarn den Spitznamen „Korallenjunge“ verpassten und man begann, ihn zu hänseln, wurde er zum Eremiten und versteckte sich über Jahre hinweg im Haus seiner Eltern.

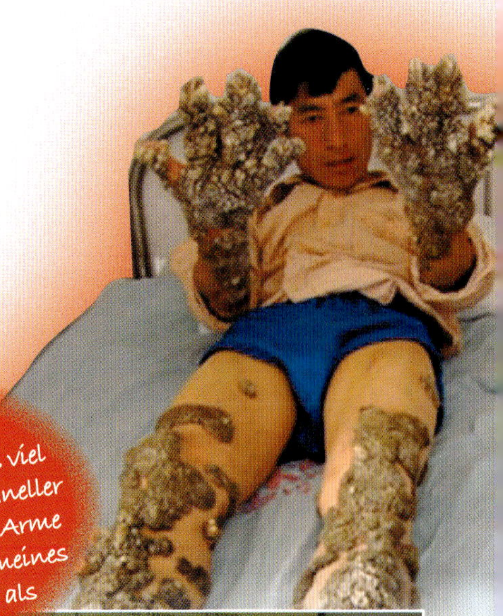

„Anfangs waren da einfach nur ein paar harte Beulen, doch die Behandlung mit Antibiotika machte alles viel schlimmer. Die Beulen wuchsen immer schneller und bedeckten schon bald meine ganzen Arme und Beine, den Rücken und sogar Teile meines Kopfes. Es war absolut grauenhaft, so als würde ich zu Stein erstarren.“

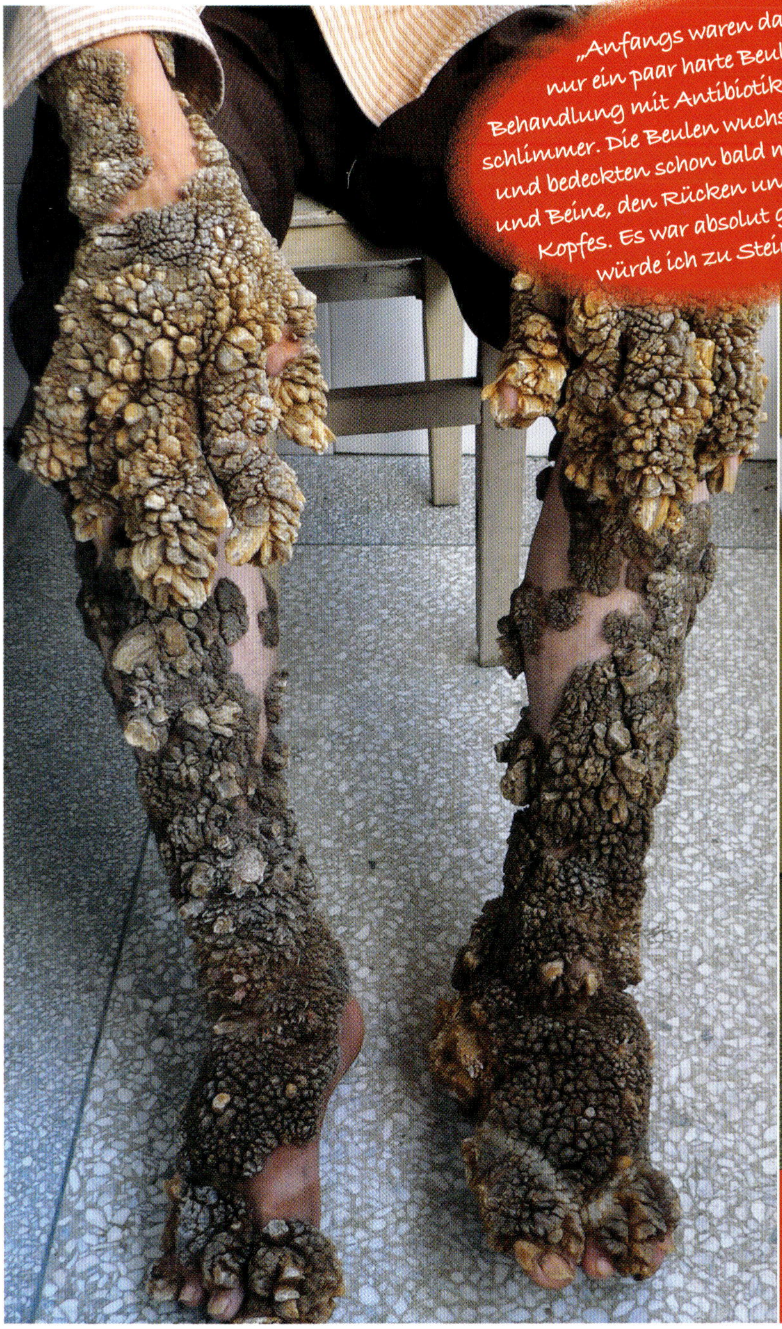

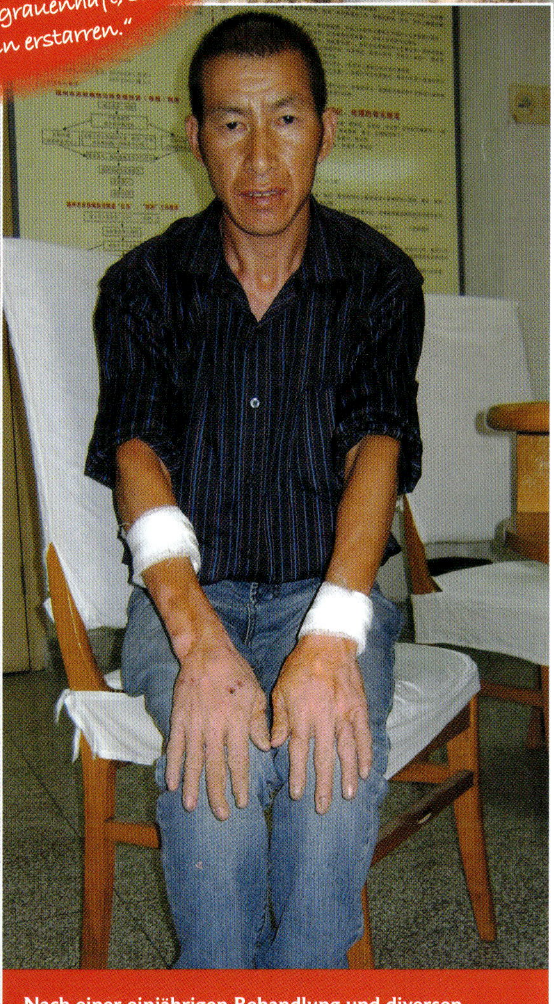

Nach einer einjährigen Behandlung und diversen Operationen in einer Hautklinik sind alle Wucherungen verschwunden. Nur noch einige helle Hautstellen erinnern an Tianzhuans Martyrium.

VORHER

NACHHER

Elefanten-Hinrichtung Die Rivalität zwischen den verschiedenen Vergnügungsparks auf Coney Island war groß. Als George Tilyou die Massen nach Steeplechase Park lockte, indem er am Eingang ein altes Piratenschiff stranden ließ, reagierten die Besitzer des neugegründeten Luna Parks mit der Ankündigung, dass sie den Elefanten Topsy, der drei Personen (inklusive eines brutalen Wärters) getötet hatte, öffentlich hinrichten würden. Dem amerikanischen Tierschutz zufolge durften sie den Elefanten nicht hängen, weswegen sie sich dafür entschieden, ihn auf dem elektrischen Stuhl ins Jenseits zu befördern. 1903 beobachteten etwa 1.500 Menschen, wie der Dickhäuter durch einen 6.600 Volt starken Stromschlag getötet wurde. Als Coney Island später niederbrannte, hielten viele das Feuer für Topsys Rache.

Kopflose Frau Über Jahre hinweg war diese angeblich kopflose Frau eine der beliebtesten Attraktionen auf Coney Island.

Prinzessin Lola Die fetteste Frau auf der Insel wog im August 1949 nach eigenen Angaben 253 kg!

Coney Island heute „Sideshows by the Seashore" zeigt noch heute bizarre Attraktionen und führt das Erbe von Coney Island damit weiter.

1903 Der Luna Park wird eröffnet, in nur sechs Wochen spielt er die aukosten von € 510.000 wieder ein

1903 Im Luna Park wird Topsy, der Killer-Elefant, hingerichtet

1904 Dreamland wird eröffnet, inklusive Lilliputia, einer Mini-Stadt, in der nur Liliputaner leben

1907 Steeplechase Park brennt nieder, wird aber wiederaufgebaut

1911 Großbrand zerstört 50 Attraktionen, darunter Dreamland, und kostet viele Tiere das Leben

1917 „Fatty" Arbuckle und Buster Keaton drehen ihren Stummfilm *Coney Island* im Luna Park

1920 Die U-Bahn verbindet Coney Island mit Manhattan und Brooklyn

1920 Das 46 m hohe Riesenrad, in das 144 Passagiere passen, wird eingeweiht

1927 Die Achterbahn Wooden Cyclone mit 26 m langer, 60 Grad steiler Fallstrecke wird eröffnet

1940 Steeplechase Park kauft der New Yorker Weltausstellung für € 110.000 das 75 m hohe Fahrgeschäft „Parachute Jump" ab

1947 Am 4. Juli fahren 12.500 Personen mit dem Riesenrad

1962 Astroland, das erst 2008 wieder schloss, wird eröffnet

1964 Der Steeplechase Park wird geschlossen

Die vierbeinige Frau
Josephene Myrtle Corbin wuchsen die Beine ihres verstümmelten Zwillings aus der Hüfte. Die beiden Extrabeine waren aber zu schwach, um darauf zu stehen, und an ihrem rechten Bein hing ein Klumpfuß, sodass Corbin nur auf einem ihrer vier Beine wirklich laufen konnte. Im Alter von 19 Jahren heiratete sie Dr. Clinton Bicknell und gebar fünf Kinder.

Coney Island, heute eine Halbinsel, liegt im Süden von Brooklyn, einem New Yorker Stadtteil. In den 1860er-Jahren wurde es zu einem beliebten Ferienort, als die Coney Island and Brooklyn Railroad die Gegend anzufahren begann. Bis 1880 hatte man dort bereits zahlreiche Fahrgeschäfte und Freakshows errichtet. Bis zum Zweiten Weltkrieg war Coney Island der größte Vergnügungspark der USA. Im September 1906 wurden von dort an nur einem Tag 200.000 Ansichtskarten verschickt!

Die drei wichtigsten Parks auf der Insel waren Dreamland, der Steeplechase Park und der Luna Park. Dreamland wurde von einer Million Glühbirnen beleuchtet und strahlte nachts 80 km weit auf den Atlantik hinaus. Der kluge Kopf hinter Dreamland war Samuel W. Gumpertz, der auf der Suche nach neuen Attraktionen die ganze Welt bereiste. Aus Asien und Afrika brachte er insgesamt 3.000 Artisten mit ins Land!

1904 gründete Gumpertz Lilliputia, eine Miniaturstadt, die ausschließlich von Kleinwüchsigen bevölkert wurde. Das „Zwergendorf" bestand aus 300 Liliputanern und war ein bahnbrechender Erfolg. Um die Wirkung zu vergrößern, ließ Gumpertz ein paar Riesen durch die Mini-Straßen wandern.

Anfang des 20. Jahrhunderts wurden viele Freakshows gegründet, darunter die World Circus Freak Show. Die Zehn-zu-einem-Preis-Freakshows boten den Artisten ein regelmäßiges Einkommen.

Unter den Stelzenläufern, die in den 1920er-Jahren auf Coney Island herumliefen und Werbung für die Attraktionen machten, befand sich auch ein junger Mann namens Archie Leach. Später wurde er in Hollywood unter dem Namen Cary Grant berühmt.

Eingelegtes Baby
Dieses in Formaldehyd eingelegte Baby war 1944 auf Coney Island zu sehen. Im Rahmen der Show „Infant Incubator" wurden auch zahlreiche lebende Frühgeburten ausgestellt, die mittels hochentwickeltem medizinischen Equipment versorgt wurden. Das Feuer von 1911 überlebten die Babys wie durch ein Wunder ausnahmslos.

Um den wachsenden Besucherzahlen ein Dach über dem Kopf zu bieten, wurden zahlreiche Hotels errichtet, darunter das Elephant Hotel, das die Form eines Elefanten hatte. In einem der Vorderbeine befand sich ein Tabakladen, während die Wendeltreppe in einem der Hinterbeine in ein Geschäft und zu den Hotelzimmern führte. Durch die Augen des Elefanten hatte man einen tollen Blick auf den Ozean.

Als 1888 das nahe gelegene Brighton Beach Hotel vom Meer verschlungen zu werden drohte, wurde das gesamte dreistöckige, 150 m lange und 6.000 Tonnen schwere Gebäude auf 120 Güterwaggons geladen und von sechs Lokomotiven 180 m weit ins Landesinnere transportiert, ohne dass eine einzige Glasscheibe zu Bruch ging!

Nach dem Zweiten Weltkrieg sank die Popularität der Insel, weswegen Coney Island kurz vor dem Bankrott stand. Auch wenn fast alle Darsteller durch ihre Tätigkeit reich geworden waren, wurden Stimmen laut, man würde die „Freaks" wegen ihrer Andersartigkeit ausbeuten.

Auch heute noch gibt es Freakshows auf Coney Island, doch mittlerweile treten dort statt Menschen mit abnormalem Körperwuchs fast ausschließlich außergewöhnliche Artisten auf. In den 1985 von Dick Zigun gegründeten „Sideshows by the Seashore" sind beispielsweise Schwert- und Feuerschlucker zu sehen.

Doch in unseren Gedanken lebt das verrückte und einzigartige Erbe von Coney Island und seinen wundersamen Gestalten natürlich noch immer weiter …

1983
Die erste Coney-Island-Meerjungfrauenparade wird veranstaltet

1985
Die „Sideshows by the Seashore" eröffnet als einzige Freakshow in Nordamerika, bei der zehn Artisten für einen Eintrittspreis zu sehen sind

1989
„Parachute Jump" wird zur Sehenswürdigkeit erklärt

2009
„Sideshows by the Seashore" ist noch immer erfolgreich

CONEY ISLAND TRIBUTE

Während der Hochzeit von Coney Island in den 1920er-Jahren strömten Tag für Tag eine Million Besucher in den Vergnügungspark. Neben Achterbahnen und einem gigantischen Riesenrad waren hier auch „Freaks“ aus Afrika, Asien und Europa zu sehen, weswegen Coney Island den Spitznamen „Spielplatz der Erde“ bekam.

Ripley's erklärt

Vermutlich wird die Krankheit durch humane Papillomaviren (HPV) verursacht, eine recht häufige Art von Infektion, die meist nur kleine Warzen bewirkt. Leidet der Betroffene aber gleichzeitig an einer bestimmten Autoimmunkrankheit, beginnen die Warzen, unkontrolliert zu wuchern und werden zu sogenannten „Hauthörnern“. Nur schätzungsweise 200 Menschen weltweit leiden an dieser mysteriösen Immunschwäche.

Die Wurzel allen Übels

Tianzhuans Fall erinnert an den von Dede Koswara, dem indonesischen „Baummann“. Koswara hatte sich als Teenager ins Knie geschnitten, und die daraus resultierende Warze wucherte über seinen ganzen Körper, bis Koswara sich kaum mehr bewegen konnte. Schließlich wurde er zum Unterhaltungskünstler, und als man ihm eine Heilung in Aussicht stellte, reagierte er zunächst zögerlich, da ihm damit der Lebensunterhalt gestrichen worden wäre. Schließlich aber ließ er insgesamt neun Operationen durchführen, bei denen acht Kilogramm Warzengewebe entfernt wurden.

Um auch außerhalb seiner vier Wände Aufmerksamkeit zu erregen, entwarf der Innenarchitekt Barend Massow Hemmes aus London den *Night Shadow*, ein Motorrad, dessen Design von dem berühmten Jaguar-Logo inspiriert wurde. Die schlanke Maschine ist 2,10 m lang und besteht aus Edelstahl und Fiberglas. Drei Jahre dauerte die Anfertigung. Der Raubkatzen-Rumpf ist aus einem echten Jaguar-Maskottchen gefertigt, das Hemmes einem Autohändler abkaufte. Viele Teile, darunter der 1.200-Kubik-Motor, stammen von dem Motorrad-Modell Buell Thunderbolt und wurden in den maßgefertigten Fahrzeugrahmen eingepasst. In erster Linie ist der *Night Shadow* zwar ein Kunstwerk, fahrtüchtig ist er aber auch. Bisher erreichte er eine Maximalgeschwindigkeit von 104 km/h, der Erfinder traut der Maschine aber auch ein höheres Tempo zu.

IMMER IN BEWEGUNG

Schwere Last

Ein LKW-Fahrer aus dem chinesischen Huai'an prüft die Stabilität seiner gigantischen Ladung.

DIE ERFINDUNG DES RADES

Guan Baihua aus Qingdao, China, bastelte 18 Monate lang an einem Fahrrad der besonderen Art herum: Das Vorderrad besteht aus einem Fünfzack, während das Hinterrad die Form eines Dreiecks hat. Obwohl es in erster Linie ein Spaßprojekt ist, hält Baihua sein Fahrrad auch für ein prima Fitnessgerät, da man kräftig in die Pedale treten muss, um es vom Fleck zu bewegen.

KNÖLLCHENREKORD

Am 5.2.2009 verpasste die Polizei einem Mann aus Boynton Beach in Florida an nur einem Tag 50 Strafmandate für sein Fehlverhalten im Straßenverkehr.

SELBSTBESTIMMUNG

Eric Hagen, der Inhaber des Taxiunternehmens Recession Ride Taxi in Essex, Vermont, überlässt seinen Kunden die Entscheidung, wie viel sie für ihre Fahrt bezahlen möchten. Außer Bargeld erhielt er schon eine CD und einen Supermarktgutschein im Wert von € 7,30 als Entgelt.

NOTLANDUNG

Ein kleines Flugzeug, das auf seinem Weg zum Santa Barbara Airport in Kalifornien wegen Treibstoffmangels auf einer Autobahn notlanden musste, kollidierte mit drei PKW! Obwohl an dem Unfall neun Personen beteiligt waren, kamen alle Betroffenen unverletzt davon.

GRIFF INS KLO

Im Mai 2009 musste ein Leichtflugzeug auf einem Polster der eher seltsamen Art notlanden: Eine Lieferung portabler Toilettenhäuschen, die auf einem Lagerplatz in Tacoma, Washington State, deponiert war, bewahrte den Piloten der kleinen Cessna 182 vor dem Schlimmsten. Der Motor der Maschine hatte in nur 50 m Höhe versagt.

KÜRBISHELME

Nachdem in Nigeria ein Gesetz erlassen wurde, das Motorradfahrer zum Tragen von Helmen verpflichtet, wurden in der Stadt Kano mehrere Biker mit getrockneten Kürbisschalen auf dem Kopf gesichtet.

UNERWÜNSCHTER PASSAGIER

Ein Lieferant stieß im Mai 2009 nahe der südafrikanischen Stadt Peddie mit einem Stier zusammen und fuhr 14 km weit zur nächsten Polizeiwache, obwohl das Tier noch im Dachgepäckträger festklemmte!

Buschesel

Ein wandelnder Blätterberg auf einer Straße nahe Duschanbe in Tadschikistan! Man erkennt kaum den Esel darunter, der ihn schleppt.

KARAOKE-TAXI

Fan Xiaoming aus Changchun, China, hat sein Taxi mit Mediaplayern, einem Verstärker, Lautsprechern und LCD-Bildschirmen ausgestattet, damit seine Passagiere während ihrer Fahrt Karaoke singen können!

ABERGLÄUBISCH

Der ehemalige US-amerikanische Präsident Franklin D. Roosevelt war so abergläubisch, dass er jeweils am 13. des Monats den Straßenverkehr mied.

ABZOCKE

Ruth Ducker aus London sollte € 2.200 bezahlen, um ihr abgeschlepptes Auto wiederzubekommen, nachdem die örtlichen Gemeindemitarbeiter ihr Fahrzeug angehoben und Parkverbotslinien auf den darunterliegenden Asphalt gemalt hatten!

LANGLEBIG

70 % aller Jeeps der Marke Land Rover, die seit 1948 hergestellt wurden, befinden sich noch immer im Straßenverkehr.

Recycling-Rad

Eine Frau aus Shanghai fährt einen Styropor-Berg zu einer Recyclinganlage.

Kokos-Karre

Im indischen Mysore transportiert ein Kokosnusssammler seine Ware auf einer dreirädrigen Rikscha auf den Markt.

Abgehoben

Im chinesischen Tianjin verschwindet ein Radfahrer unter seiner luftigen Ladung aus Heliumballons.

Schweinisch

Zwei Männer samt Schwein fahren auf einem winzigen Motorrad durch Moung Russey in Kambodscha.

KEIN SCHEIN

Im Januar 2009 wurde der 84-jährigen Luba Relic aus dem australischen Warriewood gerichtlich bis zum Jahr 3000 der Führerschein entzogen!

MISCHLINGSAUTO

Nicolo Lamberti und Milko Dalla Costa kreuzten das Fahrgestell eines Ferrari F355 Berlinetta mit der Karosserie eines Citroën 2CV-Transporters – und heraus kam ein 290 km/h schneller Lieferwagen! Nachdem sie den Citroën im italienischen Turin entdeckt hatten, bastelten sie fünf Jahre lang an ihrem „Hybridfahrzeug“ herum, was sie stolze €160.000 kostete!

KLAPPRAD 3.0

Dominic Hargreaves, Absolvent des Londoner Royal College of Art, hat ein Fahrrad entworfen, das sich so weit zusammenklappen lässt, dass es am Ende sogar kleiner als seine eigenen Räder ist! Der *Contortionist* ist das perfekte Fahrrad für Pendler, weil er in die U-Bahn passt und sich zusammengefaltet wie ein Trolley ziehen lässt.

Rasant

Dieses faszinierende Bild zeigt einen B-2-Spirit-Kampfflieger der US Air Force kurz vor dem Durchbrechen der Schallmauer nahe Los Angeles. Die jeweils über 700 Millionen teuren Bomber sind trotz ihrer Flügelspannweite von 52 m schwer zu orten und können bis zu 972 km/h schnell fliegen.

Ripley's erklärt

Der Kampfflieger B-2 Spirit erreicht so hohe Geschwindigkeiten, dass sich, wie hier zu sehen, eine Wolke aus Wassernebel um ihn herum bilden kann. Der B-2 fliegt zwar nicht mit Überschallgeschwindigkeit, die sogenannte „Wolkenscheibe“ kann aber bereits bei hoher Unterdruckgeschwindigkeit durch den extremen Unterdruck entstehen, dem die Kampfflieger beim Beschleunigen ausgesetzt sind.

- Das erste Flugzeug, das Schallgeschwindigkeit erreichte, war eine Bell X-1, die von dem US-Airforce-Captain Chuck Yeager gesteuert wurde. 1947 flog die Maschine beeindruckende 1.299 km/h schnell.
- 1979 durchbrach Stan Barrett die Schallmauer in einem Auto! Mit 1.189 km/h steuerte er sein düsenbetriebenes Budweiser-Raketenauto durch den Rogers Dry Lake, eine Salztonebene in Kalifornien.

MINI-BIKER

Der dreijährige Azeem Khan aus dem indischen Neu-Delhi kann auf einem Motorrad fahren! Sein Vater Shantanu hat das Lenkrad verlängert, damit der Zwerg es mit seinen kurzen Armen erreicht. Die Behörden waren so beeindruckt von Azeems Fahrkünsten, dass er sogar einen offiziellen Führerschein erhalten hat – aber nur für seine unmittelbare Nachbarschaft.

KIRCHENFLUCHT

Ein Siebenjähriger aus Plain City in Utah hatte keine Lust auf den sonntäglichen Kirchenbesuch mit seinem Vater und stahl kurzerhand dessen Auto. Mit 65 km/h raste er, von der Polizei verfolgt, durch die Straßen.

SOLARFLUGZEUG

Die Familie Cardozo aus Wiltshire, England, reiste 2.000 km weit von Monte Carlo nach Marokko – und zwar mit einem motorisierten Gleitschirm, der von Solarzellen betrieben wird! Die Lithium-Polymer-Batterien des Gleiters werden von zwölf Solarzellen gespeist, die sich auf dem Dach des Gefährts befinden. Die Reise über das Mittelmeer dauerte 15 Tage und führte die Cardozos bis zu 1.500 m hoch in den Himmel.

FORMEL-1-LIMOUSINE

Der kanadische Erfinder Michael Pettipas baute zwei Jahre an einer für den Straßenverkehr zugelassenen Formel-1-Stretch-Limousine mit sieben Sitzen. Das neun Meter lange Auto hat einen Acht-Liter-Motor, kann bis zu 225 km/h schnell fahren und beschleunigt in nur fünf Sekunden von 0 auf 97 km/h.

HAUSTIERHIMMEL

Im Juli 2009 fand in New York der Jungfernflug der ersten Fluglinie nur für Haustiere statt! Die in Florida beheimatete Pet Airways, die 2005 von Alysa Binder und Dan Wiesel gegründet wurde, transportiert ausschließlich Haustiere – Menschen sind, abgesehen vom Personal, an Bord nicht zugelassen. Ihre Flotte von fünf Flugzeugen wurde fünf Jahre lang umgebaut, sodass heute pro Flug bis zu 50 Haustiere auf einmal transportiert werden können – natürlich betreut von ausgebildeten Tierpflegern, die alle 15 Minuten nach den Vierbeinern sehen. Pet Airways fliegt fünf US-amerikanische Flughäfen an, die alle mit einer „Haustier-Lounge“ ausgestattet wurden.

Lichtkunst

Die englischen Fotografen Mark Brown und Marc Cameron kreierten dieses Kunstwerk aus Licht, das sie mit Langzeitbelichtung aufnahmen, indem sie die Umrisse mit Taschenlampen in die Luft zeichneten. Neben diesem Bugatti Veyron „malten“ sie auch verschiedene Modelle von Ferrari, Morgan und Aston Martin.

TITANIC-TRIBUT

Im Februar 2009 schmissen sich Londoner Fans des Films *Titanic* in ihre viktorianischen Kostüme und sahen sich von rostigen Booten aus, die zwischen Trockeneis und Minieisbergen in einem Schwimmbecken herumtrieben, ihren Lieblingsstreifen auf einer Riesenleinwand an! Die echte *Titanic* sank auf ihrer Jungfernfahrt am 14.4.1912 nach einem Zusammenstoß mit einem Eisberg. Die Katastrophe kostet 1.517 Menschen das Leben.

Während die *Titanic* im Jahr 1912 mit einem Eisberg zusammenstieß, lief im Bordkino gerade der Stummfilm *Die Höllenfahrt der Poseidon*, der die Geschichte eines sinkenden Ozeandampfers erzählt, dessen Passagiere sich verzweifelt zu retten versuchen.

BAUERNBEERDIGUNG
Der Sarg von Gordon Hale aus Wiltshire, England, wurde auf einem Anhänger von eben dem Traktor zum Friedhof gezogen, auf dem der Bauer die letzten 38 Jahre seines Lebens jeden Tag gesessen hatte. Die Gäste trugen Trauerbinden aus Sisalband, aus dem auch die Sarggriffe gefertigt waren.

GEBURTSTAGSFLUG
An seinem 16. Geburtstag flog Errick Smith aus Ocean Springs in Ohio ganz alleine ein Flugzeug und einen Hubschrauber! Schon mit 14 nahm er seine ersten Flugstunden und hat bereits eine Cessna 172 und zwei Hubschraubertypen – einen R22 und einen Schweizer – gesteuert.

TEURE OLIVEN
Die Fluggesellschaft American Airlines sparte 1987 angeblich knapp € 30.000, indem sie die Olive aus dem Salat für die Passagiere der ersten Klasse wegließ.

ETEPETETE
Die Führerscheinprüfung des 18-jährigen Jack Hyde aus Oxfordshire, England, wurde abgeblasen, weil der Prüfer Krümel auf seinem Sitzplatz fand.

MOTORRAD-AKROBAT
Mr. Liu, ein Bauer aus Jiangxi, China, kann auf einem bei voller Geschwindigkeit dahinrasenden Motorrad stehen, liegen und sogar schlafen! Kürzlich fuhr er im Stehen ganze sechs Kilometer weit!

WERTSTEIGERUNG
Ein Mini Cooper Baujahr 1989, der 2009 nur 238 km auf dem Buckel hatte, ist heute mehr wert als der Eigentümer ursprünglich dafür bezahlt hat! Ron Frost aus Devon, England, hatte den kirschroten Mini damals für € 6.850 gekauft und war so gut wie nie damit gefahren. 20 Jahre lang hatte das Auto in einer Garage als Teil seiner Autosammlung herumgestanden. Laut Aussage des British Mini Clubs würde der Wagen heute bei einer Auktion über € 8.000 einbringen.

BOND-STYLE
Der Deutsche Hermann Ramke hat neun Jahre an einem Raketenrucksack im James-Bond-Stil gebastelt, der durch unter Hochdruck stehendes Wasser betrieben wird! Der JetLev-Flyer kostet an die € 100.000, erreicht maximal 105 km/h, befördert den Träger bis zu zehn Meter hoch in die Luft und kann mit einer einzigen Tankfüllung bis zu 320 km weit fliegen.

Unfall!?
Dieses verrückte Resultat eines „Autounfalls" war in Berlin zu sehen. Tatsächlich handelte es sich dabei natürlich nur um einen Werbegag, den sich die einfallsreichen Betreiber einer deutschen Website hatten einfallen lassen.

GEWAGTER SPRUNG

Im Juli 2009 legte der US-amerikanische Freestyle-Motocross-Fahrer Ronnie Renner einen 19,30 m hohen Sprung aufs Parkett! Er fuhr eine 6,70 m hohe Rampe empor und wurde dann Hals über Kopf weitere 12,60 m hoch in die Luft katapultiert!

JUBILÄUMSSPRUNG

Peggy McAlpine aus dem schottischen Stirling feierte im Oktober 2007 ihren 100. Geburtstag, indem sie einen Gleitschirmflug von einem 760 m hohen Berggipfel auf Zypern wagte! Der sehbehinderten McAlpine reichte es nicht, vier britische Monarchen überlebt zu haben – ihr 15-minütiger Tandemflug war der wahre Höhepunkt ihres Lebens.

VERRÜCKTE REISE

Der 82-jährige ehemalige Luftfahrtingenieur Edwin Shackleton aus Bristol, England, ist in etwas mehr als sechs Monaten mit über 100 Transportmitteln gefahren! Am Neujahrstag 2009 setze er sich ins Auto und fuhr einfach drauflos. Seine verrückte Reise endete im darauffolgenden Juli in einem Heißluftballon. Zwischendrin saß er unter anderem in einem Ultraleichtflieger, einem Feuerwehrauto, einem Müllwagen, einer Rikscha, einem Polizeiauto, einem Treppenlift, auf einem Quad und in einem Schlitten.

RASANTER RADFAHRER

Auf seinem Liegerad erreicht der Kanadier Sam Whittingham Geschwindigkeiten von bis zu 132 km/h!

HELDENREISE

Obwohl die 37-jährige Hilary Lister aus Kent in England vom Hals an abwärts gelähmt ist, segelte sie im Jahr 2009 ganz alleine einmal um Großbritannien herum – das sind 2.415 km! Sie bediente das sechs Meter lange Rennboot, indem sie in verschiedene Schläuche pustete, die mit einem Computer verbunden waren. Für ihre heroische Reise brauchte sie drei Monate, in denen sie durchschnittlich 96 km am Tag zurücklegte. Sie machte übrigens außerdem ihren Abschluss in Biochemie in Oxford, obwohl sie all ihre schriftlichen Arbeiten diktieren musste!

KEUSCHHEITSNADELN

Im 19. Jahrhundert steckten sich alleinreisende Frauen in Zügen Nadeln zwischen die Lippen, wenn sie in dunkle Tunnel fuhren, um sich vor unerwünschten „Kussangriffen" zu schützen.

ECHT MADIG!

DER KALIFORNISCHE MECHANIKER JOHN TOWERS HAT DEN *RODE KILL* ENTWORFEN, EIN EINZIGARTIGES VON HAND GEFERTIGTES MOTORRAD, DAS AUS LEBENSECHT WIRKENDEN LEICHENTEILEN BESTEHT! EIN TÄUSCHEND REALISTISCHES HERZ RAGT AUS EINEM RIPPENBOGEN, IN DEM SICH DER TANK BEFINDET, UND DIE FEDERUNG IST UNTER DEN ARM-KNOCHEN VERSTECKT.

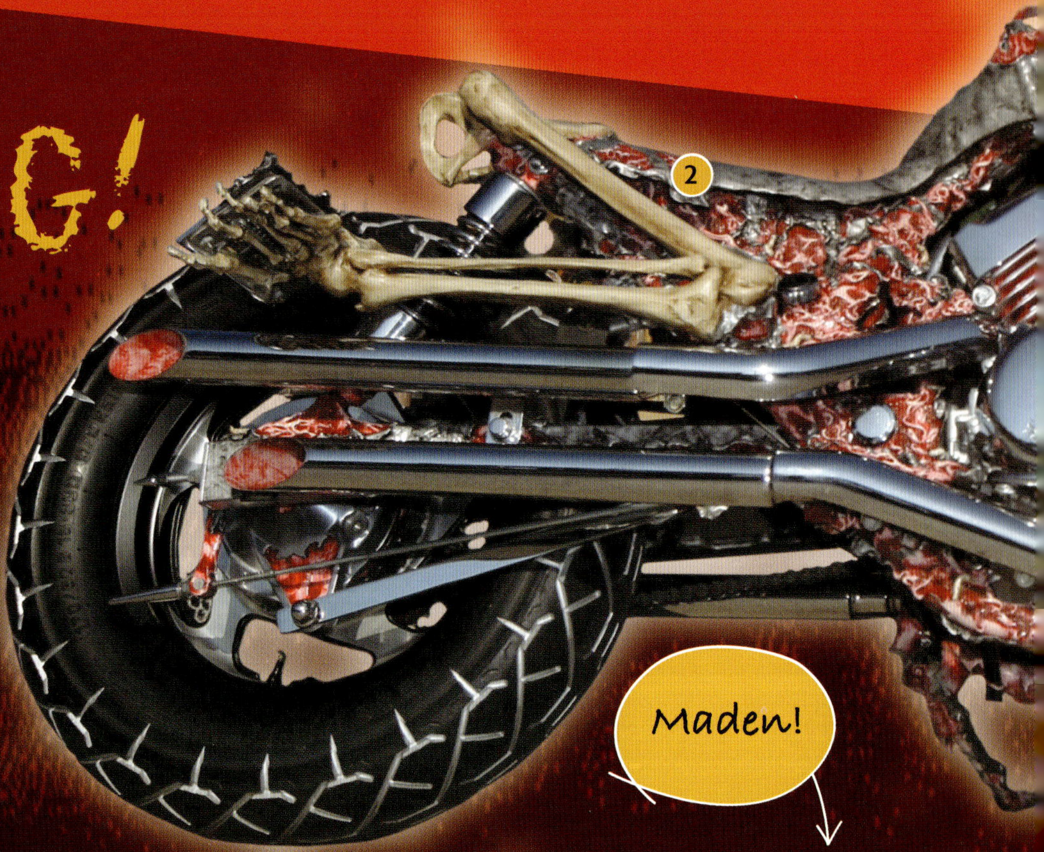

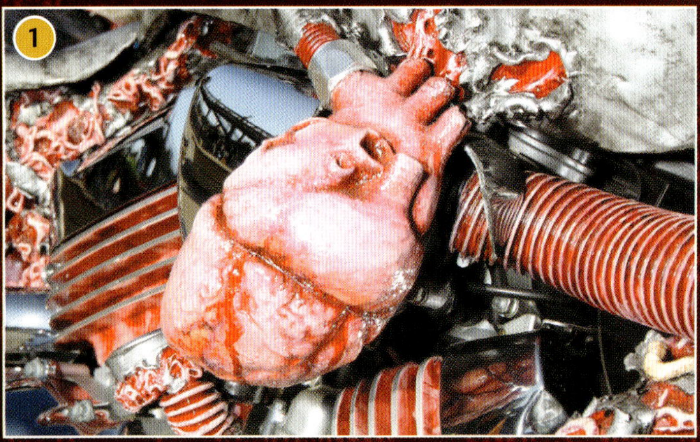

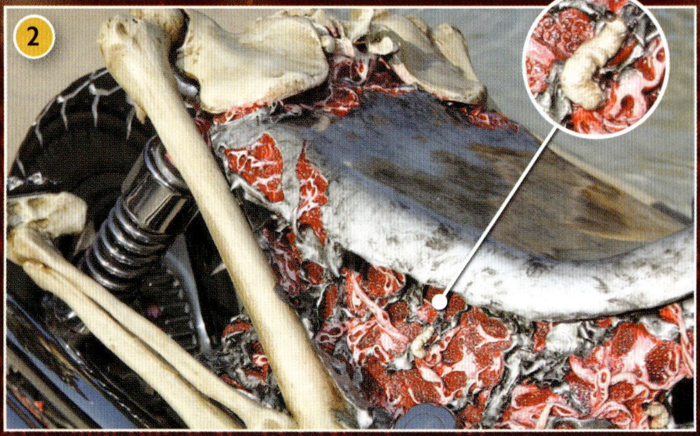

UNTERWASSERPOST
2009 schickte der Bürgermeister der norwegischen Stadt Aukra durch eine 1.166 km lange Unterwasser-Gas-Pipeline einen Brief nach Easington in England! Am 19.8.2009 schob er seine Post in die Lengeled-Pipeline, die unter der Nordsee hindurchführt, und fünf Tage später wurde sie durch den Gasdruck in den Rohren auf der englischen Seite wieder ausgespuckt!

MODELLFLOTTE
Über 75 Jahre hinweg hat der Hamburger Peter Tamm 36.000 Modellschiffe im Maßstab 1:1.250 zusammengesammelt! Doch das ist nicht alles: Er besitzt außerdem tausende von Schiffsfotos, über 100.000 Bücher über Schiffe und 15.000 Schiffsspeisekarten.

ELEKTROPARADE
In Bay Harbor, Michigan, war 2009 eine drei Kilometer lange Parade aus über 200 Elektrofahrzeugen zu sehen! Sie wurde von einem Milburn-Light-Elektroauto aus dem Jahr 1920 angeführt.

TRAUMFAHRT
Graham und Eirene Naismith aus London verkauften ihr Haus, verschenkten all ihre Möbel und fuhren mit ihrem Toyota Land Cruiser nach Australien, wo sie den gesamten Kontinent einmal umrundeten. Auf ihrer zehn Monate und 50.076 km langen Reise waren auch ihre drei Kinder, alle jünger als acht Jahre, mit von der Partie.

SCHLAUES RAD
Der ehemalige Olympiateilnehmer und Rennradfahrer Chris Boardman enthüllte 2009 das von ihm entworfene intelligente Fahrrad! Es ist diebstahlsicher, kann keinen Platten bekommen, seine Reifen selbstständig wiederaufpumpen und enthält einen kleinen Bordcomputer, der den Kalorienverbrauch zählt.

SPÄTFLUG
Am 6.5.2009 flog Lillian Gardiner aus St. Marys, Kanada, zum ersten Mal mit einem Flugzeug – im stolzen Alter von 105 Jahren!

ACHTUNG, ACHTERBAHN!
Branden Moyen aus Shillington, Pennsylvania, hat ein elf Meter hohes, 15 m langes Modell einer Achterbahn gebaut. Es besteht aus 40.000 Stückchen K'NEX, einem legoähnlichen Kinderspielzeug. Auf den 122 m langen Schienen beschleunigen die Wägelchen auf bis zu 115 km/h! Das Modell ist eine Replik im Maßstab 1:10 von Klinga Da, einer Achterbahn im Six Flags Great Adventure-Erlebnispark in New Jersey.

BEI NÄHEREM HINSEHEN ERKENNT MAN AUCH DIE MADEN, DIE ÜBER DAS VERROTTENDE FLEISCH KRABBELN. DIE VORDERLICHTER SIND IN EINEN TOTENSCHÄDEL EINGELASSEN. MIT DEM BIS ZU 225 KM/H SCHNELLEN *RODE KILL* WILL TOWERS DIE GEFAHR VERANSCHAULICHEN, DER UNGEÜBTE FAHRER VON MOTORSTARKEN BIKES AUSGESETZT SIND.

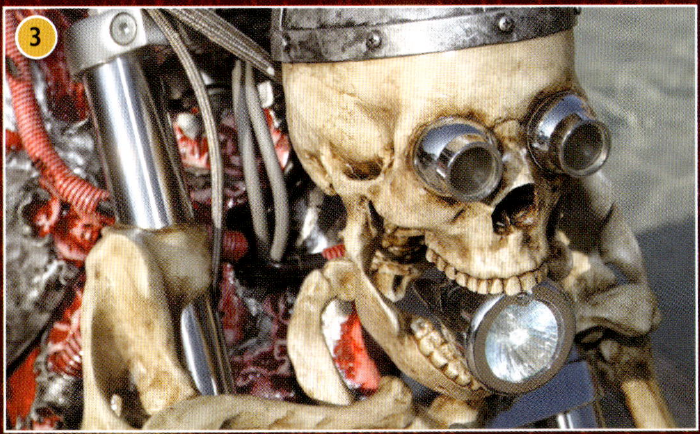

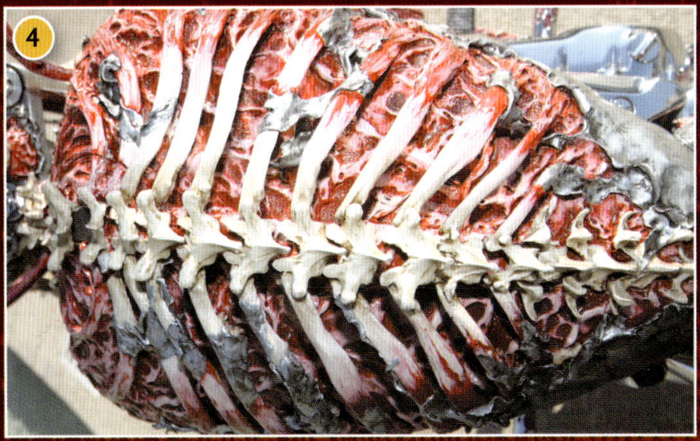

Ripley's Nachgefragt

Haben Sie sich die ganze Zeit über von Flugzeugessen ernährt?
Nein, nur manchmal. Oft haben mir die Crew oder andere Passagiere aus Mitleid auch etwas aus den Flughafenrestaurants mitgebracht. Hin und wieder habe ich auch getwittert, dass ich gern etwas Bestimmtes essen würde. Das hat erstaunlich gut funktioniert!

Wie haben Sie sich gewaschen?
Im Flugzeug gibt es ja keine Dusche, also habe ich mich morgens mit Feuchttüchern abgerieben. Meine Haare habe ich im Waschbecken auf der Flugzeugtoilette gewaschen.

Und wo haben Sie geschlafen?
Ganz allein im Flugzeug! Ich habe mir jede Nacht eine andere Sitzreihe ausgesucht. Mein eigenes Kissen und einen Schlafsack hatte ich dabei. Die Reinigungskräfte mussten dann immer um mich herumsaugen.

War Ihnen nie langweilig?
Nein, weil ich ständig neue Leute kennengelernt oder Videos aufgezeichnet habe!

Und sind Sie Ihre Flugangst jetzt los?
Nach etwa einer Woche und vielen Gesprächen mit den Piloten ist es besser geworden. Meine größte Angst waren Turbulenzen, aber die Piloten haben mir alles genau erklärt, was sehr geholfen hat.

Erhabenes Leben

Um seine Flugangst zu überwinden, verbrachte der New Yorker Mark Malkoff einen ganzen Montag lang in einem Flugzeug! Er flog in dieser Zeit insgesamt 135-mal, davon alleine zwölf Mal an nur einem Tag! Dabei steuerte er 38 amerikanische Flughäfen an, verbrachte 267 Stunden in der Luft und legte 180.201 km zurück. Weil er seinen eigenen Regeln zufolge keinen festen Boden betreten durfte, musste er auf den Tragflächen des Flugzeugs spazieren gehen und duschte nur, wenn ihn freundlicherweise ein Feuerwehrwagen auf der Landebahn abspritzte.

PASSAGIERPILOT
Im April 2009 übernahm der Passagier Doug White die Steuerung eines zweimotorigen Flugzeugs und landete es auf dem Southwest Florida International Airport, da der Pilot während des Fluges plötzlich verstorben war.

TOTAL BETRIEBSAM
Auf dem Hartsfield-Jackson International Airport in Atlanta, Georgia, werden jedes Jahr 90 Millionen Passagiere abgefertigt – mehr Menschen als Einwohner in Deutschland leben!

HISTORISCHER FLUG
2009, zum 100. Jahrestag der ersten Flugzeugüberquerung des Ärmelkanals durch den Franzosen Louis Blériot, wiederholte Edmond Salis, ebenfalls Franzose, den 35 km langen Flug in einer restaurierten Blériot XI – demselben Modell, das sein Vorbild 1909 geflogen hatte.

HAARSTRÄUBEND
Über 30.000 Frauen und mehr als 100 langmähnige Männer aus Myanmar spendeten ihr Haar, um die Straßenreparaturen zu der abgelegenen buddhistischen Pagode in Alaungdaw Kathapa zu finanzieren! Der fast 800 kg schwere Haarberg wurde nach China verkauft, wo er zu Perücken und Puppenhaar verarbeitet wurde.

GUT ERHALTEN
Die *HMS Ontario*, ein britisches Kriegsschiff, das im Lake Ontario vor der Küste von New York State gesunken war, wurde 2008 in makellosem Zustand wiederentdeckt – obwohl sie 228 Jahre lang unter Wasser gelegen hatte!

HELDENHAFTE REPARATUR
Im Juli 2009 ersparte ein Fluggast auf der Strecke zwischen Menorca und Glasgow den Reisenden eine achtstündige Wartezeit, indem er die technischen Probleme, die kurzfristig aufgetreten waren, einfach selbst behob.

RAPPENDER STEWARD
Der US-amerikanische Steward David Holmes langweilte sich beim Aufsagen der Sicherheitsanweisungen dermaßen, dass er sich einen 80-sekündigen Sicherheits-Rap einfallen ließ, um die Aufmerksamkeit der Fluggäste zu gewinnen.

AUF DÜNNEM EIS

Bricht ein LKW bei –50°C durch das Eis, hat der Fahrer nur eine knappe Minute Zeit, sich zu retten, ehe er erfriert.

Damit das Eis die bis zu 70 Tonnen schweren LKW tragen kann, muss es mindestens 102 cm dick sein. Um es so wenig wie möglich zu beschädigen, fahren die Lastwagen selten schneller als 32 km/h.

Winter für Winter riskieren Hunderte von LKW-Fahrern ihr Leben, indem sie mit riesigen Sattelschleppern mit bis zu 18 Rädern über gefrorene Seen und Flüsse, ja sogar über die Eisdecke des Eismeers fahren! Die „Eisstrassenfahrer“ versuchen, so viele der mehr als 20 Stunden langen Fahrten wie möglich zusammenzubekommen. An manchen Stellen ist die Eisschicht nur 70 cm dick – das schlimmste Geräusch für einen Eisstrassenfahrer ist das Knacken und Krachen von zerberstendem Eis.

Ripley's erklärt

Die Eisstrassenfahrer liefern lebenswichtige Waren zu den Diamantenminen und Gasfabriken in den abgelegenen Nordwest-Territorien Kanadas. Die bis zu 2.500 km langen Eisstrassen sind nur 60 Tage im Jahr befahrbar. Um zu testen, ob das Eis schon dick genug ist, wird jedes Jahr ein Prüffahrzeug losgeschickt, das per Radar den Untergrund sondiert. Wird die Strasse für sicher erklärt, machen sich Pflüge ans Werk, um den Schnee beiseitezuschieben.

SUBARU IM SCHNEE

Der Extrem-Autofahrer und Snowboard-Fan Ken Block raste 2007 in seinem € 110.000 teuren Subaru-Rallyefahrzeug über die Pisten in dem neuseeländischen Skigebiet Snowpark. Nachdem er mit Hochgeschwindigkeit mehrere Snowboarder über die Hänge gezogen hatte, fuhr der Kalifornier mit dem Profi-Snowboarder Torstein Horgmo um die Wette eine 16.80 m lange Rampe hinab, segelte 21 m weit über den Schnee und legte am Ende eine saubere Landung hin.

(U-)Boot

Walisische Ingenieure haben dieses vielseitige Gefährt entwickelt, das sich nicht nur auf, sondern auch unter der Wasseroberfläche fortbewegen kann! Das Scubacraft wird auf dem Wasser durch einen 160 PS starken Motor angetrieben. Unter Wasser läuft es über elektrische Düsen und kann fast 30 m tief tauchen. Da es nicht druckdicht ist, müssen die Passagiere dabei allerdings eine Tauchausrüstung tragen.

ZUGLÜGE

Der britische Eisenbahn-Ingenieur George Stephenson (1781–1848) verbreitete das Gerücht, dass öffentliche Züge niemals schneller als 19 km/h würden fahren können, da die breite Masse befürchtete, höhere Geschwindigkeiten würden Geistesstörungen verursachen.

BUSRETTUNG

Als der Fahrer eines New Yorker Schulbusses mitten während der Fahrt einen Herzinfarkt erlitt, übernahm die 16-jährige Rachel Guzy beherzt das Steuer und verhinderte so eine Massenkarambolage auf einer vielbefahrenen Kreuzung. Fahren konnte sie zwar nicht, dafür wusste sie aber, wie man die Handbremse bedient!

GLEISDIEBSTAHL

Mitten auf seiner Stammstrecke im Verwaltungsbezirk Somogy musste der ungarische Zugführer Farkas Kolos plötzlich feststellen, dass die Gleise vor ihm verschwunden waren! Er trat in die Bremsen und brachte den Zug damit kurz vor dem Ende der Schienen zum Stehen. Später bestätigte die Polizei, dass insgesamt 3,2 km Gleise gestohlen worden waren.

WIE AUS DEM NICHTS

Das Auto von Terry Hart, das im Jahr 1973 im gefährlichen Watt in Brean Beach, England, versunken war, tauchte 2009 plötzlich wieder auf, weil es durch schlechtes Wetter und raue See nach und nach an die Oberfläche geschoben worden war.

DAMPFKRAFT

Auf der Edwards Air Force Base in Kalifornien erreichte ein Dampfwagen im August 2009 bei zwei 1.609 m langen Testläufen eine Durchschnittsgeschwindigkeit von 225 km/h! Das 7,60 m lange britische Fabrikat, das von Charles Burnett III. gelenkt wurde, fährt bis zu 243 km/h schnell und wird auch als „der schnellste Kessel der Welt" bezeichnet.

FLUGAUTO

Zwischen 1949 und 1960 baute der Ingenieur Moulton Taylor aus Longview, Washington, sechs Autos, die auch fliegen konnten. Der Protoyp seines Aerocars hatte einklappbare Flügel, durch die das Fahrzeug in nur fünf Minuten von einer einzigen Person zu einem Flugzeug umgebaut werden konnte. Es fuhr 96 km/h schnell und konnte im Flug eine Geschwindigkeit von 180 km/h erreichen.

CORVETTE-BEERDIGUNG

1994 wurde George Swanson aus Hempfield, Pennsylvania, in seiner geliebten Corvette Baujahr 1984 beerdigt, die zwölf Grabplätze auf einmal einnahm!

SUCHTFAKTOR

Innerhalb von neun Jahren legte Keiichi Iwasaki aus Maebashi, Japan, 45.000 km durch 37 Länder per Fahrrad zurück! Ursprünglich wollte er 2001 nur eine kleine Tour durch Japan machen, doch dann fand er solchen Gefallen am Radfahren, dass er nach Südkorea übersetzte und seitdem nicht mehr nach Hause zurückgekehrt ist.

FALSCHES SYDNEY

Als der Niederländer Joannes Rutten und sein 15-jähriger Enkel Nick 2009 einen Flug nach Australien buchten, rechneten sie nicht damit, in Kanada zu landen – doch aufgrund einer Verwechslung erreichten sie nach einem langen Flug das 16.000 km von ihrem eigentlichen Ziel entfernt liegende ehemalige Minenstädtchen Sydney in Nordamerika.

MEGA-MOFA

Colin Furze aus dem englischen Lincolnshire hat ein 14 m langes Motorrad gebaut! Aus zwei 50-Kubik-Mopeds von Honda bastelte er mithilfe von Aluminiumstangen ein bis zu 48 km/h schnelles Gefährt, das allerdings einen riesigen Wendekreis hat.

KROKO-PANIK
Ein 30 cm langes Krokodilbaby verursachte im Juli 2009 auf einem Flug von Abu Dhabi nach Kairo eine Massenpanik, als es beschloss, einen Spaziergang durch den Gang der Maschine von EgyptAir zu machen.

FERTIG, LOS!

DAS KÜNSTLERKOLLEKTIV „GHOST OF A DREAM" AUS BROOKLYN, BESTEHEND AUS LAUREN WAS UND ADAM ECKSTROM, GESTALTETE EINE LEBENSGROSSE REPLIK EINES HUMMER H3 AUS LOTTERIE-NIETEN IM WERT VON € 28.500! IHR KUNSTWERK, DAS DEN TITEL *EASY MONEY, DREAM CAR* TRÄGT, IST MIT VIEL LIEBE ZUM DETAIL AUSGEARBEITET – BIS HIN ZU DEN MIT MÜNZEN BEKLEBTEN RADKAPPEN, MIT DENEN MAN GLEICH EINE „RUBBELHILFE" ZUR HAND HAT.

MASSENAUFSTIEG
Beim Lorraine Mondial Air Ballons-Treffen 2009 in Ostfrankreich stiegen 326 Heißluftballons gleichzeitig in den Himmel!

LKW-DUSCHE
2009 musste ein Chinese ein Bußgeld bezahlen, weil er geduscht hatte, während er die stark befahrene Jinyi-Autobahn entlangraste! Die Polizei hatte ihn angehalten, weil Wasser aus dem Führerhaus tropfte, und staunte nicht schlecht, als sie entdeckte, dass über dem Fahrersitz eine Sprinkleranlage installiert war! Die Frau des Fahrers, die auf dem Beifahrersitz saß, hielt währenddessen eine wasserdichte Plastikplane über die Armaturen.

POSTBOOT
Das Botenschiff *J. W. Westcott II*, das seinen Heimathafen in Detroit, Michigan, hat, beliefert andere Schiffe auf dem Detroit River mit Post und hat sogar seine eigene Postleitzahl!

MINI-MOTOR
Perry Watkins aus Buckinghamshire, England, hat ein für den Straßenverkehr zugelassenes Auto gebaut, das nur einen Meter hoch und 66 cm breit ist. Watkins kaufte im Internet einfach ein Kinderkarussell-Auto, verstärkte die Verschalung und befestigte die Konstruktion auf einem kleinen, vierrädrigen Motorrad samt 150-Kubik-Motor, Spiegeln, Scheibenwischern und Scheinwerfern.

ABGEFAHREN!
Nachdem ein Sechsjähriger aus Richmond, Virginia, im Januar 2009 seinen Schulbus verpasst hatte, schnappte er sich kurzerhand den Schlüssel für den Ford Taunus seiner Eltern und fuhr sich selbst zur Schule! Der Ausflug endete in einem Zusammenstoß mit einem Strommast, der Zwergenfahrer kam aber mit ein paar Kratzern davon.

ÖKO-TOURIS
Ein umweltbewusstes Paar aus Oxfordshire, England, reiste in 297 Tagen mehr als 70.800 km weit um die Welt, ohne einen Fuß in ein Flugzeug zu setzen. Tom Fewins und Lara Lockwood durchquerten 19 Länder, darunter Russland, China und die USA, mit 78 Bussen, 61 Zügen, 34 Autos, 18 Schiffen, 6 Fahrrädern, 2 Mopeds und 1 Elefanten. Auf ihrer Reise produzierten sie jeweils angeblich weniger als 3.000 kg Kohlendioxid, ein Drittel der Schadstoffe, die sie mit dem Flugzeug produziert hätten.

PAPPAUTOS
Die Polizei aus dem rumänischen Kreis Sibiu stellt Polizeiautos aus Pappe am Straßenrand auf, um Raser zu erschrecken.

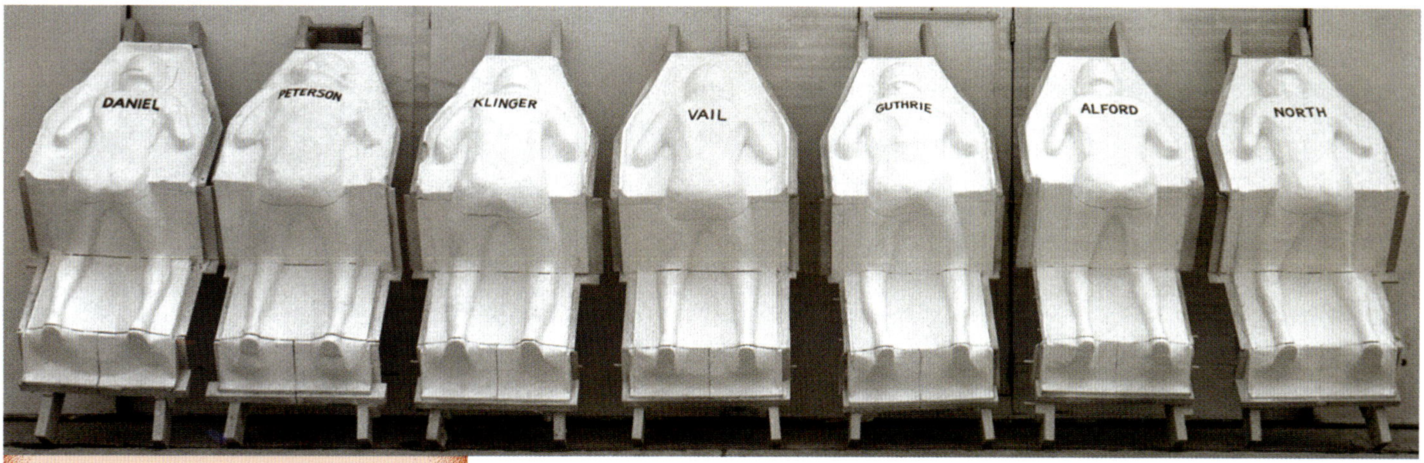

Perfekter Sitz

Auf diesem 1959 im Langley-Forschungszentrum in Virginia aufgenommenen Bild zu sehen sind einige Modelle für die Sitze der Mercury-Raumkapseln der NASA. In den frühen Tagen der NASA saßen die Astronauten auf bemannten Raummissionen in maßangefertigten Sitzen, die für mehr Bequemlichkeit und Sicherheit millimetergenau an die Körperformen der mutigen Kosmonauten angepasst waren.

FALSCHPARKER

2007 meldete eine Frau aus Hildesheim ihren Audi als gestohlen, nachdem sie das Auto beim Mechaniker abgegeben und diesen gebeten hatte, es nach der Reparatur in ihrer Garage abzustellen. 2009 fand ihr Nachbar den mittlerweile verstaubten Audi in seiner ungenutzten Garage, die der Mechaniker irrtümlicherweise für die richtige gehalten hatte.

KITSCH-STRASSE

Die M6-Mautautobahn nahe Birmingham in England, die 2003 gebaut wurde, besteht aus zweieinhalb Millionen eingestampften Kitschromanen! Das Papier stabilisiert den Asphalt und absorbiert Lärm.

STUDENTENHUMOR

Scherzkekse vom Massachusetts Institute of Technology in Cambridge hievten 2006 ein 7,60 m langes Feuerwehrauto auf das Dach des Audimax der Universität und folgten damit einer alten Tradition: 1979 war wie von Zauberhand ein Fiberglas-Ochse aus einem benachbarten Restaurant auf dem Dach erschienen, 1982 entschieden sich die Studenten für eine Telefonzelle, und 2009 handelte es sich um eine 14 m lange Replik des Doppeldecker-Flugzeugs der Gebrüder Wright.

HEIMWERKER-HUBSCHRAUBER

Trotz mangelnder Schulbildung hat der 20-jährige Chinese Wu Zhongyuan aus Luoyang von Hand einen Hubschrauber gebaut, der angeblich bis zu 800 m hoch fliegen kann. Er ist mit einem Motorrad-Motor ausgestattet, und die Rotorblätter sind aus Ulmenholz gefertigt.

Alle an Bord!

Indien verfügt über das größte Schienennetz weltweit. Über 18 Millionen Menschen fahren dort Tag für Tag Zug, weswegen die Züge häufig extrem überfüllt sind. Die Passagiere sitzen oft auf den Waggondächern oder halten sich an den Außenwänden fest, sodass mitunter doppelt so viele Passagiere an Bord sind wie erlaubt.

Joe Price aus Gloucester, England, galt als einer der stärksten „Strongmen" der 1920er- und 1930er-Jahre. Mit Händen und Zähnen konnte er eine massive Metallstange verbiegen – kein Wunder, bei einem Brustumfang von 147 cm! Der gelernte Schmied trainierte nicht mit normalen Gewichten, sondern mit Vorschlaghämmern. 1932 zeichnete Robert Ripley eine Karikatur von Price: Dieser schreibt etwas auf, während ein 25 kg schweres Gewicht an seinem kleinen Finger hängt.

DIE GRENZEN DES MÖGLICHEN

Große Entdeckung

SPIEL MIT DEM FEUER

SOWOHL FEUERSPUCKEN ALS AUCH FEUERSCHLUCKEN SIND HOCHGRADIG RISKANTE ANGELEGENHEITEN – DENN SCHON BLOSSES EINATMEN BEIM FEUERSCHLUCKEN KANN ZUM TOD FÜHREN. JE NACHDEM, FÜR WELCHE TECHNIK MAN SICH ENTSCHEIDET, SIND VERSCHIEDENE FÄHIGKEITEN GEFRAGT: EIN FEUERSPUCKER SPUCKT ENTFLAMMBARE FLÜSSIGKEITEN ÜBER EIN OFFENES FEUER, WODURCH, WIE HIER ZU SEHEN, FANTASTISCHE STICHFLAMMEN ENTSTEHEN, FEUERSCHLUCKER HINGEGEN LÖSCHEN BRENNENDE GEGENSTÄNDE, INDEM SIE SIE IN DEN MUND NEHMEN.

Feuerspucker meiden hochexplosive, entflammbare Flüssigkeiten wie Alkohol und Benzin. Besser geeignet sind hochreines Lampenöl oder Paraffin. Die meisten dieser Flüssigkeiten sind nicht giftig, aber dennoch kann das Einatmen der Dämpfe tödliche Krankheiten auslösen.

Drachenatem

Diese Feuerspucktechnik, auch bekannt als „Drachen-Atem“, ist besonders gefährlich: Die Artisten spucken weiter Feuer, obwohl der Strahl schon brennt. Sie müssen die absolute Kontrolle über ihre Atemtechnik haben, damit sie die Flammen nicht inhalieren, wenn diese zurückschlagen.

RIPLEY'S ERKLÄRT

FEUERSCHLUCKER: EIN FEUERSCHLUCKER ATMET TIEF EIN UND GANZ LANGSAM WIEDER AUS, WÄHREND ER DIE BRENNENDE FACKEL AUF SEINEN MUND ZUFÜHRT. SO KANN ER DIE HITZE, DIE VON DER FLAMME AUSGEHT, ETWAS MINDERN. DANN LEGT ER SICH DEN DOCHT DER FACKEL, DER SICH KÜHL ANFÜHLEN SOLLTE, AUF DIE FLACHE ZUNGE UND FORMT UM DIE FACKEL HERUM MIT DEN LIPPEN EIN O. UM DIE FLAMME ZU LÖSCHEN, WERDEN DIE LIPPEN ENTWEDER GESCHLOSSEN, ODER DAS FEUER MIT EINEM SCHNELLEN ATEMZUG AUSGEBLASEN.

FEUERSPUCKER: FEUERSPUCKER VERWENDEN KEINE HOCHEXPLOSIVEN FLÜSSIGKEITEN WIE ALKOHOL, SONDERN UNGEFÄHRLICHERE BRENNSTOFFE WIE PARAFFIN. VOR EINEM AUFTRITT IST ES WICHTIG, DIE WINDRICHTUNG ZU BESTIMMEN, DAMIT DEM FEUERSCHLUCKER DIE FLAMMEN NICHT INS GESICHT SCHLAGEN. AUSSERDEM SOLLTE ER SICH ZWISCHENDURCH IMMER WIEDER DIE BRENNSTOFFRESTE MIT EINEM FEUCHTEN TUCH VOM GESICHT WISCHEN.

ABER EINEN WIRKLICHEN GEHEIMTIPP GIBT ES NICHT: BRANDBLÄSCHEN AUF ZUNGE, LIPPEN UND IN DER KEHLE GEHÖREN EINFACH DAZU!

Schmerzfrei

Ende der 1930er-Jahre wurde der bereits berühmte Artist Dr. Mayfield zur Galionsfigur der Feuerkünstler, als er mehrere verblüffende Auftritte in den Ripley's-Odditorien hinlegte. Unter anderem rasierte er sich mit einer Lötlampe, die er anschließend mit dem Mund löschte.

Kleines Vokabular

Die folgenden Feuerspucker-Kunststücke wurden über Jahrhunderte hinweg entwickelt.

45-Grad-Strahl Einer der einfacheren Tricks. Der Feuerstrahl wird im 45-Grad-Winkel in die Luft gespuckt.

Lagerfeuer Die Flamme wird auf den Boden gespuckt.

Höllenfeuer Eine Feuerkugel wird nach unten gespuckt und hüllt den Artisten ein.

Karussell Der Artist dreht sich im Kreis, während er Feuer spuckt.

Korkenzieher Der Artist spuckt das Feuer in die Höhe und dreht sich währenddessen im Kreis.

Feuerhusten Der Artist spuckt mehrfach Feuer, ohne neuen Brennstoff in den Mund zu nehmen.

Schlange Der Artist läuft auf und ab, während er horizontale Flammen spuckt.

Lauffeuer Der Artist entzündet eine einen Meter weit entfernte Fackel, indem er kräftig in eine Fackel direkt vor seinem Mund bläst.

BLICK IN DIE VERGANGENHEIT

Einer der großen Urväter des Feuerschluckens war Robert Powell. Er trat im 18. Jahrhundert in London auf und verschlang glühende Kohlen und geschmolzenes Siegelwachs. Manchmal entzündete er auch ein ganzes Bündel Streichhölzer auf einmal und hielt es sich an die Zunge, bis die Flamme gelöscht war.

HAIANGRIFF

CRAIG CLASEN AUS MISSISSIPPI RANG ÜBER ZWEI STUNDEN LANG MIT EINEM HAI UM LEBEN UND TOD. CLASEN, EIN PROFESSIONELLER SPEERFISCHER, WAR MIT EINER GRUPPE IM GOLF VON MEXIKO AUF DER JAGD NACH BLAUFLOSSEN-THUNFISCHEN, ALS EIN VIER METER LANGER HAI DIE TAUCHER ZU UMKREISEN BEGANN. ALS ER SCHLIESSLICH ANGRIFF, WEHRTE CLASEN IHN INSTINKTIV MIT DEM SPEER AB UND VERLETZTE DEN FISCH DABEI. DA ER DAS TIER NICHT ELEND VERENDEN LASSEN WOLLTE, VERSUCHTE ER, ES ENDGÜLTIG ZU ERLEGEN, DOCH AUCH SECHS KOPFSTÖSSE MIT DEM SPEER KONNTEN DEM HAI NICHT DEN GARAUS MACHEN. SCHLIESSLICH ERLÖSTE CLASEN IHN MIT EINEM MESSERSTICH IN DEN SCHÄDEL.

HEISSES BIKE

Bei sommerlichen Temperaturen von bis zu 48°C fuhr Omar Al Mamari, Gründer des Oman Bike Clubs, 2009 in 24 Stunden 2.062 km weit von Maskat nach Salala und wieder zurück.

FEUERWAND

Im März 2009 erzeugte die Marine Corps Air Station in Yuma, Arizona, eine Flammenwand, die so hoch war wie ein 15-stöckiges Gebäude und 3.100 m lang. Das Inferno wurde unter Zuhilfenahme von Dynamit, elektrischen Sprengkapseln und 6.100 m Sprengschnur gezündet.

ELEGANTER EINSATZ

Im April 2009 seilte sich Les Pugh aus dem englischen Gloucestershire in Tweedsakko, Hemd und Krawatte von einem 49 m hohen Bürogebäude in Cheltenham ab – und das mit 93 Jahren!

RAUSCH DES ABGRUNDS

Der 15-jährige Duncan Harris aus Illinois fuhr im April 2009 in Moab, Utah, auf einem Einrad einen 19 km langen Klippenpfad entlang, neben dem ein nur wenige Zentimeter entfernter, über hundert Meter tiefer Abgrund klaffte.

Extrem-Yoga

Der über 60-jährige Extrem-Yoga-Künstler Khiv Raj Gurjar aus dem indischen Jodhpur balanciert in den unmöglichsten Winkeln auf seinem Fahrrad – nur wenige Zentimeter von einer 90 m tiefen Felsschlucht entfernt! Gurjar, der schon seit seinem 13. Lebensjahr Yoga praktiziert, beschloss 2006, seine beiden Lieblingssportarten zu kombinieren, und kann auf seinem BMX-Rad 36 verschiedene Yoga-Übungen zum Besten geben.

HINTERRÜCKS

Der 15-jährige Jake Drummond fuhr im Juli 2009 mehr als 100 m weit auf dem Hinterrad seines Fahrrads – und brauchte dafür nur 15 Sekunden!

TODESRENNEN

Zu den Teilnehmern des Canadian Death Race im Jahr 2009, einem 125 km langen Dauerlauf durch unwegsames Berggelände, zählte auch die 57-jährige blinde Engländerin Lorraine Pitt aus Peterborough. Die gefährliche Strecke beginnt und endet auf einem 1.280 m hohen Plateau und führt über drei Berggipfel und durch Sümpfe, Wälder und einen Fluss.

EINZELGÄNGERIN

Sarah Outen aus Rutland, England, segelte im Jahr 2009 allein über den Indischen Ozean. Für die 6.400 km lange Reise von Perth in Australien nach Mauritius brauchte sie 124 Tage.

GLEICHGEWICHTSKÖNIG

Alexander Bendikow aus Weißrussland stapelte 2008 ohne irgendwelche Hilfsmittel unfassbare 18.000 Streichhölzer horizontal auf einem Flaschenhals.

ROLLSCHUH-AKROBAT
Im Juli 2009 fuhr der 7-jährige Abbishek Navale aus Belgaum in Indien auf seinen Rollschuhen in Limbohaltung rückwärts unter zehn Mehrzweckfahrzeugen hindurch. Wenige Tage später zeigte er sein Talent bei einer 18,80 m langen Fahrt unter nur 22 cm über dem Boden hängenden Stangen hindurch. Abbishek fuhr außerdem in nur sechs Tagen die 540 km lange Strecke von Bangalore nach Belgaum.

KANADA AUF ZWEI RÄDERN
Corneliu Dobrin aus dem kanadischen Abbotsford radelte im Juli 2009 in nur 24 Tagen 7.200 km weit durch Kanada. Seine abenteuerliche Reise begann in Vancouver und endete in St. John's auf Neufundland.

WASSERFALL-STUNT
Der Kajakfahrer Tyler Bradt aus Missoula, Montana, ließ sich in seinem wackeligen kleinen Boot im Juli 2009 die 57 m hohen Palouse-Wasserfälle in Washington State hinabfallen – und kam mit einem verstauchten Handgelenk und einem zerbrochenen Paddel davon! Selbst der unerschrockene Bradt hatte vier Anläufe gebraucht, um den Mut zu finden, tatsächlich zu springen.

BALANCEAKT
Im April 2009 spazierte der chinesische Seiltänzer Samat Hasan ohne jegliche Sicherung über ein nur drei Zentimeter dickes Seil, das hunderte von Metern über einem Tal in der Provinz Hunan aufgespannt war. 700 m weit tastete er sich Schritt für Schritt das Seil entlang, das in einem 39 Grad steilen Winkel aufgespannt war.

JUNGE JÄGERIN
Im September 2009 erlegte die 16-jährige Cammie Colin aus Pelion, South Carolina, mitten in der Nacht mit einer Armbrust einen 3,20 m langen Alligator, der beachtliche 160 kg wog! Cammie hatte den Jagdausflug auf dem Lake Marion bei einer Verlosung im Rahmen der jährlich stattfindenden Alligatorenjagd des Bundesstaates gewonnen.

80 UND ÄLTER
Zwei Hockeyteams, die sich beide ausschließlich aus über 80-jährigen Spielern zusammensetzten, nahmen 2009 an einem Seniorenturnier im kanadischen Burnaby teil. Ältester Spieler war der 87-jährige Torhüter Jim Martin.

FINGERKRAFT
Der Kung-Fu-Meister Ho Eng Hui durchbohrte in Malakka, Malaysia, im Juni 2009 mit seinem bloßen Zeigefinger in 30 Sekunden vier Kokosnüsse.

KRÜCKENKÄMPFER
Phil Packer, Polizeibeamter bei der britischen Armee, wurde bei einem Raketenangriff im irakischen Basra im Februar 2008 so schwer verletzt, dass sein Arzt prognostizierte, er werde niemals wieder laufen können. Doch ein Jahr später nahm er auf Krücken am 42 km langen London-Marathon teil!

PAPIERFLIEGER
Dem Ingenieur Takuo Toda, Vorsitzender des japanischen Origami-Flugzeug-Vereins, gelang es bei einem Wettbewerb in der Präfektur Hiroshima im April 2009, ein zehn Zentimeter großes Papierflugzeug für 27,9 Sekunden in der Luft zu halten.

SCHWINDELFREI
Im armenischen Jerewan gelangen dem Turner Davit Fahradyan im Juli 2009 stolze 354 Umdrehungen am Reck.

Pazifik-Bungee
Die auf der südpazifischen Pentecost-Insel lebenden jungen Männer stellen regelmäßig ihren Mut unter Beweis, indem sie sich von einem wackeligen Holzgerüst aus 25 m in die Tiefe stürzen. Gehalten werden sie nur von einem behelfsmäßigen Bungee-Seil aus Weinranken. Das als Naghol („Landtauchen") bekannte Ritual wurde einst nur im April und Mai abgehalten, um die Erde zu segnen, damit die Yamswurzel-Ernte reichhaltig ausfiel. Doch heute geht es den teilweise erst sieben oder acht Jahre alten Teilnehmern vorrangig darum, ihre Tapferkeit zu erproben.

Perham und seine Jacht waren beide mit High-Tech-Ausrüstung ausgestattet, um den rauen Bedingungen zu trotzen.

In seiner Kabine, in der Koje, Kombüse und Navigationsausrüstung untergebracht waren, lernte Perham für seine Führerscheinprüfung.

Als Perham wegen Reparaturen in Südafrika vor Anker lag, begegnete er dem 75-jährigen japanischen Segler Minoru Saito, der mit seinem Schiff gerade zum achten Mal den Globus umrundete und in seinem Leben schon 500.000 km weit gesegelt ist – das ist in etwa die Entfernung zwischen Erde und Mond!

Perham entzündete Leuchtsignale, um nach neun Monaten auf See seine Rückkehr nach England zu feiern.

Der erst 17 Jahre alte Mike Perham aus dem englischen Hertfordshire beendete im August 2009 seinen 39.000 km langen Segeltörn, bei dem er ganz auf sich gestellt war. Der furchtlose Teenager hatte sich im November 2008 mit seiner 15 m langen Segeljacht, die genau auf seine Bedürfnisse abgestimmt war, von Portsmouth aus aufgemacht, die Welt zu umsegeln. Die Reise führte Perham die afrikanische Westküste hinab bis nach Australien, wo er wegen eines Schadens am Steuer des Schiffes eine Pause einlegen musste. Doch schon nach Kurzem ging es weiter ins Südpolarmeer, wo Perham eiskalte Fluten und bis zu 15 m hohe Wogen zu schaffen machten. Fünfzig Knoten starke Winde brachten das Boot schliesslich fast zum Kentern und Perham musste mitten in den Wellen den 21 m langen Mast hinaufklettern, um die Takelage zu reparieren. Zu allem Überfluss hatten sich auch Seile unter dem Schiffsrumpf verheddert, die der Teenager im Tauchgang freischneiden musste. Später durchsegelte Perham den Panamakanal und überquerte den Atlantik, um wieder nach Portsmouth zu gelangen. Nach neun Monaten Schlafmangel, ständiger Wachsamkeit und rationiertem Essen war Perham trotz all seiner aufregenden Erlebnisse froh, wieder festen Boden unter den Füssen zu haben.

Das Boot trotzte selbst Wellen, die so hoch wie ein fünfstöckiges Gebäude waren.

WELTENBUMMLER

Perham musste mitten auf dem Ozean auf den 21 m hohen Mast klettern, um Reparaturen durchzuführen.

RIPLEY'S Nachgefragt

Warum hast du dich dieser Herausforderung überhaupt gestellt?
Ich bin mit 14 alleine über den Atlantik gesegelt und war damit der jüngste Segler überhaupt, dem das jemals gelungen war. Danach wusste ich einfach, dass als Nächstes die Weltumseglung an der Reihe war.

War es auf dem Schiff ungemütlich? Wie hast du überhaupt geschlafen?
Die Totallymoney.com ist eine Segeljacht der Klasse Open 50. Sie ist schnell und funktionell, so ähnlich wie ein Rennwagen. Die Innenausstattung ist entsprechend eher bescheiden. Meine Schlafkoje befand sich längs der Navigationsstation und die Kombüse bestand aus einem Waschbecken und einem kleinen Gaskocher. Selbst im Schlaf musste ich immer wachsam sein. Meistens habe ich mir nur 20-minütige Nickerchen gegönnt und mich dann sofort wieder um das Boot und den Kurs gekümmert. Wenn sich die Fahrweise änderte, wurde ich sofort wach. Radar, Tiefenmesser und Kartenplotter waren zusätzlich mit einer Alarmfunktion ausgestattet.

Was hat dir am meisten zu schaffen gemacht?
Dass ich von meiner Familie und meinen Freunden getrennt war. Ach ja, und dass ich wegen Reparaturen dreimal auf den Mast klettern musste, obwohl ich Höhenangst habe.

Hattest du manchmal Angst?
Na klar!

Und was wird dir auf ewig in Erinnerung bleiben?
Ganz sicher das Südpolarmeer. Da unten war es die ganze Zeit kalt und feucht, aber irgendwie auch echt aufregend. Manchmal bin ich mit 35 km/h und einem dicken Grinsen im Gesicht über den Ozean geprescht.

Warst du froh, als du wieder festen Boden unter den Füßen hattest?
Ja, vor allem, weil ich mein Ziel erreicht und als jüngster Mensch aller Zeiten alleine die Welt umsegelt hatte. Alle meine Freunde und Verwandten waren da und haben mir einen Riesenempfang bereitet! Ich habe eine Weile gebraucht, bis ich mich wieder daran gewöhnt hatte, die Nächte durchschlafen zu können, aber alles in allem ist mir die Umstellung erstaunlich leicht gefallen.

Und was planst du für die Zukunft?
Wir haben vor, zu viert die gesamte 6.450 km lange Strecke William Blighs aus dem Roman *Meuterei auf der Bounty* über den Pazifik in einem Rettungsboot zu bewältigen. Laut dem Roman führt sie von Tonga nach Timor.

SUPERKRABBLER
Im litauischen Vilnius findet jedes Jahr ein Krabbelwettbewerb für Babys statt, bei dem die kleinen Teilnehmer eine fünf Meter lange, mit Teppichen ausgelegte Strecke zurücklegen müssen. Hinter der Ziellinie warten ihre Eltern, die sie kräftig anfeuern. 2009 gewann der acht Monate alte Kajus Aukščiconis, der nur 18 Sekunden für den Parcours brauchte.

Fingerfertig

VALENTINO LOSAURO BASTELTE, INSPIRIERT DURCH DEN FILM *EDWARD MIT DEN SCHERENHÄNDEN*, EIN SET VON FINGERSPITZENSCHEREN AUS GUMMIBÄNDERN UND MESSERSCHARFEN KLINGEN, MIT DENEN ER ANGEBLICH MIT DOPPELTER GESCHWINDIGKEIT HAARE SCHNEIDEN KANN. LOSAURO, DER AUCH PIANIST IST, WOLLTE SEINE FINGERFERTIGKEIT IN SEINEM FRISEURSALON IN FLORIDA NICHT VERKOMMEN LASSEN.

Menschlicher Igel

George Gaspar aus Sherman Oaks, Kalifornien, brauchte nur 90 Sekunden, um sich 2.222 Zahnstocher in seinen Bart zu stecken.

DER SARGMACHER
In seiner 30-jährigen Laufbahn als Tischler fertigte Herbert Weber aus Salzburg über 700.000 Särge an.

ZOMBIEFEST
Im Juli 2009 verkleideten sich 3.894 Leute für die „Red, White and Dead Zombie Party" in Seattle als Zombies.

STEINGEMETZEL
Der deutsche Kampfsportexperte Bernd Höhle schlug 2009 in Hannover zwölf freistehende Ziegel in nur acht Sekunden entzwei.

ENTENRENNEN
Beim Großen Britischen Entenrennen im Jahr 2009 schwammen nahe London 205.000 Gummienten einen Kilometer weit die Themse entlang.

DER FREUND DER ELCHE
Al Goddard aus Takoma Park, Maryland, hat über 1.000 Elch-Memorabilien zusammengetragen. Er gründete seine Sammlung 1975, als einer seiner Schüler ihm einen Plüschelch schenkte.

KÜRBISGESICHTER
Im Oktober 2008 schnitzte Stephen Clarke aus Havertown, Pennsylvania, eine Tonne Kürbis-Fratzen! Für seine rekordverdächtige Leistung brauchte er nur 3 Stunden, 33 Minuten und 49 Sekunden.

KLEINER PARAGLIDER
Luan Da Silva aus dem brasilianischen Florianópolis ist bereits ein erfahrener Paraglider, obwohl er erst sechs ist! Seine Eltern sind Paragliding-Lehrer und nahmen ihn schon mit zwei Jahren auf seinen ersten Tandemsprung mit. Bereits ein Jahr später durfte er sich dann allein in die Lüfte schwingen, allerdings musste er dabei einen mit Gewichten verstärkten Gurt tragen, um nicht davongeweht zu werden.

WÖCHENTLICHE KOLUMNE
Margaret Caldwell, in den 1940er-Jahren ein berühmtes Pin-up-Girl und heute 102 Jahre alt, schreibt noch immer eine wöchentliche Kolumne unter dem Titel „Memoirs Of A Crone" (deutsch: „Erinnerungen einer alten Schachtel") für die *Desert Valley Times* aus Mesquite, Nevada.

FLINKE FINGER
Die 13-jährige Reina Hardesty aus dem kalifornischen Orange County verschickte im Dezember 2008 unfassbare 14.528 SMS – das macht 468 Textnachrichten pro Tag! Ihre Telefonrechnung war in diesem Monat 440 Seiten lang.

RIESENPUZZLE
Indische Puzzlefans entwarfen 2009 ein Online-Puzzle mit 25.000 Teilen! Über 180.000 Teilnehmer konnten sich für das Puzzle begeistern und setzten gemeinsam das riesige Bild, das von dem neuseeländischen Puzzle-Experten Royce B. McClure gestaltet worden war, zusammen. Die reale Version des Puzzles war 11 × 5 m groß.

KÜSSE IM AKKORD
Im englischen Blackburn standen 2009 insgesamt 20 junge Frauen Schlange, um dem 28-jährigen DJ Paul Winstanley 110 Küsse in nur einer Minute zu geben!

MARATHON-FAMILIE
Die 16 Kinder der Kaprals aus Oshkosh, Wisconsin, nahmen 2009 gemeinsam am Fox-Cities-Marathon teil, den sie alle in weniger als sechs Stunden liefen.

DRACHENLÄUFER
Im Juli 2009 ließen an den Stränden im Gazastreifen an die 4.000 palästinensische Kinder gleichzeitig für 30 Sekunden ihre Flugdrachen aufsteigen.

YOSEMITE-WANDERUNG
Ohne jegliche Sicherung spazierte Dean Potter über eine 30 m lange Slackline, die über das 960 m tiefe Yosemite Valley in Kalifornien gespannt war.

TORTENSCHLACHT
Über 2.000 Personen beteiligten sich 2009 an einer Massen-Tortenschlacht auf einem Bauernhof in Genoa, Illinois. Die Teilnehmer des abgefahrenen Events, das von der Hofbesitzerin Molly Holbrook organisiert worden war, bewarfen sich gegenseitig mit Schokoladen-, Baiser-, Kürbis- und Sahnetorten.

MILCHLIEFERUNG
Seit knapp 100 Jahren ist in dem englischen Dorf Gunnislake die Familie Hall für die Auslieferung der Milch verantwortlich. Insgesamt haben sie schätzungsweise an die 20 Millionen Milchflaschen verteilt. Doch 2009 setzte sich Jo, die letzte „Milchfrau" aus dem Hause Hall, nach 55 Dienstjahren zur Ruhe.

BLUMENGIRLANDE
Im Mai 2009 steckten die Bewohner von San Pedro auf den Philippinen eine mehr als zwei Kilometer lange *sampaguita lei*, eine traditionelle Blumengirlande, zusammen.

Manche mögen's eng!

Der österreichische Künstler Willi Dorner hat eine neue Form der Aktionskunst erfunden: Knallbunt gekleidete Tänzer, Kletterer und Künstler laufen in seinem Auftrag durch die Metropolen Europas und quetschen sich dann wie auf Kommando plötzlich in schmale Durchgänge und Torbögen.

Große Entdeckung!

SCWERT-SCHLUCKER

TROTZ LEBENSGEFÄHRLICHER RISIKEN IST DIE KUNST DES SCHWERTSCHLUCKENS SO BELIEBT WIE NIE. WAGHALSIGE ARTISTEN SCHIEBEN SICH ZUR UNTERHALTUNG DER MASSEN BIS ZU EINEN METER LANGE STAHLKLINGEN DIE KEHLE HINAB – ALLERDINGS IST DAS SCHWERTSCHLUCKEN SO SCHWER ZU ERLERNEN, DASS ES NICHT MEHR ALS 100 EXPERTEN WELTWEIT GIBT. VERMUTLICH WURDE DIE KUNST VOR 4.000 JAHREN IN INDIEN ERFUNDEN.

Der Meister der Klingen

Chayne „Der Space Cowboy“ Hultgren, ein Straßenkünstler aus Australien, zählt zu den wagemutigsten Schwertschluckern überhaupt. Er schluckte nicht nur ein Schwert, von dessen Knauf ein 22,40 kg schweres Gewicht herabhing, sondern war auch der erste, der sich unter Wasser ein Schwert die Kehle hinabschob – umgeben von Haien! Aufgrund eines Geburtsfehlers sitzt Hultgrens Magen ungewöhnlich tief, wodurch der Künstler sogar 72 cm lange Klingen schlucken kann – längere als jeder andere Meister dieses Fachs. Allerdings muss selbst Hultgren dafür seine inneren Organe verschieben, seinen Körper so lang wie möglich strecken und die Form seines Magens verändern.

2008 schluckte Hultgren 27 Schwerter auf einmal – mehr als irgendjemand zuvor!

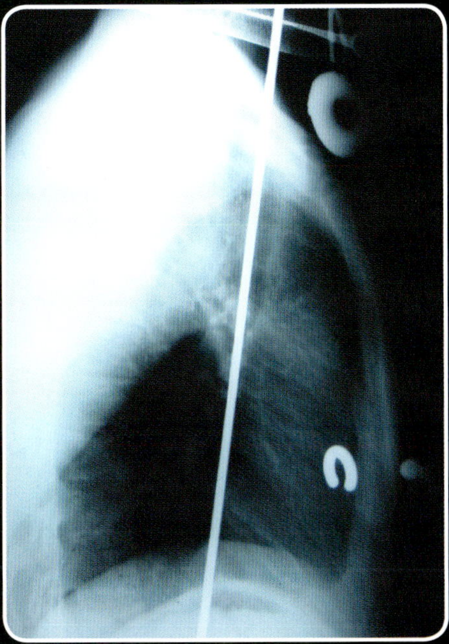

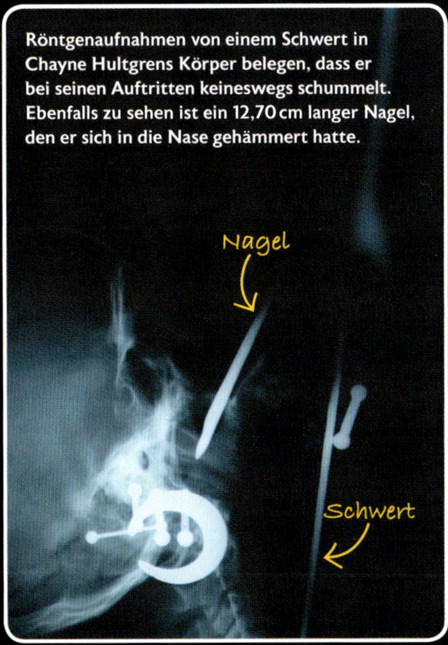

Röntgenaufnahmen von einem Schwert in Chayne Hultgrens Körper belegen, dass er bei seinen Auftritten keineswegs schummelt. Ebenfalls zu sehen ist ein 12,70 cm langer Nagel, den er sich in die Nase gehämmert hatte.

Ripley's Nachgefragt

Warum haben Sie mit dem Schwertschlucken angefangen? Ich war schon mit acht Jahren Straßenkünstler und als Teenager wurden mir die üblichen Zirkuskunststücke dann zu langweilig. Ich wollte etwas Exzentrischeres machen, etwas Einzigartiges und Extremes. Nichts kam mir so aufregend vor wie Schwertschlucken, aber wie gefährlich meine neue Karriere werden würde, war mir nicht wirklich bewusst.

Ist es schwer, das Schwertschlucken zu lernen? Allerdings, sehr sogar. Zum Glück hatte ich schon in jungen Jahren geübt, mir Schläuche und andere Gegenstände in den Hals zu schieben. Zu lernen, die Muskelreflexe zu kontrollieren, kann Jahre dauern. Schwertschlucken übe ich schon seit meinem 16. Lebensjahr.

Am Anfang habe ich einen Faden geschluckt, an dessen Ende ein Bissen Nahrung hing, und später machte ich dann mit Schläuchen weiter, um die Muskulatur in meiner Speiseröhre zu trainieren. Beim Schlucken werden die Ringmuskeln in der Kehle aktiv, und man muss lernen, sie zu kontrollieren, damit sie sich nicht zusammenziehen, wenn man eine Klinge im Hals hat. Ansonsten schneidet das Schwert ins Fleisch ein.

Ist diese ganze Prozedur nicht sehr schmerzhaft? Nein, weh tut es nicht, aber es ist ziemlich unangenehm. Wenn man einen Fremdkörper in der Speiseröhre hat, muss man automatisch würgen und sich übergeben, und das ist nur das erste Hindernis, mit dem man sich beim Schwertschlucken herumplagt! Ich bemühe mich ständig, das Unmögliche wahr zu machen, und dafür muss ich die Tortur einfach über mich ergehen lassen. Wenn man etwas wirklich will, spielen Schmerzen keine Rolle mehr.

Hatten Sie jemals einen Unfall? Ich habe eine angeborene Fehlstellung der Verdauungsorgane, weswegen ich mir die Schwerter tiefer in den Rachen schieben kann als alle anderen Schwertschlucker vor mir. Als ich erstmals ein Langschwert geschluckt habe, war ich 20, und in einem kurzen Moment der Unaufmerksamkeit habe ich mir in die Magenschleimhaut geschnitten. Hinter der Bühne habe ich dann Blut gespuckt und wurde sofort ins Krankenhaus eingeliefert. Die Ärzte waren ganz schön verblüfft, als ich das Endoskop ohne Betäubung geschluckt habe! Ich musste starke Medikamente nehmen, damit sich die Wunde nicht entzündet, bin aber mit einem blauen Auge davongekommen. Erst zehn Jahre später habe ich mich wieder an Langschwerter herangetraut.

Trainieren Sie viel? Wenn ich einmal nicht auftrete, sorge ich trotzdem dafür, dass meine Muskulatur in Schuss bleibt. Dafür nutze ich Meditationsübungen und andere Techniken. Bei meinem Beruf kann jeder noch so kleine Fehler tödlich enden!

Was planen Sie für die Zukunft? Eigentlich geht es mir bei meinen Auftritten vor allem darum, meinen Zuschauern zu zeigen, dass sie alles erreichen können, wenn sie es wirklich wollen – auch das, was sie für unmöglich gehalten haben.

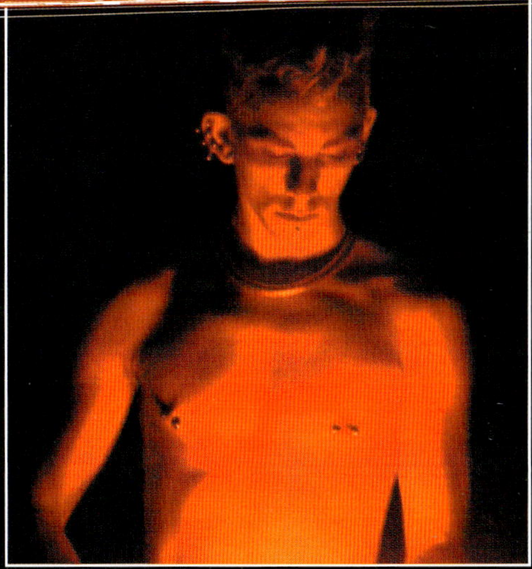

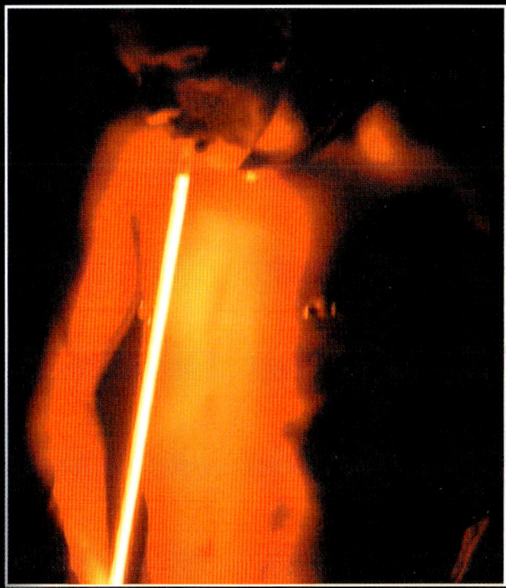

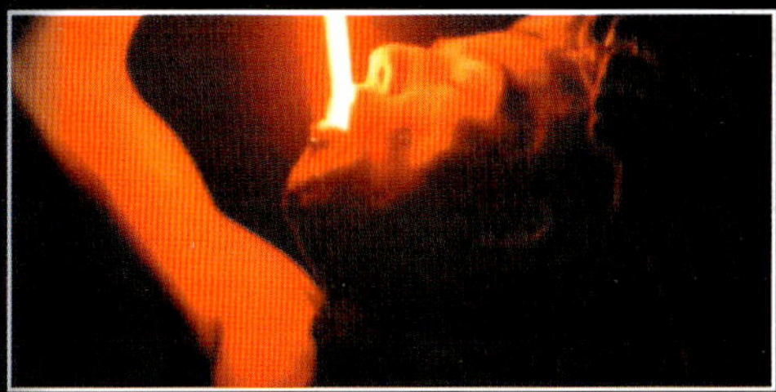

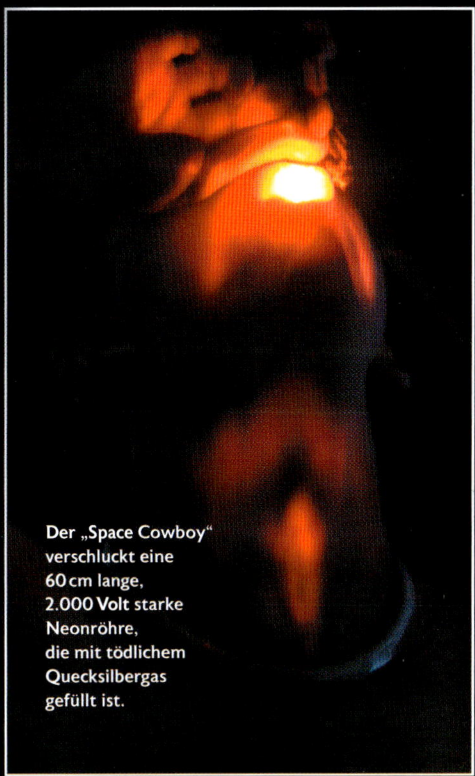

Der „Space Cowboy" verschluckt eine 60 cm lange, 2.000 Volt starke Neonröhre, die mit tödlichem Quecksilbergas gefüllt ist.

WEITER GEHT ES AUF DER NÄCHSTEN SEITE!

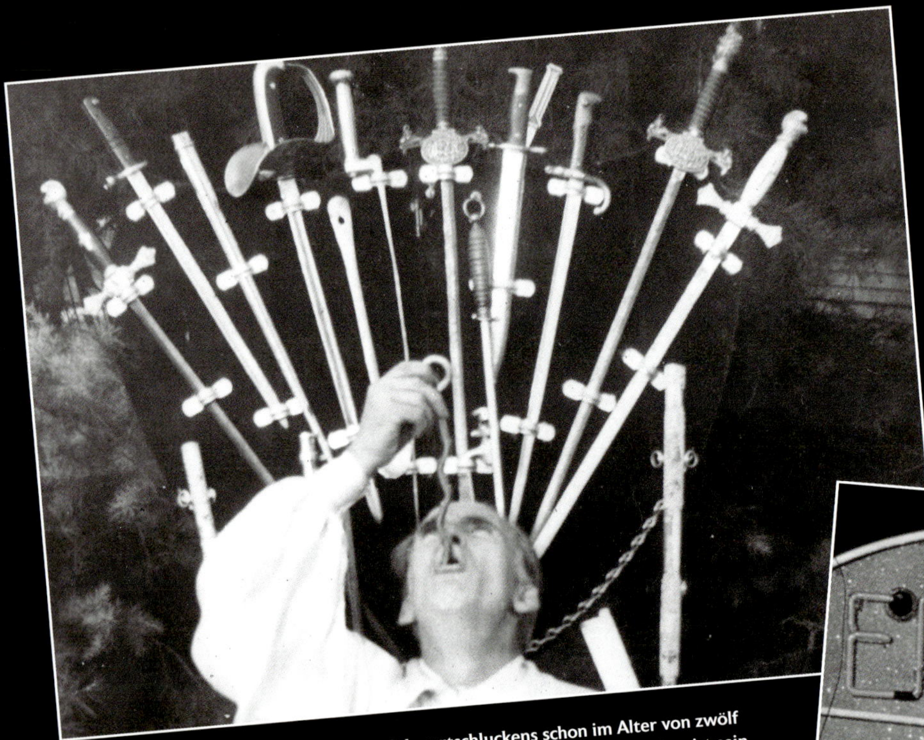

John „Lucky" Ball erlernte die Kunst des Schwertschluckens schon im Alter von zwölf Jahren und wurde einer der größten Artisten seiner Generation. Hier zu sehen ist sein Auftritt im Ripley's Odditorium, bei dem er einen Korkenzieher verschluckte, was wesentlich gefährlicher ist als das Verschlucken einer geraden Klinge. „Lucky" schluckte bei einem seiner Auftritte unfassbare 16 Schwerter auf einmal!

Ripley's-Schwertkünstler

In den Ripley's-Museen treten seit 1933 Schwertschlucker auf. Damals wurde das erste Odditorium auf der Weltausstellung in Chicago eröffnet. 1939 schluckte Edna Price als vermutlich erste Frau überhaupt eine Neonröhre, aber auch viele andere Artisten verblüfften Robert Ripleys Publikum mit ihren atemberaubenden Fähigkeiten.

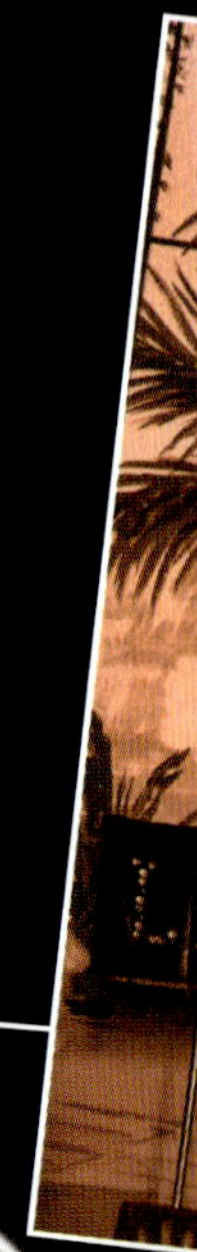

Edna Price, hier beim Verschlucken einer Neonröhre, stammte aus einer Dynastie von Schwertschluckern. Ihre Tante Maude verstarb 1920, nachdem sie vor dem englischen Königspaar ihre Künste vorgeführt hatte. Price konnte bis zu zwölf Schwerter auf einmal verschlucken, ließ die Klingen aber verchromen, um sich vor Kratzern zu schützen.

Akute Unfallgefahr …

Schwertschlucker versuchen sich häufig auch an anderen Gegenständen, was manchmal böse endet. 1891 versuchte der Schwertschlucker Patrick Mulraney, einen Geigenbogen zu verschlucken, woraufhin er noch auf der Bühne Blut spuckte. Er verstarb wenig später. 1932 verschluckte der Schwertschlucker Fred Lowe bei einem Auftritt eine Uhr samt Kette und würgte sie wieder herauf. Als er sich gleich darauf an einer Gabel versuchte, hatte er weniger Glück: Sie blieb ihm im Hals stecken. Es dauerte einige Zeit, bis sie im Magen landete und operativ entfernt werden konnte. 1936 berichtete die Chicago Daily Tribune, dass der erfahrene Schwertschlucker Bob Roberts verunglückt war, nachdem er den Schaft einer Schrotflinte verschluckt und sie versehentlich entsichert hatte, woraufhin der Trick buchstäblich nach hinten losging. 1947 verschluckte Tony Marnio erfolgreich eine 60 cm lange Neonröhre, war dann aber so unvorsichtig, sich zu bücken. Die Röhre zerbrach, und er wurde ins Krankenhaus eingeliefert. Francis F. Doran hingegen war seit 30 Jahren Schwertschlucker, als 1969 eine 91 cm lange Leuchtröhre in seinem Körper explodierte. Die Scherben mussten operativ entfernt werden. Und erst 1999 verstarb ein deutscher Schwertschlucker, der in Bonn einen Regenschirm schluckte, dann aber aus Versehen auf den Knopf drückte, der den Öffnungsmechanismus auslöste.

Ripley's-Schwertschluckertag

Am 28.2.2009 organisierten die Ripley's-Museen von den Niagarafällen bis London ein transatlantisches Ereignis der besonderen Art: Um genau 14:28 Uhr schoben sich 24 Schwertschlucker insgesamt 30 m soliden Stahl in den Körper.

Entdeckung!

Joseph Grendol schluckte bei einem Auftritt im Odditorium in Chicago 1934 sieben Schwerter auf einmal! Außerdem verspeiste er Armbanduhren, Golfbälle und Münzen, die er anschließend wieder hervorwürgte. Sein größtes Kunststück gelang ihm, als er ein Bajonett an einem Gewehrkolben befestigte, es verschluckte und das Gewehr dann abfeuerte!

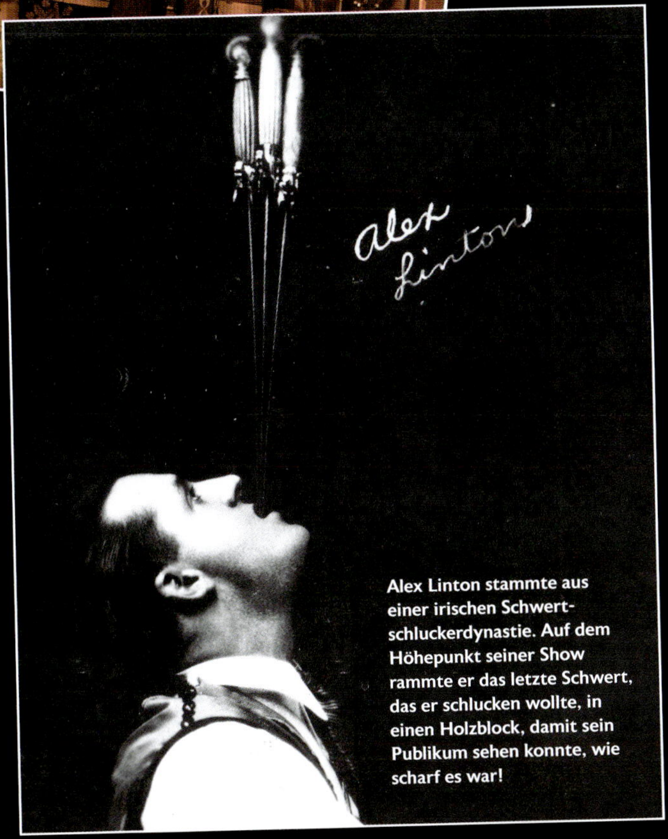

Alex Linton stammte aus einer irischen Schwertschluckerdynastie. Auf dem Höhepunkt seiner Show rammte er das letzte Schwert, das er schlucken wollte, in einen Holzblock, damit sein Publikum sehen konnte, wie scharf es war!

Ripley's erklärt

Bitte nicht nachahmen!

Es kann Jahre dauern, bis man die Kunst des Schwertschluckens erlernt hat. Ein „ernstzunehmendes“ Schwert ist mindestens 38 cm lang. Zunächst sollte man allerdings trainieren, sich seine Finger oder ungefährliche Haushaltsgegenstände wie einen Löffel in den Rachen zu schieben, um den Schluckreflex zu überwinden.

Schwertschlucken erfordert höchste Konzentration und absolute Kontrolle über den eigenen Körper, aber auch die Fähigkeit, sich vollkommen zu entspannen, damit sich die Muskeln bei Kontakt mit der Klinge nicht reflexartig zusammenziehen. Wird ein Schwertschlucker inmitten eines Auftritts abgelenkt, kann das tödliche Folgen haben, da ein einziger Ausrutscher die Luftröhre, wichtige Blutgefässe oder sogar das Herz beschädigen könnte. Vor allem wenn mehrere Schwerter auf einmal geschluckt werden, kann es dabei zu tiefen Schnitten in der Speiseröhre kommen.

Die Speiseröhre ist von Natur aus nicht gerade, weswegen das Schwert sich seinen Weg erst suchen muss. Ist es zu lang, kann es in den Magen rutschen und dort irreparable Schäden verursachen.

Nasenwunder

Jemal Tkeschelaschwili aus Georgien kann eine Wärmflasche aufblasen, bis sie platzt – und zwar nur mit der Nase! Dabei legt er so ein Tempo an den Tag, dass ihm sein Kunststück bei einem Wettbewerb in Tiflis sogar in nur 13 Sekunden gelang. Tkeschelaschwili ist ein echter „Strongman“ und kann eine Boeing mit bloßen Händen ziehen.

FÜNF-TAGES-REDE

Im Januar 2009 hielt der 62-jährige katalanische Regierungsangestellte Lluis Colet am Bahnhof im französischen Perpignan eine fünf Tage und Nächte andauernde Rede. Der insgesamt 124 Stunden lange Vortrag handelte von dem spanischen Maler Salvador Dalí und der katalanischen Kunst.

FLÜGEL-FAHRGAST

Im Juli 2009 flog der 89-jährige Engländer Tom Lackey in 305 m Höhe mit bis zu 160 km/h über den Ärmelkanal. Nichts Besonderes? Doch, denn er saß nicht *in* sondern *auf* einem Flugzeug! Für die 40 km lange Strecke hatte er sich an den Flügel eines Oldtimer-Flugzeugs schnallen lassen.

RIESENZIGARRE

Der 65-jährige Kubaner Jose Castelar, der seit seinem 14. Lebensjahr Zigarren dreht, hat 2009 ein 43,30 m langes Zigarrenmonster angefertigt!

EXTREM-BÜGLER

Am 10.1.2009 tauchten 86 Sporttaucher 52,70 m tief auf den Grund eines überfluteten Steinbruchs in Wales, wo sie nichts Besseres zu tun hatten, als gemeinsam eine Runde Hemden zu bügeln.

RASANTER RUCKSACK

Mit einem wasserstoffperoxydbetriebenen Raketenrucksack brachte es Eric Scott aus Denver im Mai 2009 auf einer Rennstrecke im schottischen Knockhill auf erstaunliche 109 km/h! Damit schlug er in einem Beschleunigungsrennen sogar einen Ford Focus RS, der von Gordon Shedden, Sieger der British Touring Car-Meisterschaften, gefahren wurde.

MUSKELMANN

Im Alter von 80 Jahren konnte Abdurakhman Abdulazizov aus der südrussischen Republik Dagestan noch immer einen Eisenbahnwaggon an einem um seine Brust geschlungenen Seil hinter sich her ziehen und einen 100 kg schweren Eisenbalken mit den Zähnen anheben.

RIPLEY'S Nachgefragt

Was haben Sie unter Wasser eigentlich gegessen?
Zum Frühstück gab es Würstchen und Käse, zum Mittagessen dann Linsensuppe, Hackbällchen, Hühnchen und eine Banane. Zum Abendessen wurde dann wieder Linsensuppe serviert, diesmal mit Würstchen, Grillhuhn und einem Pfirsich zum Nachtisch. Und einmal pro Tag musste ich Aufbaunahrung für Sportler zu mir nehmen.

Und *wie* haben Sie gegessen? Na ja, man muss halt darauf achten, kein Wasser zu schlucken. Am besten atmet man aus, ehe man sich einen Bissen in den Mund steckt. Das erfordert Talent und Übung.

Wie haben Sie geschlafen? Zwischen ein und fünf Uhr nachts habe ich immer ein längeres Schläfchen gehalten, und tagsüber habe ich mich ab und zu mit einem Nickerchen erholt.

Wie war es denn so in dem Becken? An den ersten beiden Tagen habe ich echt gefroren. Also habe ich unter Wasser meinen Trockenanzug aus- und den Neoprenanzug angezogen, dann ging's mir besser.

Konnten Sie mit dem Rest der Welt kommunizieren? Klar, über Handsignale. Aber in meiner Atemmaske befand sich außerdem ein Kommunikationsgerät.

Wassermann

Der türkische Taucher Cem Karabay lebte fünfeinhalb Tage lang ohne Unterbrechung unter Wasser! Seine Nahrung für diese außergewöhnliche Herausforderung war extra von einem Spezialisten zusammengestellt worden. Karabay aß, trank, schlief und trainierte in seinem $5 \times 3 \times 3$ m großen Becken, das vor einem Einkaufszentrum in Istanbul aufgebaut worden war. Mit 135 Stunden und zwei Minuten schlug er damit sogar seinen Tauchlehrer Namik Ekin, der es 124 Stunden lang im Wasser ausgehalten hatte. Nach seinem Experiment litt Karabay unter erhöhtem Blutdruck und einer Augeninfektion, war ansonsten aber wohlauf und plant schon seinen nächsten Unterwasseraufenthalt – diesmal für zehn Tage!

SUPERSCHIESSER

Der 34-jährige Underdog Jim Collins aus dem englischen Cambridgeshire besiegte bei der Weltmeisterschaft im Erbsenschießen 2009 Gegner aus den USA, Australien und Neuseeland. Im Rahmen der 1971 ins Leben gerufenen Wettkämpfe müssen die Teilnehmer über eine Distanz von 3,60 m Erbsen auf eine 30 cm große Zielscheibe schießen. Einige der Teilnehmer nutzen sogar mit Lasern ausgestattete High-Tech-Schussrohre!

BRAUTPARADE

In voller Hochzeitsmontur marschierten im Juni 2009 ganze 110 Bräute durch Bukarest, um Werbung für die Institution Ehe zu machen.

SCHNELLE BÄLLE

Im Juli 2009 jonglierte der Tscheche Zdeněk Bradáč mit drei Bällen, die er in 60 Sekunden insgesamt 339-mal warf und wieder auffing.

HÜPF-AKTION

Im Mai 2009 spielten an die 20.000 Personen in New York, London, Paris und Shanghai simultan verrückt: Für 16 Stunden waren in den Metropolen vier 15×10 m große Betten aufgebaut worden, auf denen die Teilnehmer sich so richtig aushüpfen konnten. Die Betten, an denen 100 Mitarbeiter fünf Wochen lang herumgeschraubt hatten, bestanden aus sechs Tonnen Stahl, über 200.000 Schrauben und Muttern, jeweils 30 Doppelmatratzen und riesigen Federbetten.

Jyothi Raj hält sein Talent für eine wahre Gottesgabe und gibt seine Kenntnisse gern weiter – aber nur an Kletterbegeisterte, die bereit sind, einen Klettergurt zu tragen.

Der echte SPIDERMAN

Jyothi Raj kann klettern wie kein Zweiter: Ohne Netz und doppelten Boden scheint er förmlich an dieser Steinwand festzukleben! Der Bauarbeiter aus dem indischen Karnataka klettert in seiner Arbeitszeit meist auf Bambus-Gerüsten herum, was schon gefährlich genug ist. Eines Tages begann er, zusätzlich ein hartes und konsequentes Freeclimbing-Training zu absolvieren und kann heute mit blossen Händen die absurdesten Kunststücke zum Besten geben. Mittlerweile tritt Raj jeden Sonntag in der berühmten Festung in Chitradurga auf, wo er schon eine regelrechte Fangemeinde hat. Hier erklomm er bereits jede einzelne der bis zu 90 m hohen Wände und denkt über eine neue Herausforderung nach. Sein grosses Vorbild ist der französische Freeclimber Alain Robert, bekannt als „Die menschliche Spinne“, der bereits einige der höchsten Gebäude der Welt bezwungen hat.

DER FAHNEN-MANN

Guinness Rishi aus dem indischen Delhi, der mit seinem verrückten Ketchup-Konsum schon früher in *Ripley's – Einfach unglaublich!* zu sehen war, hat sich mittlerweile über 200 farbige Nationalflaggen auf Körper und Gesicht tätowieren lassen! Allein auf seinem Schädel prangen 24 Tattoos, weitere 25 befinden sich im Gesicht, und mehr als 150 Flaggen sind über den Rest seines Körpers verteilt. Auf den Bauch ließ er sich eine Weltkarte stechen.

SCHLAUES KÖPFCHEN
Die 2006 geborene Karina Oakley aus dem englischen Surrey hatte schon im Alter von zwei Jahren einen IQ von 160 – denselben wie Stephen Hawking und Bill Gates! Karina, deren IQ 60 Punkte über dem britischen Durchschnitt liegt, stellte ihr kluges Köpfchen bei einem 45-minütigen Test unter Beweis, in dem unter anderem Sprachvermögen und Gedächtnis geprüft wurden.

RETTUNGS-BH
Die 58-jährige Brasilianerin Ivonete Pereira hat einen Schutzengel der ungewöhnlichen Art: ihren BH! Als ein Dieb sie anschoss, wurde die Kugel von einem Bündel Geldscheine aufgehalten, das sie in ihrem Büstenhalter versteckt hatte, weil es in ihrem Viertel häufig zu Überfällen kam.

ENTFETTUNG
Der zu Höchstzeiten 380 kg schwere Teenager Billy Robbins aus Houston, Texas, ließ sich operativ 32 kg Fett entfernen, um sein Herz zu schonen.

NADEL-PO
Chinesische Ärzte entfernten operativ eine Spritzennadel aus der Pobacke des 55-jährigen Lao Du, die einem Arzt 31 Jahre zuvor in Dus Sitzfleisch abgebrochen war.

GLÜCK IM UNGLÜCK
Im März 2009 schoss sich der Brasilianer Emerson de Oliveira Abreu aus Versehen mit einer Harpune in den Kopf, überlebte aber trotz der 15 cm tiefen Verletzung.

GESICHTSTRANSPLANTATION
Im Rahmen der umfangreichsten Gesichtstransplantation aller Zeiten ersetzten Chirurgen im Jahr 2008 ganze 80% des Gesichts von Connie Culp aus Unionport, Ohio, unter Verwendung von Knochen, Muskeln, Nerven, Haut und Blutgefäßen einer anderen Person.

VERLUSTÄNGSTE
Das Cotard-Syndrom, eine seltene Geisteskrankheit, die nach einem französischen Neurologen benannt wurde, äußert sich in der Überzeugung, entweder tot zu sein, nicht zu existieren, zu verwesen oder weder Blut noch Organe zu besitzen.

VERSPÄTETER TOD
Der 54-jährige Texaner Craig Buford starb am 29.12.2008 an den Folgen einer Schusswunde, die er sich 35 Jahre zuvor zugezogen hatte!

GROSSER APPETIT
Der ehemalige Basketballspieler und heutige Straßenkünstler Zhao Liang aus China ist fast 2,45 m groß und verschlingt jeden Abend acht Brötchen und drei Teller Eintopf.

GLASKINN
2009 entdeckte der Engländer Thomas Entwistle beim Rasieren in seinem Kinn eine Glasscherbe von der Windschutzscheibe eines Ford Cortina, mit dem er 30 Jahre zuvor einen Unfall gebaut hatte.

Schafsmann

„Rham Sam" trat im 19. Jahrhundert in Europa in einer Freakshow auf, weil sein Körper über und über mit dichtem, gelocktem Haar bedeckt war. Hier ist er im Jahr 1890 mit dem Dozenten Prof. Langdon in London zu sehen.

PERÜCKENRETTUNG
Als Briana Bonds aus Kansas City im Februar 2009 angeschossen wurde, rettete ihr ausgerechnet ihre Perücke das Leben! Das Kunsthaar war so fest gewoben, dass die Kugel daran abprallte.

BARTTAG
Um den 200. Geburtstag des Evolutionsbiologen Charles Darwin zu feiern, gewährte der Bristol Zoo in England am 12.2.2009 jedem Besucher freien Eintritt, der einen echten oder künstlichen Bart trug.

WANDERHERZ
Als April Pinkard aus Florida wegen eines seltenen Leidens untersucht wurde, konnte der Arzt keinen Herzschlag feststellen – weil ihr Herz auf die andere Seite ihrer Brust in die Lücke gewandert war, die einst ihr beschädigter Lungenflügel hinterlassen hatte! Fixiert wurde es später, indem man Pinkard Brustimplantate einsetzte.

SILVESTER-ZWILLINGE
Die Zwillinge Tarrance (geboren um 23:51 Uhr am 31.12.2008) und Tariq (geboren um 00:17 Uhr am 1.1.2009) erblickten zwar im Abstand von weniger als 30 Minuten das Licht der Welt, wurden aber trotzdem in unterschiedlichen Jahren geboren!

GESCHICKTE FÜSSE
Die 49-jährige Jana Blazova aus dem slowakischen Prešov kann mit ihren Füßen schreiben und sticken, obwohl sie seit ihrer Kindheit an zerebraler Kinderlähmung leidet!

EXZENTRISCHER BARTWUCHS
Der mehrfache Bart-Weltmeister Elmar Weißer aus dem deutschen Baden steht auf abgefahrene Bartfrisuren: Bisher hat er sich seine Gesichtsbehaarung, die er bis zu fünf Stunden pro Auftritt frisiert, schon in Form des Brandenburger Tors, der Londoner Tower Bridge und eines Fahrrads modelliert.

GENETISCHES WUNDER
Dean Durrant und Alison Spooner haben 2008 gegen alle Wahrscheinlichkeit schon zum zweiten Mal Zwillinge zur Welt gebracht, und zwar jeweils ein hell- und ein dunkelhäutiges Kind! Das Ehepaar aus dem englischen Hampshire brachte bereits 2001 die „zweifarbigen" Zwillingstöchter Lauren (blauäugig und rothaarig wie die Mutter) und Hayleigh (dunkel wie ihr aus der Karibik stammender Vater) zur Welt. Diesmal durften sie sich über Leah (hellhäutig) und Miya (dunkelhäutig) freuen.

SCHLANGENFRAU
2009 entfernten chinesische Chirurgen einen Tumor aus dem Bein einer Frau, der dreimal so viel wog wie die Erkrankte! Das gutartige Geschwür von Wang Houju aus Linxi war bei ihrer Geburt nicht mehr als ein Muttermal gewesen, rankte sich dann aber nach und nach um ihr Bein und ihre Taille, bis es schließlich aussah, als hätte sich eine Schlange um sie gewickelt. Am Ende wog der Tumor 100 kg, wobei Houju selbst nur 32 kg auf die Waage bringt.

Netherland hielt mit bloßer Armkraft über eine Minute zwei 300 PS starke Flugzeuge auf dem Boden!

EIN ECHTES KRAFTPAKET

NETHERLAND KANN NUMMERNSCHILDER ZERREISSEN …

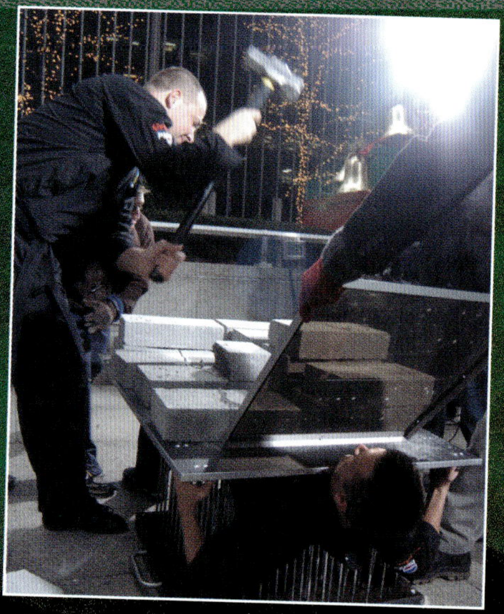

Selbst bei diesem unglaublichen Stunt auf der Sixth Avenue in New York zog sich Netherland keinerlei Verletzungen zu: Während er auf einem Bett aus 30 cm langen Nägeln ruhte, wurden die insgesamt 385 kg schweren Betonblöcke auf seiner Brust mit einem Vorschlaghammer zertrümmert.

… ODER AUCH EIN GANZES KARTENSET!

RIPLEY'S Nachgefragt

Wann haben Sie mit Ihren Stunts angefangen?
Ich habe schon mein ganzes Leben lang Kampfkunsttraining absolviert. Die Wehen meiner Mutter haben in einer der Kampfkunstschulen meines Vaters eingesetzt – ich bin also geradezu in diesen Sport hineingeboren worden! Durch jahrelanges Üben bin ich heute so stark wie nie zuvor.

Wie oft trainieren Sie denn?
Das hängt immer von meinem nächsten Stunt ab, aber ich laufe durchschnittlich mehr als drei Kilometer am Tag und bin vier- bis fünfmal pro Woche im Fitnessstudio.

Wie zertrümmert man 16 Eisblöcke mit einem Schlag?
Natürlich gehört viel Vorbereitung dazu. Anders als Beton fängt Eis irgendwann an zu schmelzen und kann wegrutschen, wenn man es zu treffen versucht. Der Treffer muss einfach perfekt sitzen, sonst hat man keine Chance.

Tut das eigentlich weh?
Na klar, aber es liegt nachher ja genug Eis herum, mit dem ich meine Hand kühlen kann!

Wie vermindern Sie das Verletzungsrisiko?
Zum Glück habe ich mir bisher bei keinem einzigen Stunt ernsthafte Verletzungen zugezogen. Vor allem durch minutiöse Vorbereitung kann man die Verletzungsgefahr stark reduzieren.

Haben Sie einen besonderen Tipp für Ihre Fans?
Die meisten Menschen, die etwas Außergewöhnliches tun möchten, lassen sich von ihren eigenen Ängsten blockieren. Dabei ist eigentlich alles möglich! Das Wichtigste ist, sich selbst keine Grenzen zu setzen.

Was planen Sie für die Zukunft?
Als Nächstes will ich einen Lamborghini, der auf Vollgas läuft, mit bloßen Händen für acht Sekunden festhalten – das wäre mein bisher extremster Stunt!

EIS BRECHER

Der Kampfkunstprofi Chad Netherland hat sich auf das Zertrümmern von harten Gegenständen mit blossen Händen spezialisiert. 2009 zerkleinerte der Schwarzgurt auf einen Schlag 16 jeweils 34 kg schwere und 15 cm dicke Eisblöcke – das macht insgesamt 544 kg Eis! Der Mann aus Myrtle Beach, South Carolina, erlernte seine Fähigkeiten von seinem Vater, der ebenfalls ein Kampfkunstexperte von Weltklasse war. 2003 liess sich Netherland beispielsweise mit einem Vorschlaghammer mehrere insgesamt 385 kg schwere Betonblöcke auf der Brust zertrümmern, während er auf einem Nagelbrett aus 30 cm langen Nägeln lag!

Höhen-Meditation

Heinz Zak ist nicht einfach nur irgendein Adrenalin-Junkie! Denn obwohl er bei seinen lebensgefährlichen Stunts in Hunderten von Metern Höhe regelmässig sein Leben aufs Spiel setzt, geht es ihm nach eigener Aussage nur um den inneren Frieden, den er bei seinen Kunststücken verspürt. Das sogenannte „Highlining“ ist eine Form des Slacklinings. Auf einem nur 2,50 cm breiten Nylonseil tasten sich Extremsportbegeisterte über reissende Flüsse oder tiefe Abgründe. Da die Leine nicht festgezurrt ist, gibt sie bei jedem Schritt leicht nach. Doch seit den 1980er-Jahren hat Zak schon so viele Abgründe auf der ganzen Welt überschritten, dass ihn so schnell nichts mehr aus der Ruhe bringt.

Bienenbraut

Als sich Li Wenhua und Yan Hongxia, die beide für die Nanhu-Forstverwaltung im chinesischen Ning'an arbeiten, das Jawort gaben, luden sie auch eine ganze Armee von Mitarbeitern ein – und zwar Zehntausende von Honigbienen! Mit einer Bienenkönigin lockten sie den gesamten Schwarm an, der sich zu einem Hochzeitsoutfit der unvergesslichen Art formierte. Wie viele Personen auf der Hochzeit gestochen wurden, verriet das Brautpaar aber nicht.

ARKTISCHER MARATHON
In Shorts und Sandalen lief der Niederländer Wim Hof 2009 bei -25°C mehr als 300 km nördlich des Nördlichen Polarkreises einen 42 km langen Marathon.

GRUPPENDUSCHE
150 Wildfremde versammelten sich 2009, nur mit Badesachen bekleidet, in Gurnee, Illinois, um sich in einer 3.716 m^2 großen Dusche mit 40 Duschköpfen gemeinsam berieseln zu lassen.

KITESURFER DOWN UNDER
Die Kitesurfer Ben Morrison-Jack und James Weight durchquerten im September 2009 die 250 km breite Bass-Straße zwischen Tasmanien und dem australischen Festland.

MICHIGAN-SCHWIMMER
Die Kanadierin Paula Stephanson durchschwamm 2009 in 26 Stunden den 55 km breiten Michigansee und ist damit erst die zweite Person, die jemals alle fünf großen Seen durchschwommen hat.

DER EISENMANN
Der japanische Sportler Keizo Yamada, bekannt als der „Iron Man", lief 2009 drei Marathons – im Alter von 81 Jahren! Für den Tokio-Marathon brauchte er fünf Stunden, 34 Minuten und 50 Sekunden. Er hält sich fit, indem er täglich 20 km weit joggt.

BRÜCKENSPRUNG
Der australische Motorrad-Stuntfahrer Robbie Maddison legte 2009 einen freihändigen Rückwärtssalto hin, während er 20 m über der Wasseroberfläche die 7,60 m breite Lücke zwischen den hochgezogenen Brückenelementen der Tower Bridge in London übersprang.

SPINNEN DIE?!
Das englische Basketballteam Cheshire Jets organisierte im Juli 2009 ein Massenevent, bei dem 100 Personen gleichzeitig Basketbälle auf ihren Fingern drehten, ein Trick, der auch als „Spinning" bezeichnet wird.

FRAUEN-FORMATION
Im September 2009 ließen sich 181 Fallschirmspringerinnen aus 31 Ländern über Perris, Kalifornien, in 5.180 m Höhe aus insgesamt neun Flugzeugen fallen.

UMRUNDET
Der englische Comedian Eddie Izzard lief vom 26.7. bis 15.9.2009 beeindruckende 1.778 km weit einmal um ganz Großbritannien herum.

KUCHENSCHLACHT
Über 250 Personen nahmen an einer Massen-Sahnetortenschlacht teil, die 2009 in Colchester, England, ausgetragen wurde. An die 650 Torten mit 200 l Sahnefüllung flogen dabei durch die Luft.

DIE WURMFLÜSTERIN
Die zehnjährige Sophie Smith aus Cheshire, England, lockte in nur 30 Minuten 567 Würmer aus dem Boden und gewann damit die Weltmeisterschaften im Wurm-Anlocken 2009. Zu den angewendeten Techniken der Teilnehmer zählten unter anderem ein Stepptanz zur Titelmelodie von *Star Wars* und ein Liedchen auf dem Flaschen-Xylophon.

SEILTRICK
Damian Cooksey aus Kalifornien gelang ein Vorwärtssalto auf einer 2,50 cm breiten Slackline.

ELVIS-FREAK
Vince Everett aus London besaß über 3.000 Elvis-Presley-Memorabilien, darunter 14 Jacken, die einst dem „King" gehört hatten.

Held der Hitze
Keith Malcolm aus dem schottischen Aberdeen hat sich für ein Hobby der gefährlichen Art entschieden: In sieben Schichten feuerfeste Kleidung gehüllt, lässt er sich mit Benzin übergießen und wie eine menschliche Fackel in Flammen setzen. Dann rennt er so weit, wie er kommt, bis die Flammen zu stark werden und von Feuerwehrmännern gelöscht werden müssen. 2009 brachte er es bei einer Wohltätigkeitsveranstaltung auf ganze 79 m!

Galerie

SANDOW

Eugene Sandow, mit wahrem Namen Friedrich Müller, wurde 1867 im preußischen Königsberg geboren. Er war der erste Mann, der als „Kraftmensch" Berühmtheit erlangte, und trat bis zu seinem Tod im Jahr 1925 häufig in Zirkussen oder Freakshows auf. Abgesehen von seinen beeindruckenden Muskeln war er auch für seine knappen Kostümchen bekannt.

SANDWINA

Sandwina, bekannt als die „stärkste und schönste Frau der Welt", verbog bei ihren Auftritten im Ringling Bros. and Barnum & Bailey-Zirkus Anfang des 20. Jahrhunderts mit bloßen Händen Eisenstangen und Hufeisen. Mit wahrem Namen hieß sich Katie Brumbach. Ihre Eltern begannen schon früh, Geld aus Brumbachs ungewöhnlichem Talent zu schlagen, und boten jedem, der sie niederrang, 100 Mark an – die aber natürlich niemals jemand gewann, weil Sandwina einfach zu stark war. Sie schlug übrigens sogar Sandow, indem sie ein 135 kg schweres Gewicht über ihren Kopf hievte, das Sandow nur bis zu seiner Brust anheben konnte.

Erst ab Mitte des 19. Jahrhunderts wurde „Kraftmensch" bzw. „Strongman" zu einer offiziellen Berufsbezeichnung. Auf Jahrmärkten und Rummelplätzen oder im Zirkus konnte man damals mit der Zurschaustellung beeindruckender körperlicher Kräfte zu einigem Ruhm und Reichtum kommen.

KNÖCHELKÖNIG

Mick Gooch hat die wohl stärksten Finger der Welt: Der Kampfkunstexperte aus dem englischen Kent kann 17 einarmige Liegestütze hinlegen – mit nur einem Finger auf einem Nagelkopf! Gooch wurde von den Zwei-Finger-Liegestützen der Kampfkunstlegende Bruce Lee inspiriert.

OHREN-ASS

Rakesh Sharma aus Indien hob im Oktober 2009 mit seinen Ohren ein 48 kg schweres Gewicht an, das mit Holzklammern und Gurten an seinen Lauschern befestigt war.

FLUGZEUGTRÄGER

Pastor Kevin Fast aus dem kanadischen Cobourg machte das Unmögliche wahr, als er 2009 ein gigantisches Globemaster-Flugzeug hinter sich herzog. Er schaffte es, das 188.694 kg schwere Gefährt auf der Landebahn eines Militärflughafens in Trenton 8,80 m weit zu ziehen.

STARKE TYPEN

HAARSTRÄUBEND

Zhang Tingting, eine chinesische Strongwoman, zog 2009 an ihrem Haar sechs Autos 50 m weit durch die Straßen Pekings.

BLICKFANG

Der Chinese Yang Guanghe hat ein eher schmerzhaftes Talent: Mit seinen Augenlidern kann er schwere Gegenstände ziehen! 2009 zog er in Guangzhou ein Auto an zwei Seilen hinter sich her, die in seine Unterlider eingehakt waren.

STARKE ZUNGE

Der indische Strongman Habu wurde in den 1930er-Jahren unter dem Spitznamen „Mann mit der Eisenzunge" berühmt. Er konnte bis zu 48 kg schwere Gewichte mit seiner Zunge anheben.

ZAHNKRAFT

Der Strongman Al Fraser aus New York hob im Jahr 1939 drei Tische und einen Stuhl mit einem Gesamtgewicht von 68 kg mit Mund und Zähnen in die Höhe.

DICKES DING!

Joel Wauls Kunstwerk aus 780.000 Gummibändern gefiel uns so gut, dass wir beschlossen, es zu kaufen. Die 2,10 m hohe, 4.264 kg schwere Kugel sollte in das Ripley's-Lagerhaus in Orlando transportiert werden – doch hierfür waren einige aufwändige Vorbereitungen notwendig. Im Oktober 2009 rückte das Ripley's-Team deswegen mit einem LKW samt Lastenkran bei Waul in Lauderhill, Florida, an, und hievte den Ball auf die Ladefläche. In Zukunft wird er im Ripley's-Museum in Hollywood zu sehen sein. Damit der Gummiball ins Gebäude transportiert werden kann, muss aber zeitweise das Dach abgedeckt werden, weil er nicht durch die Türen passt.

JETZT IM MUSEUM!

In Flammen

In South Russell, Ohio, standen 2009 gleich 17 Personen auf einmal in lichterlohen Flammen! Natürlich trugen die Artisten um Ted Batchelor alle feuerfeste Anzüge und hatten sich acht Monate lang sorgfältig auf ihren Auftritt vorbereitet. Dass sie ihre Feuerprobe 43,9 Sekunden lang durchhielten, ist aber trotzdem beeindruckend!

TOILETTENSCHLANGE
Bei einer von der UNICEF organisierten Aktion im März 2009, die auf den weltweiten Wasserbedarf aufmerksam machen sollte, stellten sich im belgischen Brüssel 756 Menschen an einer Toilette an.

BÜCHERTURM
Im Juni 2009 balancierte John Evans aus dem englischen Derbyshire 204 Bücher, die zu einem pyramidenförmigen Turm angeordnet waren, auf seinem Kopf. Der Stapel war 1,20 m hoch und 129 kg schwer.

SPRUNGBEREIT
Im April 2009 wagte George Moyse aus Dorset, England, seinen ersten Fallschirmsprung – im stolzen Alter von 97 Jahren! Gemeinsam mit seinem Tandempartner erreichte er bei seinem 3.048 m tiefen Fall eine Höchstgeschwindigkeit von 193 km/h.

MENSCHLICHE SCHUBKARREN
Insgesamt 1.378 Studenten des Temasek-Polytechnikums in Singapur nahmen im April 2009 an einem Schubkarren-Wettrennen teil. Das Besondere: Die Schubkarren bestanden aus Studenten, und die längste setzte sich aus 74 von ihnen zusammen!

In der Lagerhalle!

PAPIERKUGEL
Um auf die Wichtigkeit von Recycling und auf die enormen Abfallmengen aufmerksam zu machen, arbeiteten die Freunde Enrique Miramontes und Ricardo Granados aus San Diego, Kalifornien, über sechs Jahre lang an einer riesigen Kugel aus Altpapier, die 91 kg schwer und einen Meter hoch ist. In dieser Zeit hat Miramontes allein € 2.150 für Malerkrepp ausgegeben und 2.000 Arbeitsstunden investiert, um die Papierschichten übereinanderzulegen.

MELONEN-MASSAKER
Beim Melonenfest 2009 im australischen Queensland zertrümmerte der Melonenpflücker John Allwood 47 Wassermelonen in nur einer Minute – mit seinem Kopf!

BAUMPFLANZER
An einem einzigen Tag im Juli 2009 pflanzten 300 Freiwillige in der Umgebung des Flussdeltas des Indus in Südpakistan über eine halbe Million Mangrovenbäume.

MASSENKUSS
Am Valentinstag 2009 versammelten sich fast 20.000 Paare auf dem Hauptplatz von Mexiko-Stadt, um sich zehn Sekunden lang zu küssen.

RÜCKLÄUFIG
2008 lief Bill Kathan aus Vernon, Vermont, in 15 Stunden rückwärts von einer Kante des Grand Canyon ins Tal hinab und auf der anderen Seite wieder hinauf.

KLETTERMAXE
Der sechsjährige Tom Fryers aus dem englischen South Yorkshire hat in der Berglandschaft Lake District bereits 214 Gipfel erklommen. Das entspricht fünf Besteigungen des Mount Everest! Schon im Alter von drei Jahren meisterte Tom seinen ersten Gipfel und ist bis heute zusammengenommen über 45.720 m hoch geklettert, unter anderem auf den Scafell Pike (978 m) und den Sca Fell (964 m).

Im Jahr 1917 fotografierte die 16-jährige Elsie Wright aus dem englischen Bradford eine Gruppe von Elfen, die um ihre Cousine Frances Griffiths herumtanzte. Sir Arthur Conan Doyle, der Autor der Sherlock-Holmes-Romane, wurde auf die Bilder aufmerksam und veröffentlichte sie zusammen mit einem Artikel über Elfen. Die Fotos erlangten im Handumdrehen große Bekanntheit und wurden von vielen Lesern für echt gehalten. Erst 1982 gaben Wright und Griffiths zu, dass sie die Fabelwesen aus Pappe ausgeschnitten hatten.

MYTHEN & MYSTERIEN

MYTHEN
MYSTERIEN

DIE SCHAUERNONNE

AUF DIE BESUCHER DER CHIESA DELLA SANTA, EINER KIRCHE IM ITALIENISCHEN BOLOGNA, WARTET EIN SCHAUERSPEKTAKEL DER GANZ BESONDEREN ART: BIS HEUTE IST DORT IN EINEM GLASKASTEN DIE MUMIFIZIERTE LEICHE DER HEILIGEN KATHARINA VON BOLOGNA ZU SEHEN. DIE HEILIGE VERSTARB 1463, UND DA SICH NACH IHREM ABLEBEN ZAHLREICHE WUNDER EREIGNETEN, EXHUMIERTEN DIE NONNEN IHREN ERSTAUNLICH GUT ERHALTENEN KÖRPER WENIG SPÄTER. EIN PAAR JAHRE DANACH ERSCHIEN KATHARINA DEN NONNEN ANGEBLICH UND BAT DARUM, IN AUFRECHT SITZENDER HALTUNG IN EINER NEBENKAPELLE AUSGESTELLT ZU WERDEN. IN IHREM HABIT SITZT SIE, EIN GOLDKREUZ IN DER HAND, SEIT MITTLERWEILE ÜBER 500 JAHREN IN IHREM GOLDENEN STUHL.

MÖRDERGRUBE

Seit über 200 Jahren versuchen Schatzjäger, den Grund der sagenumwobenen „Geldgrube“ auf Oak Island in Kanada zu erreichen. Die 60 m tiefe Grube wurde 1795 von Daniel McGinnis entdeckt, ist mittlerweile aber nicht mehr zugänglich. Sechs Schatzjäger ließen darin bereits ihr Leben. Was für einem Schatz sie auf der Spur waren, ist unklar: Einige halten ihn für einen Piratenschatz, andere glauben, dass in der Höhle die französischen Kronjuwelen, der Schatz aus König Salomons Tempel oder sogar der Heilige Gral schlummern.

NAZCA-LINIEN

Auf einer 80 km langen, 24 km breiten Hochebene in der peruanischen Nazca-Wüste sind an die 900 riesige mysteriöse Scharrbilder zu sehen. Einige stellen einfache Linien dar, doch andere zeigen auch Motive wie Tiere oder Pflanzen, darunter eine Spinne, ein Kolibri, ein Wal und ein 300 m großer Pelikan. Eine der Linien erstreckt sich sogar über unfassbare 15 km! Aufgrund ihrer Größe sind die Bilder vom Boden aus nicht zu erkennen und wurden erst entdeckt, als in den 1930er-Jahren erstmals ein Flugzeug die Ebene überquerte.

MYSTERIÖSER UNHOLD

Im Jahr 1837 berichtete ein angesehener Bürger der Londoner Polizei, dass seine Tochter von einer unheimlichen Gestalt mit Metallklauen angegriffen worden sei, die einen Umhang trug und blauweiße Flammen spuckte. Der mysteriöse Untäter mit dem Spitznamen „Spring Heeled Jack“ (deutsch: „Sprunggewaltiger Jack“) – weil er übermenschlich hoch springen konnte – terrorisierte das viktorianische London noch mehrere Jahre lang und wurde angeblich auch in Liverpool und Schottland gesichtet.

GEISTERSCHIFF

Das Handelsschiff *Mary Celeste*, ein 282-Tonner, lief im November 1872 in New York aus, um 1.701 Alkoholfässer in die italienische Hafenstadt Genua zu transportieren. Doch als es am 4.12. vor der portugiesischen Küste geborgen wurde, waren alle zehn Personen an Bord spurlos verschwunden. Es gab keine Anzeichen von Gewaltanwendung, die Ladung war nicht gestohlen worden, das Schiff befand sich in bestem Zustand und das Wetter war blendend. Zudem hatten sowohl die erfahrene Crew als auch die Passagiere all ihre persönlichen Besitztümer an Bord gelassen.

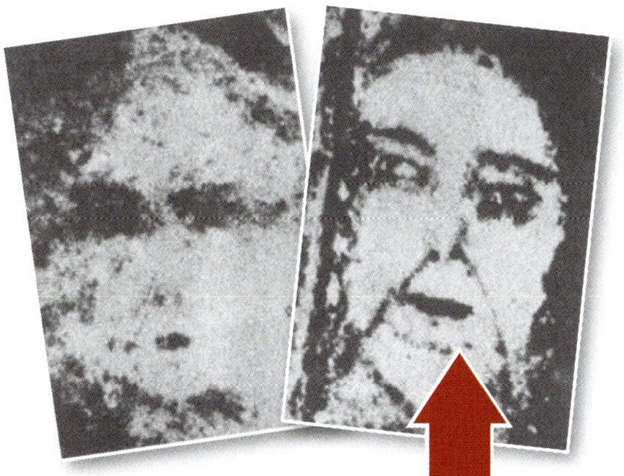

Grabgesichter

María Gómez Pereira aus dem spanischen Bélmez staunte nicht schlecht, als ihr 1971 plötzlich ein Männergesicht vom Küchenboden entgegenstarrte! Sie ließ den Boden herausreißen und neu verlegen, doch nach nur einer Woche erschien die gruselige Fratze erneut an derselben Stelle. Schließlich stellte sich heraus, dass das Haus auf einem ehemaligen Friedhof errichtet worden war. Ausgrabungen unter dem Fundament förderten menschliche Überreste zutage, die daraufhin exhumiert wurden. Nur zwei Wochen später erschienen gleich mehrere neue Gesichter auf Pereiras Küchenboden.

BERGLEUCHTEN

Auf dem Brown Mountain in North Carolina treiben seit über 800 Jahren merkwürdige Lichter ihr Unwesen. Meist sind sie weiß, gelegentlich verfärben sie sich aber auch blau, rot oder gelb. Zwar halten viele Experten Sumpfgas für den Auslöser des Phänomens – doch in der näheren Umgebung gibt es gar keine Sümpfe! Anderen Theorien zufolge handelt es sich bei den Lichtern um Kugelblitze.

MORDSVOGEL

Forschungsergebnisse aus dem Jahr 2009 bewiesen, dass der riesige menschenfressende Vogel aus den Legenden der Māori tatsächlich existiert hat. Laut Überlieferung suchte er die Bergregionen Neuseelands heim und entführte vornehmlich Kinder. Schon vor über 100 Jahren wurden die Fossilien eines Riesenvogels ausgegraben, und neue Studien ergaben nun, dass der Raubvogel bis zu 18 kg schwer und damit wohl groß genug war, um auch Menschen anzugreifen.

DAS MONSTER VOM WHITE RIVER

Beim Angeln am White River in Newport, Arkansas, beobachteten Cloyce Warren und seine Freunde 1971, wie ein gigantischer Wasserstrahl durch die Oberfläche brach. Sekunden später tauchte eine neun Meter hohe Kreatur mit dornigem Rückgrat aus den Fluten auf, um gleich wieder darin zu verschwinden. Obwohl Warren ein Foto schießen konnte, wurde das Monster vom White River niemals identifiziert.

MYSTERIÖSE MOAIS

Auf der Osterinsel im Südpazifik sind fast 900 gigantische, mindestens 400 Jahre alte Steinstatuen mit länglichen Köpfen und Rümpfen zu sehen. Welchem Zweck sie dienten oder wie die Ureinwohner sie konstruierten, ist unklar. Die sogenannten Moai-Statuen sind durchschnittlich vier Meter hoch und wiegen bis zu 80 Tonnen. Um sie auf Holzschlitten transportieren zu können, wäre die Kraft von 150 Menschen notwendig.

ATLANTIK-ANTENNE

Die Besatzung des amerikanischen Polar-Forschungsschiffs *Eltanin* entdeckte 1964 gut 1.600 km südlich des Kap Horns auf dem Grund des Atlantiks ein seltsames antennenartiges Konstrukt. Es bestand aus einem Schaft, von dem zwölf Speichen abgingen, die in einem Winkel von 15 Grad zueinander standen und jeweils in einer Kugel mündeten. Während manche Experten die Antenne für eine bisher unbekannte Lebensform hielten, gingen andere davon aus, sie sei das Relikt einer verschwundenen Zivilisation.

Maskierter Tourist

Seit über 100 Jahren ranken sich wunderliche Geschichten um das Schicksal des Abenteurers Harry Bensley, der sich in einer Eisenmaske im Jahr 1908 von London aus auf eine sechsjährige Reise um die Welt gemacht hatte. Grund dafür war eine Wette mit dem exzentrischen amerikanischen Millionär J. P. Morgan um $ 100.000 gewesen, dass es unmöglich sei, unerkannt zu reisen. Es gibt keine definitiven Beweise, aber Gerüchte, dass Bensley bis nach China und Japan gekommen sei. Der Erste Weltkrieg unterbrach seine Reise jäh nach 30.000 Meilen (knapp 50.000 Kilometern), laut Bensley. Als Entschädigung zahlte ihm Morgan immerhin einen Bruchteil des Wetteinsatzes.

Himmlische Lichter

Tausende von Menschen wurden Zeugen dieses spektakulären Schauspiels, das sich am Morgen des 9. 11. 2009 über Norwegen ereignete. Zunächst war ein spiralenförmiger Kreis aus weißem Licht zu sehen, der sich um einen leuchtenden, mondähnlichen Stern kringelte und sich dann langsam ausbreitete. Dabei entstand ein blaugrüner Lichtstrahl, der auf die Erde zuzuschweben schien. Die faszinierende Lichterscheinung war über Hunderte von Kilometern sichtbar und hielt mehrere Minuten lang an. Gemutmaßt wurde ein gescheiterter russischer Raketenstart, ein Meteor oder eine bisher unbekannte Variante der Aurora Borealis, auch als Polarlicht bekannt.

Das Monster von Lake Worth

Am 5. 11. 1969 beobachteten zahlreiche Zeugen in der Nähe von Lake Worth, Texas, ein 2,10 m großes zweibeiniges Geschöpf in kurzem weißen Fell mit einem ziegenähnlichen Bart. Als ein Beobachter versuchte, sich dem Wesen zu nähern, heulte es auf und schleuderte einen Autoreifen rund 150 m weit auf die Zuschauermenge, ehe es floh. Auch wenn es 40 cm große Fußabdrücke hinterließ – das Monster von Lake Worth wurde niemals aufgespürt.

Mysteriöse Fussabdrücke

Als ein britisches Forscherteam 1921 die Nordwand des Mount Everest erklomm, beobachteten die Teilnehmer auf einem höhergelegenen Schneefeld eine Gruppe von dunklen Gestalten. Doch als die Expedition den 6.400 m hoch gelegenen Hang wenig später erreichte, waren die Geschöpfe verschwunden. Einziges Zeichen ihrer Existenz blieben riesige, menschenähnliche Fußabdrücke im Schnee. Die örtlichen Bergführer behaupteten, dass die Forscher einen Blick auf die scheuen Schneemenschen, auch als Yetis bekannt, erhascht hätten.

Schädelrätsel

Bei dem gelben Schädel, der im Jahr 2004 nahe Featherston auf der neuseeländischen Nordinsel entdeckt wurde, handelt es sich laut Forensikern um den Kopf einer Europäerin, die vor 270 Jahren gelebt hat – rund 100 Jahre, ehe die ersten weißen Siedler das Land angeblich erreichten.

Ripley's erklärt

Die Legende vom Yeti geht auf das Jahr 1832 zurück, als Bergführer im Himalaja eine grosse, dunkle, haarige Gestalt beobachteten, die auf zwei Beinen lief. Seitdem wurden zahlreiche Expeditionen unternommen, um das sagenumwobene Geschöpf aufzuspüren. Doch obwohl immer wieder von Sichtungen berichtet wurde und Fussabdrücke auftauchten, konnte die wahre Identität des Schneemenschen nicht enträtselt werden. Laut Expertenmeinungen könnte es sich um einen Orang-Utan, einen Bären, einen Langurenaffen oder sogar um eine bisher unbekannte Spezies handeln.

Death Road

Nachdem im Jahr 1929 ein neuer Autobahnabschnitt zwischen Bremen und Bremerhaven eröffnet worden war, kam es in den ersten zwölf Monaten zu über 100 Unfällen, die sich alle in der Nähe eines kleinen Meilensteins ereigneten, der als Meilenstein 239 bekannt ist. An einem einzigen Tag im September 1930 kamen gleich neun Fahrzeuge von der Straße ab. Mysteriöserweise war die Strecke an dieser Stelle aber gerade und eben. Eine Erklärung lieferte erst ein Anwohner, der behauptete, dass ein starkes unterirdisches Magnetfeld die Unfälle verursachen würde. Kurzerhand vergrub er an der fraglichen Stelle eine Kiste voll Kupfer, woraufhin es zu keinen weiteren Unfällen mehr kam.

Die Legende vom Yeti

Der amerikanische Fernsehmoderator Josh Gates zeigt den mutmaßlichen Fußabdruck des scheuen Yetis, einer affenähnlichen Kreatur, die der Welt seit fast 200 Jahren Rätsel aufgibt. Der 33 cm lange Fußabdruck wurde 2007 in 2.850 m Höhe nahe des Mount Everest in Nepal gefunden.

Der unnatürlich blasse und auf den ersten Blick schwächlich wirkende Vampir ist in Wahrheit außerordentlich stark, wendig und schnell. Doch erst des Nachts, wenn er nach wehrlosen Opfern sucht, denen er das Blut aussaugt, zeigt er sein wahres Wesen. Um seine übermenschlichen Kräfte noch zu steigern, versenkt er seine Fangzähne im Hals seiner Beute und trinkt deren Lebenssaft. Hin und wieder lässt er sein Opfer am Leben – doch was folgt, ist schlimmer als der Tod. Denn ein infiziertes Opfer verwandelt sich selbst in einen Untoten, der zu einem Leben in Unsterblichkeit und ewiger Dunkelheit verdammt ist …

Die Sagen um Vampire lassen sich Tausende von Jahren bis ins alte Mesopotamien zurückverfolgen, doch die meisten modernen Vampirgeschichten beruhen auf osteuropäischen Volkssagen. Im 18. und 19. Jahrhundert wurden Schauergeschichten immer beliebter, und Vampirangriffe dienten als häufige Erklärung für die Ausbreitung von Krankheiten, Pest und Tod. Reisende, die sich in abgelegene Regionen Europas vorwagten, hatten nicht selten auch eine Vampirjäger-Ausrüstung im Gepäck. Knoblauch, Kreuze, Weihwasser und silberne Munition sollten sie bei möglichen Begegnungen mit den Blutsaugern schützen.

VAMPIRE DIESER WELT

YARA-MA-YHA-WHO – Mythisches Geschöpf der australischen Ureinwohner mit blutsaugenden Tentakeln

LOOGAROO – Karibischer Vampirgeist, der den Teufel mit Blut versorgt

RAKSHASA – Indischer blutsaugender Dämon mit giftigen Fingernägeln

MANDURUGO – Langzüngiger, geflügelter Vampir von den Philippinen

PENANGGALAN – Weiblicher malaysischer Vampir, der nur aus einem fliegenden Kopf besteht

IMPUNDULU – Furchterregender, blutsaugender Vogel aus Südafrika

VOLKODLAK – Slawischer Werwolf, der sich in einen Vampir verwandeln kann

YUKI-ONNA – Japanische Schneefrau, die Blut trinkt

BAOBHAN SITH – Gespenstische gälische Vampirfrau

ASANBOSAM – Ghanaischer Vampir mit Eisenzähnen

STRIGOI – Rumänischer Vampir, der aus seinem Grab aufsteht

JÉ-ROUGES – Haitianischer Vampir-Werwolf

ADLET – Vampirhund der Inuit

Der klassische Vampir, wie wir ihn heute kennen, geht auf Bram Stokers berühmten Roman Dracula aus dem Jahr 1897 zurück. Filme wie Nosferatu (1922) von Friedrich Wilhelm Murnau – hier zu sehen ist Max Schreck, der die Hauptrolle spielte – und Dracula (1931) mit Bela Lugosi verhalfen dem Vampirmythos zu noch größerer Bekanntheit und Beliebtheit. Für Bela Lugosi war die Rolle übrigens eine große Herausforderung, da er beim Anblick von Blut stets ohnmächtig wurde.

Die ersten professionellen Ausrüstungssets für Vampirjäger kamen gegen Ende des 19. Jahrhunderts auf den Markt. In vielen klebte ein Etikett mit der Aufschrift: „Dieser Koffer enthält den notwendigen Schutz für Reisende, die sich in gewisse Länder Osteuropas wagen, welche von der Verkörperung des Bösen, auch Vampir genannt, geplagt werden." Einer der Hauptfabrikanten dieser Sets soll der belgische Waffenhersteller Nicolas Plomdeur gewesen sein. Vertrieben wurden sie von Professor Ernst Blomberg aus Lübeck.

Dieses gut ausgerüstete Set enthält auch Rosenkränze und eine Bibel.

Zu diesem französischen Set aus den 1890er-Jahren gehören eine gravierte Pistole und eine Pulverflasche.

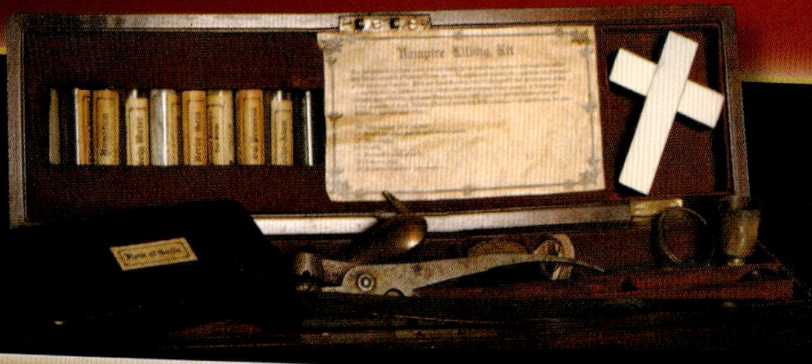

In diesem Set befindet sich eine Zahnarzt-Zange, mit der Vampiren die gefährlichen Eckzähne gezogen werden konnten.

Das hier abgebildete Set für Vampirjäger ist Teil der Ripley-Sammlung, die mehr als 30 Exemplare umfasst. Sammler auf der ganzen Welt reißen sich um derartige Koffer, die bis zu €17.580 wert sind. Dieses Exemplar enthält alle wichtigen Hilfsmittel für die Vampirjagd:

1 MIT WACHS VERSIEGELTE AMPULLEN

(enthalten pulverisierte Knoblauchblüten, Weihwasser, Schwefel und Kaliumnitrat)

Die Etiketten auf den Ampullen verraten nicht nur, was sie beinhalten, sondern auch, wer sie hergestellt hat – nämlich Professor Blomberg. Schwefel und Kaliumnitrat sind Bestandteile von Schießpulver, die man um das Grab von vermeintlichen Vampiren herum verstreute. Besonders mutige Vampirjäger verteilten es sogar in Nase, Ohren und Augen der Leiche, um es daraufhin anzuzünden. Knoblauch gilt seit Urzeiten als mächtiges Heilmittel und soll von ähnlicher Reinheit sein wie Silber. In alten Zeiten wurden Menschen nicht selten nur deshalb für Vampire gehalten, weil sie keinen Knoblauch mochten. Um sich vor nächtlichen Blutsauger-Besuchen zu schützen, hängte man auch Knoblauchknollen über die Haustür, und in der Kirche wurde Knoblauch herumgereicht, um eventuelle Vampire zu entlarven. Weihwasser verbrennt Vampiren die Haut und bereitet ihnen große Schmerzen, tötet sie aber nicht.

2 GLASSPRITZE

Wurde höchstwahrscheinlich zur Verabreichung von Professor Blombergs Serum verwendet.

3 PROFESSOR BLOMBERGS SERUM

Die Etiketten auf diesen Ampullen verraten, dass sie in London patentiert wurden. Die Inhaltsstoffe hingegen sind geheim. Vermutlich bestand der Inhalt aber aus Weihwasser, Knoblauchextrakt, Honig und Salz.

4 KRUZIFIX

Der Anblick von Kruzifixen „blendet" Vampire und dient dem Träger als letzter Schutz vor einem Angriff. Zudem kann sich ein Vampir bei direktem Kontakt mit einem Kreuz angeblich die Haut verbrennen. Auch alle anderen Gegenstände in diesem Vampirjägerset sind mit Kreuzsymbolen versehen. Die Kette mit Kruzifixanhänger bietet zusätzlichen Schutz vor den Blutsaugern. Zudem sind gläubige Christen besser für den Kampf gegen die dämonischen Vampirkräfte gewappnet als Nicht-Gläubige. Kruzifixe, die mit einer Christusfigur versehen sind, gelten als wirksamer als nicht dekorierte Kreuze.

5 SILBERKUGELN *(nicht sichtbar)*

Ein Geheimfach im Koffer enthält Silberkugeln. Silber, ein Symbol der Reinheit, galt als machtvolles Mittel gegen Geschöpfe des Bösen wie Vampire und Werwölfe. Auch Silberkreuze, -dolche und -sargnägel wurden im Kampf gegen die Blutsauger häufig eingesetzt.

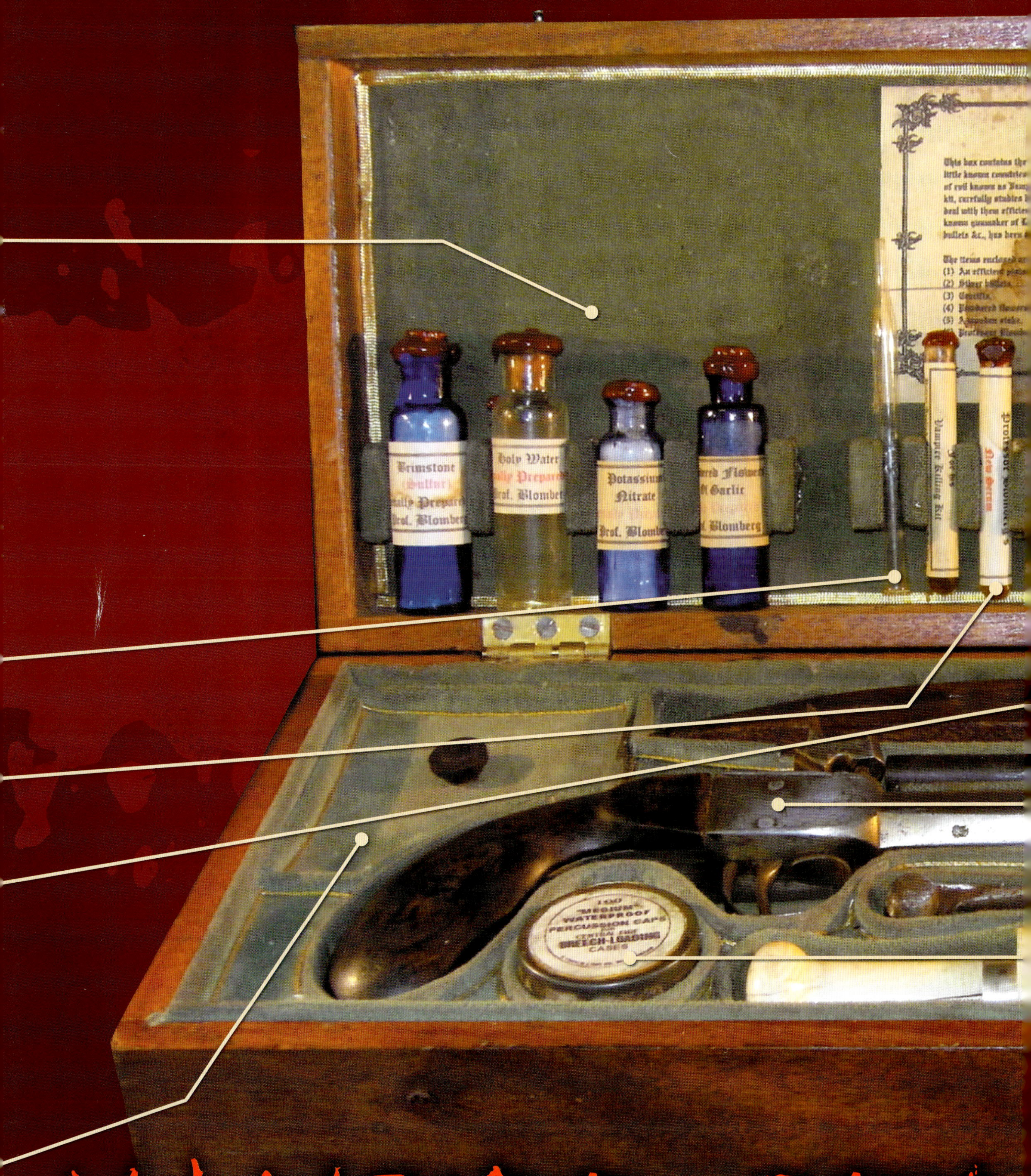

VAMPIRE, SEID

Vampire

DEM MUTIGEN LESER DER FOLGENDEN SEITEN SEI ANGERATEN, NUR BEI TAGESLICHT WEITERZUBLÄTTERN. DENN DES NACHTS WANDELN DIE VAMPIRE UNTER UNS ...

DRACULA GAB ES WIRKLICH!

Vlad III. Drăculea lebte im späten 15. Jahrhundert und war der Prinz der in Südrumänien gelegenen Walachei. Da er seine Feinde enthauptete und ihre Köpfe pfählte, trug er den furchteinflößenden Beinamen „Vlad der Pfähler". Er war ein wilder Krieger und tyrannischer Herrscher, der in der Schlacht Tausende von Männern tötete. Der Name „Dracula" stammt vom altrumänischen Wort für „Teufel" bzw. „Drache" ab und inspirierte den Autor Bram Stoker zu seinem weltberühmten Roman.

Vlad III. Drăculea pfählte seine zahlreichen Opfer. Laut einem 1488, also wenige Jahre nach Vlads Tod, in Deutschland erschienenen Pamphlet begegnete einst ein adliger Besucher dem Prinzen in einem „gewaltigen Wald" aus gepfählten Leichen. Als sich der Gast über den Geruch beschwerte, pfählte Vlad ihn „so hoch über all den anderen Leichen, dass der Gestank ihn nicht mehr zu stören vermochte".

BLUTSVERWANDTE

In den 1920er-Jahren gab ein kleines Mädchen auf Haiti den Ärzten Rätsel auf, da es ganz offensichtlich schwer krank war, man aber keine Ursache entdecken konnte. Doch als ein einheimischer Doktor den Körper des Mädchens akribisch absuchte, stieß er auf einen winzigen Nadeleinstich im großen Zeh. Schließlich gestand Anastasie Dieudonne, die Tante der Kleinen, dass sie ihre Nichte seit Monaten unter Drogen setzte und ihr Blut trank.

UNSTERBLICHER MYTHOS

Selbst im 21. Jahrhundert machen Vampirgeschichten noch immer die Runde. Im Jahr 2004 wurde in der Walachei eine Leiche exhumiert, um ihr das Herz mit einem Pflock zu durchbohren, aus der Brust zu schneiden und zu verbrennen, weil man fürchtete, der Tote könne sich in einen Vampir verwandeln.

BLUTBAD

Die Gräfin Elisabeth Báthory, bekannt geworden als die „Blutgräfin", ist keine Sagengestalt, sondern war eine Frau aus Fleisch und Blut. Angetrieben von ihrer Suche nach ewiger Jugend und Schönheit, ließ sie angeblich 600 ungarische junge Mädchen ermorden, damit sie in ihrem Blut baden und es trinken konnte. Zur Strafe wurde sie in ihrem eigenen Schloss eingemauert.

6 ZÜNDHÜTCHEN

Diese Büchse enthält 100 wasserfeste Zündhütchen, mit denen man Vorderlader-Feuerwaffen bei jedem Wetter zünden konnte.

7 PISTOLE

In der unteren Hälfte des Koffers sind zahlreiche Instrumente verstaut, die zur Bedienung und Pflege von Pistolen notwendig sind, darunter ein Ladestock, eine Gussform für Kugeln und eine Pulverflasche.

8 LADESTOCK

Mit diesem Stock wurde das Pulver in den Pistolenlauf gestopft.

9 ELFENBEIN-RÄUCHERGEFÄSS

Der Weihrauch in diesem mit einem Silberkreuz verzierten Räuchergefäß hält böse Geister fern, sobald der Inhalt angezündet wird.

10 HOLZPFLOCK

Es gibt keine bessere Methode, einen Vampir zu töten, als ihm einen Holzpflock durchs Herz zu bohren. Für alle Fälle ist in dieses Exemplar auch noch ein Dolch eingebaut. Die am häufigsten verwendeten und angeblich wirksamsten Hölzer für die Pflockherstellung waren Esche und Espe. Im Mittelalter kam es nicht selten vor, dass die Herzen von Toten prophylaktisch mit einem Pflock durchbohrt wurden, wenn man aufgrund der Todesart befürchtete, die Leiche könne sich in einen Vampir verwandeln. Typische „Indikatoren“ waren Tod durch Verbrechen oder durch schwere Krankheit.

11 PULVERFLASCHE AUS MESSING UND KUPFER

Behältnis für Schießpulver.

Weitere häufige Bestandteile von Vampirjägersets waren ein Hammer, mit dem man den Pflock ins Herz trieb, Rosenkränze und Ikonen verschiedenster Religionen aus aller Welt. Pistolen mit kurzem Lauf waren die üblichsten Schusswaffen – nicht wenige hatten die Form eines Kruzifixes.

Dieser Koffer, der als Buch getarnt ist, sorgt für einen Überraschungseffekt.

Guterhaltene Exemplare wie dieses können bis zu € 14.500 einbringen.

TIPPS FÜR VAMPIRJÄGER

Dass Vampire kein Tageslicht vertragen, muss wohl kaum mehr erwähnt werden. In Extremfällen kann es für die Blutsauger sogar den Tod bedeuten und sie in Staub verwandeln. Häufig beraubt es sie aber auch einfach nur ihrer Kräfte.

- Vampire lieben die Dunkelheit. Lockst du sie ins Tageslicht, hast du schon halb gewonnen.
- Da Vampire bereits tot sind, können sie nicht im eigentlichen Sinne getötet, aber in ihr Grab verbannt werden.
- Einen Vampir zu verbrennen ist eine der sichersten Techniken, um ihn zu zerstören. Vergiss aber nicht, darauf zu achten, dass er wirklich vollständig eingeäschert wurde.
- Vampire verfügen über enorme Selbstheilungskräfte. Auch wenn es Jahrhunderte dauern mag – ein paar Überreste reichen den Blutsaugern, um ihren Körper wiederherzustellen.
- Auch einen Vampir zweizuteilen ist eine effektive Tötungsart, besonders, wenn der Kopf vom Körper abgetrennt wird.
- In alten Zeiten wurden Vampire aufgespießt. Dann entfernte man ihr Herz und verbrannte es und köpfte die Untoten anschließend, bevor man sie wieder begrub.

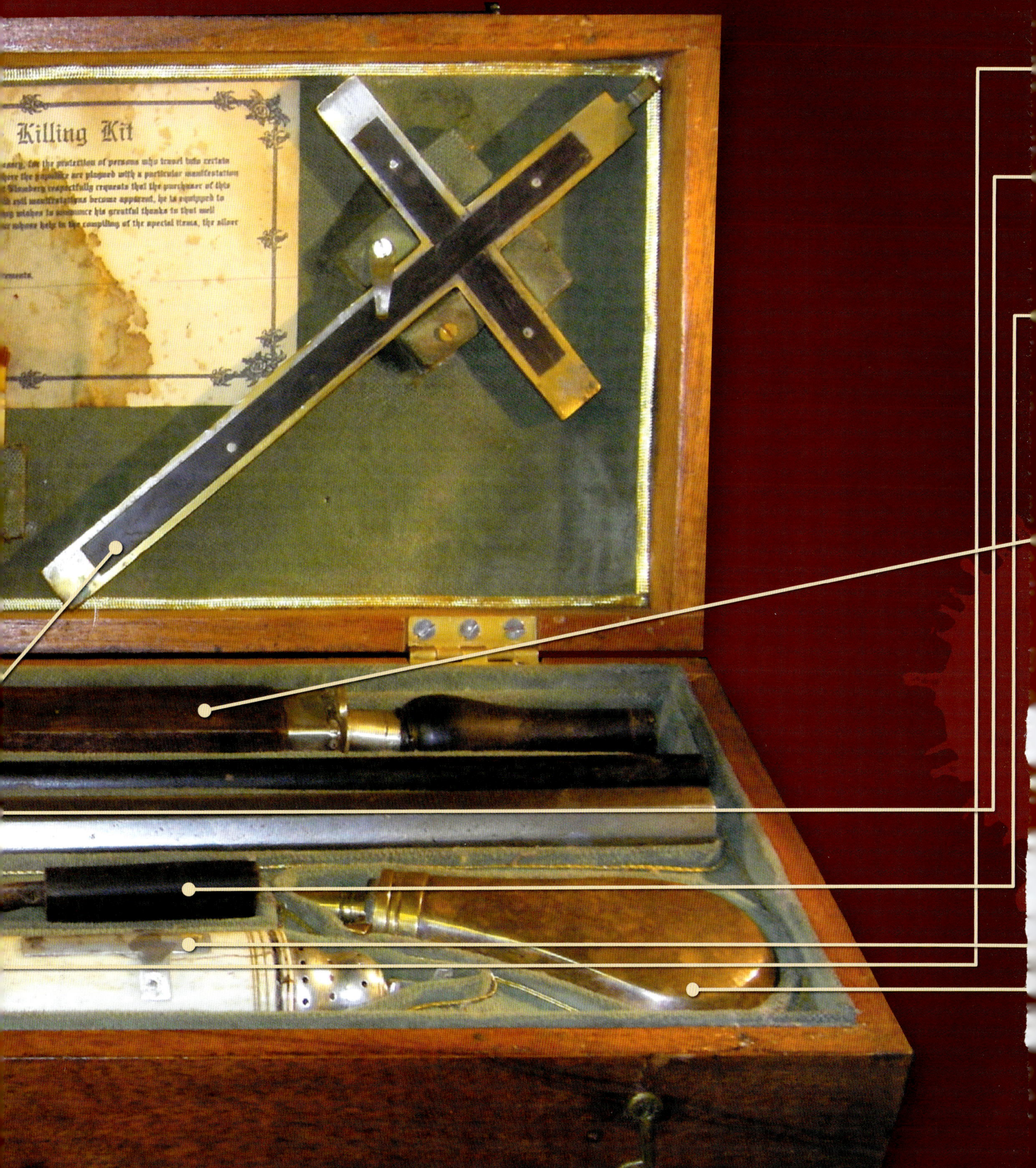

AUF DER HUT!

RECHERCHEN

Der Vampir von Düsseldorf

Anfang des 19. Jahrhunderts wurde die Stadt Düsseldorf von einem Serienkiller heimgesucht, bekannt unter dem Namen „Der Vampir von Düsseldorf". Peter Kürten hatte eine gewaltsame Kindheit durchlebt und eine kriminelle Laufbahn eingeschlagen, die in mehreren Morden gipfelte. Laut Zeitungsberichten trank er das Blut seiner Opfer. Nach seiner Verurteilung und Hinrichtung wurde sein Kopf präpariert und sein Gehirn wissenschaftlich untersucht. Man nahm an, dass er unter dem äußerst seltenen Renfield-Syndrom, auch als klinischer Vampirismus bezeichnet, litt. Ein Symptom dieser Geistesstörung ist die Wahnvorstellung, Blut trinken zu müssen. Kürtens mumifizierter Kopf ist im Ripley's-Museum in Wisconsin ausgestellt.

Grabstein

Dieser Frauenschädel stammt aus dem 16. Jahrhundert und wurde 2006 bei archäologischen Grabungen in Venedig exhumiert. Der Gegenstand in ihrem Mund ist ein Backstein, dessen Gewicht die Leiche wohl ans Grab fesseln und ihren Blutdurst unterbinden sollte.

Ursprünge

In den vergangenen Jahrhunderten hat die Pest unermesslich viele Opfer gefordert, die meist in Massengräbern beerdigt wurden. Da diese Gräber häufig erst geschlossen wurden, wenn sie randvoll waren, konnte der Verwesungsprozess minutiös verfolgt werden – vom Zurückweichen der Lippen, wobei die Zähne freigesetzt werden, bis hin zu Blutungen aus dem Mund und schrumpfenden, immer blasser werdenden Körpern. Mit fortschreitendem Verwesungsprozess blähen sich die Leichen aber wieder auf und sehen für kurze Zeit so aus, als würden sie sich regenerieren. Diese Beobachtungen lieferten neues Futter für die bereits bekannten Zombiegeschichten und verhalfen dem Mythos „Vampir" zu noch größerem Einfluss.

FEBRUAR 1970

Mann jagt Vampir

Zeugen berichteten der Polizei, dass sie seltsame geisterhafte Gestalten nahe des Friedhofs Highgate in London gesichtet hätten. Der Vampirjäger Sean Manchester bestätigte daraufhin die Existenz dämonischer Kräfte, die exorziert werden müssten. Grund des Übels war seiner Meinung nach die besessene Leiche eines Adligen, die im 18. Jahrhundert auf dem Friedhof beerdigt worden war.

AUGUST 1970

Die Jagd geht weiter

Wie im Februar diesen Jahres berichtet, führte der Vampirjäger Sean Manchester einen Exorzismus am Grab des Vampirs von Highgate durch. Zuvor war der Friedhof von rätselhaften Erscheinungen heimgesucht worden, und mehrere Leichname waren aus ihren Gräbern verschwunden. Doch Manchester zögerte, den maßgeblichen Vampir zu pfählen, und der Spuk hielt an. Der Vampirjäger berichtete, dass sich das Phänomen in einem Haus im nahegelegenen Crouch End wiederholt hätte. Nachdem er dort einen vollständigen Exorzismus durchgeführt hatte, wurde auch der Leichnam verbrannt. Manchester geht davon aus, dass es sich bei dem Untoten um einen Adligen vom europäischen Festland handelt, dessen Leiche in einem Sarg nach London verschifft worden war.

Todgeweiht

Die Mitglieder der Familie Brown aus Exeter, Rhode Island, erkrankten 1892 einer nach dem anderen an Tuberkulose. Nachdem bereits seine Mutter und seine Schwester Rose gestorben waren, erkrankte auch der Sohn Edwin. Man glaubte an einen Fall von Vampirismus und exhumierte die Leiche der Schwester, die erstaunlicherweise noch nicht zu verwesen begonnen hatte. Man hielt sie für einen Vampir und verbrannte ihr Herz, dessen Asche Edwin dann als Heilmittel verabreicht wurde. Genesen ist er durch diese Prozedur aber nicht.

Kristallschädel-Mysterium

VOM 19. BIS ANFANG DES 20. JAHRHUNDERTS TAUCHTEN IN MUSEEN UND PRIVATEN SAMMLUNGEN WELTWEIT MINDESTENS 13 WUNDERSCHÖNE KRISTALLSCHÄDEL AUF, DIE IN MEXIKO UND MITTEL- SOWIE SÜDAMERIKA GEFUNDEN WORDEN WAREN. DOCH TROTZ AUSFÜHRLICHER TESTS KONNTE NICHT HERAUSGEFUNDEN WERDEN, WANN UND WIE SIE HERGESTELLT WORDEN SIND. ANGEBLICH HANDELT ES SICH UM MYSTISCHE PRÄKOLUMBIANISCHE ARTEFAKTE DER MAYA ODER AZTEKEN. ES HEISST, SIE BESÄSSEN MAGISCHE KRÄFTE, LÖSTEN VISIONEN AUS UND KÖNNTEN SOWOHL HEILEN ALS AUCH TÖTEN.

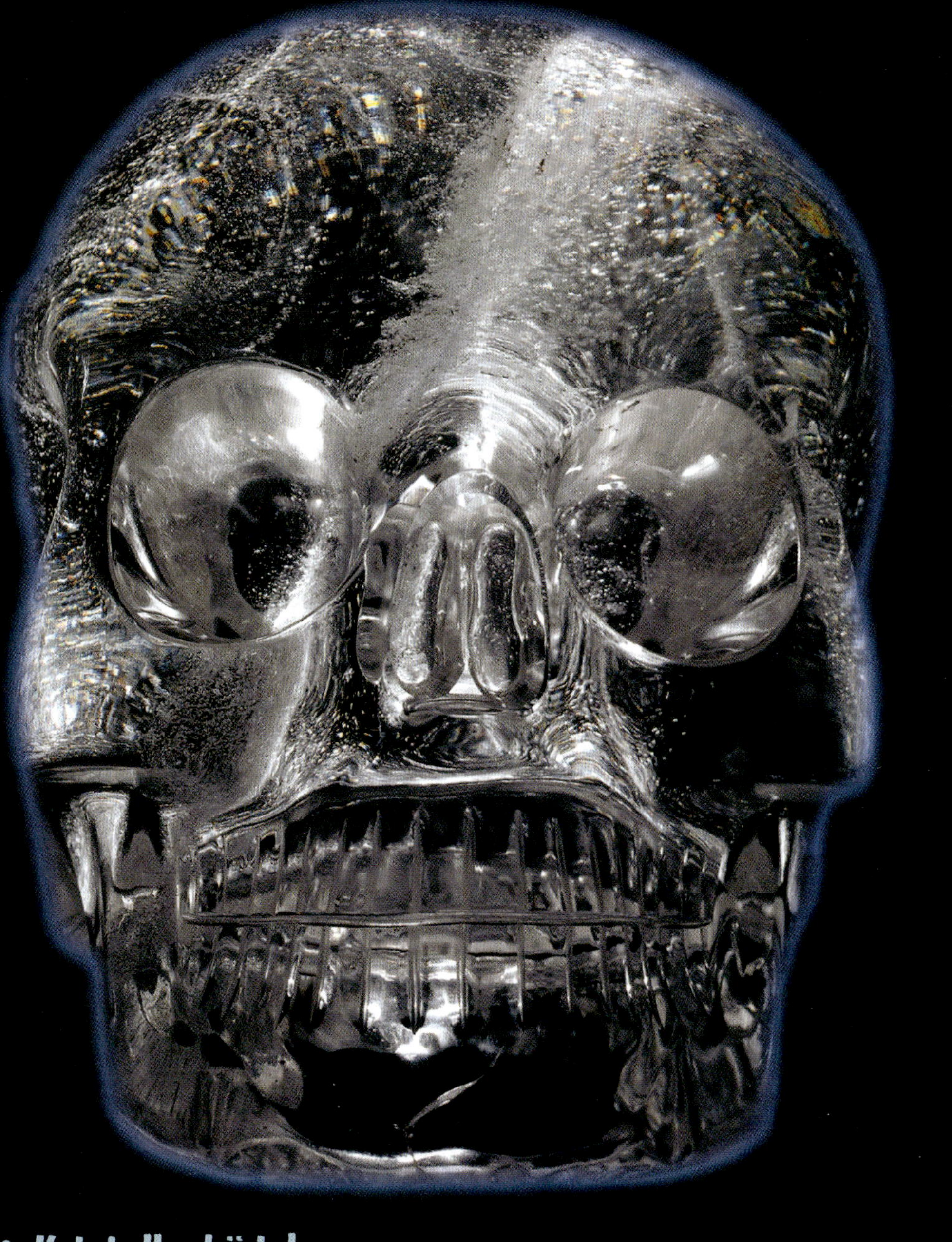

RIPLEY'S ERKLÄRT

DER LEGENDE ZUFOLGE STEHEN DIE KRISTALLSCHÄDEL MIT DER ANTIKEN ZIVILISATION DER MAYA IN ZUSAMMENHANG, DEREN KALENDER AM 21.12.2012 ENDET. ES HEISST, DASS EINE APOKALYPTISCHE KATASTROPHE NUR DANN VERHINDERT WERDEN KANN, WENN ALLE 13 SCHÄDEL ZU DIESEM ZEITPUNKT WIEDERVEREINT WERDEN. ANDEREN ÜBERLIEFERUNGEN ZUFOLGE SIND DIE SCHÄDEL DIE LETZTEN ÜBERRESTE DER VERSUNKENEN STADT ATLANTIS. MANCHE HALTEN SIE AUCH FÜR ANTIKE „COMPUTER", MIT DENEN MAN IN DIE VERGANGENHEIT, DIE GEGENWART UND DIE ZUKUNFT BLICKEN KONNTE. BEI DER UNTERSUCHUNG EINES KRISTALLSCHÄDELS STELLTE SICH HERAUS, DASS ER AUS EINEM EINZIGEN STÜCK BERGKRISTALL GEFERTIGT WORDEN IST. ALS WERKZEUG DIENTEN VERMUTLICH DIAMANTEN. UM EIN SOLCHES KUNSTWERK VON HAND ZU SCHNITZEN, WÄREN SCHÄTZUNGSWEISE 300 JAHRE ARBEIT VONNÖTEN! VIELE EXPERTEN BEZWEIFELN DESHALB, DASS DIE SCHÄDEL WIRKLICH JAHRTAUSENDE ALT SIND, UND GEHEN DAVON AUS, DASS SIE IM 19. JAHRHUNDERT MIT MODERNEREN WERKZEUGEN HERGESTELLT WURDEN. DOCH SOLANGE IHRE HERKUNFT NICHT EINDEUTIG GEKLÄRT IST, WERDEN DIE KRISTALLSCHÄDEL DER MENSCHHEIT AUCH WEITERHIN RÄTSEL AUFGEBEN.

Kristallschädel

Dieser elf Zentimeter hohe Kristallschädel wurde 1878 von dem Forscher Alphonse Pinart in einem Pariser Museum ausgestellt. In den Hinterkopf ist ein Prisma eingearbeitet, sodass Lichtstrahlen, die in die Augenhöhlen fallen, reflektiert werden. Sieht man in die Augen des Schädels, spiegelt sich der gesamte Raum, in dem man sich befindet, darin wider. Vermutlich stellt der Schädel eine uralte Todesgöttin dar – Schätzungen zufolge könnte er 35.000 Jahre alt sein. Doch sein wirklicher Ursprung

Im Jahr 2008 bot das Naturkundemuseum in Bergamo, Italien, seinen Besuchern Snacks der eher fragwürdigen Art an. Dieses ungewöhnliche Event sollte an die Entomophagie, die Praxis des Insektenessens, heranführen, die weltweit in vielen Kulturen verbreitet ist. Neben schokoladenüberzogenen Heuschrecken gab es Salate aus Grillen, Würmern und anderen Insekten zu essen.

TOTAL.
VERSESSE
TOTAL VERSESSEN

Echte Leckerbissen

Von geräucherter Klapperschlange bis hin zu Gürteltierpüree können Gourmets, die auf der Suche nach spektakulären neuen Geschmackserlebnissen sind, so gut wie alles in Dosenform erhalten. Hier zu sehen ist eine Dose mit Seidenwurmpuppen, aber auch Ameiseneier und ganze Hühner mit Haut und Knochen stehen im Fachhandel in Konservenform zur Verfügung.

ARTENVIELFALT

In Deutschland werden in an die 1.300 Brauereien über 5.000 verschiedene Biersorten gebraut. In der Bayerischen Staatsbrauerei Weihenstephan wird sogar bereits seit dem Jahr 1040 Bier hergestellt.

STINKBOMBE

In Kalifornien wurde im Mai 2009 ein Gebäude evakuiert, weil die in einem Kühlschrank vor sich hingammelnden Nahrungsmittel einen so schlimmen Gestank verbreiteten, dass sieben Personen ins Krankenhaus eingeliefert werden mussten. Nur die Putzkraft, die den Kühlschrank reinigte, hatte kein Problem mit den Gerüchen – wegen einer Allergie war ihre Nase verstopft!

MARS-GEMÜSE

Wissenschaftler der NASA behaupten, dass man auf dem Mars Spargel und Rüben anbauen könnte, der Boden für Erdbeeren aber leider nicht fruchtbar genug wäre.

SUPERSANDWICH

Im Juni 2009 bereitete die Handelskammer von Bradley County in Arkansas anlässlich des 53. jährlich stattfindenden Bradley County Pink Tomato-Festivals ein 51 m langes BLT-Sandwich zu – klassisch belegt mit Bacon (B), Salat (Lettuce – L) und Tomate (T). Die 136 kg Bacon, 36 kg Salat und 27 kg Tomaten wurden zusammen mit 6,5 l Mayonnaise innerhalb von zwei Stunden auf dem Megasandwich verteilt.

KÄSE-ROMANTIK

Im zwölften Jahrhundert versuchte Prinzessin Blanka von Navarra, das Herz des französischen Königs Philipp II. August zu gewinnen, indem sie ihm jährlich 200 Laibe Käse schicken ließ.

GLÜHPUDDING

Durch die Beigabe von giftfreiem Chinin haben die Gastronomen Sam Bompas und Harry Parr aus London eine Götterspeise zubereitet, die im Dunkeln blau leuchtet.

TEURES CURRY

Parallel zur DVD-Veröffentlichung des Films *Slumdog Millionär* im Juni 2009 wurde in der Bombay Brasserie in London ein Curry-Gericht serviert, das € 2.150 pro Portion kostete. Das „Samundari Khazana" („Schatz der Meeresfrüchte") bestand aus Devon-Krebsfleisch, weißem Trüffel, Beluga-Kaviar, Wachteleiern, Meeresschnecken und Schottischem Hummer, der in essbares Goldpapier eingewickelt war.

SCHLANGENBISS-FLEISCH

In den Luxusrestaurants der südchinesischen Provinz Guangdong wurde bis vor kurzem ein Leckerbissen der makaberen Art serviert: Fleisch von Hühnern, die von Giftschlangen totgebissen worden waren.

GIFTWURZEL

Die Maniokwurzel, ein in den Tropen weitverbreitetes Nahrungsmittel, enthält Zyanid und kann bei falscher Zubereitung zum Tod führen.

HÜHNERKONSUM

Ein durchschnittlicher Fleischesser isst während seines Lebens 1.200 Hühnchen – das sind 1.800 kg Fleisch!

ALLESFRESSER

Der 37-jährige Rakesh „Cobra" Narayan von den Fidschiinseln isst wirklich so gut wie alles: Ungerührt verspeist er Bodenfliesen, Betonstücke, Kleidung und Schuhe, Möbel und Rasenmäher. Seinen ungewöhnlichen Appetit entwickelte er mit zehn Jahren, als er ein Stück Maschendraht verschlang. Als Nächstes folgten ein rohes Huhn, Schrauben samt Muttern, Insekten, Eidechsen, Gras und seine Leibspeise: zerbrochene Leuchtstäbe! Er behauptet übrigens, trotz seiner merkwürdigen Essgewohnheiten keinerlei Verdauungsprobleme zu haben!

ZWANGSERNÄHRUNG

Ein Gebirgswanderer überlebte nach einem schweren Sturz fünf Tage lang, indem er sich von Tausendfüßlern, Ameisen und sogar einer giftigen Wolfsspinne ernährte! Derek Mamoyac hatte sich bei seinem Unfall auf dem 3.750 m hohen Mount Adams in Washington State im Oktober 2008 den Knöchel gebrochen und kroch mühsam den Berg hinab, hatte aber nicht genug Vorräte dabei und musste deswegen auf das zurückgreifen, was eben so an ihm vorbeikrabbelte.

KNOBLAUCHBÄLLCHEN

Die ehemalige amerikanische First Lady Eleanor Roosevelt aß jeden Morgen drei schokoladenüberzogene Knoblauchbällchen, die ihr ein Arzt gegen ihr schlechtes Gedächtnis verschrieben hatte.

DROGEN IM SALAT

Auf Hasen hat eine bestimmte Salatsorte dieselbe Wirkung wie Opium auf den Menschen! Denn er enthält Lactucarium, das früher auch in Schlaftrünken enthalten war und bei Hasen Anfälle von leichter Euphorie auslösen kann.

SCONE DER SUPERKLASSE
Im Mai 2009 servierte die Engländerin Anne Tattersall aus Devon einen gigantischen Nachmittagstee, zu dem sie einen 45 kg schweren Scone mit einem Meter Durchmesser servierte. Gebacken hatte sie ihn gemeinsam mit Nick, Amy und Mary Lovering und Simon Clarke, die geduldig neun Kilogramm Marmelade in das Gebäck geschaufelt hatten.

FROSCHSCHENKEL
Weltweit werden pro Jahr bis zu einer Milliarde Frösche verspeist.

FLEISCHKLEID

ALS JIA JEM VERGEBLICH IHREN KLEIDERSCHRANK NACH EINEM PARTY-OUTFIT DURCHFORSTET HATTE, BESCHLOSS SIE KURZERHAND, SICH SELBST EINES ZU SCHNEIDERN – UND ZWAR AUS ROHEM FLEISCH! DIE JUNGE FRAU AUS CHICAGO BELEGTE EIN EINFACHES BAUMWOLLKLEID MIT SALAMI UND BACONSTREIFEN, DIE SIE DANN MIT EINER TRANSPARENTEN VINYLSCHICHT ÜBERZOG. BIS DIE PARTY LOSGING, MUSSTE SIE ES ALLERDINGS GEKÜHLT LAGERN, DAMIT ES NICHT SCHON VORHER VERGAMMELTE.

WURMBONBONS
Annie Munoz aus Panama-Stadt stellt mit Grashüpfern und Mehlwürmern gefüllte Bonbons sowie Wurmlollis her.

GOURMET-KNACKIS
Zahlreiche Insassen des Parappana-Agrahara-Gefängnisses im indischen Bangalore weigerten sich, eine Freilassung auf Kaution zu beantragen, weil das Kantinenessen so lecker war! Es kam sogar vor, dass jugendliche Straftäter bezüglich ihres Alters logen, nur um in diesen speziellen „Gourmet-Knast" versetzt zu werden.

SUPPENKÜCHE
Beim 28., jährlich stattfindenden Chowder-Fest in Boston servierte man 2009 den etwa 10.000 Besuchern insgesamt 7.570 l der neuenglischen Spezialität, einer dickflüssigen Suppe aus Muscheln, Sahne und Kartoffeln.

FISCHVERRÜCKT
Der Konsum einiger pflanzenfressender Fischarten kann zu schweren Halluzinationen führen.

Pfirsichzart

Diese Skulptur, die die australische Schauspielerin Jolene Anderson darstellt und im First Fleet Park in Sydney zu sehen war, bestand aus 24.000 Pfirsichen. Eine Werbeagentur hatte das Zwölf-Meter-Kunstwerk in Auftrag gegeben, um für eine Hautpflegelinie mit dem Slogan „Haut zum Anbeißen" zu werben. Schade nur, dass die Pfirsiche irgendwann verrotteten.

TOMATEN-SCHLACHT

2009 BEWARFEN SICH IM CHINESISCHEN GUIYANG IM RAHMEN EINER EHER BIZARREN PROMO-AKTION EINES LOKALEN EINKAUFSZENTRUMS HUNDERTE VON LEUTEN MIT TOMATEN. BEI DIESEM VOM BERÜHMTEN TOMATINA-FESTIVAL IN SPANIEN INSPIRIERTEN MASSENEREIGNIS WURDEN TOMATEN IM WERT VON ÜBER € 10.000 VERBALLERT.

Heilige Cannoli!

Der Wettesser Kevin Basso verschlang beim Little Italy-Wettessen in New York 17 ganze Cannoli! Der Gewinner „Crazy Legs“ Conti futterte sogar 20 ½ Portionen des reichhaltigen sizilianischen Desserts in nur sechs Minuten!

WERTVOLLER PARMESAN

In einigen Banken in der italienischen Region Emilia-Romagna kann Parmesankäse als Sicherheit für Kredite eingelagert werden. Ein 40 kg schwerer Parmesanlaib ist über € 250 wert. Bleiben die Ratenzahlungen aus, verkauft die Bank einfach den Käse. In einer Filiale sind mehr als 400.000 Laibe eingelagert!

BLUTGERICHT

In einem Restaurant im vietnamesischen Hanoi kann man für umgerechnet 50 Cent eine Schüssel Schweine- oder Entenblut bestellen! Auch beliebt: ein Eispudding aus gefrorenem Blut.

RIPPCHEN-FREAK

Pat „Deep Dish“ Bertoletti aus Chicago verschlang bei der Best in the West Nugget-Weltmeisterschaft im Rippchenessen in Sparks, Nevada, im September 2009 ganze 2,6 kg Rippchen in nur zwölf Minuten!

BIGDOG

Im kolumbianischen Santa Marta verspeisten über 2.000 Personen gemeinsam einen 200 m langen Hotdog, der von zwölf der besten Köche der Stadt aus 100 kg Brot, 125 kg Würstchen, 250 Flaschen Sauce und Tonnen an Gemüse und Käse zubereitet worden war.

RIESEN-KIBBEH

In der libanesischen Bergstadt Ehden wurde ein riesiges Gericht der landestypischen Kibbeh – frittierte Hackfleisch-Weizen-Bällchen – serviert, das 233 kg wog. Bei der Herstellung wurden 120 kg Hackfleisch, 80 l Olivenöl, 80 kg Weizen, 5 kg Salz und 1 kg Pfeffer verarbeitet.

KNUSPER, KNUSPER, KNÄUSCHEN

Über 39.000 Baseballfans stopften während des zweiten Innings eines Spiels zwischen den New York Mets und den Cincinnati Reds auf dem Citi Field in New York im Juli 2009 gleichzeitig Kartoffelchips in sich hinein, sodass ihr simultanes Geknusper durch die ganze Arena zu hören war.

Snack-Hüpfer

Frittierte Grashüpfer gelten in Korea und anderen Teilen Asiens als Delikatesse. Am besten schmecken sie angeblich mit Limone, Salz oder Knoblauchbutter.

ROBOTERKÖCHE

Im I-Robot-Restaurant im chinesischen Nanning werden von Roboter-Köchen zubereitete Gerichte serviert! Die beiden automatischen Chefs können auf Hunderte von traditionellen chinesischen Rezepten zugreifen. Die menschlichen Hilfsköche dürfen nur die Zutaten kleinschnippeln.

HUNDE-EIS

Ein Unternehmen aus dem englischen North Yorkshire hat eine Serie von Luxuseiscreme auf den Markt gebracht – und zwar für Hunde! Die gefrorenen Joghurt-Leckerlis sind in drei Geschmacksrichtungen zu haben und enthalten Hundekuchen und Yuccastückchen gegen übelriechende Blähungen.

DIENSTZEIT-DOSE

Im Rahmen seiner Pensionierungsfeier im Jahr 2009 öffnete der U.S.-Army-Oberst Henry A. Moak Junior eine 40 Jahre alte Konservendose aus Militärbeständen. Er hatte sie 1969 in seiner Zeit als Marine-Hubschrauberpilot erhalten und sich geschworen, sie erst zu öffnen, wenn er in den Ruhestand ginge.

HOTDOG-MEISTER

Der Kalifornier Joey Chestnut verspeiste 2009 in nur zehn Minuten 68 Hotdogs und gewann damit zum dritten Mal in Folge das Hotdog-Wettessen auf Coney Island, das alljährlich im Juli stattfindet. Er schnappt sich immer zwei Hotdogs auf einmal und verschlingt sie möglichst ohne zu kauen.

DURCHGESCHÜTTELT

Im Mai 2009 mixte Chris Raph aus Minneapolis, Geschäftsführer der Shout House Dueling Pianos-Bar, 662 Cocktails in nur einer Stunde – das macht mehr als zehn Cocktails pro Minute!

SPÄTER TREND

Im Juni 2009 wurde in Nordkorea das erste amerikanische Fast-Food-Restaurant eröffnet. Im Restaurant Samtaesong in Pjöngjang werden Burger, Pommes, Waffeln und Fassbier serviert.

WERTVOLLE NASE

Der Käsetester Nigel Pooley aus Somerset, England, hat seine Nase für über 5,8 Millionen Euro versichert! Mit seinem ausgeprägten Geruchssinn schnüffelt er sich jährlich durch 12.000 Tonnen Cheddar!

ENTFLAMMBARES WASSER

Anfang 2009 enthielt das Leitungswasser in einigen Haushalten in Fort Lupton, Colorado, so viel aufgelöste natürliche Kohlensäure, dass es entzündlich war!

KAMEL-SCHOKOLADE

Die in Dubai ansässige Firma Al Nassma hat sich auf die Herstellung von Kamelmilchschokolade spezialisiert. Aus der Milch von 3.000 Kamelen produziert sie jährlich 100 Tonnen Diät-Schokolade.

DINO-CAFÉ

Im T-Rex Café in Kansas City essen die Gäste in einer skurrilen Urzeit-Deko aus lebensgroßen, beweglichen Dinosauriern und sprudelnden Geysiren und können nach dem Essen, anstatt einen Verdauungsspaziergang zu machen, ein paar Fossilien ausbuddeln.

Welches Gift darf's sein?

In Laos kann man sogenannten Schlangenwein kaufen, der eine ganze tote Schlange enthält! Allerdings gilt das Gebräu, in dem sich das Gift der Reptilien langsam auflöst, weniger als Spirituose denn als Heilmittel, beispielsweise gegen Arthritis, Fieber und Keuchhusten.

COLA-SÜCHTIG
Der 32-jährige LKW-Fahrer Jason Morgan aus Wales trank jahrelang über zehn Liter Coca-Cola am Tag!

NEUJAHRSKUCHEN
Im Dezember 2008 buken Bäcker aus Bukarest einen 280 kg schweren Schichtkuchen! Er war mit Schlagsahne und Obst bedeckt und mit den Flaggen Rumäniens und Europas sowie dem Schriftzug „Frohes neues Jahr 2009“ verziert.

RIESEN-JAMBALAYA
Über 50 Freiwillige aus Gonzales, Louisiana, taten sich im Juni 2009 zusammen, um ein riesiges Jambalaya zu kochen, ein Reisgericht, das typisch für die Cajun-Küche der Südstaaten der USA ist. Der Topf allein hatte einen Durchmesser von 2,40 m und musste per Gabelstapler transportiert werden. Zum Umrühren benutzten die fleißigen Köche 2,70 m lange Paddel! Das Gericht enthielt 545 kg Schweinefleisch und Würstchen, 135 kg Zwiebeln, 16 Tassen roten und schwarzen Pfeffer, 9 kg Knoblauch und 378 l Wasser.

LUFTIGES OBST
Äpfel schwimmen auf Wasser, weil sie zu 25 % aus Luft bestehen.

DIE CHILI-KÖNIGIN
Im April 2009 aß die Inderin Anandita Dutta Tamuly in nur zwei Minuten unfassbare 51 Bhut-Jolokia-Chilis, die schärfsten Schoten der Welt! Ihre Liebe zu dem Gewürz entdeckte sie mit fünf, als ihre Mutter ihr eine Chilipaste auf die Zunge strich, um eine Infektion zu behandeln.

SELBSTVERTEIDIGUNG
Als Diebe versuchten, den Pizzalieferanten Eric Lopez Devictoria aus Miramar, Florida, auszurauben, bewarf er sie mit einer kochendheißen Riesenpizza, woraufhin die Angreifer flohen.

REICHHALTIG
In einem Hotel in Bangkok wurde 2009 von den besten Köchen der Welt ein Gericht zubereitet, das über € 20.000 pro Portion kostete! Bei dem Festessen wurden Zutaten serviert, die aus 35 Städten weltweit eingeflogen worden waren, darunter Hummer aus Maine und Austern aus Frankreich.

ECHT UNGENIESSBAR
Pierre Girard aus Golden Valley, Minnesota, besitzt einen Obstkuchen, der 1911 gebacken wurde – einige Monate, ehe die *Titanic* sank! Da der Kuchen in Alkohol getränkt wurde, ist er bis heute nicht verdorben.

KAUGUMMI-BÜFFEL

Maurizio Savini erschafft wunderschöne Skulpturen wie diesen rosafarbenen, lebensgroßen Büffel aus einem eher weniger schönen Material – nämlich vorgekauten Kaugummis! Einige seiner Kunstwerke haben für € 45.000 den Besitzer gewechselt – die Kosten für Material und Savinis „Vorkauer“ sind dabei natürlich inklusive.

Ein Stück Realität

Kaum zu glauben: Alle diese Kunstwerke sind essbar! In der berühmt gewordenen Bäckerei Zhanna im russischen Sankt Petersburg werden unfassbar detailverliebte Biskuitkuchen hergestellt, deren Oberflächen in minuziöser Feinarbeit aus Zuckerguss gestaltet werden.

POPCORNKUGEL

2009 stellten Hunderte von Freiwilligen aus Sac City, Iowa, aus 680 kg Popcorn, 1 Tonne Zucker und 500 kg Sirup eine riesige, 2,2 Tonnen schwere Popcornkugel her! In der selbsternannten „Popcornhauptstadt" werden jedes Jahr an die 2,3 Millionen Kilo Popcorn produziert.

DER SUPER-ESSER

Der Algerier Salim „El Akoul" („Der Esser") Haini verspeist mit Vergnügen Glühbirnen, Kerzen, Nägel, Zeitungen und Sägespäne. Erst kürzlich verputzte er unfassbare 1.500 hartgekochte Eier in weniger als drei Stunden, und ein anderes Mal stopfte er ein ganzes, 35 kg schweres Lamm in sich hinein.

BEGEHBARER DRINK

In der Alcoholic-Architecture-Bar in London wird ein berauschender Dampf aus Gin und Tonic Water in die Luft gesprüht, dessentwegen auch diejenigen Gäste nach einem längeren Aufenthalt benebelt sind, die gar keinen Alkohol getrunken haben! Die Kunden tragen übrigens Schutzanzüge, damit sie nach ihrem Besuch nicht stinken wie ein Schnapsfass.

KÄSESÜCHTIG

Die 37-jährige Kate Silk aus Manchester, England, verspeist seit über 35 Jahren täglich Käse, der zu den sechs Nahrungsmitteln zählt, von denen ihr nicht übel wird.

WHISKY-WAHN

Über 35 Jahre hinweg hat der brasilianische Whisky-Fan Claive Vidiz eine Sammlung von 3.384 verschiedenen Whisky-Flaschen zusammengetragen! Zu seinen Schätzen zählt auch ein Strathmill Single Malt, von dem nur 69 Flaschen produziert wurden.

MONSTER-MAMPFER

In Doha, Katar, wurde im März 2009 ein 1.730 m langes Sandwich zubereitet, das 500 kg Salami und Mortadella, 1.000 kg Krautsalat, 200 kg Mozzarella und bergeweise Zwiebeln, Pilze, Knoblauch und Gewürze enthielt.

Zitronen-Zunder

Andrew Davidhazy, Hochgeschwindigkeitsfotograf aus New York, bannte den Augenblick auf Papier, in dem eine Kugel eine Zitrone durchschlug. Der Professor für Bild- und Fotografietechnologie am Rochester Institute of Technology nutzte für diese Aufnahme einen hochempfindlichen Film und belichtete das Motiv mit einem elektrischen Blitz, der nur eine zweimillionstel Sekunde lang aufleuchtet. Das Gewehr wurde durch eine perfekt mit dem Blitz synchronisierte Stromschaltung gezündet.

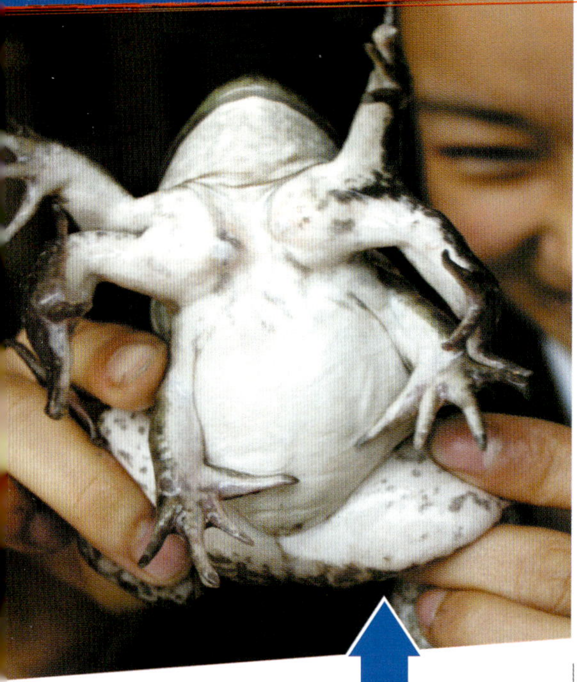

Gerettet!

2007 wurde dieser achtbeinige Frosch in einem Restaurant im chinesischen Quanzhou vor dem Kochtopf gerettet! Eigentlich sollten seine zahlreichen Schenkel serviert werden, doch die Angestellten hatten ein Herz für den kleinen Sonderling und retten ihn.

PIZZA-LIEFERUNG

Im November 2004 lieferte die Engländerin Lucy Clough eine Pizza von London ins australische Melbourne. Ihre 15.000 km weite Anreise dauerte 30 Stunden!

EINGEFROREN

Die Zuwanderungsbehörde aus Llandudno, Wales, entdeckte einen chinesischen Koch, der sich in dem Restaurant, in dem er arbeitete, in einem Kühlschrank häuslich eingerichtet hatte!

PERLE SERVIERT

George und Leslie Brock staunten nicht schlecht, als sie in einem Restaurant in Florida, wo sie einen Teller gedünstete Venusmuscheln bestellt hatten, plötzlich auf eine seltene, perfekt geformte lilafarbene Perle stießen! Lilafarbene Perlen sind ausgesprochen selten und können bis zu € 18.000 wert sein!

ALTER TOASTER

Joan Lopes aus Suffolk, England, benutzt noch immer ihren 60 Jahre alten Toaster, den sie 1951 von ihren Eltern als Hochzeitsgeschenk erhielt!

BRATEN IM BRATEN IM BRATEN ...

Auf einem Bauernhof im englischen Devon wurde ein Riesenbraten serviert, der aus einem gigantischen Truthahn bestand, der mit elf kleineren Vögeln gefüllt war – einer Gans, einem Huhn, einem Fasan und acht Jungenten. Der 25 kg schwere True Love Roast machte 125 Menschen satt.

KARTOFFELDIÄT

Joanne Adams aus Cleveland, England, ernährte sich 20 Jahre lang von 16 Tüten Chips am Tag! Aufgrund von Mangelerscheinungen brach sie sich aber regelmäßig die Fingerknochen, und ihr Haar wuchs so langsam, dass sie sich Extensions einflechten ließ.

HUMMERBRÖTCHEN

In Portland, Maine, wurde im Juni 2009 ein 18,80 m langes Brötchen mit 22 kg Hummerfleisch und 15 l Mayonnaise gefüllt!

CALAMARI-KÖNIG

Bei einem Wettessen im Mai 2009 verspeiste Patrick Bertoletti aus Chicago, Illinois, in nur zehn Minuten drei Kilo frittierte Calamari!

KÜKEN-SNACK

AUF DEN PHILIPPINEN HAT SO MANCHES ENTENKÜKEN NICHT EINMAL DIE CHANCE, EIN EINZIGES MAL DAS TAGESLICHT ZU ERBLICKEN: IM GANZEN LAND GIBT ES AN STRASSENSTÄNDEN SOGENANNTE BALUTS ZU KAUFEN, GEKOCHTE ENTENEIER, DEREN KLEINE „BEWOHNER" KURZ DAVOR WAREN ZU SCHLÜPFEN. 17 BIS 20 TAGE LANG WERDEN DIE EIER ANGEBRÜTET, BIS DIE EMBRYOS GENAU DAS RICHTIGE STADIUM ERREICHT HABEN.

KLEINER KNIGGE Balut-Etikette

Um das meiste aus dem Ei herauszuholen, sollte man sich an folgende Regeln halten:

- Zunächst wird ein kleines Loch in die Eierschale gestoßen, durch das die leicht süßlich schmeckende Brühe gesogen wird.
- Dann wird die Schale ganz entfernt, um das Eigelb und das Enten-Embryo freizulegen.
- Der gesamte Inhalt des Eis ist essbar. Häufig wird der Fötus aber noch mit Salz, Pfeffer und Chili gewürzt, ehe man ihn verspeist.

Für sein Kunstwerk *Goodbye Rocco* baute Jorge Perruorria einen Kühlschrank aus den 1950er-Jahren in einen Sarg um.

OLIVENDIEBSTAHL
Im Mai 2008 entdeckte der australische Olivenzüchter Quentin von Essen, dass über Nacht alle 400 bis zu 3,50 m hohen Olivenbäume auf seiner Plantage im Hunter Valley abgeerntet worden waren! Nur zwei Bäume, die mitten im Scheinwerferlicht standen, hatten die Diebe verschont.

PIZZA, PIZZA!
Im Mai 2009 bereiteten Scott Van Duzer und neun weitere Köche aus 570 kg Mehl, 270 kg Mozzarella und 265 l Tomatensauce über 1.800 Pizzen zu, um daraus eine 540 m lange Pizzalinie um einen ganzen Häuserblock in Fort Pierce, Florida, zu legen.

ESKORTIERTES ESSEN
Im August 2009 gab es in New York ein 120 kg schweres Matzebällchen zu essen. Die jüdische Spezialität war im Noah's Ark Original Deli zubereitet worden und einen ganzen Meter hoch. Transportiert wurde sie in einem Container-Güterzug mit Polizeieskorte.

Coole Kühler

Eine Ausstellung der eher ungewöhnlichen Art war kürzlich in Paris zu sehen: Unter dem Titel „Energieverschlingende Monster" stellten die kubanischen Künstler Mario Miguel Gonzalez (auch bekannt als „Mayito") und Roberto Fabelo 50 alte Kühlschränke aus, die sie und einige andere kubanische Talente in farbenfrohe Kunstwerke verwandelt hatten. Bis zur Energiekrise in den 1990er-Jahren waren die alten Geräte in so gut wie jedem kubanischen Haushalt zu finden.

MORDS-ECLAIR
In der Swallow-Bäckerei im englischen Chichester wurde ein 3,60 m langes Schokoladeneclair hergestellt! Es enthielt 1 kg Schokolade und 3,8 l Sahne. Fünf Stunden lang arbeiteten die Bäcker Lou Allen und Michaela Heard an dem monströsen Leckerbissen!

LEICHENSCHMAUS
In einem Tokioter Restaurant werden Sushi-„Organe" in einer essbaren „Leiche" serviert! Die Teighaut, gefüllt mit einer Blutsauce, wird auf einer Krankenhausbahre in den Speiseraum gerollt, wo die Kellnerin die „Leiche" dann wie bei einer Obduktion mit einem Skalpell aufschneidet. Danach dürfen die Gäste den Körper selber ausweiden.

AGENTEN-ESSEN
Die Besucher des Restaurants The Safe House in Milwaukee erhalten nur nach Nennung eines Passworts Zutritt. Das gesamte Lokal ist im Spionage-Look gehalten und hat einen geheimen Ein- und Ausgang.

PFANNKUCHENREKORD
Die Angestellten der Firma Batter Blaster aus Atlanta stellten im Mai 2009 in nur acht Stunden unglaubliche 76.382 Pfannkuchen her!

Fast Food von Luis Enrique Camejo ist ein Hybrid aus einem alten Kühlschrank und einem amerikanischen Auto aus den 1950ern.

LECKER LICHT

DIESER UNGLAUBLICHE GUMMIBÄRCHEN-LÜSTER DER KALIFORNISCHEN KÜNSTLERIN YA YA CHOU IST BIS ZU ZWEI JAHRE LANG HALTBAR! IN MÜHSAMER KLEINARBEIT HAT SIE HUNDERTE DER KLEINEN LECKERBISSEN AUFGEFÄDELT UND SORGFÄLTIG ARRANGIERT. DER LEUCHTER IST NUR EIN BESTANDTEIL IHRER BÄRCHENLINIE, ZU DER AUCH EIN „BÄRENFELL" ZÄHLT.

SUPER-FUDGE

Im Juni 2009 wurde am Lansing Community College in Michigan ein gigantisches, 2.496 kg schweres Schokoladentoffee zubereitet, das aus 1.270 kg Schokolade, 320 kg Butter sowie 1.155 l Kondensmilch bestand.

BIERSEE

In Kassel bildete sich im Dezember 2008 ein ganzer Biersee, nachdem ein LKW seine Ladung von zwölf Tonnen Gerstensaft verloren hatte! Der Inhalt von 1.600 Flaschen ergoss sich über den Asphalt und gefror, da Minusgrade herrschten.

SUPER-NUGGET

In einem Restaurant in McDonough, Georgia, wurde an Silvester 2009 ein zwei Meter großes, 360 kg schweres Gips-Chicken-Nugget in eine riesige Schale mit Dip getunkt.

PASTA FÜR ALLE!

Im März 2009 wurde in einem Restaurant in Doha, Katar, eine sechs Meter lange, zwei Meter breite Schale mit Nudeln serviert, die 4.300 kg wog!

GRINSE-CHILI

Als der Engländer Nigel Hollingsworth aus Somerset eine seiner selbstgezüchteten Jalapeño-Chilis aufschnitt, wurde er von einem strahlenden Lächeln überrascht! Die beiden Hälften der Schote sahen aus wie ein Gesicht, komplett mit Augen, Brauen, Nase und Grinsemund!

UNTERWASSER-RESTAURANT

Im Restaurant Ithaa auf den Malediven können 14 Personen ihr Abendessen fünf Meter unter dem Meeresspiegel genießen! Der Ort ist über eine Wendeltreppe am Ende eines Stegs erreichbar und bietet eine 180°-Sicht auf das angrenzende Korallenriff. Das Acrylgebäude ruht auf fünf Stahlpfählen, die in den Meeresboden gerammt wurden.

ZUNGENFERTIG

Gennaro Pelliccia, Kaffeetester in London mit über 18 Jahren Berufserfahrung, ließ sich seine Zunge für knapp zehn Millionen Euro versichern! In der Rösterei seines Arbeitgebers muss er jede Bohnenfuhre testen, ehe sie das Haus verlässt. Zwei Tage vor seinen Verkostungen darf er kein Curry essen, um seine Geschmacksknospen zu schonen.

ORANGENGELD

Der chinesische Student Wu Xiaobin finanzierte sich sein Studium im Jahr 2009 mit fünf Tonnen Orangen. Über 210 km weit transportierte er sein ungewöhnliches Zahlungsmittel in zwei LKWs vom Hof seiner Familie in Quzhou nach Hangzhou, wo er das Obst an seine Kommilitonen verschacherte.

MONDKUCHEN

Um den 40. Jahrestag der ersten Mondlandung zu feiern, servierte die NASA 2009 einen riesigen Mondkuchen, der aus schokoladenüberzogenen Marshmallows bestand. Er hatte einen Durchmesser von 101 cm, war 15 cm hoch und wog 25 kg.

SCHOKO-FREAK

Peggy Griffiths aus dem englischen Devon isst 30 Schokoladenriegel pro Woche – und wurde 2009 trotzdem stolze 100 Jahre alt! In ihrem Leben hat sie schätzungsweise 70.000 Cadbury's Dairy Milk Bars verputzt – das macht insgesamt vier Tonnen Schokolade! In den 1930er-Jahren führte Griffiths einen Süßwarenladen, musste ihn aber schließen, weil sie den gesamten Gewinn aufaß.

Halb, halb

Dieser halbrote, halbgrüne Golden-Delicious-Apfel aus dem Garten von Ken Morrish aus Colaton Raleigh, England, ist ein wahres Wunder der Natur. Die seltsame Färbung entstand vermutlich durch eine extrem seltene Genmutation. Der „zweiseitige" Apfel wurde so berühmt, dass sich Menschentrauben vor Morrishs Haus versammelten, um den Wunderapfel zu bestaunen.

Buddha-Birnen

Nach sechs Jahren akribischer Bemühungen wachsen im Obstgarten von Gao Xianzhang aus Hebei, China, endlich diese buddhaförmigen Birnen. 2009 war seine Zuchttechnik endlich ausgereift, und heute gedeihen pro Saison bis zu 10.000 Buddha-Birnen! Sie kosten € 7,30 pro Stück und werden in maßangefertigten Plastikformen gezüchtet.

DER EISMANN

In seinen letzten 15 Lebensjahren ernährte sich der exzentrische Filmproduzent Howard Hughes (1905–1976) fast ausschließlich von Eiscreme. Meistens aß er solange dieselbe Sorte, bis sie in seiner Wohngegend ausverkauft war.

GESCHICK GEFORDERT!

Im März 2009 aß Ashrita Furman aus New York 40 M & M'S mit Essstäbchen!

PERFEKTER KÄSE

Mithilfe von Wissenschaftlern der Bristol University entwickelten die Käser von West Country Farmhouse aus England die Formel für das perfekte Käsesandwich! In neun algebraischen Formeln werden beispielsweise die ideale Dicke von Cheddar und Brot sowie Tomaten berechnet.

Giga-Gummi

Im Popalop's Candy Shop in Raleigh, North Carolina, gibt es den Traum wohl jeden Kindes zu kaufen: Derek Lawson stellt bis zu zwei Kilogramm schwere Gummibärchen her, die beeindruckende 23 × 14 × 9 Zentimeter groß sind! Ihre „kleinen Geschwister" schlagen sie damit um ein 1.400-Faches. Die Herstellung eines einzigen Riesenbärchens dauert neun Stunden. Zu den Geschmacksrichtungen zählen Blue Raspberry, Cola, Traube und grüner Apfel.

KRANKENHAUSESSEN

Im lettischen Restaurant Hospitalis werden von als Krankenschwestern verkleideten Kellnerinnen Gerichte auf Krankenhaustabletts und Cocktails in Infusionsschläuchen serviert. Als Besteck dienen chirurgische Instrumente.

EIER-DIÄT

Um ihr Körpergewicht für die Commonwealth Games 2010 in die Höhe zu treiben, ernährten sich die Spieler der indischen Rugby-Nationalmannschaft ein Jahr lang von sieben Mahlzeiten pro Tag, die mindestens 15 Eier enthalten mussten!

SCHNELLE FINGER

Dennis Tran aus Silver Spring, Maryland, bereitete 2008 in nur 46 Sekunden drei Riesenpizzen zu! Den frischen Teig musste er dabei von Hand formen und belegen – einmal mit Peperoni, einmal mit Pilzen und einmal mit Käse.

DAUERWURST

2009 bereiteten Köche aus dem kroatischen Vinkovci in einer 2,50 m großen Pfanne eine 530 m lange Wurst zu, von der 3.000 Personen satt wurden! Die Wurst bestand aus 400 kg Schweinefleisch von 28 Schweinen, 40 kg Paprika, 10 kg Salz, 5 kg Knoblauch und 2,5 kg Gewürzen.

KINDERTRAUM

Sean McGinlay und Natalie King, Angestellte im Hilton Grosvenor Hotel im schottischen Glasgow, arbeiteten 22 Stunden lang an einem 75 cm hohen Stapel aus 672 Pfannkuchen.

WELTRAUMPIPI

Auf der Internationalen Raumstation befindet sich ein 177 Millionen Euro teures Wasseraufbereitungssystem, das Urin in Trinkwasser verwandeln kann.

KÄSEKUCHEN DE LUXE

Im Juli 2009 bereiteten 170 palästinensische Bäcker aus zehn Konditoreien in Nablus einen riesigen Kunafa-Käsekuchen zu, der 74 m lang und 1.765 kg schwer war und 100.000 Portionen ergab! Die Produktionskosten beliefen sich auf € 10.500.

UNFREUNDLICHKEIT ZAHLT SICH AUS

In einer Bar im spanischen Cullera bekamen Gäste 2009 Bier und Tapas aufs Haus, wenn sie sich besonders originelle Beschimpfungen für die Kellner einfallen ließen. Laut dem Geschäftsführer des Caso Pocho sollte auf diese Weise der durch die Rezession angestaute Stress seiner Kunden abgebaut werden.

BARKEEPER FÜRS LEBEN

Angelo Cammarata gab nach 75 Berufsjahren im Alter von 95 seine Tätigkeit als Barkeeper in der Bar seiner Familie in Pittsburgh auf. Seinen ersten Drink hatte er im Jahr 1933 im Alter von 19 Jahren serviert, nur wenige Minuten, nachdem die Prohibition aufgehoben worden war.

RIESENKOHL

Steve Hubacek aus Wasilla, Alaska, stellte bei der Alaska-State-Kirmes 2009 einen über 57 kg schweren Kohl aus! Der Kohlkopf hatte einen Durchmesser von 53 cm, und die Blätter erstreckten sich über 1,50 m!

CHILI-GRANATEN

Um Aufstände niederzuschlagen, greifen indische Sicherheitskräfte auf den Einsatz von Handgranaten zurück, die extrem scharfes Chilipulver enthalten! Durch die aufsteigenden Dämpfe werden Angreifer ganz ökologisch korrekt schachmatt gesetzt!

Mäusekebab

Ein Leckerbissen der plüschigen Art steht auf malawischen Speisezetteln: Auf den Feldern erlegte Mäuse werden gekocht, getrocknet und gesalzen und als Snack für Zwischendurch an Straßenständen verkauft – handlich serviert auf einem Bambusstab. Die Nager werden übrigens ganz gegessen, mit Fell, Haut und Zähnen.

Käfer-Küche

Na, was krabbelt denn da? Taiwanesische Wasserkäfer werden in Tokio auf einem Bett von Udon-Nudeln serviert.

ECHT SCHARF

Bei einem Wettessen in Guizhou, China, verschlingen die todesmutigen Teilnehmer scharfe rote Chilischoten in rohen Mengen. Die Schärfe von Chilis wird in Scoville Heat Units (SHU) gemessen, die darüber ermittelt werden, wie stark ein Chiliextrakt mit Wasser verdünnt werden muss, bis er seine Schärfe verliert. Die Naga-Morich-Chili aus Bangladesch erreicht unfassbare 1.500.000 SHU – und ist damit 50-mal schärfer als Cayenne-Pfeffer!

Bela Borsodi sieht selbst in den gewöhnlichsten Kleidungsstücken das wahrhaft Menschliche. Der österreichische Künstler hat eine ganz besondere Form der Faltkunst entwickelt, mit der er Lederjacken, Jeans, Hemden und anderen Kleidungsstücken ein Gesicht verleiht.

KÜHNE KUNST

KÜHNE KUNST

Die Fusselfrau

Heidi Hooper aus Massachusetts fertigt knallbunte Kunstwerke aus den Fusseln, die ihr Wäschetrockner ausspuckt! Da die Partikel zu fein sind, um sie nach Farben zu sortieren, kauft Hooper mittlerweile manchmal stapelweise Handtücher in der benötigten Farbe, nur um sie zu waschen und in den Trockner werfen zu können.

POMMESKUNST
In Ocean City, New Jersey, wird jedes Jahr ein Pommes-Bildhauer-Wettbewerb veranstaltet! Aus den frittierten Kartoffelstäbchen entstehen dabei die verrücktesten Kunstwerke.

ELEFANTENHECKE
Nachdem eine Safari in Kenia Gavin Hogg vollkommen begeistert hatte, beschloss er, die Buchsbaumhecke um seinen Garten in Wales zu einer Elefantenherde zu stutzen! Mit Trimmer und Heckenschere bewaffnet, erschuf er eine 30 m lange Elefantenparade.

Echte Feinstarbeit

AUS PURER LANGEWEILE BESCHLOSS DER TOKIOTER STUDENT WATARU ITOU 2005, EINE GANZE STADT AUS PAPIER UND KLEBSTOFF ZU BASTELN! SEIN EINZIGES WEITERES HILFSMITTEL WAR EIN MESSER, MIT DEM ER VIER JAHRE LANG AN SEINEM 2,40 × 1,80 M GROSSEN KUNSTWERK ARBEITETE, ZU DEM EIN SCHLOSS, EINE KATHEDRALE, EIN FLUGHAFEN UND EIN VERGNÜGUNGSPARK ZÄHLEN. AUS UNERKLÄRLICHEN GRÜNDEN MÖCHTE ITOU SEINE SKULPTUR ÜBRIGENS EINES TAGES VERBRENNEN!

Leandro Granato bringt mit seiner seltsamen Spritztechnik erstaunlich symmetrische Muster zustande.

Augen auf!

Leandro Granato, Künstler aus Buenos Aires, verwendet seine Augen als Pinsel! Nachdem er die Farbe durch seine Nase in seine Nasennebenhöhlen hochgezogen hat, lässt er sie durch seine Tränendrüsen auf die Leinwand spritzen. Auch wenn es sicherlich appetitlichere Kunstformen gibt, hat Granato schon einige seiner Bilder verkaufen können.

SCHUHWANNEN

Der italienische Designer Massimiliano Della Monaca hat eine neue Badewannenlinie entworfen, die von der Form von Absatzschuhen inspiriert wurde! Das Wasser schießt aus einer Düse aus dem hohen Absatz und kann im Zehenbereich wieder abfließen – bleibt nur zu hoffen, dass der Designer genug Käufer findet, die beim Anblick seiner Badewannen nicht an Käsefüße denken müssen!

AUF DEN HUND GEKOMMEN

Der englische Dichter Lord Byron (1788–1824) erhielt zahlreiche Briefe von seinen Verehrerinnen, die ihm abgeschnittene Haarlocken schickten. Damit die Damen auch etwas zum Schwärmen hatten, sendete er Haarsträhnen zurück – die allerdings von seinem Hund stammten!

RATTENMODE

Für die Londoner Fashion Week 2009 gestaltete der französische Designer Charlie le Mindu eine Kopfbedeckung aus Dutzenden echter Mäuse- und Rattenkadaver! Der eklige Hut bedeckte mit Ausnahme der Augen das ganze Gesicht.

MÜNZENFLAGGE

Als dem Koreaner Jin Jeong-gun auffiel, dass kaum jemand sich die Mühe machte, verlorene Zehn-Won-Münzen vom Boden aufzuheben, bekam er Mitleid mit dem koreanischen Kleingeld und begann, es aufzusammeln. Über 14 Jahre hinweg hat er 110.000 Münzen zusammengetragen, die er innerhalb von vier Monaten zu einem 6 × 4 m großen Bild der koreanischen Nationalflagge zusammenbastelte.

KLEIDENDE HAARE

Ioana Cioanca aus dem rumänischen Bistrita-Năsăud besitzt eine Garderobe aus ihren eigenen Haaren! Die 72-Jährige hatte sich seit ihrem 16. Lebensjahr ihr Haar wachsen lassen, bis es so lang war, dass es sich weben ließ. Aus ihrem Haarstoff hat sie mittlerweile bereits einen Hut, einen Schal, einen Rock, eine Bluse, einen Regenmantel, Handschuhe, eine Handtasche und ein Portemonnaie genäht.

EISFIGUREN

Um die Aufmerksamkeit auf das Problem der Erderwärmung zu lenken, stellte die brasilianische Künstlerin Nele Azevedo im September 2009 auf den Stufen des Berliner Konzerthauses 1.000 Mini-Eisfiguren auf, die bei 23°C langsam vor sich hinschmolzen.

Pop-Engel

Na, schon ein paar deiner Lieblingsspielzeuge entdeckt? Diese Skulptur des Künstlers Robert Bradford aus England besteht aus Tausenden von Spielzeugen, die ohne ihn auf dem Müll gelandet wären. Der *Toy Angel* (deutsch: „Spielzeugengel"), an dem Bradford zwei Monate lang arbeitete, ist zwei Meter groß und hat einen ebenso großen Spielzeugsoldatenfreund und einige knallbunte „Haustiere".

VERSTECKTES SCHWEIN

2009 entdeckte der Chicagoer Restaurator Barry Bauman in einem niederländischen Gemälde die versteckte Abbildung eines geschlachteten Schweins – 350 Jahre nachdem es gemalt worden war! Das Werk *Barn Interior* (deutsch: „Innenraum eines Stalls") des Malers Egbert van der Poel, der im 17. Jahrhundert lebte, wurde 2007 an das Calvin College in Michigan verschenkt, das bei Bauman die Restaurierung des Werkes in Auftrag gab. Bei der Reinigung des Gemäldes entdeckte er, dass ein Teil des Motivs übermalt worden war, und legte daraufhin das Schlachtschwein frei.

SANDKÜNSTLERIN

Die ukrainische Künstlerin Ksenija Symonowa zeichnet faszinierende Bilder, die Szenen aus dem Zweiten Weltkrieg zeigen, in Sand! Nur mithilfe ihrer Finger lässt sie auf einem von unten beleuchteten, mit Sand bedeckten Glastisch detaillierte Bilder entstehen.

COMIC-VETERAN

2009 arbeitete Martin Filchock aus Tennessee noch immer als Cartoonist, obwohl er bereits 97 und seit 75 Jahren im Beruf war!

LEBENSECHT

Die New Yorker Künstlerin Alyssa Monks erschafft Gemälde, die so detailliert sind, dass sie aussehen wie Fotografien! Für die Bildgestaltung, deren Vorlage tatsächlich Fotos sind, nutzt sie keinerlei Hilfsmittel bis auf ihr Talent und einen Pinsel.

VIELSEITIG TALENTIERT

Die Londoner Künstlerin Kim Noble malt in 20 verschiedenen Stilen! Sie leidet an einer dissoziativen Identitätsstörung: Sie besitzt 20 verschiedene Persönlichkeiten, darunter die magersüchtige Jugendliche Judy und ein Mann namens Ken. Viele ihrer Persönlichkeiten sind künstlerisch begabt, und jede hat einen ganz eigenen Stil. In den letzten zwei Jahren haben Noble und ihre „Mitbewohner" insgesamt 200 Gemälde erschaffen!

SPÄTE GENUGTUUNG

Als David Ingham mit zwölf Jahren von der Ermysted's Grammar School in North Yorkshire, England, geworfen wurde, prophezeite der damalige Direktor Marcelus Forster ihm, dass niemals etwas aus ihm werden würde. Doch 55 Jahre später war Ingham zu einem erfolgreichen Maler herangereift – an den Forster 2008 mit der Bitte herantrat, ihn zu porträtieren!

FINGERFARBE

Im August 2009 malten 6.000 Kinder aus dem nordirischen Belfast mit Fingerfarben ein Haus auf eine 2.090 m^2 große Leinwand.

VIRTUELLER REISENDER

Der Künstler Bill Guffey bringt detailreiche Motive von Sehenswürdigkeiten der ganzen Welt auf die Leinwand – die er allesamt noch niemals in natura gesehen hat! Inspiriert wird der Mann aus Kentucky durch Google Street View, mit dem er schon Tausende von virtuellen Meilen weit gereist ist! Auf seinen bis zu €1.750 teuren Werken sind unter anderem ein einsames Haus in Schottland, ein Kanalboot in Amsterdam und ein gelbes Taxi in New York zu sehen.

HISTORISCHE PARADE

Im September 2009 spazierten über 400 Fans der englischen Schriftstellerin Jane Austen, die im 19. Jahrhundert lebte, im Regency-Stil verkleidet durch die Straßen des Städtchens Bath.

REVERSE GRAFFITI MAL ANDERS

Der britische Straßenkünstler Moose hat die neue Kunstform des „umgekehrten Graffitis" erfunden! Mit Spachteln, Hochdruckreinigern und Scheuerbürsten „zeichnet" er saubere Motive an dreckige Wände.

STILLE WASSER SIND TIEF

Herb und Dorothy Vogel haben eine Kunstsammlung von Weltklasseniveau zusammengetragen, die fast 5.000 Stücke umfasst, obwohl der Postbeamte und die pensionierte Bibliothekarin niemals viel Geld verdient haben. Noch heute wohnen sie in einer kleinen Wohnung in Manhattan, obwohl ihre Kunstsammlung mehrere Millionen Dollar wert ist.

RASANTE STEPPERIN

Die Stepptänzerin Jo Scanlan aus dem englischen Swindon kann über 780 Steppschritte in einer Minute aufs Parkett legen – das sind mehr als 13 Schritte pro Sekunde!

GESPENSTISCHE GALERIE

Auf dem Green-Wood-Friedhof in New York ist eine Sammlung von Kunstwerken einiger der 600.000 dort beerdigten Menschen zu sehen! Zu den Prachtstücken der Sammlung zählt auch ein Porträt des Politikers DeWitt Clinton aus den 1820er-Jahren, das von George Catlin gemalt wurde. Sowohl Künstler als auch Modell liegen in Green-Wood begraben.

Total verzweigt!

Der Londoner Künstler Tim Knowles beschäftigt recht ungewöhnliche Assistenten – denn beim Malen setzt er ganz auf das Talent von Bäumen! Er stellt seine Leinwand vor ihnen auf, befestigt Pinsel und Stifte an den Zweigen und lässt den Wind den Rest erledigen. Knowles behauptet sogar, dass verschiedene Baumarten unterschiedliche Malstile bevorzugen: Weißdorn neige beispielsweise angeblich zu kantigen Formen, während Trauerweiden weichere Linien zeichneten.

Waldmenschen

MITTEN IN EINEM EUKALYPTUSWALD IM AUSTRALISCHEN VICTORIA ARBEITETE DER BILDHAUER WILLIAM RICKETTS 59 JAHRE LANG AN DIESEN WAHRHAFT ATEMBERAUBENDEN KUNSTWERKEN: VON 1934 BIS ZU SEINEM TOD IM JAHR 1993 ENTSTANDEN MEHR ALS 90 BAUMGESICHTER, DIE SO FEINFÜHLIG AN IHRE UMGEBUNG ANGEPASST SIND, DASS ES FAST SO WIRKT, ALS WÄREN SIE NATÜRLICH GEWACHSEN. TATSÄCHLICH ABER HANDELT ES SICH UM KERAMIKSKULPTUREN, DIE AUCH HEUTE NOCH BEWUNDERT WERDEN KÖNNEN, DA DAS WALDSTÜCK UNTER BEHÖRDLICHEM SCHUTZ STEHT.

Horse Guards-Parade, London, England

Der chinesische Künstler Liu Bolin braucht nichts weiter als ein paar Eimer Farbe, um fast vollständig mit seiner Umgebung zu verschmelzen! Der „Unsichtbare Mann“ hat die Camouflage-Technik perfektioniert – ganz ohne digitale Nachbearbeitung oder technischen Schnickschnack. Bolin ist schon in vielen Städten auf der ganzen Welt zu sehen gewesen – oder eben gerade nicht! Bei der Bemalung, die bis zu zehn Stunden dauern kann, hilft ihm ein Assistent.

Eines der wenigen Bilder eines unbemalten Bolin.

Sichuan, China

London, England

Peking, China

MEISTER DES SCHATTENWURFS

Der Londoner Künstler Benjamin Shine hat diese faszinierende Replik eines Selbstporträts des niederländischen Künstlers Rembrandt aus nichts weiter als einem 8×3 m grossen Stück schwarzem Tüll erschaffen! Durch minutiöses Falten und Plätten des Stoffes, das ihn über 200 Arbeitsstunden kostete, entstand nach und nach ein detailliertes Bild, wie man es schöner nicht zeichnen könnte.

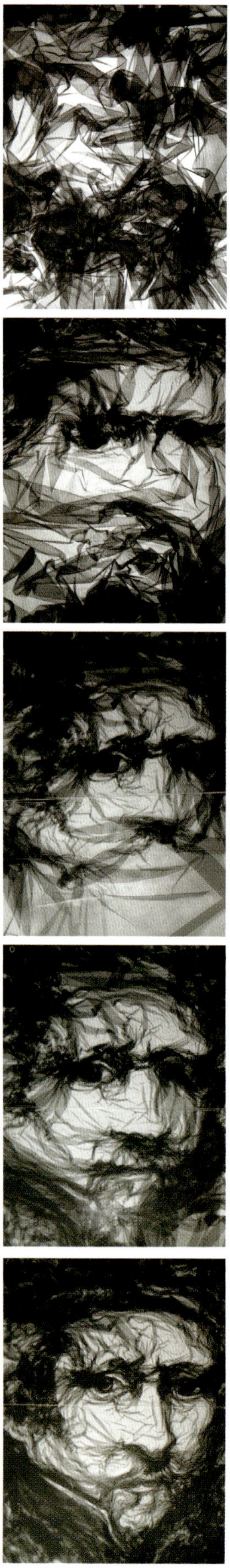

EIN ECHTER THRILLER
Zu Ehren von Michael Jacksons 51. Geburtstag versammelten sich in Mexiko-Stadt am 29.8.2009 über 12.000 Menschen, um den Zombietanz aus Jacksons Video „Thriller“ nachzustellen.

SCHOCKWELLEN
Im Rahmen seiner Show „Let There Be More Light“ in London entwarf der Künstler Paul Fryer zwei voll funktionsfähige, fünf Meter hohe Metallstimmgabeln, die mit 72 Hertz vibrierten und Schockwellen durch die Körper der Besucher sendeten, wenn sie angeschlagen wurden.

ORIGAMI-GIRAFFE
Himanshu Agrawal aus Mumbai, Indien, faltete in zwölf Stunden aus einem 10,60 × 10,60 m großen Blatt Papier eine sechs Meter hohe Giraffe. Der komplizierte Origamientwurf des Amerikaners John Montroll erfordert 70 komplizierte Faltgriffe.

MODERATOREN-MARATHON
Im April 2009 war der deutsche Radiomoderator Dominik Schollmayer von Hitradio Antenne Hannover mit seiner Morningshow 169 Stunden am Stück auf Sendung!

PAPIERKLEID
Die Chinesin Sha Sha heiratete im September 2009 in einem Papierkleid, das ihre beste Freundin Zhu Zhu entworfen hatte. Zweieinhalb Monate lang hatte die Designerin an dem Kleid gearbeitet.

KARTENSCHLÖSSER
Bryan Berg aus Spirit Lake, Iowa, hat im Juli 2009 aus über 600 Spielkartensets fantastische Skulpturen des Londoner Uhrenturms Big Ben und des House of Parliament, das ebenfalls in London steht, gebaut – und zwar ohne irgendwelche Hilfsmittel! Über fünf Tage lang bastelte der junge Mann, der schon öfter in *Ripley's – Einfach unglaublich!* zu sehen war, in Las Vegas an seiner 3,60 × 2,10 m großen Konstruktion herum!

TWITTER-OPER
2009 wurde im Londoner Royal Opera House eine Oper aufgeführt, die von Laien über die Online-Plattform Twitter verfasst worden war! In Form von Tweets, die höchstens 140 Zeichen haben dürfen, arbeiteten die verschiedensten Personen an dem Libretto mit, das dann mit Werken der Komponistin Helen Porter und verschiedenen Opernklassikern vertont wurde.

Ein Kassettenband-Porträt der britischen Sängerin Amy Winehouse, angefertigt von Erika Simmons.

Ein ebensolches Porträt von Ian Brown, Sänger der britischen Band Stone Roses, die in den 1980er-Jahren erfolgreich war.

Musiker aus Musik

Erika Simmons aus Atlanta, Georgia, liebt zwei Dinge ganz besonders: Rock 'n' Roll und alte Mixtapes – und genau so sehen ihre Kunstwerke auch aus! Denn die Künstlerin benutzt die Magnetbänder aus alten Kassetten, um detaillierte Porträts von berühmten Musikern, beispielsweise Bob Dylan oder Jim Morrison, auf die Leinwand zu bannen.

LANGER TON
Dem Stimmtrainer, Songwriter und Musikproduzenten Richard Fink IV aus Bergen, New York, gelang es im September 2009, eine Minute und 43 Sekunden lang einen Ton zu halten! Auf seine schier unglaubliche Leistung hatte er sich mit regelmäßigen Yogaübungen und zusätzlichem Lauftraining vorbereitet.

FILMFAN
Der Filmfan Luke Kay aus Swindon, England, hat Hollywood-Memorabilien im Wert von über einer Million Euro zusammengetragen! Zu seinen Prachtstücken zählen zwei Kostüme von Luke Skywalker aus *Star Wars* und ein Originalmodell von K.I.T.T., dem Auto aus der 80er-Jahre-Serie *Knight Rider* mit David Hasselhoff.

Galerie

MONA GRAS
Der Londoner Chris Naylor stutzte im Juli 2008 innerhalb von zwei Tagen das Gras in seinem Garten mit seinem Rasenmäher und einer Gartenschere zu dieser Replik der Mona Lisa.

MONA KÜRBIS
Daniel Hamlin schnitzte die lächelnde Dame 2005 in eine Halloween-Kürbislaterne.

MONA, MONA

Das wohl berühmteste Gemälde der Welt, die Mona Lisa von Leonardo da Vinci, hat Künstler auf der ganzen Welt zu den verrücktesten Repliken inspiriert. Von Gemüse über Computerteile bis hin zu Rubikwürfeln und Toastscheiben musste schon so ziemlich jede Art von Gegenstand herhalten, um die mysteriöse Frauengestalt darzustellen.

MONA REIS
Seit 1993 fertigen die Bauern aus dem japanischen Dorf Inakadate kurz vor der Jahresernte auf 15.000 m² großen Äckern faszinierende Kunstwerke an. Dafür bauen sie im Muster des gewünschten Motivs lilafarbene und gelbe Reispflanzen neben normalem Getreide an.

MONA STAUB
2006 kratzte der Künstler Scott Wade die Mona Lisa in den Staub auf dem Heckfenster seines Wagens. Um eine ausreichend dicke Schicht zu erhalten, fuhr er vorher mit Absicht durch schmutziges Gelände. Den letzten Schliff verlieh seinem Kunstwerk dann der Regen.

MOKKA LISA

Dieses 6 × 4 m große Porträt besteht aus Kaffeebechern! Drei Stunden dauerte es, die sepiafarbene Replik, die 2009 beim Rocks Aroma Festival in Sydney zu sehen war, aus 3.604 Bechern Kaffee, auf die 267 l Milch verteilt wurden, zusammenzustellen. Die verschiedenen Brauntöne entstanden durch unterschiedliche Kaffee-Milch-Mischungsverhältnisse.

MONA TOFU

Die vegetarische Mona Lisa des chinesischen Künstlers Ju Duoqi besteht aus Reis, Seetang und Tofu und hat Nudelhaare und Pfefferaugen. Sie ist seit 2008 im Pekinger Vegetable Museum zu sehen.

MONA CHIP

Aus Hunderten von ASUS-Computerchips besteht dieses Kunstwerk mit dem Titel *Technology Smiling*, das im Mai 2006 auf der Pekinger International High-Tech Expo ausgestellt war.

MONA DRACHE

Diese digital bearbeitete Replik mit dem Titel *Le Jocondausaure* zeigt die Mona Lisa als Drache. Sie war nur eine von 100 Parodien, die 2000 im Tokioter Metropolitan Museum unter dem Titel „100 Lächeln der Mona Lisa" zu sehen waren.

MONA TOAST

Aus 1.426 Scheiben unterschiedlich stark geröstetem Toast fertigte der japanische Künstler Tadahiko Ogawa 1983 dieses Meisterwerk.

MONA WÜRFEL

Der „Invader", ein mysteriöser Straßenkünstler, baut berühmte Kunstwerke aus Rubikwürfeln nach. Diese sechsfarbige Mona Lisa wurde 2009 angefertigt und besteht aus insgesamt 800 Spielzeugwürfeln.

BULETTA LISA
2009 erschuf der Künstler Phil Hansen aus Minneapolis eine Replik von Leonardo da Vincis Mona Lisa aus Bratfett, in dem zuvor 14 Buletten zubereitet worden waren, auf einer 3,35 m großen Leinwand aus Einwickelpapier einer Schlachterei.

MÜLLMUSIK
Charlie Cavey, Straßenmusikant aus Cambridge, England, sitzt mit seiner Gitarre vorzugsweise in winzigen Metallmülleimern! Sein Arbeitsplatz ist zwar nicht gerade bequem, aber der 1,75 m große Mann hat festgestellt, dass er auf diese Weise die Aufmerksamkeit von wesentlich mehr Passanten auf sich und seine Musik lenken kann.

PERLENFLAGGE
Jeyaraman Ravi, gebürtiger Inder und heute in den Vereinigten Arabischen Emiraten zu Hause, hat 14 Monate lang an einer 3 × 1,50 m großen, zehn Kilo schweren Flagge aus 288.400 aneinandergereihten Glasperlen gearbeitet.

ETCH-OBAMA
George Vlosich III. aus Lakewood, Ohio, hat auf einer Etch A Sketch®-Zeichentafel ein bis ins feinste Detail ausgearbeitetes Porträt von Barack Obama angefertigt! 80 Stunden lang arbeitete er an seinem Meisterwerk, das er mit einer einzigen ununterbrochenen Linie zeichnete. Zu Vlosichs weiteren Motiven zählen The Beatles, Tiger Woods, Will Smith und Elvis Presley.

EIN ECHTER WÄLZER
Die Produktion der Yongle-Enzyklopädie, die während der Ming-Dynastie in China zusammengestellt wurde, dauerte vier Jahre. Kein Wunder – denn zwischen 1403 und 1407 entstanden unglaubliche 11.095 Bände!

EINHÄNDIG
Der französische Komponist Maurice Ravel (1875–1937) schrieb 1930 das Stück „Piano Concerto für die linke Hand" für seinen Freund, den österreichischen Musiker Paul Wittgenstein, der im Ersten Weltkrieg seinen rechten Arm verloren hatte.

RIESENALBUM
Der Autohersteller Dodge präsentierte 2008 anlässlich der Markteinführung des neuen Modells Dodge Grand Caravan in Orlando, Florida, ein 2,70 × 3,60 m großes, 20-seitiges Fotoalbum, in dem die Geschichte des Dodge Minivan erzählt wurde. Die Seiten waren so schwer, dass sie nur von zwei Erwachsenen umgeblättert werden konnten.

MAGISCHES MOSAIK
2009 bauten Kinder im LEGOLAND® im englischen Berkshire aus 48.000 LEGO®-Steinen ein gigantisches Mosaik, das die Autorin von Harry Potter, Joanne K. Rowling, zeigte. Es bestand aus weißen, gelben und grauen Steinen und war so groß, dass man auf eine Leiter steigen musste, um es in seiner Gänze sehen zu können.

WERBEPOST
Free Paper, ein Kunstwerk von Annette Lawrence aus Texas, besteht aus all den Werbesendungen, die sich über ein Jahr in ihrem Briefkasten angesammelt hatten.

STOCHER-SCHÖNHEIT

Greg Lewis aus Chesterfield, Virginia, stellt die unglaublichsten Kunstwerke aus ganz gewöhnlichen Alltagsgegenständen her. Diese Meerjungfrauenskulptur mit dem Titel *Hatteras*, an der er drei Jahre lang arbeitete, besteht aus 67.000 Zahnstochern. Mit einer besonderen Technik gelingt es dem Bildhauer, die kleinen Hölzchen so zu bearbeiten, dass sie schliesslich fast wie Massivholz aussehen.

Massiv-Modell

Der ehemalige Bohrinsel-Arbeiter David Reynolds aus Southampton, England, verarbeitete seine Erfahrungen auf See zu diesem Modell einer Nordsee-Bohrinsel, das aus vier Millionen Streichhölzern besteht! 15 Jahre lang bastelte Reynolds an seinem maßstabsgetreuen Kunstwerk, das 6,40 m lang und 3,65 m hoch ist und 1.000 kg wiegt.

ASCHENPUTTEL

Val Thompson aus Tyne and Wear, England, malt wunderschöne Bilder aus der Asche von Verstorbenen. Seine Auftraggeber sind die Hinterbliebenen. Die Mischung aus Asche und Farbe erzeugt eine einzigartige Textur.

PROST WEIHNACHTEN!

Barbara Knecht aus Mountain Falls, Virginia, hat ein Bild der Weihnachtskrippe aus verschiedenfarbigen Bierflaschen-Kronkorken hergestellt.

AUS DEM HÄUSCHEN

Peggy und Peter Newman aus dem englischen Somerset haben über 25 Jahre hinweg Modellhäuser der Anwesen gebaut, in denen ihre Ahnen lebten. € 100.000 ließen sie sich die Anfertigung der Modelle kosten, die bis auf den letzten Ziegelstein detailgetreu nachempfunden sind und Gebäude aus fünf Jahrhunderten zeigen, in denen 13 Generationen von Newmans lebten. Die Anfertigung eines einzigen Exemplars dauerte bis zu sechs Monate.

STRICHKUNST

Sethu Subramaniyan aus dem indischen Bangalore zeichnete sechs Monate lang an einem Porträt von Qabus ibn Sa'id, dem Sultan von Oman, das aus einer einzigen, ununterbrochenen Linie besteht, die sich kein einziges Mal überschneidet.

RIESENEI

2009 wurde im rumänischen Suceava ein 7,25 m hohes, fiberglasverziertes Osterei enthüllt, das 1,8 Tonnen wog!

Echt magisch!

Der Harry-Potter-Fan Patrick Acton aus Gladbrook, Iowa, bastelte zwei Jahre an dieser beeindruckenden Hogwarts-Replik aus 602.000 Streichhölzern! Das 2,40 × 3 m große Kunstwerk ist bis ins kleinste Detail ausgearbeitet – selbst die winzigen Gaubenfenster an den Türmen hat Acton nicht vergessen!

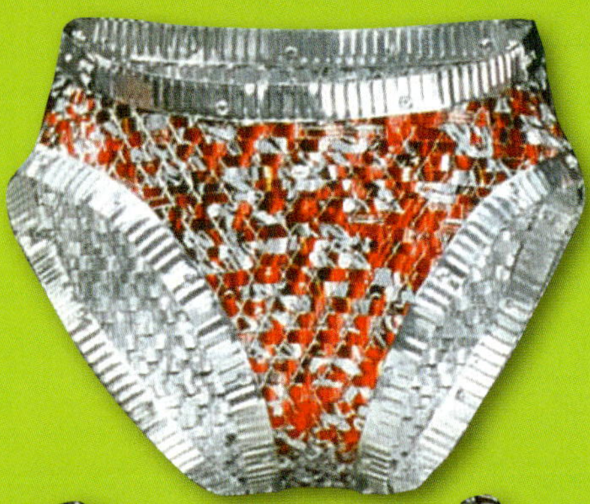

Totaler Müll!

Die experimentierfreudige Designerin Ingrid Goldbloom Bloch aus Massachusetts stellt farbenfrohe modische Unterwäsche aus Coladosen und anderem Müll her. So unbequem, wie die Kleidungsstücke aussehen, sind sie übrigens nicht, da sie aus winzigen, biegsamen Metallplättchen bestehen, die in ein Drahtgitter eingeflochten werden.

Gefiederte Kunst

Der nordwalisische Künstler Ian Davie fertigt zarte, detailverliebte Gemälde auf Schwanenfedern an. Nachdem er die Federn gereinigt und mit Pinzetten bearbeitet hat, sind sie so glatt wie eine Leinwand. Für die feinen Details nutzt er einen Pinsel der Stärke 000 – deswegen dauert die Anfertigung eines einzigen der bis zu € 450 teuren Bilder auch etwa eine Woche.

TRÜGERISCHE KUNST

Der kalifornische Künstler John Pugh hat sich auf Illusionsmalerei spezialisiert, die dem Betrachter den Eindruck vermittelt, er würde anstelle einer flachen Leinwand dreidimensionale Gegenstände vor sich haben. Seine Motive zieren meist Häuserwände und Straßen. Eine gigantische Flutwelle, die er auf einen Gehweg im hawaiianischen Honolulu gemalt hatte, wirkte sogar so echt, dass ein vorbeifahrender Löschzug hielt, um einige Kinder vor der „Gefahr“ zu retten.

TRENNUNGSMUSEUM

Nachdem sich die Künstlerin Olinka Vistica aus dem kroatischen Zagreb von ihrem Freund getrennt hatte, eröffnete sie in Berlin das Museum der gebrochenen Beziehungen, in dem Erinnerungsstücke an schmerzhafte Trennungen zu sehen sind. Zu den Gegenständen der Ausstellung zählen ein Brautkleid, Verlobungsringe, Liebesbriefe, ein Fax, ein Paar Inline-Skates, ein Plüschtiger und – merkwürdigerweise – auch Gallensteine! Außerdem zu sehen ist die Axt, mit der eine junge Frau die Möbel ihrer Exfreundin zertrümmerte.

EIN HERZ FÜR BÄUME

Die englische Künstlerin Sarah Hardacre strickt warme Anzüge für Bäume und Gartenlauben!

ECHT AFFIG

Der schottische Künstler David Mach hat eine erstaunlich lebensecht wirkende Skulptur eines Gorillakopfes aus 30.000 Streichhölzern hergestellt! Drei Monate lang arbeitete er an dem 38 cm hohen Kunstwerk, für das er die Streichhölzer einzeln auf ein Gussmodell klebte. Farbeffekte erzielt er, indem er Streichhölzer mit unterschiedlichen Köpfen verwendet. Seine Skulpturen, zu denen auch Grizzlybären und Rhinozerosse zählen, werden für bis zu € 35.000 verkauft!

KLAVIER-FIFFI

Colin Huggins schleppt mit Vorliebe sein 115 kg schweres Klavier durch New York, wo er zum Spaß in Parks und U-Bahn-Stationen ein Ständchen gibt! Mittlerweile ist er so bekannt, dass er einen Spitznamen erhalten hat: Die New Yorker nennen ihn den „Crazy Piano Guy“ (deutsch: „Der verrückte Klaviertyp“).

MASSENCHOR
Über 160.000 Menschen versammelten sich im Mai 2009 im indischen Hyderabad, um im Chor zu singen. Zum Besten gegeben wurden Sprechgesänge zu Ehren einer hinduistischen Gottheit.

RIESENHOSE
2009 nähte der tunesische Modedesigner Larbi Boukamha eine Hose, die so groß wie ein 22-stöckiges Gebäude war! Zwei Monate lang schneiderte er acht Stunden pro Tag an seinem Hosenmonster, das 50 m lang war und aus 1.600 m² Stoff bestand.

ZIER-RADKAPPEN
Ken Marquis aus Wilkes-Barre, Pennsylvania, sammelt Kunstwerke rund um die Radkappe! Künstler aus 51 Ländern weltweit sowie jedem Bundesstaat der USA haben ihm ihre individuell gestalteten, bunt bemalten und beklebten Radkappen zugesendet, die Marquis im Rahmen seines Projekts „Landfillart" ausstellt.

VERSTRICKTE ANGELEGENHEIT
Zwölf Frauen aus dem englischen Städtchen Mersham strickten 23 Jahre lang an einer perfekten Replik ihres Heimatorts! Es entstanden mehr als 60 Wollgebäude, darunter eine Kirche, zwei Pubs, ein Geschäft, eine Schule, ein großes Anwesen und Dutzende von Landhäuschen mit Blumengärten.

MUH-SIK!
Der österreichische Bauer Franz Köberl spielt seinen Milchkühen jeden Tag ein Liedchen auf dem Akkordeon vor, damit sie mehr Milch geben! Am liebsten hören seine Wiederkäuer Klassik, vor allem Stücke des Komponisten Richard Georg Strauss. Mittlerweile hat Köberl sogar eine CD mit Kuh-Hits herausgebracht!

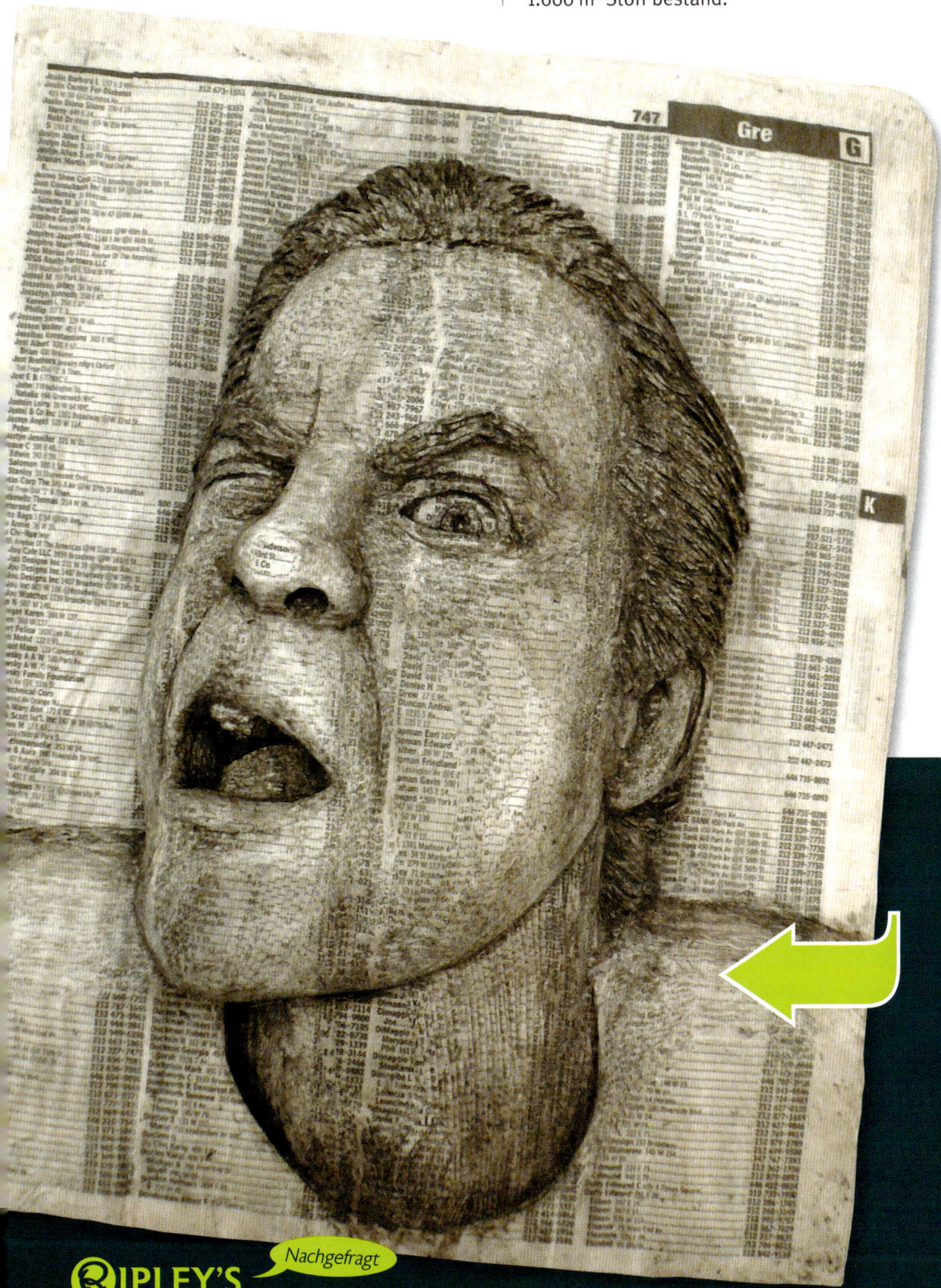

TELEFON-TYPEN

DIE PORTRÄTS DES KÜNSTLERS ALEX QUERAL AUS PHILADELPHIA SPRINGEN EINEM FÖRMLICH INS AUGE – DENN ER BENUTZT ALS ARBEITSMATERIAL DICKE TELEFONBÜCHER, AUS DENEN ER SORGFÄLTIG SEITE FÜR SEITE SEINE GESICHTER HERAUSSCHNEIDET, BIS EIN DREIDIMENSIONALER EFFEKT ENTSTEHT. FRÜHER HATTE ER VERSUCHT, EINE ÄHNLICHE WIRKUNG NUR MIT DICKEN FARBSCHICHTEN ZU ERZIELEN, ABER AUF DAUER WAREN DIE KOSTEN AUFGRUND DES IMMENSEN FARBVERBRAUCHS EINFACH ZU HOCH GEWORDEN. ALS ER DANN ZUFÄLLIG ÜBER EINEN STAPEL NEUER TELEFONBÜCHER STOLPERTE, DIE GERADE IN SEINER WOHNGEGEND VERTEILT WURDEN, ZÖGERTE ER NICHT LANGE UND GRIFF ZU.

RIPLEY'S Nachgefragt

Wie fertigen Sie Ihre Bilder an? „Ich mag es, wenn man all die Namen und Nummern auf den Gesichtern noch erkennen kann. Mir gefiel der Gedanke, dass sich das Gesicht in dem Telefonbuch manifestiert, so als würde es versuchen, zwischen all den Namen seinen Platz zu finden. Ich schneide die Gesichter Schicht für Schicht mit Teppichmessern und gewöhnlichen Rasierklingen aus den Seiten. Zusammengehalten werden meine Werke nach wie vor von der Bindung des Buches. Verklebt werden die angeschnittenen Seiten mit einer Schicht Acrylfarbe. Diese Prozedur wiederhole ich so oft, bis ich mit dem dreidimensionalen Effekt zufrieden bin. An Augen, Mund und Haaren füge ich dann meist noch etwas schwarze Farbe hinzu."

WUNDERLAND DER ZÜGE
Seit dem Jahr 2000 basteln die Zwillinge Frederick und Gerrit Braun aus Hamburg an einer Modelleisenbahnanlage mit über zehn Kilometer langen Schienen! Ihr „Wunderland“, das aus vier Tonnen Stahl besteht, ist mit über 160.000 Modellfiguren, 700 Lokomotiven, 10.000 Waggons, 2.800 Gebäuden, 900 Signalen und einer Dreivierteltonne Kunstgras ausgestattet und führt durch sechs verschiedene Landschaften, in denen sich Modellversionen von Las Vegas, dem Mount Rushmore und den Alpen samt sechs Meter hohem Matterhorn befinden.

MODELLHAFTE LIEBE
20 Jahre lang baute ein Paar aus England an einem sechs Meter großen Modell des Westlondoner Stadtteils Greenford, in dem sich die beiden in den 1950er-Jahren zum ersten Mal begegnet waren. Die nostalgisch gestaltete Replik des Viertels steht im Gartenhäuschen von Stanley und Christine Buck in ihrer neuen Heimat Cambridgeshire.

BLUTPROBE
Die ersten 100 Käufer eines von Kraken Opus veröffentlichten, 50 × 50 cm großen Buches über die argentinische Fußballlegende Diego Maradona bekamen gratis eine Blutprobe und ein Haar des berühmten Sportlers dazu!

HAARTURM
Der chinesische Friseur Huang Xin erschuf ein detailliertes Modell des Pekinger Tores des himmlischen Friedens aus Haaren, die er in seinem Salon aufgesammelt hatte. Fünf Monate lang arbeitete er an der Gestaltung von elf Kilogramm Haar, bis die 86 cm lange, 30 cm breite und 60 cm hohe Replik fertig gestellt war.

TOILETTENSCHRECK
Dank einer japanischen Firma muss sich jetzt wirklich niemand mehr langweilen, während er sein Geschäft erledigt – solange er Japanisch kann. Denn nun gibt es *Drop*, eine Horrorgeschichte des Autors Koji Suzuki in neun Kapiteln, die auf Klopapier gedruckt wurde! Die einen Meter lange Erzählung kann in wenigen Minuten gelesen werden.

HECKENWAL
Der Engländer Nicki Leggett aus Whitstable stutzte drei Jahre lang seine Gartenhecke zu einem gigantischen Wal zurecht.

LEGO-JESUS
In der Oensta Gryta-Kirche im schwedischen Västerås wurde an Ostern 2009 eine lebensgroße Jesusfigur aus LEGO®-Steinen enthüllt! Über 18 Monate hinweg hatten die Gemeindemitglieder an die 30.000 Spielsteine gespendet, aus denen dann eine 1,78 m hohe Skulptur gefertigt wurde.

SOCKENAFFE
Cherylle Douglas aus dem kanadischen Merritt hat einen 2,70 m großen Sockenaffen gebastelt! Das Monster-Kuscheltier besteht aus 32 Paar Wollsocken und wiegt 23 kg.

SELBSTBEDIENUNGSKUNST
Im November 2008 verteilte der bekannte Londoner Künstler Adam Neate 1.000 seiner Werke, die man einfach mit nach Hause nehmen durfte, in der ganzen Stadt! Im Laufe seiner schöpferischen Karriere hat er schon insgesamt 6.000 seiner gedruckten Werke verschenkt.

ECHTER LEBENSDRUCK
Der australische Künstler Mike Parr stellte sich in der Artspace Gallery in Sydney 36 Stunden lang selbst aus, wofür er sich einen Arm an die Wand nageln ließ!

BODENLECKER
Der koreanische Künstler Hoon Lee leckte im Rahmen einer Aktionskunstdarbietung im Bemis Center for Contemporary Arts in Nebraska gelben Zuckerguss von einer 230 m² großen Bodenfläche.

ZUM DAHINSCHMELZEN ...
Eine Wachsfigur des US-amerikanischen Präsidenten Barack Obama wurde im Sommer 2009 in Paris enthüllt, wo es zu diesem Zeitpunkt so heiß war, dass das Modell mit großen Schirmen vor der Sonne geschützt werden musste, um nicht zu schmelzen!

GANZ IN WEISS
Ein Kassenbon über einen Betrag von € 70, auf dem 36 weiße Gegenstände, darunter Beutelreis und Klopapier, aufgelistet sind, wurde 2009 in der bekannten Londoner Tate-Galerie ausgestellt. Das Werk des in Pakistan geborenen Künstlers Ceal Floyer, das den Titel „Monochrome Till Receipt (White)“ [deutsch: „Monochromer Kassenbon (weiß)“] trägt, wird auf einen Wert von € 32.000 geschätzt.

VERBLÜFFEND ECHT

EDGAR MÜLLERS GEMÄLDE SIND NICHT SELTEN SO BREIT WIE EINE GANZE STRASSE. DEM KÜNSTLER GELINGEN MIT SEINEN RIESENWERKEN HÄUFIG SO REALISTISCHE TIEFENEFFEKTE, DASS ES TATSÄCHLICH SO AUSSIEHT, ALS WÜRDE MAN GLEICH IN EINEN ABGRUND FALLEN. DAS 250 M² GROSSE WERK ZUR RECHTEN, DAS ER „THE CREVASSE“ (DEUTSCH: „DER ABGRUND“) TAUFTE, WAR 2009 IN IRLAND ZU SEHEN UND HATTE IN ETWA DIE FLÄCHE EINES TENNISPLATZES.

Ripley's erklärt

Kunstwerke wie diese werden als Anamorphosen bezeichnet. Der Effekt tritt nur dann ein, wenn man die Bilder aus einer bestimmten Perspektive betrachtet. Aus allen anderen Blickwinkeln wirken Müllers Bilder wie einfache Strassenmalereien, die seltsam verzerrt sind. Die Illusion von Tiefe kann nur mit grosser Präzision erschaffen werden: Müller muss alle Winkel sorgfältig planen und zieht zunächst grobe Kreidelinien, ehe er das Bild mit Acrylfarbe ausmalt.

Insektenillusion
Edgar Müller und Manfred Stader gestalteten diesen riesigen Schmetterling, der aus einer Erdspalte emporzuschweben schien. Zu sehen war das Kunstwerk im Rahmen eines kanadischen Kunstfestivals. Man erkennt deutlich, wie wichtig der flache Blickwinkel für Anamorphosen ist, damit sie richtig zur Geltung kommen.

De Kroon malt mit Acrylfarben auf handelsüblichen Eierkartons. Die Ausbuchtungen in den Kartons verleihen seinen Porträts das besondere Etwas.

Zu de Kroons Motiven zählen neben Porträts auch, wie hier zu sehen, Stillleben.

Eier Kunst

Dem niederländischen Künstler Enno de Kroon bleibt dank seines Talents der eine oder andere Gang zur Recyclinganlage erspart – denn seine alten Eierkartons verwandelt er in farbenfrohe Kunstwerke! Bis zu € 700 sind die Bilder wert, die der von den Kubisten des frühen 20. Jahrhunderts inspirierte Künstler in seinem Atelier in Rotterdam aufs „Papier“ bringt. Aufgrund der gewellten Form der Kartons wirken de Kroons Porträts je nach Blickwinkel ganz unterschiedlich – einen realistischen Eindruck vermittelt sein „Eier-Kubismus“, wie er seine Kunstform nennt, oft erst dann, wenn man die Bilder aus einer seitlichen Perspektive betrachtet.

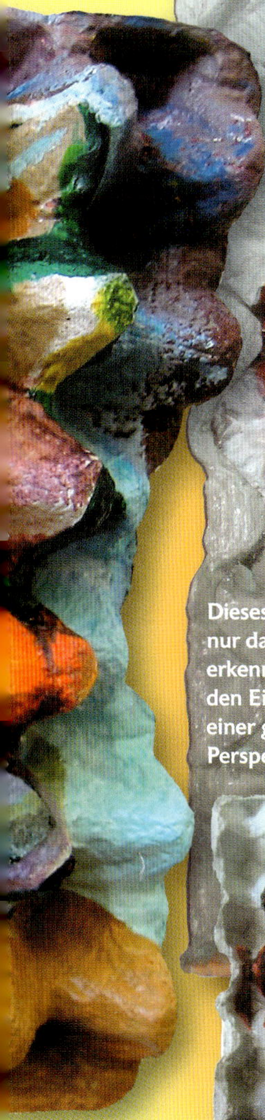

Dieses Gesicht ist nur dann genau zu erkennen, wenn man den Eierkarton aus einer ganz bestimmten Perspektive betrachtet.

De Kroons unkonventioneller Stil kann aus einem frontalen Blickwinkel recht merkwürdige Effekte erzielen.

RIPLEY'S Nachgefragt

Wann haben Sie zum ersten Mal auf Eierkartons gemalt? Um ehrlich zu sein, hatte ich die Idee schon früh, aber dann lagen die Kartons lange in meinem Atelier herum, weil ich mich nicht so recht getraut habe, loszulegen. Ich habe immer schon mit verzerrten Blickwinkeln gearbeitet, die den Betrachter ins Bockshorn jagen.

Was gefällt Ihnen an Eierkartons besser als an normalen Leinwänden? Als Maler betrachte ich Eierkartons als zweieinhalbdimensionale Gegenstände, die ganz erstaunliche Möglichkeiten bieten! Die Wellenform der Kartons beschränkt die Wahrnehmung des Betrachters und zeigt ihm, wie wichtig die Perspektive ist. Und für den Maler bedeutet die wellige Unterlage, dass er eine ganz neue Technik entwickeln muss.

Was für Reaktionen gab es bisher auf Ihre Kunstwerke? Ganz erstaunliche! Plötzlich ist die ganze Welt auf mich aufmerksam geworden! Der Recycling-Aspekt scheint den Menschen derzeit sehr wichtig zu sein. Seit ich auf Eierkartons male, kann ich von meiner Kunst leben. Erst kürzlich hat beispielsweise ein deutscher Sammler gleich 36 meiner eierkubistischen Werke gekauft!

Je nach Blickwinkel kommen ganz unterschiedliche Gesichter auf den Eierkartons zum Vorschein.

WAS FÜR EIN THEATER!

Die Briten Duncan Malcolm und Katherine Lewis hatten bei ihrem New-York-Besuch eine Menge Geld zum Shoppen über, denn das Roger Smith Hotel in Manhattan stellte ihnen ein kostenloses Zimmer zur Verfügung! Allerdings mussten sie dafür fünf Tage lang jeden Nachmittag für drei Stunden in einem „Bühnenhotelzimmer" wohnen, das im Erdgeschoss eines benachbarten Gebäudes untergebracht war. Ihre Performance sollte die Aufmerksamkeit von Passanten erregen und Werbung für das Hotel machen.

FOTOMOSAIK

Im Juni 2009 wurde auf den Philippinen ein 53 × 38 m großes Fotomosaik enthüllt. Das auf Segeltuch gedruckte Kunstwerk bestand aus über 1.000 Fotos, die der Künstler Revoli Cortez von der ehemaligen philippinischen Präsidentin Gloria Macapagal-Arroyo gemacht hatte.

JUMBO-JEANS

Im Juni 2009 wurde im kroatischen Zagreb eine Jeans hergestellt, die so groß war wie sechs Tennisfelder! Das aus 8.023 normalen Jeans zusammengenähte Monster-Kleidungsstück war 34 m breit, und die Beine hatten eine Länge von 45 m.

KLEINER KÜNSTLER

Die Aquarellzeichnungen von Kieron Williamson aus dem englischen Norfolk wurden im August 2009 in einer Galerie in Cambridgeshire ausgestellt – obwohl der Künstler erst sechs Jahre alt war!

BROT & TIERE

DIE FRANZÖSISCHE KÜNSTLERIN PÉTRA WERLÉ GESTALTET FANTASIEVOLLE KUNSTWERKE AUS DEN KÖRPERTEILEN VON INSEKTEN! IHRE MÄRCHENFIGUREN FORMT SIE AUS BROTTEIG, DEN SIE DANN MIT SCHMETTERLINGSFLÜGELN, MOTTENKOKONS UND KÄFERFÜHLERN „VERZIERT".

SPECK IM SCHINKEN

Die Bibliothekare einer Leihbücherei in Worthing, England, staunten nicht schlecht, als sie, nachdem der Entleiher es zurückgebracht hatte, ein Exemplar des Buches *Blood, Tears and Folly* von Len Deighton aufschlugen – denn zwischen den Seiten prangte eine Speckscheibe, die als Lesezeichen diente!

WOLLGEHIRN

Die Psychiaterin Dr. Karen Norberg aus Cambridge, Massachusetts, strickte ein Jahr lang an einer anatomisch korrekten Replik des menschlichen Gehirns. Das 23 cm große Objekt, das 1,5-mal so groß ist wie ein echtes Gehirn, besteht aus verschiedenfarbiger Wolle, mit der die unterschiedlichen Gehirnregionen kenntlich gemacht wurden, und kann mit einem Reißverschluss geöffnet werden.

VIOLINEN-WUNDER

Das Geigenstück „Der Hummelflug" des Komponisten Nikolai Rimsky-Korsakow ist eigentlich auf eine Dauer von 80 Sekunden angelegt, doch der deutsche Geiger David Garrett spielt es in 66 Sekunden, womit er auf beeindruckende 13 Noten pro Sekunde kommt!

TWITTER-ODE

Der rumänische Webseitenentwickler Andrei Gheorghe hat ein Gedicht mit 350.000 Versen zusammengestellt, das aus willkürlich zusammengewürfelten Twitternachrichten besteht, die sich reimen.

DRUM-ENSEMBLE

Insgesamt 582 Schlagzeuger versammelten sich im Juli 2009 in der National Indoor Arena in Birmingham, England, um fünf Minuten lang gemeinsam so richtig auf die Pauke zu hauen!

Zähne zeigen

Polly van der Glas stellt Schmuck aus echten Menschenzähnen her, darunter dieser Schlagring sowie der dazugehörige Kettenanhänger aus Sterlingsilber. Die australische Künstlerin, die auch Haare und Fingernägel sammelt, nutzt fast ausschließlich Zähne, die ihr von Freunden und Familienmitgliedern geschenkt wurden. Sie sterilisiert die Beißer vor der Weiterverarbeitung – Zahnhygiene ist schließlich wichtig!

FÜNFSPRACHIG

Die südafrikanische Nationalhymne setzt sich aus fünf Sprachen zusammen: Xhosa, Zulu, Süd-Sotho, Englisch und Afrikaans.

BAUERN-KLASSIK

In seine Komposition „Earth Machine Music" hat der finnische Musiker Kimmo Pohjonen auch die Geräusche von Nutzvieh und landwirtschaftlichen Geräten integriert! Kühe und Schafe, Traktoren und Melkmaschinen lärmen in seinem klassischen Stück mit den Instrumenten um die Wette.

JACKSON-HANDSCHUH

Der edelsteinbesetzte Handschuh, den Michael Jackson trug, als er 1983 zum ersten Mal den Moonwalk tanzte, wechselte 2009 bei einer Auktion für € 250.000 den Besitzer.

JACKSON-STATUE

Zu Ehren der verstorbenen Popikone wurde im schweizerischen Regensdorf eine zwölf Meter hohe Statue von Michael Jackson aufgestellt.

SCHREIEND KOMISCH!

2009 stellte der New Yorker Künstler LeRoy Stevens ein Album zusammen, auf dem dreieinhalb Minuten lang Geschrei zu hören ist, das aus berühmten Songs stammt. Sechs Monate lang lungerte er in einem Plattenladen in Manhattan herum, wo er die Kunden befragte, welche musikalischen Schreie ihnen am besten gefallen würden. Unter den 74 Aufnahmen auf seiner CD befinden sich unter anderem Schreie von The Who, Slayer, den Pixies und Björk.

RIESENAKKORDEON

Der Italiener Giancarlo Francenella baute ein über 2,50 m hohes, 200 kg schweres Akkordeon!

RADIO GAGA

Der US-amerikanische Country-Sänger Jack Ingram gab zwischen dem 25. und 26.8.2009 in nur 24 Stunden 215 Radiointerviews in Folge! Via Telefon sprach er von New York aus mit Radiostationen in fast allen der 50 US-amerikanischen Bundesstaaten sowie Sendern aus Australien, Irland und Kanada.

TANGO TOTAL

Nach sechs Monaten fleißigen Übens tanzten im Juli 2009 im kolumbianischen Medellín 200 Kinder simultan Tango!

KARAOKE-MARATHON

Im Februar 2009 sang die Koreanerin Kim Sun-Ok in einer Bar in Seoul 76 Stunden lang ununterbrochen Karaoke und gab währenddessen beeindruckende 1.283 Lieder zum Besten. Aufzuhalten war die gesangsverrückte Dame letztlich nur durch ihre Familie, die sich um ihre Gesundheit sorgte.

LEGO®-CELLO

Der New Yorker Künstler Nathan Sawaya hat ein originalgroßes Cello, auf dem man tatsächlich spielen kann, aus Tausenden von LEGO®-Steinen gebaut!

DOSENKUNST

Im neuseeländischen Wellington wurde 2009 eine Skulptur enthüllt, die aus über 54.500 Konservendosen zusammengebaut worden war! Das Kunstwerk hatte eine Grundfläche von 360 m^2 und wurde innerhalb von 24 Stunden in mühsamer Handarbeit errichtet. Lange hielt es aber nicht, da die vollen Dosen später an Bedürftige verteilt wurden.

Jackson-Insekten

Der mexikanische Künstler Enrique Ramos hat ein Faible für seltsame „Leinwände". Nachdem er bereits Spinnweben, Schlangenhäute, Fledermäuse und Reiskörner bemalte, versucht er sich seit 2009 an Kakerlaken, Ameisen und Grillen. Hier zu sehen sind zwei seiner Michael-Jackson-Grillen, die die optische Verwandlung des Musikers zwischen 1982 und 2009 darstellen sollen.

STRANDMUSTER
Schon seit sechs Jahren malt der Künstler Andres Amador aus San Francisco mit einer Harke riesige Muster in die Sandstrände Kaliforniens. Seine Motive plant er sorgfältig auf dem Computer und überträgt sie dann in einer Größe von bis zu 150 × 90 m auf den Sand – immer im Wettlauf mit der Flut, versteht sich.

MUSEUMSMANN
Der Künstler Ansuman Biswas aus London lebte 40 Tage und Nächte lang ganz allein im gotischen Turm des Manchester Museums. Jeden Tag studierte er eines der 4,5 Millionen Ausstellungsstücke des Museums und teilte seine Gedanken dazu in einem Blog mit.

SCHÄDELSAUNA
Der niederländische Künstler Joep van Lieshout hat einen 4,50 m hohen menschlichen Schädel konstruiert, der eine Sauna für acht Personen beherbergt! Der weiße „Wellness-Schädel" besteht aus Holz und Kunststoff. Ist die Sauna in Betrieb, tritt Dampf aus den Augenhöhlen.

DER HERR

DIE ABGEFAHRENEN FLIEGENFOTOS DES BELGISCHEN KÜNSTLERS NICHOLAS HENDRICKX SIND EIN ECHTER HINGUCKER! DIE IDEE, DIE INSEKTEN ALS MODELS ZU ARRANGIEREN, KAM DEM FOTOGRAFEN, ALS ER IN SEINEM GARTEN EINE FLIEGE BEI IHRER LANDUNG AUF EINER BLÜTE BEOBACHTETE. DAS VERRÜCKTESTE ABER

LANGSAMLESER
Im englischen Derby brachte ein Mann ein Buch in die Bibliothek zurück, das er 46 Jahre zuvor entliehen hatte! In der Zwischenzeit hatten sich Überziehungsgebühren von fast € 2.850 angesammelt, die ihm aber freundlicherweise erlassen wurden.

EIN ECHTER EVERGREEN
Das Lied „You've Lost That Lovin' Feelin'" von den Righteous Brothers wurde weltweit schon so oft im Radio gespielt, dass eine Gesamtspieldauer von beeindruckenden 45 Jahren zusammengekommen ist!

LEGO®-HAUS
Der britische Fernsehmoderator James May hat ein originalgroßes Haus aus LEGO®-Steinen gebaut, komplett mit Toilette, Dusche und Beleuchtung – natürlich alles voll funktionsfähig. An die 1.000 Freiwillige halfen ihm bei seinem Vorhaben. May lebte sogar eine Weile in dem sechs Meter hohen, zweistöckigen „Spielzeughaus", das in Surrey steht.

DAUERROLLE
Der englische Schauspieler David Raven spielte zwischen dem 22.6.1957 und dem 23.11.1968 insgesamt 4.575-mal den Major Metcalf in Agatha Christies Stück *Die Mausefalle*.

SCHLEPPEREI
Auf ihrer Hochzeit trug die Chinesin Zhao Peng ein Brautkleid mit einer 2,2 km langen Schleppe! Das € 4.250 teure Gewand war außerdem mit 9.999 Seidenrosen verziert. Die Gäste brauchten über drei Stunden, um die Schleppe auszubreiten!

HAARIGER HUND
Im Mai 2009 wurde im Londoner Royal College of Art eine Hundeskulptur von Gareth Williams enthüllt, deren Fell aus den Haaren des Künstlers bestand. Zusammengehalten wurde das Kunstwerk mit altem Kaugummi.

SERIENJUNKIE
Der Londoner Serienjunkie Steve Misiura hat innerhalb von dreieinhalb Tagen alle 238 Folgen der US-amerikanischen Sitcom *Friends* angesehen. Während seines 84-stündigen Serienmarathons litt er allerdings an Übelkeit, Bauchschmerzen und Halluzinationen.

GANZ SCHÖN HÖLZERN!
Der Schnitzer John Selvey aus Port Orange, Florida, hat eine Kette aus 10.034 Holzgliedern angefertigt, die unglaubliche 124 m lang ist! 825 Tage in Folge saß Selvey an seinem Kunstwerk, das er aus 60 cm großen Holzstücken schnitzte.

STICKKUNST
Die Kanadierin Joanna Lopianowski-Roberts, die heute in San Francisco lebt, hat über acht Jahre hinweg eine detailgetreue Replik des Deckenfreskos von Michelangelo in der Sixtinischen Kapelle gestickt! Ihr 1 × 2 m großes Kunstwerk nahm 3.572 Arbeitsstunden in Anspruch.

DER FLIEGEN

IST, DASS SEINE KLEINEN MODELLE NICHT AUF IHRE KULISSEN AUFGEKLEBT SIND, SONDERN TATSÄCHLICH NOCH LEBEN! ALLERDINGS GIBT HENDRICKX ZU, DASS DIE INSEKTEN DURCHAUS IHREN EIGENEN KOPF HABEN UND DIE ARBEIT MIT IHNEN TEILWEISE VIEL GEDULD ERFORDERT.

VOLUMINÖSE VASE
In den Monte Palace Tropical Gardens auf Madeira steht eine 5,40 m hohe Vase, die 555 kg wiegt! Das gigantische Zierstück wurde in Südafrika hergestellt.

MASSENTANZ
Insgesamt 7.770 Menschen versammelten sich 2009 im Cebu City Sports Center auf den Philippinen zu einer gemeinsamen Tanzstunde.

BLUTGELD
Das britisch-polnische Musikerduo John Porter und Anita Lipnicka tauschte 2009 Konzertkarten gegen eine Blutspende ihrer polnischen Fans.

ZAHNSTOCHERSTADT
Über vier Jahre lang arbeitete Stan Munro aus Syracuse, New York State, an seiner Skulptur „Toothpick City II – Temples and Towers". Das Kunstwerk, das aus über vier Millionen Zahnstochern und 170 l Klebstoff besteht, zeigt gut 40 berühmte Bauwerke aus aller Welt, die im Maßstab 1:164 nachgebaut wurden, darunter die Londoner Tower Bridge und der Vatikan. Besonders beeindruckend ist auch das 5,80 m hohe Modell des Burdsch-Chalifa-Turms in Dubai.

DURCHGEKAUT
Die Künstlerin Ally Rosenberg aus dem englischen Prestwich hat eine Skulptur einer alten Frau aus 1.000 vorgekauten Kaugummis und eine Skulptur eines alten Mannes aus gebrauchten Teebeuteln gestaltet.

GOLDENE SEIDE
Der britische Kunsthistoriker Simon Peers hat ein 3,30 × 1,20 m großes goldfarbenes Stoffstück aus Spinnenfäden hergestellt! Über fünf Jahre hinweg fing er mehr als eine Million weibliche Goldene Seidenspinnen ein, deren goldfarbene Seidenfäden vorsichtig aus den Leibern extrahiert wurden, ohne den Insekten zu schaden. Mit akribischer Sorgfalt spann er dann je 24 Fäden zu einem Garn, von dem er wiederum drei Stränge zu einem dickeren Faden verspann, bis das Material stabil genug für den Webstuhl war. Pro Spinne konnte er nur durchschnittlich 24 m Faden gewinnen.

Papier Kunst

Das Künstlerehepaar Allen und Patty Eckman aus Rapid City, South Dakota, hat eine einzigartige Technik entwickelt, mit der unglaublich detailgetreue Reliefs und Skulpturen aus Papier hergestellt werden können. Nicht wenige ihrer Pappmaché-Kunstwerke sind lebensgross. Da jedes Element der Skulpturen einzeln gegossen wird, kann die Herstellung schon mal mehrere Monate dauern. Hier erklärt Allen Eckman, wie er bei der Arbeit vorgeht:

1

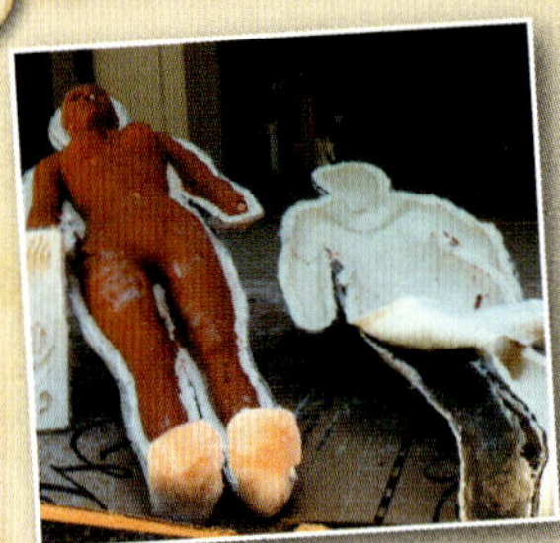

„Zunächst wird *Little Bird* detailgetreu modelliert. Nur Hände, Ohren und Augen fehlen zu diesem Zeitpunkt noch. Die Form wird dann mit Pappmaché gefüllt, das anschließend getrocknet und in die richtige Haltung zurechtgebogen wird."

2

„Nachdem wir die Figur modelliert haben, füge ich Hände, Ohren und Augen hinzu. Dann glätte ich die Oberflächen und kleide die Skulptur ein."

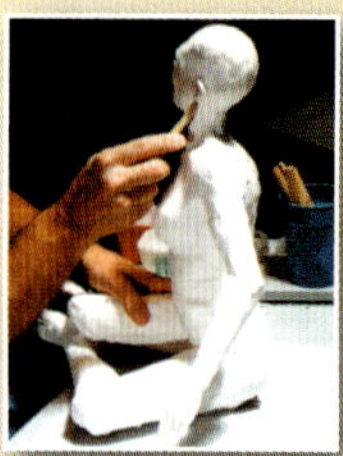

3

„Die Haare bestehen aus trockenem, relativ hartem Papier, das in feine Streifen geschnitten wird. Ich bringe es schichtweise an, so wie Haare wachsen."

4

„Jetzt ist die Figur für *Little Bird at Oak Creek* fertig."

5

„Dann wird *Little Bird* in das Gesamtkunstwerk integriert, das 1,20 x 1,50 m groß und 30 cm tief ist."

Fancy Dancer, Northern Plains, 1,20 m groß.

Die Bestandteile von Deiningers Müllforelle

- Hülle von Nintendo-Spiel
- Fenstergitter
- Kassette
- Zerbrochener Kleiderbügel
- Frauenschuh
- Sparschwein der Tochter
- Plastikspielzeug
- Tragetasche
- Geschenkband
- Kleideretiketten
- Plastikteile von Wäschekorb
- Hosenstoff
- Messingknopf
- Pailletten
- 3 Plastikutensilien
- 8 Flaschendeckel
- Milchkanne
- Scherben eines Serviertellers
- Kaffeedose
- Zerschnittene Plastiktasse
- Häagen-Dazs®-Eiscremedeckel
- Kugelschreiberkappe
- Magic Marker
- Klebeband
- Pinselgriff
- Füller-Feder
- Lineal
- Filmdose
- CDs
- Schablone
- Altholz
- Schrauben
- Heißleim
- Schlauchboot
- Plastikeimer
- Regenrinnenschutzgitter
- Pillendose
- Am Strand gefundener Kinderturnschuh
- Knöpfe aus Kleiderfabrik, die stillgelegt wurde

Müllforelle

Tom Deininger aus Boston, Massachusetts, erschuf diese schillernde Skulptur einer Regenbogenforelle, die er aus Müll bastelte, den er in der Umgebung seines Hauses fand (vgl. Liste oben). Das Kunstwerk enthält keinerlei Farbe oder andere Hilfsmittel – es ist einfach nur Müll!

MONDSTEIN

Anlässlich des 40-jährigen Jubiläums der ersten Mondlandung wurde ein Buch veröffentlicht, das echtes Mondgestein enthielt! Da die Mondlandung 1969 stattfand, produzierte der Verlag Taschen America nur 1.969 Exemplare des Buches – von denen nur die letzten zwölf Exemplare mit Mondgestein versehen waren. Der Band mit dem Titel *Moonfire* (deutsch: „Mondfeuer“) wurde von Buzz Aldrin, dem zweiten Mann auf dem Mond, signiert. Ein Exemplar kostete € 710.

RIESENPINSEL

Der chinesische Künstler He Wenjun kalligrafierte im Rahmen einer Ausstellung in Nanchong im September 2009 mit einem 3,60 m langen, 53 kg schweren Pinsel Schriftzeichen auf eine Riesenleinwand. Sein Werkzeug, das bis zu 45 l Farbe aufsaugen kann, hatte er aus Rosshaar selbst hergestellt.

STREICHHOLZFAN

Brian Croucher aus West Sussex, England, hat über zwei Jahre lang an einem lebensgroßen Modell eines Daleks aus 480.000 Streichhölzern gebastelt. Die 1,60 m großen Daleks sind die bösartigen Aliens aus der britischen Erfolgsserie *Doctor Who*. Außerdem baute Croucher bereits ein 1,50 m langes Boot, ein Schaukelpferd und eine Standuhr aus Streichhölzern.

TOILETTENPAUSE

Auf der Webseite runpee.com (deutsch: „Gehpinkeln.com“) können Kinogänger mit schwacher Blase erfahren, wann man während welchen Films am besten auf die Toilette gehen kann, ohne allzu viel von der Handlung zu verpassen. Zudem kann man sich eine Zusammenfassung der versäumten Handlung auf sein iPhone senden lassen.

TWITTER-ROMAN

Nachdem Matt Stewart aus San Francisco keinen Verlag für seinen Debütroman *The French Revolution* gefunden hatte, veröffentlichte er den Text einfach via Twitter! Da er jeweils nur 140 Zeichen pro Tweet verschicken konnte, musste er seinen Roman auf insgesamt 3.700 Nachrichten verteilen.

VIDEOANTRAG

Der englische Filmfan Pete Simson wollte seiner Freundin Hannah McDonagh einen wirklich unvergesslichen Heiratsantrag machen und mietete kurzerhand ein Kino in Bristol, wo er ihr einen fünfminütigen Film zeigte, in dem er sich zu dem Lied „If You're Not The One“ von Daniel Bedingfield in Unterhosen zum Affen machte. Am Ende der Vorführung ging er vor seiner Holden auf die Knie und hielt um ihre Hand an.

LEBENDE STATUEN

Der Künstler Antony Gormley ließ 2009 Passanten auf dem Londoner Trafalgar Square jeweils eine Stunde lang auf einem Sockel stehen. Insgesamt war seine Installation drei Monate, in denen der Sockel rund um die Uhr besetzt war, zu sehen. Über 2.400 Personen erklärten sich bereit, als lebendige Ausstellungsstücke zu fungieren und die 6,70 m hohe Säule zu erklimmen. Einer der Teilnehmer hatte sich als Panda verkleidet, und ein anderer bekam durch seinen Auftritt einen Job, weil er eine riesige Kopie seines Lebenslaufs von der Säule herabhängen ließ.

KLO PAPIER KÖPFE

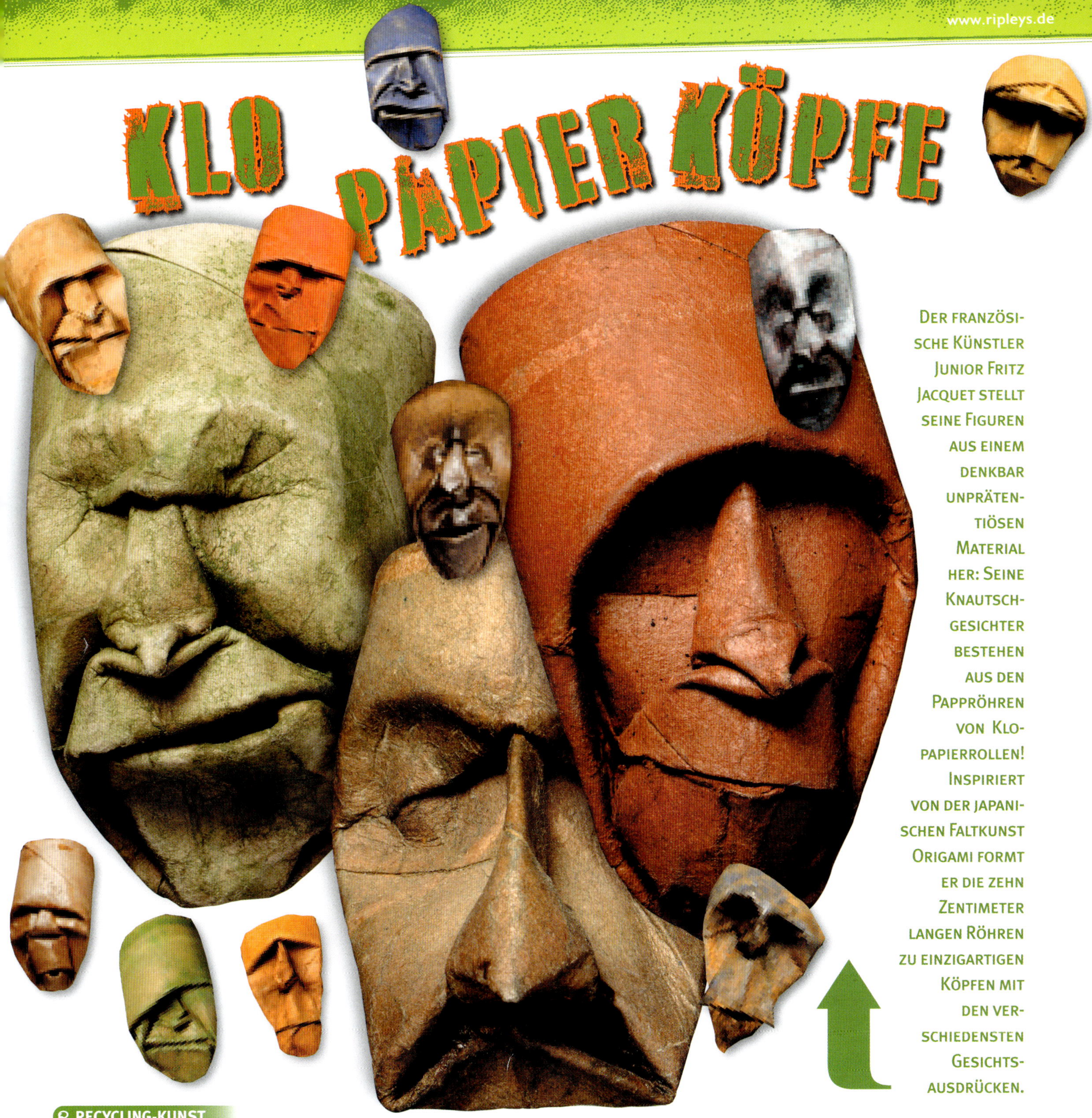

DER FRANZÖSISCHE KÜNSTLER JUNIOR FRITZ JACQUET STELLT SEINE FIGUREN AUS EINEM DENKBAR UNPRÄTENTIÖSEN MATERIAL HER: SEINE KNAUTSCHGESICHTER BESTEHEN AUS DEN PAPPRÖHREN VON KLOPAPIERROLLEN! INSPIRIERT VON DER JAPANISCHEN FALTKUNST ORIGAMI FORMT ER DIE ZEHN ZENTIMETER LANGEN RÖHREN ZU EINZIGARTIGEN KÖPFEN MIT DEN VERSCHIEDENSTEN GESICHTSAUSDRÜCKEN.

RECYCLING-KUNST

Im Rahmen der Recycling-Skulpturen-Ausstellung im Londoner Zoo waren ein Eisbär aus Plastiktüten, ein Hai aus alten Radkappen sowie ein Dinosaurier aus gebrauchten Autoreifen zu sehen.

KRISENKUNST

Eine lebensgroße Plastik in Wien zeigte einen elegant gekleideten Geschäftsmann, der kurz davor zu sein schien, vom Dach des vierstöckigen Gebäudes einer Immobilienfirma zu springen. Das Kunstwerk von Ronald Kodritsch war durch die Finanzkrise im Jahr 2009 inspiriert worden.

PLASTILIN-GARTEN

Der britische Fernsehmoderator James May bastelte für die Chelsea-Blumenschau 2009 einen ganzen Garten aus Knetmasse! Blumen, Gemüse, Büsche und Rasen sowie den Teich fertigte er aus drahtverstärktem Plastilin an.

FAHRRAD-SYMPHONIE

Der argentinische Komponist Mauricio Kagel schrieb eine Symphonie für Fahrradklingeln! Sein Werk mit dem Titel *Eine Brise* ist 90 Sekunden lang und für 111 Radfahrer gedacht.

MARIACHI-MASSEN

An die 550 Mariachi-Musiker versammelten sich im August 2009 im mexikanischen Guadalajara, um verschiedene Lieder zum Besten zu geben. Guadalajara ist die Heimatstadt der berühmten Mariachi-Musik.

SCHROTTKUNST

Der als „Scrap Daddy“ (deutsch: „Schrott-Papa“) bekannte Künstler Mark Bradford aus Houston, Texas, erschuf die Skulptur *Carmadillo*, ein 15 m langes Gürteltier, das er aus einem ausrangierten Pick-up und einem alten Lastwagen zusammensetzte.

Diese wundersame Kreatur wurde von der Fotografin Corrie White aus dem kanadischen Ontario festgehalten. Tatsächlich handelt es sich dabei gar nicht um ein Lebewesen, sondern um einen Tropfen gefärbter Milch, der in eine mit Wasser gefüllte, blaue Glasschüssel fällt. White arbeitet mit Pipette und verschiedenen Gefäßen oft stundenlang an einem einzigen Bild. Milch benutzt sie besonders gern, da diese langsamer als Wasser reagiert. Dennoch hat White nur einen winzigen Augenblick lang Zeit, um auf den Auslöser zu drücken.

WUNDERBARE
WISSENSCHAFT

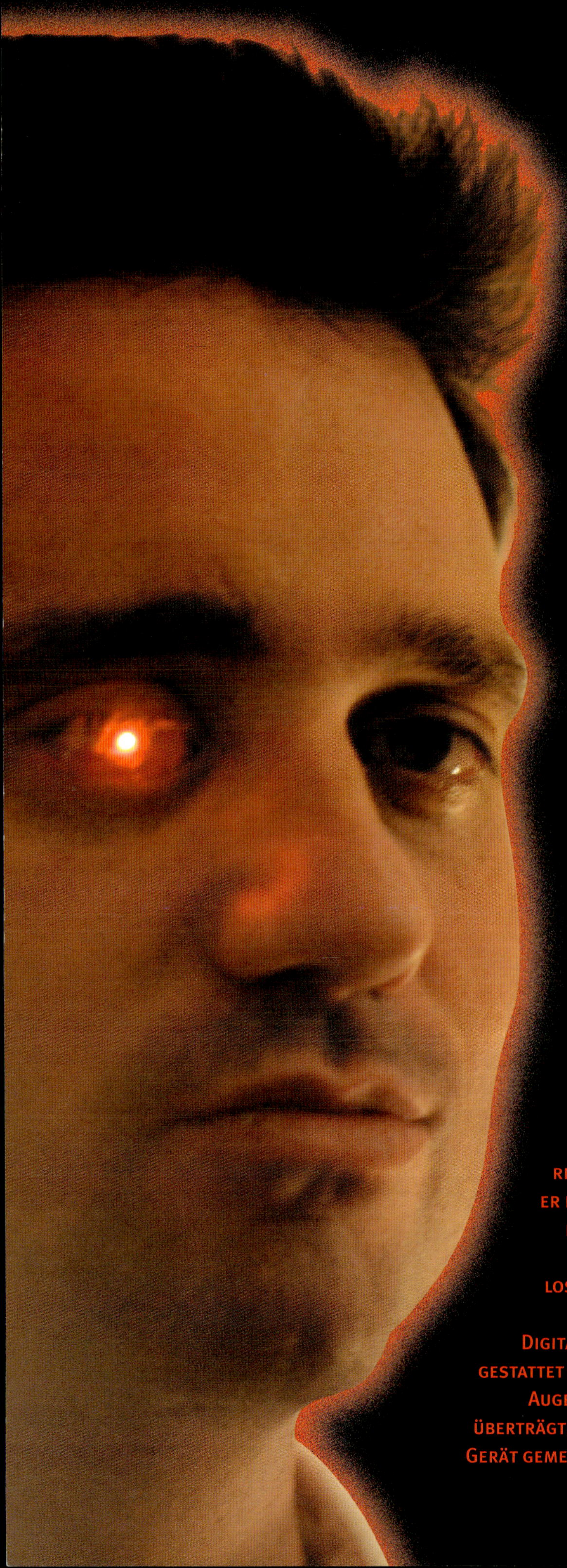

TECHNO-AUGE

DER FILMPRODUZENT ROB SPENCE AUS TORONTO, KANADA, HAT EINE KAMERA ENTWICKELT, DIE SEIN RECHTES AUGE ERSETZT, DAS ER IN SEINER KINDHEIT VERLOREN HAT. DER SOGENANNTE „EYEBORG" IST EIN DRAHTLOSES BIONISCHES AUGE, DAS MIT EINER DER KLEINSTEN DIGITALKAMERAS DER WELT AUSGESTATTET IST UND VIDEOS DURCH DIE AUGENHÖHLE AUFZEICHNET UND ÜBERTRÄGT. SPENCE ENTWICKELTE DAS GERÄT GEMEINSAM MIT DEM INGENIEUR KOSTOS GRAMMATIS.

FALSCHER FISCH

An der University of Essex, England, wurde ein ganzer Schwarm 1,50 m langer Roboterfische entwickelt, die über winzige Chemikalien-Sensoren verfügen, mit denen sie Wasserverschmutzungen aufspüren können. Die karpfenförmigen, batteriebetriebenen Fische kosten pro Stück mehr als € 20.000 und sind so konstruiert, dass ihr Aussehen und ihre Bewegungsabläufe ganz realistisch wirken, damit sie keine echten Fische verschrecken.

LEUCHTKLEID

Die britische Modestudentin Georgie Davis hat ein Kleid entworfen, das leuchtet, wenn das Handy der Trägerin klingelt. Durchsichtige weiße Anzeigen in der rechten Schulterpartie des Kleides sind drahtlos mit dem Handy verbunden und blinken, wenn jemand anruft.

GEFÜHLS-ROBOTER
Forscher der Universität Waseda in Japan entwickelten einen Roboter, der sieben verschiedene menschliche Gefühle ausdrücken kann. Der Emotional Humanoid Robot namens Kobian kann durch Motoren seine Lippen, Augenlider und Brauen bewegen und verschiedene Körperhaltungen einnehmen. Wenn Kobian sich freut, schlägt er die Hände über dem Kopf zusammen und reißt Augen und Mund auf. Wenn er traurig ist, lässt er den Kopf hängen, krümmt sich und bedeckt sein Gesicht mit den Händen.

ROBOTERLEHRER
Seit 2009 werden die Kinder an einer Tokioter Schule unter anderem von einer Roboterfrau unterrichtet. Saya hat ein menschenähnliches Gesicht, das von 18 Motoren betrieben wird, die ihr eine humanoide Mimik verleihen. Sie kann beispielsweise Überraschung, Angst, Wut, Trauer und Fröhlichkeit ausdrücken. Außerdem verfügt sie über ein Vokabular von 700 Wörtern, beherrscht alle Sprachen und reagiert auf Fragen.

ZWIEBELKRAFT
Um Strom zu sparen, lässt sich ein MP3-Player auch mit Zwiebeln betreiben! Dazu muss man lediglich zwei Löcher in das Gemüse bohren, es in einem Energy-Drink einweichen und dann das USB-Kabel in die Zwiebel stecken. Da die meisten Gemüsearten Ionen enthalten, die mit dem Energy-Drink reagieren und Ladung erzeugen, kann ein MP3-Player auf diese Weise für bis zu eine Stunde aufgeladen werden.

UNSICHTBARE TÜREN
Unter Verwendung transformationsoptischer Technik haben chinesische Wissenschaftler eine Möglichkeit gefunden, Lichtwellen umzuleiten. Mithilfe dieser Technik könnten eines Tages vielleicht Türen entwickelt werden, die für das menschliche Auge unsichtbar sind.

MECHANISCHE INSEKTEN
Wissenschaftler der Tokioter Universität entwickeln derzeit verschiedene Hybridformen aus Insekten und Maschinen. Die Gehirne der Tiere werden neu programmiert, sodass sie bestimmte Befehle ausführen können. Bisher wurden die Gehirnströme eines männlichen Seidenspinners umprogrammiert, der jetzt nicht mehr auf Gerüche, sondern auf Licht reagiert.

ÜBERWASSERBRILLE
Professor Josh Silver von der Oxford University in England hat eine günstige, mit Flüssigkeit gefüllte Brille entwickelt, die an jede Sehstärke angepasst werden kann. Die Linsen enthalten runde, mit Flüssigkeit gefüllte Beutel, die jeweils mit einer Spritze an den Brillenbügeln verbunden sind. Der Träger kann die Linsenstärke verändern, indem er mehr oder weniger Flüssigkeit in die Beutel injiziert.

MAGNETISCHE WIRKUNG
Nachdem er bei einem Verkehrsunfall im Jahr 2005 schwere Kopfverletzungen erlitten hatte, wurde Josh Villa aus Rockford, Illinois, mithilfe eines magnetischen Feldes aus dem Koma geweckt. Um sein Gehirngewebe zu stimulieren, hielt man ihm eine elektromagnetische Spule über die Stirn, und schon wenige Wochen später konnte er auf einfache Befehle reagieren.

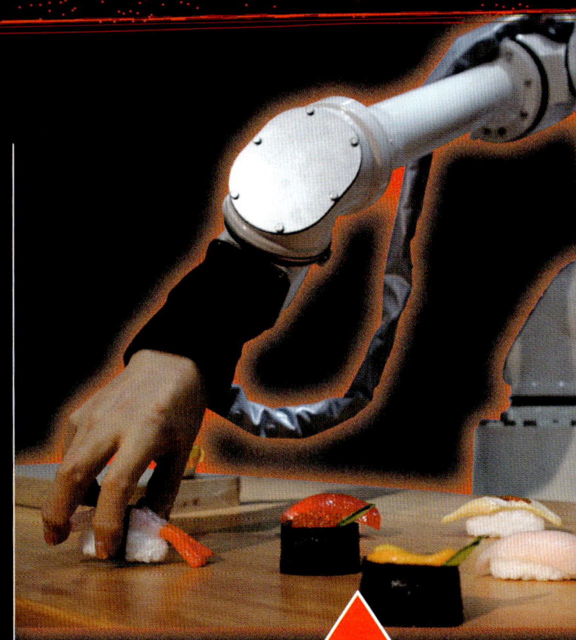

Handgemacht

Auf einer Ausstellung in Tokio wurde 2009 ein Roboter mit gruselig lebensechten, weichen Silikonhänden gezeigt. Über 20 künstliche Muskeln erlauben es dem druckluftbetriebenen Roboter, auch kleine Gegenstände, hier einen Bissen Sushi, aufzuheben. Er kann aber auch Hände schütteln oder vorsichtig zukneifen.

Digitaler Finger

Nachdem der finnische Computeringenieur Jerry Jalava bei einem Motorradunfall im Jahr 2008 einen halben Finger verlor, entwickelte er einen einzigartigen Ersatz. Seine Prothese enthält einen USB-Stick, der unter dem Fingernagel verborgen ist und mit dem er seine Arbeit immer mit sich herumtragen kann.

Jerry Jalava mit seinem zerfetzten Motorradhandschuh und seinem neuen „Finger".

Die Prothese kann abgenommen und als USB-Stick verwendet werden.

TUNNEL BLICK

Die Herrenknecht-Gripper-Tunnelbohrmaschine (TBM), auch liebevoll „Gabi 1“ genannt, bohrte sich in nur 18 Monaten durch 7,20 km hartes Felsgestein. Durch das Gotthardmassiv in den Schweizer Alpen werden Zugtunnel konstruiert, für deren Bau sich die Maschine, die einen Durchmesser von fast zehn Metern hat, schon mal innerhalb von nur 24 Stunden durch 40 m Gestein frisst. Durchschnittlich bewältigt Gabi 1 stolze 14 m am Tag. Der Bohrer arbeitet dabei so passgenau, dass die Durchbruchstelle horizontal nur vier Millimeter und vertikal nur acht Millimeter vom Optimum abweicht. An der Vorderseite ist der Bohrer mit einer kleinen Tür versehen, durch die die Arbeiter krabbeln können, um die 15 Schneider auszuwechseln, die meist einmal pro Tag verschleissen. Vermutlich werden die Tunnelarbeiten 2012 abgeschlossen sein.

Ripley's erklärt

Die Greifmaschine fixiert sich mithilfe von zwei Greifplatten an der Felswand. Hydraulische Zylinder drücken den Bohrkopf dann mit Hochdruck ins Gestein und zermahlen den Fels mit gehärteten Metallschneidern. Auf diese Weise produzieren TBMs pro Stunde bis zu 1.600 Tonnen Geröll.

Stoßfest

Ein intelligentes, neues stoßabsorbierendes Material namens D30 verändert seine Molekularstruktur, wenn es heftigen Erschütterungen ausgesetzt wird. Unter normalen Umständen bewegen sich die Moleküle frei, wodurch das Material weich und beweglich ist. Bei Stößen drängen sie sich aber zusammen und absorbieren damit die Energie des Aufpralls. Vermutlich wird es vornehmlich in Schutzkleidung für Sportler und Soldaten eingesetzt werden.

(KEIN) HEISSES EISEN

Das Metall Wolfram schmilzt erst bei einer Temperatur von 3.422 °C. Sein Schmelzpunkt ist damit mehr als doppelt so hoch wie der von Eisen.

ROBO-MODEL

Zu den Models auf der Fashion Week 2009 in Tokio zählte auch ein Roboter. Der 1,57 m große und 43 kg leichte, 1,43 Millionen Euro teure Roboter HRP-4C konnte sich wie ein Model bewegen und war ein echter Hingucker auf dem Laufsteg.

RIESENZELLEN

Forscher auf den Bahamas entdeckten kürzlich einen Organismus auf dem Meeresboden, der die Größe einer Weintraube hat, aber nur aus einer einzigen Zelle besteht! Hätten menschliche Zellen dieselbe Größe, wären wir alle 5,6 km groß!

Mikroskopischer Schneemann

Wissenschaftler aus London haben einen winzigen Schneemann erschaffen, der einen Durchmesser von nur 0,01 mm hat – das ist etwa ein Fünftel des Durchmessers von einem menschlichen Haar! Der Schneemann besteht aus zwei Zinnperlen, die mit Platin zusammengelötet wurden. Die Gesichtszüge wurden mit einem gebündelten Ionenstrahl eingraviert, und die Nase besteht aus einem klitzekleinen Platinstück.

DÜNNES ZEUG

Das neuartige Material Graphén besteht aus einem einzigen Karbonblatt, das nur die Dicke eines Atoms aufweist, aber härter ist als Diamant. Es ist so dünn, dass sich mit nur wenigen Gramm des Materials ein ganzes Fußballfeld abdecken ließe. Es leitet zudem Elektrizität 100-mal schneller als das Silikon in Computerchips.

STAHLKLETTVERSCHLUSS

Deutsche Wissenschaftler haben einen stählernen Klettverschluss entwickelt, der so stark ist, dass er ganze Gebäude stabilisieren kann! Ein Quadratmeter Metaklett kann bis zu 35 Tonnen Gewicht halten, und das bei Temperaturen bis zu 800 °C.

TEQUILA-DIAMANTEN

Mexikanischen Wissenschaftlern ist es gelungen, aus Tequila, dem mexikanischen Nationalgetränk, Diamanten herzustellen! Gießt man weißen Tequila auf Edelstahl und erhitzt ihn, kann der Dampf aus dem Tequila winzige Diamantkristalle bilden.

GERINGER VERBRAUCH

Die Beverly-Uhr in der University of Otago im neuseeländischen Dunedin läuft zwar mechanisch, wurde aber seit 1864 nicht mehr aufgezogen. Sie wird allein durch die Energie betrieben, die durch Druck- und Temperaturschwankungen entsteht.

MINI-LAMPE

Wissenschaftler der University of California in Los Angeles (UCLA) entwickelten eine winzige weißglühende Lampe, die einen nur 100 Atome breiten Karbon-Glühfaden benötigt! Das entspricht einem Einhundertbillionstel des Glühfadens, den Thomas Edison in seiner ersten Glühbirne verwendete. Wenn die Lampe ausgeschaltet ist, ist der UCLA-Glühfaden mit bloßem Auge nicht zu erkennen. Brennt sie, sieht man einen winzigen Lichtpunkt.

ORTUNG VIA DUNG

Wissenschaftler spüren Kolonien von brütenden Kaiserpinguinen in der Antarktis auf, indem sie ihre Fäkalien per Satellitenbild suchen. Die gigantischen rotbraunen Flecken können auf dem Eis leicht identifiziert werden. Auf diese Weise konnten bisher 38 verschiedene Kolonien mit insgesamt 400.000 brütenden Pinguinpaaren geortet werden.

ROBO-RUHM

In der Carnegie Mellon University in Pittsburgh gibt es eine Hall of Fame für Roboter! Zu den Neuzugängen 2009 zählten ein Roboterchirurg und ein Staubsaugerroboter.

MÄUSEFENSTER

Forscher der Yeshiva University in New York implantierten Labormäusen Glasfenster in die Haut, um die Entwicklung von Tumoren genau beobachten zu können.

COMPUTER-WURM

Der Laptop von Mark Taylor aus dem englischen Somerset stürzte ab, nachdem ein Regenwurm durch die Lüftungsschlitze gekrochen war und sich um den Kühlungsventilator geschlungen hatte.

GEKLONTE MAUS

Japanische Wissenschaftler haben eine Maus geklont, die 16 Jahre lang eingefroren gewesen war! Mit derselben Technik, bei der Gehirnzellen entnommen und deren Zellkerne in weibliche Eizellen injiziert werden, könnten eines Tages auch ausgestorbene Tierarten wie Mammuts oder Säbelzahntiger gezüchtet werden!

DIAMATENGAS

Diamanten verbrennen zwar bei sehr hohen Temperaturen, verwandeln sich aber nicht in Asche, sondern in das Gas Kohlenstoffdioxyd.

ECHTE SCHNECKENPOST

Vicky Isley und Paul Smith von der Bournemouth University in England konstruierten einen Schnecken-Webmail-Dienst. Die Schneckenhäuser werden dazu mit Miniaturschaltkreisen und einem Funkchip ausgestattet. Kriechen die Schnecken in Reichweite eines elektronischen Lesegerätes, wird der Chip aktiviert und eine E-Mail auf ihn übertragen. Nähern sie sich einem zweiten Lesegerät, werden die Nachrichten ausgelesen und ans Internet versendet.

FALT-DUSCHE

Paul Hernon aus dem englischen West Yorkshire hat ein zusammenklappbares Badezimmer erfunden. Das platzsparende Bauteil mit dem Namen Vertebrae bringt Toilette, Wassertank, Dusche und Abfluss in einer nur 2,40 m großen Stahlsäule unter.

RASANTE PFERDE

Das Madagascar Institute, ein Künstlersyndikat aus New York, hat ein Kinderkarussell konstruiert, dessen Reittiere durch Düsentriebwerke angetrieben werden.

SCHNELLE MIMIK

Laut einer Studie der University of Glasgow in Schottland dauert es nur 200 Millisekunden, dem Gesichtsausdruck eines Menschen eine Emotion zuzuordnen.

Zahnspion

Der Brite James Auger revolutioniert die Welt der zwischenmenschlichen Kommunikation mit seinem Audio-Zahnimplantat! Ein Empfänger- und Ausgabechip werden in einen Zahn implantiert. Daten von Handy, Radio oder PC können dann als Vibration vom Empfängerchip über den Kiefer- auf den Innenohrknochen übermittelt werden und landen ganz diskret und unhörbar für Außenstehende direkt im Gehör des Trägers.

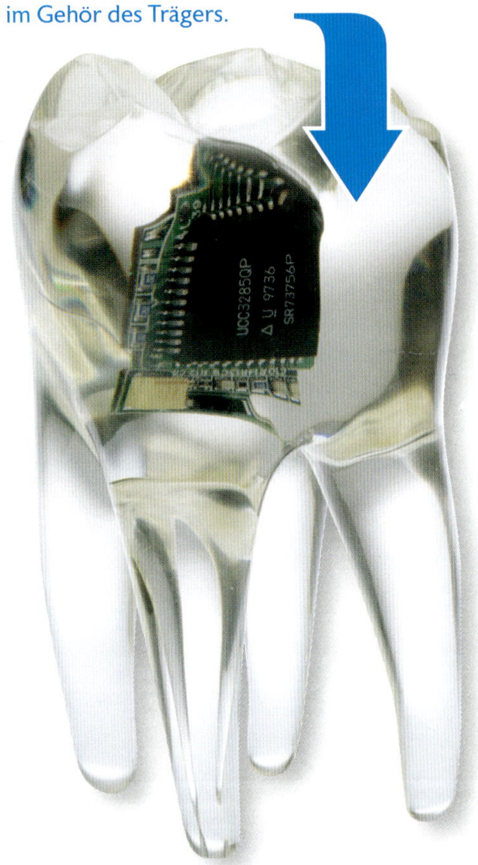

Bionische Finger

Eine Firma aus Schottland hat bionische Finger entwickelt, mit denen Menschen, die einen oder mehrere Finger verloren haben, auch feinmotorische Bewegungen wie Schreiben ausführen können. Die $50.000 teuren Prothesen werden direkt vom Gehirn gesteuert und sind mit einem speziellen Sensor ausgestattet, der es registriert, wenn sich die Gelenke um einen Gegenstand schließen.

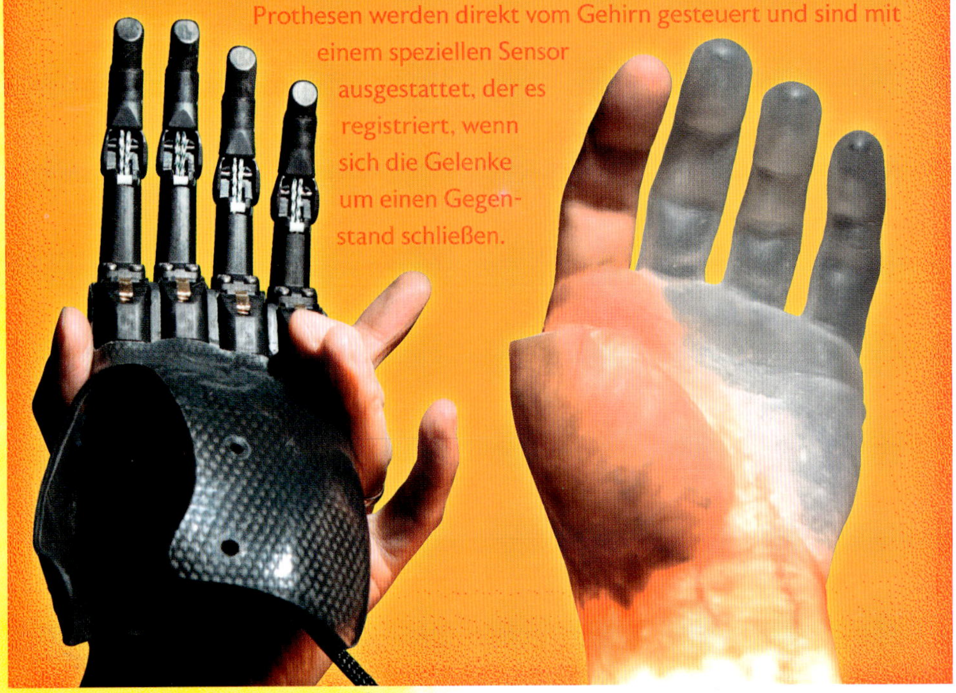

FLÜGELLOSE KÄFER

Forschern an der Universität von Nagoya in Japan ist es gelungen, das Gen auszuschalten, das bei Marienkäfern für die Flügelentwicklung verantwortlich ist. So konnte eine flügellose Variante des Insekts gezüchtet werden. Marienkäfer wurden zwar schon seit Jahren als umweltfreundliche Ungeziefervernichter eingesetzt, konnten bislang aber nicht an einen Ort gebunden werden.

SONNENFLUG

Eine US-amerikanische Firma hat einen unbemannten Beobachtungsflieger entwickelt, der fünf Jahre ununterbrochen in der Luft bleiben kann. Das solarbetriebene Flugzeug hat eine Spannweite von 150 m und ist z-förmig konstruiert, damit es möglichst viel Sonnenlicht einfangen kann. Nachts nimmt es Linienform an, der Aerodynamik wegen.

HIMMELBLAU

Im Dezember 2008 verwandelte ein britischer Künstler ein unbewohntes Appartement in London in eine glitzernde Kristallhöhle! Roger Hiorns' Werk trägt den Namen Seizure und entstand, indem der Künstler 70.000 l erhitzte blaue Kupfersulfatlösung in die Wohnung pumpte, wodurch sich eine blaue Kristallschicht auf allen Oberflächen festsetzte.

Die Kristalle bedeckten jeden Flecken der Wohnung, selbst das Waschbecken.

NANO-BIENEN

Mikroskopische Nanobienen, die aus Perfluorcarbon – einem Bestandteil von synthetischem Blut – hergestellt werden, wurden von Wissenschaftlern an einer Universität in St. Louis, Missouri, eingesetzt, um Krebsgeschwüre zu zerstören. Die kleinen Krabbler sind um mehrere Tausendstel kleiner als der Durchmesser eines Menschenhaars und speichern Melittin, der Hauptbestandteil von Bienengift. Sie werden in den Tumor injiziert, wo sie das Gift freigeben und damit die schädlichen Zellen zerstören.

LEUCHTBOMBEN

Eine neu entdeckte Art von Meereswürmern nutzt biolumineszente „Bomben", um Angreifer abzulenken. Die Würmer, die über drei Kilometer tief unter der Meeresoberfläche im Pazifik leben, stoßen grün leuchtende Körperteile ab, wenn sie gestört werden. Aufgespürt wurden die Würmer mit den nachwachsenden Gliedern von Wissenschaftlern der University of California in San Diego.

GAS-BH

Elena N. Bodnar, Raphael C. Lee und Sandra Marijan aus Chicago, Illinois, haben einen BH erfunden, der im Notfall im Handumdrehen in zwei Gasmasken umgewandelt werden kann – eine für die Trägerin, eine für ihre Begleitung.

TAUBENSERVICE

In Südafrika schaffte es eine Brieftaube, Daten schneller zu übertragen als das Breitband-Internet! Mit einer Datenkarte am Bein brauchte die Taube eine Stunde und acht Minuten, um die 80 km von Pietermaritzburg nach Durban zu fliegen. Inklusive Download dauerte die Übertragung nur etwas mehr als zwei Stunden. In derselben Zeit konnten nur vier Prozent derselben Datenmenge über den führenden Internetdienstleister des Landes übertragen werden.

TELEFONVIRUS

Es gibt über 600 Arten von Handy-Viren, die sich im Adressbuch breit machen und sich selbst per Bluetooth oder MMS an die Kontakte senden, die sie dort finden.

PRÄZISIONSARBEIT

Moderne Chirurgieroboter arbeiten mit solcher Präzision, dass sie sogar eine Weintraube häuten könnten.

SUPER-UNTERHOSE

Obwohl der japanische Astronaut Koichi Wakata, der mit zwölf Kollegen auf der engen Internationalen Raumstation eingesperrt war, einen Monat lang seine Unterwäsche nicht wechselte, beklagte sich niemand über seine mangelnde Hygiene – denn Wakata trug die J-Ware, eine geruchsfreie, schnell trocknende Unterwäsche, die von japanischen Wissenschaftlern entwickelt wurde und Bakterien abtötet, Wasser absorbiert und die Haut schont.

RECHENGENIE

Im deutschen Jülich steht ein Computer, der 200 Billionen Rechnungen pro Sekunde ausführen kann. Allerdings brauchte er über ein Jahr für die Lösung einer einzigen physikalischen Aufgabe.

... VERRÜCKTE ERFINDUNGEN ... VERÜCKTE

Taschentrick

John H. T. Rinfret präsentierte 1963 diese ungewöhnliche Erfindung, die Straßenräubern die Tour vermasseln sollte. Seine Anti-Räuber-Tasche spuckte sofort ihren gesamten Inhalt aus, wenn der Träger an einer Kette zog.

Niedrigflug

Dieses eindrucksvolle Gefährt wurde 1922 fotografiert und zählt zu den allerersten Hubschraubern überhaupt. Die Maschine des Spaniers Raul Pescara setzte vier Propellersets statt dem heute gängigen einen Exemplar ein, konnte aber leider nur 1,50 m hoch fliegen.

Um die Ecke

1953 wurde diese M3-Maschinenpistole entwickelt, die im rechten Winkel, also auch um Hindernisse und Ecken herum, schießen kann.

STINKBOMBE
In Israel wurde eine neuartige organische Waffe namens Skunk (deutsch: „Stinktier“) entwickelt, die so intensiv stinkt, dass sich der Geruch mindestens drei Tage lang nicht abwaschen lässt. Der Duftstoff, der per Wasserwerfer versprüht wird, enthält Hefe, Backpulver und einige Geheimzutaten.

KLETTERHELIUM
Kaltes Helium kann, solange es flüssig ist, die Wände seines Behälters „hochklettern“.

SEEKRANKE FISCHE
Während einer Reihe von Experimenten mit Schwerelosigkeit im Wasser stellte der Zoologe Dr. Reinhold Hilbig aus Stuttgart fest, dass auch Fische seekrank werden können. Im Rahmen seiner Untersuchungen ließ er ein Aquarium mit Fischen mit einem Flugzeug fliegen und beobachtete, dass einige Fische die Orientierung und ihren Gleichgewichtssinn verloren, als das Flugzeug in den steilen Senkflug ging.

SCHLAUER BIKINI
Eine kanadische Firma hat einen Bikini entwickelt, der die Farbe wechselt, wenn er zu starker Sonneneinstrahlung ausgesetzt wird. Er soll als Warninstanz für Hautkrebs dienen, indem sich die hellen Perlen, mit denen er verziert ist, dunkellila verfärben, sobald die UV-Strahlung gefährlich hoch wird.

KUGELSICHER
Ein isländischer Erfinder hat ein kugelsicheres Einstecktuch entwickelt! Sruli Rechts Erfindung besteht aus Kevlar, das fünfmal stärker ist als Stahl und Temperaturen bis zu 400° C widerstehen kann.

SUPERSTRAHLEN
Britische Wissenschaftler haben eine transparente Aluminiumart entwickelt, indem sie das Metall mit Röntgenstrahlen beschossen. Jeder einzelne Röntgen-Impuls war dabei stärker als die Leistung eines Kraftwerks, das eine ganze Stadt mit Strom versorgt.

NABELSCHAU
Um herauszufinden, wie sich Fusseln im Bauchnabel ansammeln, untersuchte Dr. Georg Steinhauser von der Technischen Universität Wien drei Jahre lang insgesamt 503 seiner eigenen Bauchnabelflusen. Schließlich fand er heraus, dass das konzentrisch gewachsene Bauchhaar wie eine Art Widerhaken funktioniert und so lose Fusseln „einfängt“ und in den Nabel „saugt“.

PFEFFERUHR
Um Angreifer abzuschrecken, erfand der Franzose Serge Cotaina eine Armbanduhr, die Pfefferspray versprühen kann. Eine kleine Kapsel im Uhrengehäuse sprüht das Spray seitlich aus dem Ziffernblatt.

BÜHNEN-ROBOTER
2008 wurde im japanischen Osaka ein Theaterstück uraufgeführt, bei dem Roboter gemeinsam mit Menschen auf der Bühne standen. Die Maschinen hatten sogar eigenen Text und liefen auf der Bühne herum.

INDUNGEN ... VERRÜCKTE ERFINDUNGEN ...

Schnee-Ford

Dieses Schneemobil aus dem Jahr 1937 basiert auf einem umgebauten Ford T. Um die Reifen waren Raupenketten geschlungen, und statt der Vorderräder besaß das Gefährt Metallskier. Dieses frühe Schneemobil-Modell konnte bis zu 29 km/h schnell durch Tiefschnee fahren.

Visionär

Der Science-Fiction-Autor Hugo Gernsback erfand bereits 1963 diese portable TV-Brille, mit der er seiner Zeit weit voraus war.

Lisa Courtney aus dem englischen Hertfordshire hat über die letzten 13 Jahre hinweg unfassbare 13.400 Pokémon-Memorabilien zusammengetragen – und findet, dass ihre Sammlung noch lange nicht vollständig ist! Da die Pokémons eine japanische Erfindung sind, ist Lisa schon mehrmals ins Land des Lächelns gereist, um ihrer Sammelleidenschaft zu frönen.

EINFACH UNFASSBAR!

EINFACH UNFASSBAR

KEIN TODESKANDIDAT
Der 90-jährige Alec Alder aus dem englischen Gloucestershire ist dem Tod 14-mal von der Schippe gesprungen! Er überlebte mehrere Autounfälle, einen Sturz von einem 4,50 m hohen Baum und diverse Bombenangriffe in seiner Kindheit. Zudem wurde er von einem Panzer überrollt und ein Kampfflieger setzte das Haus, in dem er schlief, in Flammen. Außerdem verhinderte seine Hochzeit im Jahr 1939, dass er als Soldat nach Dunkirk geschickt wurde, wo seine gesamte Staffel ums Leben kam.

TAUBENFAN
Der ehemalige Weltklasse-Boxer Mike Tyson buchte einmal eine Hotelsuite in Louisville, Kentucky, für seine acht Lieblingstauben!

SEH' ICH DOPPELT?!
Die eineiigen Zwillinge Alexej und Dmitri Semjonowa heirateten 2009 im russischen Petschora die Schwestern Lilia und Liana Kobozewa – ebenfalls eineiige Zwillinge!

SHREK-HOCHZEIT
Keith Green und Christine England traten im April 2009 im englischen Devon grün bemalt und in Oger-Kostümen vor den Altar! Während Green den Shrek gab, hatte sich seine Angetraute als Oger-Prinzessin Fiona verkleidet.

Haarige Angelegenheit

Eine 18-Jährige war so süchtig danach, ihre eigenen Haare zu verspeisen, dass sich in ihrem Magen dieses 38 × 18 cm große Haarknäuel ansammelte. Das 4,5 kg schwere Gewöll füllte fast ihren gesamten Magen aus und führte zu starken Bauchschmerzen und Erbrechen.

TODESMUT
Ein 22-jähriger Japaner stellte sich drei Stunden lang tot, weil er hoffte, so einer Verhaftung zu entgehen, weil er in ein Polizeimotorrad gefahren war. Nachdem er Fahrerflucht begangen hatte und dennoch erwischt worden war, brach er zusammen und stellte sich sogar dann noch tot, als ihm die Sanitäter einen Katheter in die Harnröhre einführten!

BARTBONUS
In Indien bieten viele Polizeibehörden ihren Beamten Boni und Sonderzulagen an, wenn sie sich Schnurrbärte wachsen lassen!

GETEILTES HAUS
Ein kambodschanisches Paar, das sich nach fast 40 Jahren Ehe trennte, entschied, alles gerecht zu teilen – auch sein Haus, das das Paar kurzerhand in zwei Hälften sägte! Die Frau blieb mit ihrer Hälfte vor Ort, während der Mann seinen Hausanteil ans andere Ende des Dorfes transportieren ließ.

CLOWN IM ALL
Der kanadische Zirkusmogul Guy Laliberté wurde 2009 im Clownskostüm ins Weltall geschossen! Der Gründer des Cirque du Soleil erfüllte sich mit seinem Ausflug zur Internationalen Raumstation samt Clownsnase einen Lebenstraum.

COMPUTER-SARG
Die Familie eines kürzlich verstorbenen Computer-Nerds lagert seine Asche in einem alten PC! Auf einer Plastikplakette prangt der Name des Toten, Alan, samt Geburts- und Todesdatum. Zudem wurden seine Freunde ermutigt, ihm die letzte Ehre zu erweisen, indem sie ihm Nachrichten auf Post-It-Zettel schrieben, die dann durch den CD-Schlitz gesteckt wurden.

WAFFENHANTEL
Xie Long aus Chongqing, China, hielt sich 30 Jahre lang fit, indem er mit zwei Minenwerfern trainierte, die er als Hanteln verwendete – bis einem Freund von ihm auffiel, dass die Waffen niemals entschärft worden waren!

ECHT ABENTEUERLICH!
Ein amerikanischer Tourist krallte sich im Juli 2009 ganze 2½ Stunden lang an der Außenwand eines Zuges fest, der mit 110 km/h durch das australische Outback raste! Chad Vance aus Alaska war im letzten Moment auf den Zug, der von Adelaide nach Darwin fuhr, aufgesprungen, konnte ihn aber nicht mehr betreten. Erst Stunden später hörte ein Schaffner seine Schreie und zog die Notbremse.

SEIFENTRINKER
Eine Desinfektions-Handseife, die die Ausbreitung der Schweinegrippe im Verne Prison im englischen Dorset verhindern sollte, wurde 2009 aus den Gefängnismauern verbannt, weil ihr Alkoholgehalt so hoch war, dass die Insassen sie direkt aus den Seifenspendern tranken.

KNOCHENKNACKER
Donald L. Unger aus dem kalifornischen Thousand Oaks hat 60 Jahre lang täglich die Knöchel seiner linken, nicht aber seiner rechten Hand knacken lassen, um herauszufinden, ob Knöchelknacken Arthritis verursacht.

ZURÜCK VON DEN TOTEN
Nachdem die 84-jährige Elena Albu in ihrer Wohnung in Cernavodă, Rumänien, in einer Blutlache aufgefunden wurde, erklärte man sie offiziell für tot. Doch als der Tatort fotografiert wurde, öffnete sie plötzlich die Augen und beklagte sich über Kopfschmerzen.

Monster-Hand

Liu Hua aus dem chinesischen Jiangsu liess sich operativ fünf Kilogramm überschüssiges Gewebe von Zeige- und Mittelfinger sowie Daumen seiner linken Hand entfernen. Vor der OP war sein Daumen unglaubliche 26 cm lang, der Zeigefinger mass 30 cm und der Mittelfinger 15 cm. Tatsächlich waren der Daumen und der Zeigefinger sogar jeweils dicker als Huas Arm, und das Gesamtgewicht seines rechten Armes betrug unglaubliche zehn Kilogramm!

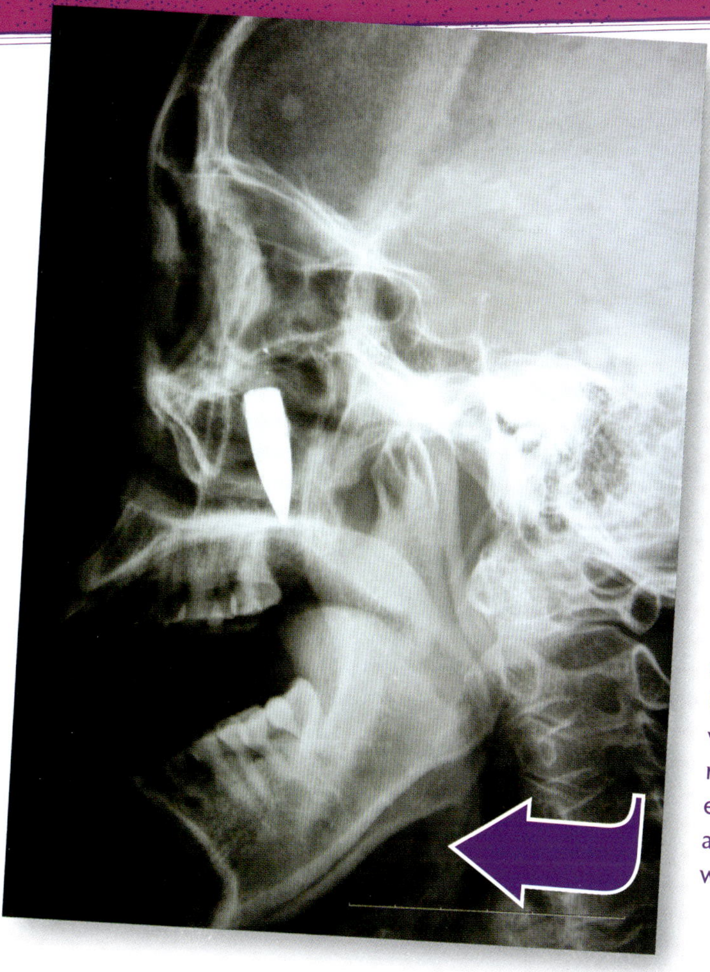

Kugelsicher

42 Jahre lang steckte diese 3,30 cm lange Kugel unentdeckt im Kopf von Hou Guoying fest, bis sich die Chinesin eines Tages über Kopfschmerzen beklagte und das Geschoss entfernt wurde. Anfangs war ihr deren Herkunft ein Rätsel, bis sich die ältere Dame schließlich erinnerte, während der Kulturrevolution 1968 von einer Startpistole angeschossen worden zu sein.

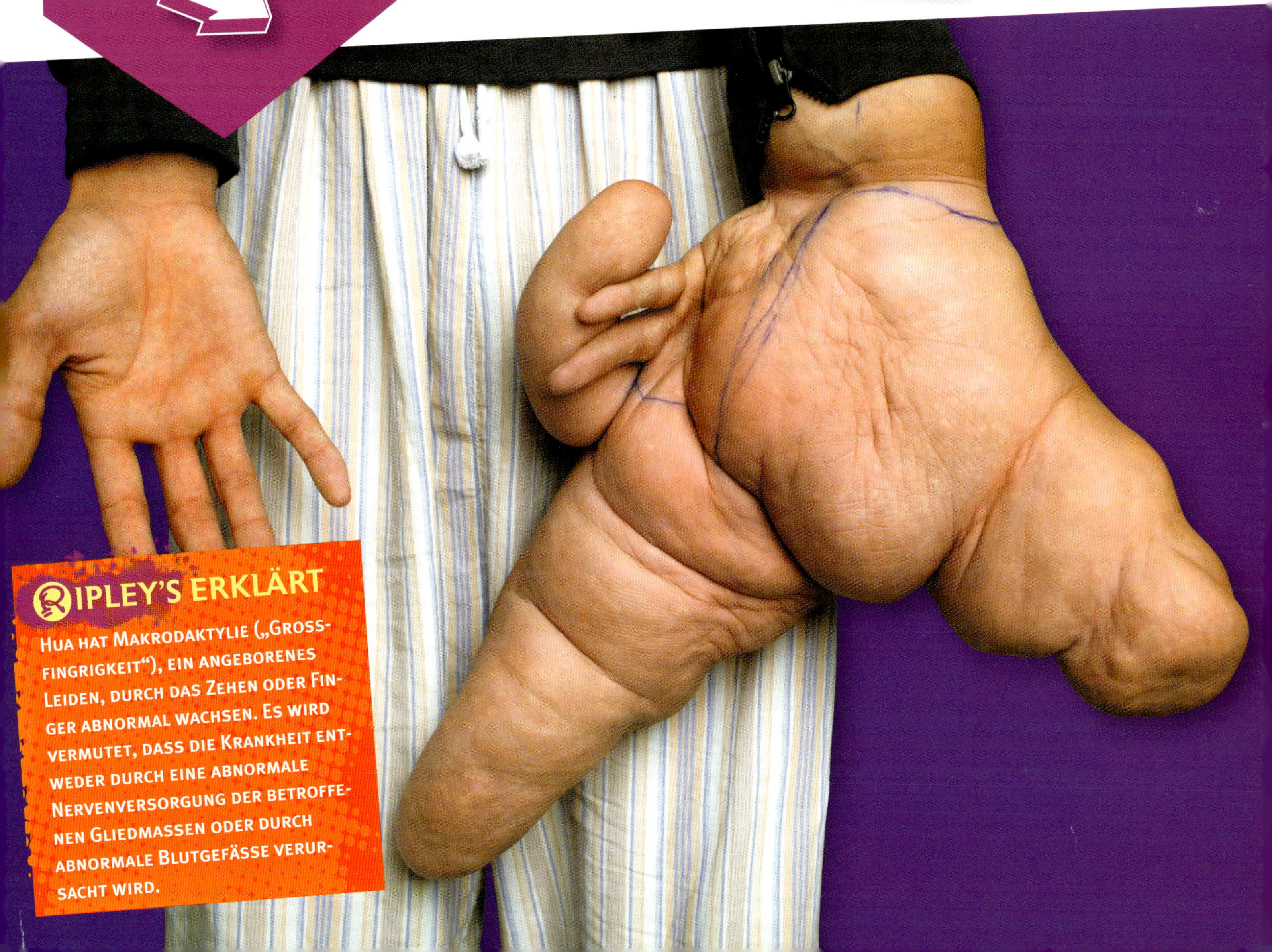

Ripley's erklärt

Hua hat Makrodaktylie („Grossfingrigkeit"), ein angeborenes Leiden, durch das Zehen oder Finger abnormal wachsen. Es wird vermutet, dass die Krankheit entweder durch eine abnormale Nervenversorgung der betroffenen Gliedmassen oder durch abnormale Blutgefässe verursacht wird.

Überlebenskünstler Als dieser Kojote nahe der Grenze zwischen Nevada und Utah von einem 120 km/h schnellen Wagen angefahren wurde, hielt ihn der Fahrer für tot – bis er ihn acht Stunden und fast tausend Kilometer später lebend unter seinem Kotflügel entdeckte!

WIE DIE ELSTERN

Zwischen 2007 und 2008 wurden in Philadelphia mehr als 2.500 Gullydeckel geklaut und als Altmetall weiterverkauft.

HUNDEHOCHZEIT

Harriet und Andrew Athay aus England, die sich beim Gassigehen kennengelernt hatten, machten ihren Hund Ed zu ihrem Trauzeugen – komplett mit winzigem Smoking!

TEURER KÖTER

Die Chinesin Mrs. Wang blechte 2009 über € 350.000 für einen Tibetanischen Mastiff. Zwei Jahre lang hatte sie nach dem Hund ihrer Träume gesucht, bis sie endlich „Jangtsekiang Nummer zwei" fand. Am Flughafen von Xi'an wurde der Rüde mit viel Bohei von einem ganzen Komitee von Hundefans willkommen geheißen und per Luxuslimousine samt Eskorte in sein neues Zuhause transportiert.

KINDERKLAPPE

In Nebraska ist es gesetzlich erlaubt, Kinder gleich welchen Alters im Krankenhaus abzugeben, ohne juristische Konsequenzen fürchten zu müssen. Zu den ersten Eltern, die diese Regelung in Anspruch nahmen, zählte ein Paar, das neun Kinder im Alter von einem bis 17 Jahren aussetzte!

NETTER NEBENVERDIENST

Der Sultan von Brunei, einer der reichsten Männer der Welt, zahlt monatlich über € 9.000 für seinen Haarschnitt. Sein Lieblingsbarbier Ken Modestou wird zwölfmal im Jahr in der ersten Klasse von London nach Brunei eingeflogen und wohnt dort in einem schicken Hotel. Der Schnitt von Modestou an sich kostet übrigens nur € 32.

SCHICKE URNEN

WER AUCH IM TOD SEIN GESICHT WAHREN MÖCHTE, DER IST BEI DER FIRMA CREMATION SOLUTIONS (DEUTSCH: „EINÄSCHERUNGSLÖSUNGEN") AUS ARLINGTON, VERMONT, GENAU AN DER RICHTIGEN ADRESSE: DENN DORT WERDEN EINZIGARTIGE URNEN ANGEFERTIGT, DIE DEN KÖPFEN DER VERSTORBENEN NACHEMPFUNDEN SIND. EIN LEBENSGROSSER, DETAILGETREUER KOPF KOSTET € 1.850.

Menschlicher Kebab

Der auf Abwege geratene Wurfspeer eines Klassenkameraden des Chinesen Jian Liao durchbohrte auf einem Sportplatz in Guilin das Bein des jungen Leichtathleten, als wäre es aus Butter. Da der 1,50 m lange Speer so sperrig war, dass Liao von der Ambulanz nicht transportiert, und der Fremdkörper auch nicht einfach zerbrochen werden konnte, musste das Geschoss in zwei Teile gebrannt werden.

MENSCHLICHE GEWICHTE

Im Januar 2009 wurden in einem Londoner Fitnessstudio Trainingsgeräte präsentiert, bei denen echte Menschen als Gewichte dienten! Die Sportler konnten zwischen fünf verschiedenen Gewichtsklassen von 30 bis 155 kg wählen.

RUHE IM GERICHT!

Richter Stephen Belden aus Ohio war so genervt von den ewigen Zwischenrufen des Angeklagten Harry Brown, der des Raubüberfalls verdächtigt wurde, dass er schließlich anordnete, ihm den Mund mit Klebeband zu versiegeln.

DIE BRAUT, DIE SICH WAS TRAUT

Casey Squibb, Braut in spe aus dem englischen Dorset, musste auf ihrem Junggesellinnenabschied Moorschnorcheln – und wurde bei den irischen Moorschnorchelmeisterschaften prompt zur schnellsten Teilnehmerin aller Zeiten gekürt!

ARBEITS-/RUHESTÄTTE

Jack Woodwards letzter Wunsch war, dass seine Asche in seinem Pub beigesetzt werden solle, in dem er sein halbes Leben verbracht hatte. Die Überreste des ehemaligen Gastwirts ruhen nun unter einer großen Steinplatte vor der Bar des Boat Inn im englischen Stoke Bruerne, auf der steht: „Steh hier und trink ein Gläschen mit mir".

UNGLAUBLICHES ANGEBOT

Ein Vier-Sterne-Hotel nahe Venedig machte € 90.500 Verlust, nachdem es aus Versehen romantische Wochenenden für nur einen Cent angeboten hatte! Im Crowne Plaza gingen innerhalb kürzester Zeit 1.400 Reservierungen ein, nachdem das Angebot auf der Website aufgetaucht war.

LAUTER LAUTE LEUTE

Der Russe Sergej Saweljew kann mit 116,8 Dezibel Lautstärke schreien – das entspricht dem Lärm einer Krankenwagensirene! Seine Fähigkeit stellte er bei einem internationalen Schreiwettbewerb im August 2009 in Thailand unter Beweis.

URGESTEIN

Der 81-jährige Milchmann Derek Arch liefert in dem englischen Städtchen Coventry schon seit fast 70 Jahren Milch aus – und benutzt dabei seit fast 50 Jahren denselben Lieferwagen!

INTERNATIONALE HOCHZEIT

Simone und Ryan Feeney aus England haben in knapp einem Jahr fünfmal geheiratet – in Las Vegas, der Türkei, Großbritannien, erneut in den USA und in Australien.

EINFALLSLOSE GÄSTE

Claire und Stuart Linley staunten nicht schlecht am Tag nach ihrer Hochzeit in der englischen Kirche Howden Minster, als sie ihre Geschenke auspackten und insgesamt 24 Toaster zum Vorschein kamen!

LAMA-WÄCHTER

Bei der Beerdigung des Bauern Terry McCrone in Plymouth Township, Ohio, hielten zwei seiner Lamas die Ehrenwache.

Ein Fall von Mut

SEIT 1901 SCHEINEN DIE NIAGARAFÄLLE MAGISCHE ANZIEHUNGSKRAFT AUF LEBENSMÜDE ADRENALINJUNKIES AUSZUÜBEN! DIE REISSENDEN GEWÄSSER DER KANADISCHEN HORSESHOE FALLS, DES HÖCHSTEN PUNKTES DER NIAGARAFÄLLE, WURDEN UNTER GROSSER ÖFFENTLICHER ANTEILNAHME SCHON IN DEN SKURRILSTEN GEFÄHRTEN BEZWUNGEN. DIE CHANCE, EINEN SPRUNG VON DEN NIAGARAFÄLLEN ZU ÜBERLEBEN, IST SO GERING, DASS DERARTIGE ABENTEUER EINEM REGELRECHTEN SELBSTMORDKOMMANDO GLEICHEN. MINDESTENS ZWÖLF TODESFÄLLE WURDEN SEIT 1901 AN DEN NIAGARAFÄLLEN VERZEICHNET. OBWOHL SIE NICHT DIE HÖCHSTEN WASSERFÄLLE DER WELT SIND, SIND SIE MIT ABSTAND DIE GEFÄHRLICHSTEN, DENN IHRE STRÖMUNG IST BESONDERS STARK UND UNBERECHENBAR.

BOBBY LEACH and his Barrel after his perilous trip over Niagara Falls

GLÜCKSFALL – 1901

Im Oktober 1901 stürzte sich Annie Edison Taylor im Alter von 63 Jahren als erste Person überhaupt in einem Fass die Wasserfälle hinab. Ihr ging es vor allem um Geld und Aufmerksamkeit. Abgesehen von einem Kratzer auf der Stirn trug sie keine Verletzungen davon, doch trotzdem blieb der Ruhm aus und sie verdingte sich von da an als Souvenirverkäuferin.

FASS(T) UNBESCHADET – 1886

Der erste Mann, der die Niagarafall-Stromschnellen in einem Fass bezwang, war Carlisle Graham aus Philadelphia. Im Juli 1886 durchfuhr er die Great-George-Stromschnellen bei Lewiston, New York State. Trotz seiner Körpergröße von 1,80 m war sein mit Eisenreifen beschlagenes Eichenfass nur 1,70 m hoch. Seine Fahrt dauerte 30 Minuten, und da er ohne Verletzungen entkam, beschloss er, sein Kunststück im August zu wiederholen, diesmal steckte er den Kopf tatsächlich aus dem Fass. Bei diesem Versuch hatte er weniger Glück – seine Trommelfelle wurden beschädigt, und Graham war fortan taub.

DURCHGESCHÜTTELT – 1930

Nachdem er Bobby Leach (s. o.) 1911 bei seinem Stunt unterstützt hatte, beschloss 1930 auch William Red Hill Senior, die Fahrt durch die Niagarafälle zu wagen. In einem 2 × 1 m großen Stahlfass mit einem 36 × 46 cm großen Einstiegsloch und Luftlöchern, die mit Korken versiegelt wurden, stürzte er sich in die Fluten. Über 25.000 Zuschauer verfolgten seinen 90 Sekunden langen Sturz, der leider damit endete, dass das Fass von den Strudeln des Wasserfallbeckens erfasst und über drei Stunden lang herumgewirbelt wurde. Doch Hill zog sich nur ein paar Kratzer zu.

IM STAHLFASS – 1911

Im Juli 1911 folgte Bobby Leach Annie Edison Taylors Beispiel, wobei sein Fass allerdings aus Stahl angefertigt war. Leach trat damals im Barnum & Bailey Circus auf, brach sich bei dem Sturz aber trotz seines artistischen Trainings beide Kniescheiben und den Kiefer. Seinen Tod verursachte allerdings ein eigentlich viel ungefährlicheres Ereignis: Er starb Jahre später an Wundbrand, nachdem er auf einer Orangenschale ausgerutscht war.

KEIN ZURÜCK MEHR – 1920

Charles G. Stephens war der erste Fassspringer, der seinen Stunt mit dem Leben bezahlte. Am 11. 6. 1920 stürzte der Engländer vor Tausenden von Zuschauern in einem großen Holzfass die Horseshoe Falls hinab. Seine Füße hatte er zur Sicherheit an einem Amboss festgebunden, was sich letztlich aber als fataler Fehler erwies, denn am Ende konnte nur noch Stephens rechter Arm geborgen werden.

AUFGEBLASENER TYP – 1928

Am 4. 7. 1928 stürzte der 36-jährige Jean Lussier die Niagarafälle in einer 1,80 m großen aufblasbaren Gummikugel hinab. Trotz starker Schäden an seinem Konstrukt kam er mit dem Leben davon.

WASSERMASSEN

Die kanadischen Horseshoe Falls sind mit 760 m Breite und 55 m Höhe der größte Abschnitt der Niagarafälle. Je nach Tages- und Jahreszeit kann die Höhe aber um bis zu neun Meter variieren. An die 170 Millionen Liter pro Minute stürzen das Gefälle hinab – das entspricht etwa einer Million Badewannenfüllungen!

KUGELRUND – 1961

Im Juni 1961 bezwang Nathan Boya die Niagarafälle in einer großen, gummiummantelten Stahlkugel. Fast wäre er vom Weg abgekommen und die American Falls hinabgestürzt, doch im letzten Moment konnte man die verirrte Stahlkugel abfangen und zu den Horseshoe Falls zurücktransportieren. Boya überlebte den Sturz unversehrt, musste aber insgesamt € 80 Strafe für seine illegale Aktion löhnen.

TANDEMSPRUNG – 1989

Im September 1989 sprangen zum ersten Mal zwei Personen auf einmal in einem Doppelfass die Niagarafälle hinab. Peter DeBernardi und Jeffrey Petkovich quetschten sich Kopf an Kopf in ein 3 × 1,50 m großes Fass und entkamen – dank ihrer Hockeyhelme – ohne ernsthafte Verletzungen.

TODESMUTIG – 1995

Der 39-jährige Robert Overacker bezwang die Wasserfälle im Oktober 1995 auf einem Jetski. Doch der Fallschirm auf seinem Rücken versagte ihm den Dienst, und so stürzte Overacker 55 m tief in den Tod.

LEICHTGEWICHT – 1984

Der Kanadier Karel Soucek bezwang die Niagarafälle im Juli 1984 in einem leichten Fass aus Holz und Plastik. Während des nur 3,2 Sekunden währenden Sturzes erreichte er eine Maximalgeschwindigkeit von 120 km/h! Trotz mehrerer kleiner Wunden und eines gebrochenen Arms kam er mit dem Leben davon, musste aber € 350 Strafe für seine nicht genehmigte Aktion bezahlen.

DOPPELTER WAHNSINN – 1985 UND 1993

Dem Kanadier Dave Munday reichte es nicht, dem Tod ein einziges Mal ein Schnippchen geschlagen zu haben. Nachdem er 1985 in einem Stahlfass 52,70 m tief die Horseshoe Falls hinabgesaust war, wiederholte er seinen Stunt 1993 in einer Taucherglocke.

SCHUTZLOS AUSGELIEFERT – 2003

Im Oktober 2003 bezwang Kirk Jones die Niagarafälle als erster Mensch überhaupt ohne jegliche Schutzvorrichtung. Auf seinem Rücken trieb er das 53 m hohe Gefälle hinunter und brachte sich dann auf einem Felsen in Sicherheit. Wie durch ein Wunder hatte er sich nur einige Kratzer zugezogen – und eine saftige Strafe: Er musste € 1.615 blechen und darf Kanada sein Leben lang nicht mehr betreten.

OBERLEHRER AUF TOUR

In Rahmen ihrer Kampagne gegen Rechtschreib- und Zeichensetzungsfehler reisten Jeff Deck und Benjamin Herson 2008 zwei Monate lang durch die USA, um typographische Fehler von Verkehrs- und Hinweisschildern zu entfernen.

WESPENESSER

Der achtjährige Inder Ravi Singh ist süchtig nach Wespen! Er behauptet, dass sie süßlich schmeckten und er die Stiche auf der Zunge als angenehm empfinde. Mittlerweile ist er sogar immun gegen das Gift der Insekten.

HUNDEBRAUT

Im indischen Jaipur wurde der zweijährige Sagula Munda in einer feierlichen Zeremonie mit einer Hündin vermählt. Nachdem man einen abgefaulten Zahn in seinem Mund gefunden hatte, glaubte man, ihn nur durch diese traditionelle Hochzeit vor bösen Geistern und anderem Ungemach schützen zu können.

AUSGEBÜFFELT

Fünf Jahre lang rätselte der chinesische Bauer Mo Zhaoguang, wer wohl immer wieder heimlich die Lichter in seinem Stall anknipst, bis er herausfand, dass sein kluger Büffel den Schalter betätigt! Ist das Tier hungrig oder durstig, schaltet es die Beleuchtung ein, wird es müde, knipst es sie wieder aus.

MOBILER ZOO

Als die Polizei im italienischen Bari einen Autofahrer aus dem Verkehr zog, staunten die Beamten nicht schlecht, als sie im Kofferraum des Fahrzeugs 1.702 Tiere fanden! Neben 1.000 Wasserschildkröten entdeckten sie 300 weiße Mäuse, 216 Wellensittiche, 150 Hamster, 30 Japanische Eichhörnchen und 6 Chamäleons.

MÜLLSAMMLER

Der Messie Merv Jones aus dem englischen Lincolnshire musste ausziehen, da der Gestank aus seinem Haus, das vom Boden bis zur Decke mit Müll aller Art angefüllt war, selbst in zwei Kilometern Entfernung noch zu riechen war.

LEBENSECHT

Rory Coleman, der als lebende Werbung für die Gorilla Organization in einem Gorilla-Kostüm durch England lief, wurde von der Polizei gestoppt, weil ihn Passanten für einen echten Affen gehalten hatten!

KROKO-KNASTI

Im Oktober 2009 buchtete die Polizei aus dem australischen Gunbalanya für drei Tage ein zwei Meter langes Salzwasserkrokodil ein, das in der Stadt herumgeirrt war.

GEKAUFTE BRAUT

Als Hillary Clinton in ihrer Funktion als US-amerikanische Außenministerin 2009 Kenia einen Besuch abstattete, bot ihr der 39-jährige ehemalige Regierungsrat Godwin Chepkurgor aus Nairobi 20 Kühe und 40 Ziegen für die Hand ihrer Tochter Chelsea.

Der Todeskünstler

Der New Yorker Künstler Nate Hill durchwühlt Mülltonnen nach Tieraas, das er dann zu wirklich einzigartigen Kunstwerken zusammenbastelt. Sein größtes Werk, das A.D.A.M.-Projekt, präsentierte er im Januar 2008 in seiner Wohnung. Der lebensgroße „Mann" besitzt Fischschultern und einen Leib aus Hirschfell. Der Rest seines Körpers ist aus Huhn-, Muschel-, Kuh-, Krebs-, Enten-, Aal-, Frosch-, Hummer-, Hasen- und Haielementen zusammengesetzt.

RIPLEY'S Nachgefragt

Wann haben Sie Ihre ersten Kunstwerke erschaffen?

Ich fing an, mich mit der Taxidermie zu beschäftigen, als ich im College ein sehr hübsches Mädchen kennenlernte, deren Hobby das Ausstopfen von Tieren war. Ich dachte, dass ich ihre Aufmerksamkeit erregen könnte, wenn ich dieselbe Leidenschaft hätte wie sie. Leider hat das aber nicht wirklich funktioniert.

Und woher bekommen Sie die Tierkadaver für Ihre Kunstwerke?

Hier und da – ich durchsuche einfach alles und nehme, was ich finde. Auf den Fischmärkten in Chinatown, am Straßenrand in Florida, in Geflügelställen in New York, auf Websites für Taxidermistenbedarf, im Supermarkt, in Tierarztpraxen und so weiter – Kadaver kann man überall finden!

Ist es nicht gefährlich, mit toten Tieren zu arbeiten?

Na klar! Krankheiten und Parasiten könnten mich befallen, aber bisher hatte ich Glück. Außerdem lagere ich die Kadaver in Reinigungsalkohol, dessen Dämpfe auch nicht gerade gesund sind. Aber am schlimmsten ist eigentlich der ewige Gestank.

Käse-krabbler

CASU MARZU IST EINE SARDISCHE KÄSESPEZIALITÄT, DIE ERST DANN REIF IST, WENN SICH MADENLARVEN VON KÄSEFLIEGEN IN DEN LAIBEN EINGENISTET HABEN. DIE MADEN KONSERVIEREN DEN KÄSE UND VERLEIHEN IHM SEINE TYPISCHE FEUCHTE KONSISTENZ. GEGESSEN WIRD CASU MARZU SAMT DER INSEKTEN – UND ZWAR SOLANGE SIE LEBENDIG SIND, DA DER KÄSE SONST NICHT MEHR GENIESSBAR IST.

HUNDEVERBOT

Richter Brooke Peterson verbannte 2009 den Hund Gizmo aus dem Ferienort Aspen, Colorado, nachdem dieser mehrere Personen gebissen hatte. Zuvor war Gizmo schon zu einem zehntägigen Strafaufenthalt in einem Tierheim „verurteilt" worden.

SANDDIEBE

Beamte der Umweltvollzugsbehörde in Mexiko errichteten 2009 eine Sperrzone um ein Hotel in Cancún, weil sie die Besitzer verdächtigten, den Sand im Strandabschnitt des Hotels vom Meeresboden gestohlen zu haben.

KNOCHENARBEIT

2009 wurden die Knochen von Gordon Krantz und seinem Hund im Smithsonian Naturkundemuseum ausgestellt. Damit wurde sieben Jahre nach dem Tod des amerikanischen Professors für Osteologie sein letzter Wille umgesetzt.

RIESENBLASE

Im August 2009 blies der Seifenblasen-spezialist Sam Heath aus London, auch bekannt als „Samsam Bubbleman", eine frei schwebende, 6 × 1,50 × 1,50 m große Seifenblase. Sein spezieller Seifenschaum ist übrigens ein Geheimrezept.

UMHERGEZO(O)GEN

Marla Taviano aus Columbus, Ohio, besuchte mit ihrer Familie auf einer 35.405 km langen Reise in 52 Wochen 55 US-amerikanische Zoos. Ihre Safari begann im August 2008 im Louisville Zoo in Kentucky und endete ein Jahr später nach Besuchen unter anderem in New York, Dallas und San Diego im Zoo ihrer Heimatstadt.

SPRINGBALL

Ashrita Furman aus New York ließ im Februar 2009 einen Basketball 339-mal in nur 60 Sekunden aufprallen!

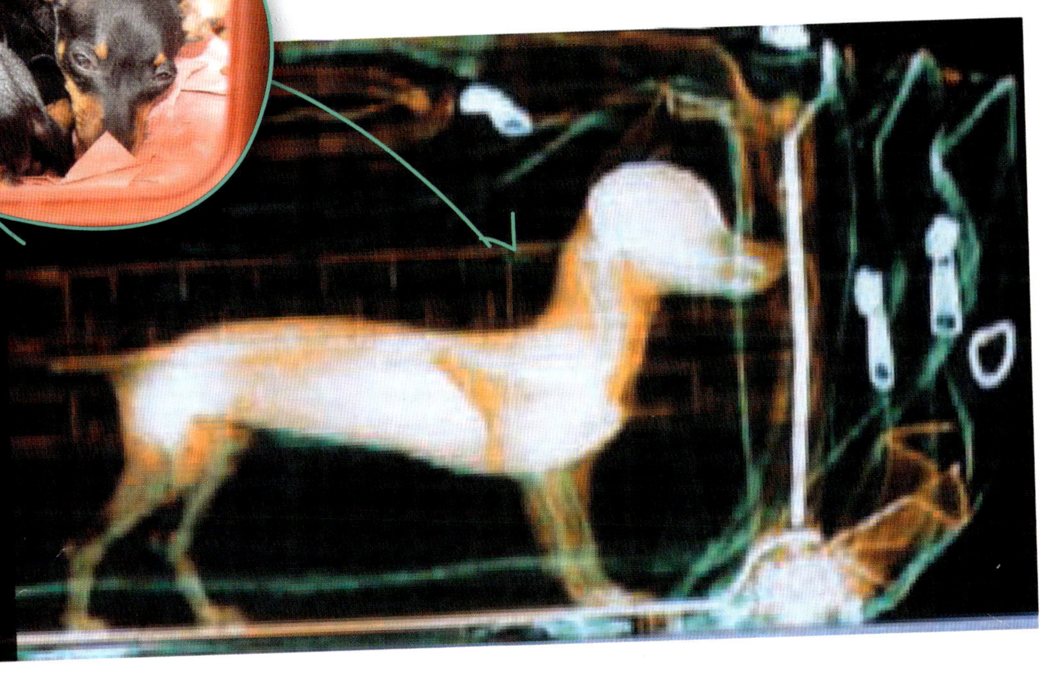

Illegaler Einwanderer

Irische Zollbeamte staunten nicht schlecht, als sie im Oktober 2009 am Dubliner Flughafen bei der Gepäckkontrolle auf diesem Röntgenbild einen Chihuahua in einem Handkoffer entdeckten! Der Hund war von einem Passagier aus Spanien eingeschmuggelt worden.

Eingelocht!

Dieser 46-Jährige aus Bochum blieb im Juli 2009 eines Nachts in betrunkenem Zustand in einem Gully stecken! Als er am nächsten Morgen von der Feuerwehr befreit wurde, hatte er keine Ahnung mehr, wie er in seine missliche Lage gekommen war, und schwor, den Gullydeckel nicht selbst geöffnet zu haben.

SCHLANGENSCHULD

Ein Autofahrer, der 2009 in Hartford, Connecticut, die Kontrolle über sein Fahrzeug verlor, gab die Schuld zwei Schlangenbabys, die angeblich beim Fahren aus seiner Hosentasche unter die Pedale geflüchtet waren! Als er und ein Beifahrer versuchten, sie wieder einzufangen, kollidierte das Fahrzeug mit parkenden Autos und überschlug sich.

NEUER NAME

Nach einer durchzechten Nacht erhielt der 19-jährige Tom Hayward, Student für Computerspieldesign im englischen Leicestershire, ein offizielles Schreiben, laut dem er seinen Namen in N'Tom The Hayemaker Haywardyouliketocomebacktomine geändert haben sollte – aber erinnern konnte er sich an nichts!

KLEINES GENIE

Im Alter von nur acht Jahren hielt Aman Rehman aus dem indischen Dehradun bereits Vorträge am örtlichen College of Interactive Arts zum Thema Computeranimation! Der Sohn eines analphabetischen Mechanikers schrieb mit dreieinhalb Jahren sein erstes Animationsprogramm und hat seitdem über 1.000 Filme erstellt.

UNTERHOSENSCHMUGGLER

2009 fiel den Zollbeamten an der Grenze zwischen Weißrussland und der Ukraine ein Mann auf, der schrecklich schwitzte und seltsam watschelnd ging. Als sie ihn schließlich durchsuchten, stellten sie fest, dass er an seinem Körper 15 Unterhosen, vier Jogginganzüge und drei Paar Hosen zu schmuggeln versucht hatte!

BISSIGER EINBRECHER

Als die chinesische Polizei eine mysteriöse Einbruchserie in Chongqing untersuchte, waren die Beamten regelrecht baff, als sie schließlich das Geheimnis des Täters enthüllten: Er war durch vergitterte Fenster eingedrungen, indem er die Schweißnähte der bis zu einen Zentimeter dicken Stahlstäbe durchgebissen hatte!

PINGUINMANN

Seit über 35 Jahren führt Alfred David aus Brüssel, auch bekannt als „Monsieur le Penguin", das Leben eines Pinguins! Kostümiert spaziert er durch die Straßen der belgischen Stadt, futtert rohe Sardinen und behauptet, telepathische Botschaften von seinen Lieblingstieren zu erhalten. Sein Haus zieren über 3.000 Pinguin-Memorabilien. Er will außerdem in einem pinguinförmigen Sarg beerdigt werden und ist fest davon überzeugt, als Pinguin wiedergeboren zu werden.

BOMBENANKER

Ein malaysischer Fischer benutzte monatelang eine scharfe Bombe aus dem Zweiten Weltkrieg als Anker, die er zufällig gefunden hatte.

BEZAHLTE SCHLAFMÜTZE

Roisin Madigan, Studentin aus Birmingham in England, wurde 2009 von einem Hersteller von Luxusbetten damit beauftragt, im Rahmen einer Marktforschung einen Monat lang jeden Tag in einem Designerbett zu schlafen. Für ihren „Aufwand" wurde sie mit €1.000 entlohnt.

Elefant in Nöten

Als dieses thailändische Elefantenbaby im August 2009 in Rayong mit seinem Trainer zur Arbeit spazierte, fiel es in ein 90 cm breites Abflussloch, aus dem es sich selbst nicht mehr befreien konnte. Nach einer dreistündigen Rettungsaktion, bei der der Schacht mit einem Bulldozer erweitert wurde, hatte der kleine Dickhäuter, der wie durch ein Wunder unverletzt davonkam, aber wieder festen Boden unter den Füßen.

FISCH FREI HAUS

Um einen unterirdischen Fluss voller Fische anzuzapfen, der unter seinem Haus verläuft, heuerte Li Huiyan aus Chongqing, China, 30 Dorfbewohner an, um ein 16 m tiefes Loch in seiner Küche zu graben! Seitdem lässt er täglich ein Netz in den Schacht hinab und hat stets frischen Fisch für sich und seine Familie zur Hand.

HEIRATSWÜTIG

Annette und Kenneth Lund aus dem dänischen Vejle heirateten 2008 an nur einem Tag viermal in Las Vegas: in einem Hotel, in einer Limousine, wo die Trauung von einem Elvis-Double vollzogen wurde, in einem Hubschrauber und beim Fallschirmspringen. Außerdem wollen sie in Zukunft jedes Jahr erneut heiraten, damit ihre Ehe nicht langweilig wird.

CLOWN AUF ABWEGEN

Ein aufblasbarer Clown, der 2009 im australischen Alice Springs aus einem russischen Zirkus gestohlen worden war, wurde wenige Tage später auf einem nahegelegenen Golfplatz wiedergefunden. In seiner „Hand“ hielt er einen Zettel, auf dem er bessere Arbeitsbedingungen forderte.

HASTE MA NE MÜNZE?!

Als zwei Frauen aus dem russischen Wladiwostok ihren Job bei einem Handwerksunternehmen verloren, zahlte ihr Chef ihnen den ausstehenden Lohn von €810 in 33 Säcken voller Kleingeld aus!

BILLIGBRAUT

Heather Saint, eine 20-jährige Braut aus dem englischen Teesside, ersteigerte 2008 auf eBay ihr Brautkleid für nur sechs Cent!

ZUGZWANG

Als die Kommunalwahl 2009 in Cave Creek, Arizona, unentschieden ausfiel, wurde das Ergebnis bestimmt, indem man sich auf das örtliche Statut von 1925 berief und die Kandidaten je eine Spielkarte ziehen ließ! Adam Trenks Herzkönig schlug dabei die Herz Sechs seines Konkurrenten Thomas McGuire um Längen.

AUSSASSE

Die Wärter eines Gefängnisses in Camden County, Georgia, fassten im März 2009 einen Insassen, der sich wieder ins Gefängnis einschleichen wollte, nachdem er ausgebrochen war, um im Laden gegenüber Zigaretten zu stehlen.

ALS DIE CHINESISCHE FREITAUCHERIN YANG YUN IM JULI 2009 AM GRUND EINES BECKENS IM AQUARIUM IN HARBIN PLÖTZLICH LEBENSGEFÄHRLICHE KRÄMPFE BEKAM, WURDE SIE VON DER FREUNDLICHEN WEISSWALDAME MILA SICHER AN DIE WASSEROBERFLÄCHE GELEITET! IN SECHS METERN TIEFE DROHTE DIE JUNGE FRAU IN DEN ARKTISCHEN TEMPERATUREN DES WALBECKENS ZU ERTRINKEN, DOCH DIE SCHLAUE MILA ERKANNTE DAS PROBLEM NOCH VOR DEN ANGESTELLTEN DES AQUARIUMS UND STUPSTE DIE TAUCHERIN MIT DER SCHNAUZE IN RICHTUNG WASSEROBERFLÄCHE.

1

2

Heldenhafter Wal

3

SPINNT DER?!

Es mag vielleicht so aussehen, als würde sich unter der Haut dieses Mannes ein Superheldenkostüm verstecken – aber in Wahrheit war hier ein echter Meister der Tätowierkunst am Werk! Dan Hazelton aus Milwaukee stach dieses aussergewöhnliche Motiv 1996 in die Brust eines superhelden-verrückten Kunden, der bereit war, dafür drei insgesamt zehn Stunden lange Sitzungen unter der Nadel in Kauf zu nehmen.

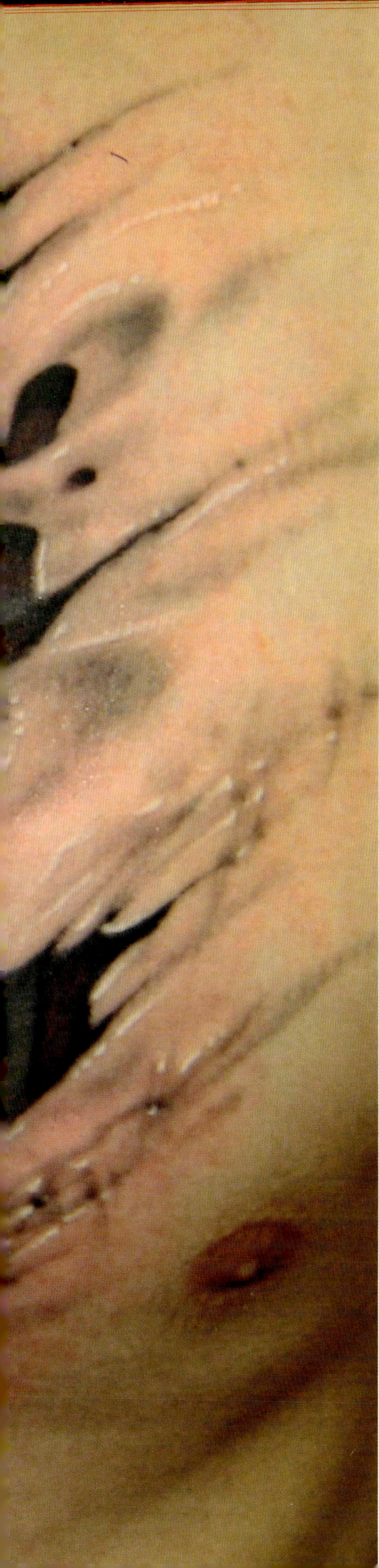

KRAWATTENKULT
Staatsanwalt Bob Flournoy aus Lufkin, Texas, trug über sechs Jahre lang jeden Tag dieselbe Krawatte mit dem Muster der US-amerikanischen Flagge. Als sie anfing, sich aufzulösen, hielt Flournoy das gute Stück noch eine Weile mit Klettverschlüssen zusammen, aber 2007 bestand es schließlich nur noch aus Fetzen und war zu porös zum Binden.

ZWERGENRETTUNG
Als eine ältere australische Dame 2009 verstarb, drohte ihrer 1.500-köpfigen Gartenzwergsammlung ein Schicksal auf der Müllhalde. Doch ihre Nachbarschaft erbarmte sich der kleinen Figuren und trieb „Adoptiveltern" für die Gartenzwerge auf.

FLUSSHOCHZEIT
In Zunyi heirateten im Januar 2009 drei chinesische Paare auf dem Fluss Xiang Jiang, während sie auf Bambusstangen mit einem Durchmesser von nur 20 cm balancierten. Alle Brautleute waren Mitglieder des örtlichen Bambus-Rafting-Clubs und stellten bei ihrer ungewöhnlichen Trauung ihr Geschick unter Beweis.

FAST-FOOD-HOCHZEIT
Paul und Caragh Brooks heirateten 2009 in ihrem Lieblingsrestaurant – einer Filiale der mexikanischen Fast-Food-Kette Taco Bell.

TREUER BEGLEITER
Paul und Val Howkins aus dem englischen Coventry feierten 2009 mit Freunden und Verwandten den 50. Geburtstag ihres Kühlschranks! Das langlebige Gerät, das sie 1959 erstanden hatten, bekam sogar seine eigene Geburtstagstorte!

CHAMÄLEON-CHAOS
Eine Brandwache aus Hampshire, England, schickte 18 Feuerwehrmänner, drei Löschfahrzeuge und eine Einheit in speziellen Chemieschutzanzügen nach Basingstoke, um ein Haus chemisch reinigen zu lassen, in dem ein Einmachglas mit einem in Formaldehyd eingelegten Chamäleon zerbrochen war.

ALTES LASTER
2009 beschloss die 102-jährige Winnie Langley aus London, nach 95 Jahren endlich mit dem Rauchen aufzuhören. Seit ihrem ersten Zug im Jahr 1914 hatte sie durchschnittlich fünf Zigaretten am Tag geraucht.

FALSCHER ALARM
Die Polizei verschaffte sich Zutritt zu einem Haus im englischen Sussex, nachdem die Hauskatze Watson viermal hintereinander im Abstand weniger Minuten die Notfallnummer 999 gewählt hatte. Ihr verblüffter Besitzer erklärte den Beamten später, dass das Tier mit Vorliebe mit dem Telefon spielen würde.

ROBO-TANZ
Insgesamt 269 als Roboter verkleidete Personen gaben im Juli 2009 auf dem Campus des Bournemouth & Poole College im englischen Dorset einen fünfminütigen Robotertanz zum Besten.

DREIFACH EXTREM
Der britische Forscher Adrian Hayes erreichte in nur 19 Monaten drei Extrempunkte der Erde – den Gipfel des Mount Everest (Mai 2006), den Nordpol (April 2007) und den Südpol (Dezember 2007).

REAKTIONSGENIE
Am 21.11.2008 fing der Messerwerfer Rev. Dr. David Adamovich aus Freeport, New York, auch bekannt als „The Great Throwdini", ein Wurfmesser, einen Pfeil und eine abgefeuerte Kugel vom Kaliber 22 mit bloßen Händen aus der Luft!

GLÜCKSKIND
Die zehnjährige Mabel South pflückte in weniger als einer halben Stunde in ihrem Garten in Hertfordshire, England, über 120 vierblättrige und drei fünfblättrige Kleeblätter sowie ein sechsblättriges Exemplar.

DURCHGEQUETSCHT
Der neunjährige Rollschuhartist Rohan Ajit Kokane fuhr 2009 im indischen Belgaum in Limbohaltung mit verbundenen Augen durch den nur 17,10 cm hohen Zwischenraum zwischen einem Auto und dem Asphalt.

JUGENDLICHER ABENTEURER
Der südkalifornische Segler Zac Sunderland beendete im Juli 2009 einen 13-monatigen, 45.000 km langen Segeltörn um die Welt – obwohl er erst 17 Jahre alt war! Im Juni 2008 hatte er sich mit 16 Jahren auf der elf Meter langen Intrepid in Marina del Rey auf die Reise gemacht, auf der er mitunter sogar von Piraten verfolgt wurde!

DIE SCHROTTPLATZ

Die innovative irische Firma RoboSteel schweisst Metallteile von Autos, Motorrädern und Flugzeugen, die auf dem Schrottplatz herumliegen, zu fantasievollen Skulpturen zusammen, die berühmten Filmfiguren nachempfunden sind, beispielsweise den Transformers, Predator oder Alien. Tausende von Ersatzteilen wandern in eine einzige Skulptur, deren Anfertigung bis zu zwei Monate dauern kann. Die Exemplare sind Einzelstücke und bis zu 2,40 m gross.

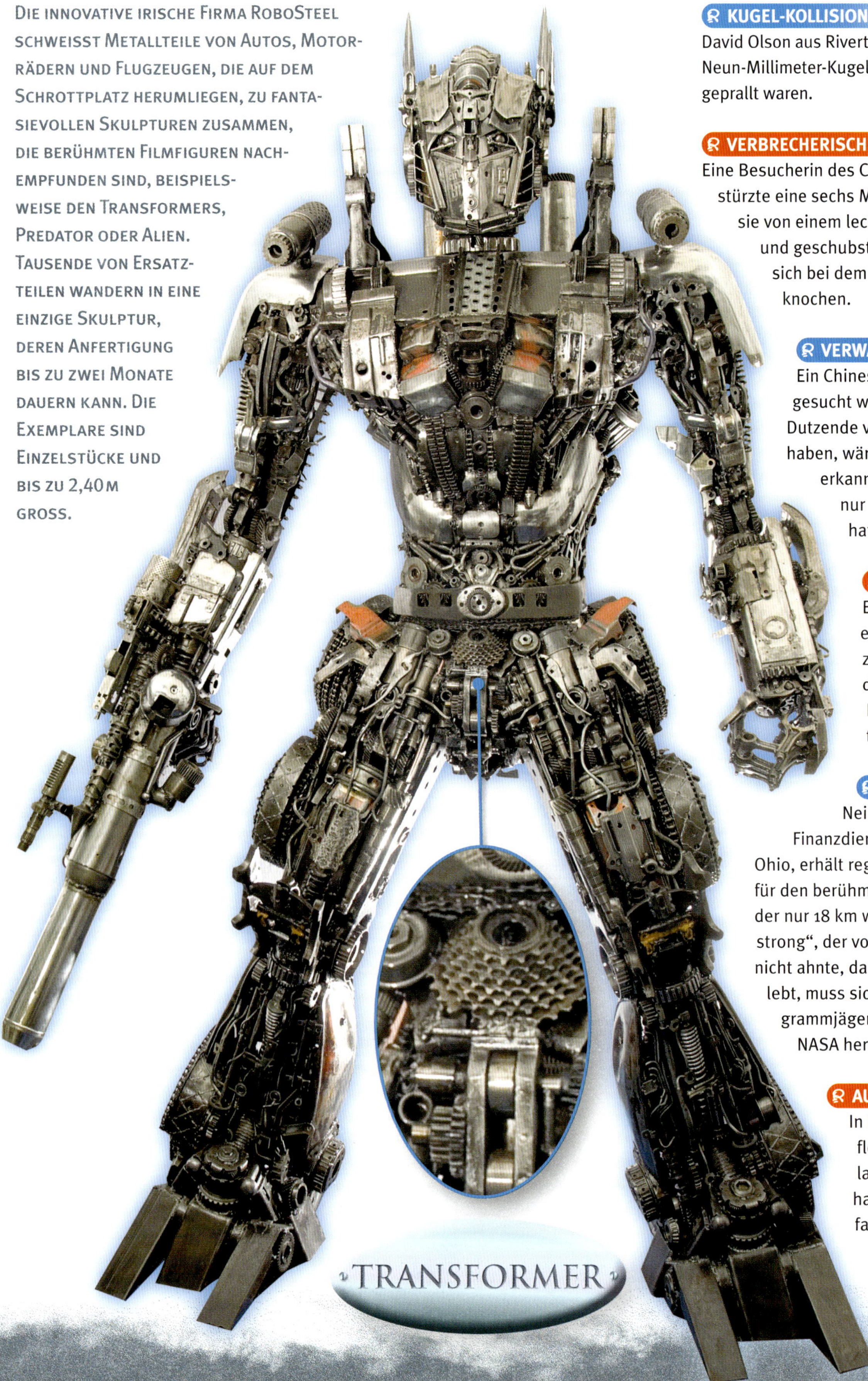

TRANSFORMER

KUGEL-KOLLISION

David Olson aus Riverton, Wyoming, fand zufällig zwei Neun-Millimeter-Kugeln wieder, die in der Luft zusammengeprallt waren.

VERBRECHERISCHER AFFE

Eine Besucherin des Chengdu Wildlife Parks in China stürzte eine sechs Meter hohe Klippe hinab, nachdem sie von einem leckerli-verrückten Affen ausgeraubt und geschubst worden war! Zhou Juchang brach sich bei dem Sturz drei Rippen und ihren Hüftknochen.

VERWANDLUNGSKÜNSTLER

Ein Chinese aus Anyang, der polizeilich gesucht wurde, weil er unter Verdacht stand, Dutzende von Elektrofahrrädern gestohlen zu haben, wäre von der Polizei fast nicht wiedererkannt worden, weil er innerhalb von nur einem Monat 13 kg zugenommen hatte!

TIERISCHER GAST

Ein entlaufener Stier verbrachte eine ganze Nacht in einem Hotelzimmer im chinesischen Jinan, in das er sich zufällig verirrt hatte. Entdeckt wurde er erst am nächsten Morgen.

FALSCHER NEIL

Neil A. Armstrong, ein 38-jähriger Finanzdienstleister aus Symmes Township, Ohio, erhält regelmäßig Briefe und Telefonanrufe für den berühmten Astronauten Neil A. Armstrong, der nur 18 km weit entfernt wohnt. „Finanz-Armstrong", der vor 15 Jahren in die Gegend zog und nicht ahnte, dass sein Namenspate ebenfalls dort lebt, muss sich heute immer wieder mit Autogrammjägern, Journalisten und sogar der NASA herumschlagen.

AUF DER FLUCHT

In Nordportugal wurde 2009 ein entflohener Häftling gefasst, der 16 Jahre lang auf der Flucht gewesen war! Er hatte sich in Höhlen versteckt und fast ausnahmslos von Obst ernährt.

MONSTER

EIN JOB FÜR UNTOTE
2009 wurde für die Londoner Touristenattraktion London Bridge Experience für ein Jahresgehalt von € 32.000 ein Zombie-Briefträger gesucht. Die Bewerber sollten in möglichst blutrünstigen Verkleidungen zum Vorstellungsgespräch erscheinen.

BRUDERSCHAFT
Gary Nisbet und sein Bruder Randy Joubert waren in ihrer Kindheit von verschiedenen Familien adoptiert worden und hatten den Kontakt zueinander verloren – bis Joubert eines Tages in dem Bettwarengeschäft in Waldoboro Maine eingestellt wurde, in dem Nisbet schon seit Jahren arbeitete!

LOTTO-ZUFALL
In der bulgarischen Nationallotterie wurden im September 2009 zwei Wochen hintereinander dieselben Zahlen gezogen – die Chancen hierfür stehen bei über vier Millionen zu eins!

ECHT HEROISCH
Um Geld für einen guten Zweck zu sammeln, verkleideten sich über 100 Studenten und Mitarbeiter der englischen Bournemouth University als Superhelden.

AUFSÄSSIGER EMU
In Mississippi überwältigte die Polizei mit einem Elektroschocker und Handschellen einen aufsässigen Emu, der auf einem Highway herumgelaufen war!

SPACE SOLDIER

DOPPELDIEB
Wenige Stunden nach seinem ersten Einbruch in ein Haus in Pensacola, Florida, kehrte der Täter zurück, um einen 45 kg schweren Plasmafernseher abzuholen, den er bei der ersten Runde nicht mehr hatte tragen können. Die Polizei hatte das Gerät mittlerweile in den Garten hinter dem Haus getragen, wo es auf Fingerabdrücke untersucht werden sollte und unbewacht herumstand, was es dem dreisten Einbrecher besonders leicht machte. Immerhin erklärte sich die Polizei bereit, das Gerät zu ersetzen.

DILLINGERS KNARRE
Eine kleine Pistole des berühmten Bankräubers John Dillinger, der in den 1930er-Jahren die USA in Angst und Schrecken versetzt hatte, wurde 2009 für € 67.400 versteigert!

SONNENVERSICHERUNG
Französische Reiseveranstalter bieten Schlechtwetter-Versicherungen für Touristen an. Regnet es in einer Urlaubswoche mindestens vier Tage lang, können die Reisenden bis zu € 390 zurückfordern.

RIPLEY'S WELT

Die Welt von Ripley's ist eine gigantische, ausgeklügelte Maschinerie aus Forschern, Kuratoren, Archivaren und Modellbauern, aber auch Redakteuren und Korrespondenten, die Artikel für die Buchreihe *Ripley's – Einfach unglaublich!* schreiben. Sie alle verbindet eine gemeinsame Leidenschaft: die weltweite Suche nach dem Unglaublichen.

In 31 Museen auf der ganzen Welt können Ripley's-Fans die fantastische Ripley's-Sammlung hautnah erleben. Zu sehen sind unvergessliche Ausstellungsstücke aus dem riesigen Zentralarchiv, das sich in einer Lagerhalle im Ripley's-Hauptquartier in Orlando, Florida, befindet. Dort werden in liebevoller Kleinarbeit auch die detailgetreuen Wachsfiguren ungewöhnlicher Menschen aus allen Zeiten angefertigt.

Um die Besucher der Ripley's-Museen immer wieder mit faszinierenden Sehenswürdigkeiten überraschen zu können, ist unser Team stets auf der Suche nach neuen Kuriositäten, die einen Plat im Museum verdient haben. In diesem Raum des kürzlich umgebauten Museums in Brisbane, Australien, sind einige der erstau lichsten Exponate zu sehen.

Im Ripley's-Museum im australischen Brisbane ist beispielsweise der riesenhafte Robert Wadlow zu sehen – gemeinsam mit Alypius, der nur 43 cm groß war und von einem ägyptischen Pharao wegen Hochverrates in einem Vogelkäfig gefangengehalten wurde. Außerdem sind eine Frau des burmesischen Padaung-Stammes mit Messing-Halsreifen ausgestellt, der dreibeinige Schausteller Francisco Lentini und Avelino Perez Matos, der seine Augäpfel aus den Augenhöhlen drücken konnte. Ein weiteres Ausstellungsstück ist der Peel P-50, das kleinste Auto der Welt.

Die Ausstellungsstücke in den Ripley's-Museen stammen aus den verschiedensten Kulturen und Lebensbereichen. Gemeinsam haben sie vor allem eins: Sie sind absolut außergewöhnlich! Diese lebensgroße Hundeskulptur des englischen Künstlers Robert Bradford wurde aus ausgemisteten Spielsachen zusammengebastelt.

ROBERT RIPLEY

Inspiriert wird das Ripley's-Team bis heute von der Energie und Leidenschaft des Gründers Robert Ripley, der 1918 begann, auf der Suche nach wahrhaft unglaublichen Geschichten die Welt zu bereisen.

Damals arbeitete Ripley als Comiczeichner für den *New York Globe*. Anfangs reichte er noch Werke ein, die von ungewöhnlichen athletischen Leistungen inspiriert waren, doch schon bald interessierte er sich mehr und mehr auch für andere unglaubliche Phänomene. Auf seinen unermüdlichen Reisen legte er über 747.000 km zurück. Seine Liebe zum Bizarren wurde nur von der Begeisterung seiner Fans übertroffen – manchmal erhielt Ripley pro Woche bis zu 170.000 Leserbriefe, die kuriose Geschichten enthielten.

Weltweit befinden sich die Ripley's-Museen größtenteils in Gebäuden, die an und für sich schon einfach unglaublich sind! Auf diese verrückte Fassade des Museums in Atlantic City, New Jersey, sollten beispielsweise nur schwindelfreie Gäste einen Blick werfen!

Auch spektakuläre Shows, die in den Museen stattfinden, sind Teil des Ripley's-Universums. Eine davon war der Schwertschlucker-Tag, an dem Dutzende von Schaustellern ihre faszinierenden Fähigkeiten zum Besten gaben.

DU BIST GEFRAGT!

DU HAST EIN UNGEWÖHNLICHES PHÄNOMEN ENTDECKT ODER SELBST EINE AUSSERGEWÖHNLICHE FÄHIGKEIT ODER EIN BESONDERES HOBBY?

Dann besuch doch einfach die Ripley's-Website:
www.ripleys.de

oder schreib an:
Arrowsmith Agency
Poststraße 14-16
D-20354 Hamburg
E-Mail:
ripleys@arrowsmith-agency.com

Werde außerdem facebook-Fan von *Ripley's – Einfach unglaublich!* und lass dich jede Woche von einem neuen spektakulären Phänomen überraschen!

HINTER DEN KULISSEN

Die Ripley's-Museen wären natürlich nichts ohne ihre sensationellen Ausstellungsstücke, die in unserem Hauptquartier in Orlando gesammelt werden. Hier befindet sich auch unser Atelier, in dem in minutiöser Feinarbeit hunderte von detailverliebten Skulpturen hergestellt wurden.

An den Wänden des Ateliers reihen sich Regale voller Glasaugen, Stoffballen und künstlicher Gebisse. Kopflose Körper warten darauf, fertig gestellt zu werden, während unsere Künstler den Gesichtern ihren letzten Schliff verleihen, damit sie so lebensecht wie möglich wirken.

Einige Mitarbeiter des Ateliers neben dem Wachsmodell von Walter Hudson. Von links nach rechts: Olga Irrizary, Andy Howard, Barry Anderson und Bruce Miller (vorne links). Laut Irrizary hat Hudsons Taille einen Umfang von 3,80 m und wurde mit einer sechs Meter langen Stoffbahn umwickelt!

1 Grobmodellierung

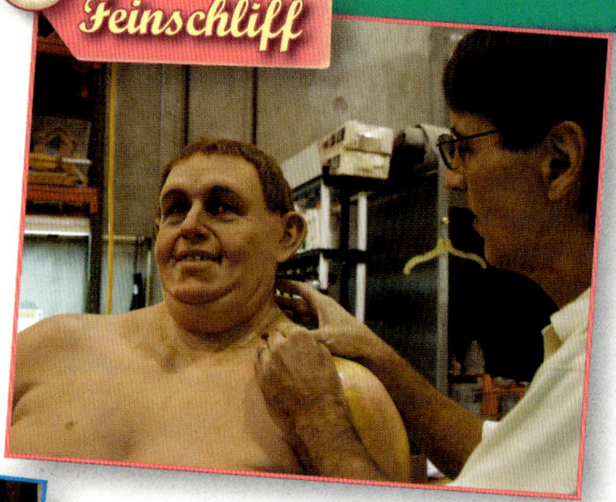

2 Feinschliff

3 Frisur

4 Kostümierung

5 Bemalung

Das Ripley's-Atelier in Orlando, Florida, wo die Skulpturen für unsere Museen auf der ganzen Welt angefertigt werden. Zu sehen ist Grace McDaniels' Wachsfigur in Rohform und nach vollendeter Arbeit.

RIPLEY'S Nachgefragt

„Wir erhalten als Vorlage Fotos und Zeichnungen aus dem Archiv und haben damit oft ganz spezifische Maße, mit denen wir arbeiten können", erklärt Barry Anderson, der nicht nur die Abteilung leitet, sondern auch selbst an den Skulpturen mitarbeitet. Ursprünglich war er in der Filmindustrie als Fachmann für Make-up-Spezialeffekte tätig. „Bei Skulpturen mit extremem Körperumfang modellieren wir zunächst eine Grundlage aus Schaum, ehe wir diese mit Ton bedecken."

1 Grobmodellierung

Aus der Tonform wird ein Gummiabdruck gegossen, der dann mit Wachs gefüllt wird. „Für die Körper nutzen wir Kunstharz, für die Köpfe hingegen meist normales Wachs, da dieses leicht durchscheinend ist", erzählt Andy Howard. „Um die richtige Weichheit und Haltbarkeit zu erzeugen, kommen fünf verschiedene Wachsarten zum Einsatz – aber unser Geheimrezept verrate ich natürlich nicht. Bei zerbrechlichen Körperteilen wie zum Beispiel Grace McDaniels' Lippen verwenden wir außerdem Fiberglas und Plastik."

2 Feinschliff

Bruce Miller arbeitete jahrelang für die Universal Studios und für Disney World in Epcot, Florida, wo er unter anderem an der Gestaltung der Ausstellungsexemplare von E. T. und King Kong beteiligt war. „Bei Ripley's", erzählt er, „modellieren wir den Körper aus Fiberglas und Plastik. Die Gliedmaßen werden gesondert angefertigt und dann zusammengefügt. Die Anschlussstücke für Schultern und Taille sind aus Holz." Dann werden Glasaugen und Gebiss eingesetzt.

3 Frisur

Anschließend geht es an die Haare: „Wir schneiden ein Nadelöhr auf, biegen es zu einem Haken und gehen dann Haar für Haar vor. Verwendet wird sehr teures Echthaar, das mithilfe des Hakens in das weiche Wachs eingearbeitet wird. Eine Frisur kann bis zu 80 Stunden Arbeit erfordern", erklärt Debra Brozovich. „Meistens verwenden wir 15 bis 25 cm lange Haare, die wir dann noch zurechtstutzen können."

4 Kostümierung

Danach wird die Skulptur eingekleidet. Olga Irrizary ist schon seit 15 Jahren Schneiderin bei Ripley's. „Ich habe schon viele Anzüge für den riesigen Robert Wadlow angefertigt. Für einen Dreiteiler braucht man sechs bis sieben Quadratmeter Stoff, und für das Hemd zwei weitere. Außerdem hat er Schuhgröße 49 mit Sonderbreite, sodass wir die Schuhe maßanfertigen lassen müssen. Ein einziges Paar kostet über € 2.000!" Die Schuhe für die nur 59 cm große Skulptur von Pauline Muster kauft Irrizary in der Babyabteilung.

5 Bemalung

Am Ende wird die Skulptur liebevoll und detailgetreu bemalt. „Wir sind sehr stolz auf unseren Perfektionismus", erzählt Barry Anderson. „Außerdem werden die Skulpturen immer wieder generalüberholt. Wenn wir ein beschädigtes Modell aus einem Museum repariert haben, sieht es danach wieder aus wie neu."

IMMER AUF DER SUCHE

Nachdem Edward Meyer vom Ripley's-Team die 2,10 m hohe, 4.264 kg schwere Kugel aus 780.000 Gummibändern erstanden hatte, wurde sie per Kran auf einen Tieflader gewuchtet und 400 km weit von Lauderhill nach Orlando transportiert (siehe S. 162).

Edward Meyer ist der für Florida zuständige Ripley's-Archivar. Hier erzählt er von einigen seiner spannendsten Fälle:

- Im Laufe der Jahre habe ich über 100 Schrumpfköpfe erhalten, doch nur einer wurde mir einfach so per Post zugeschickt. Und einmal kam ein Mann in unser Büro, der mir zwei Exemplare zum Verkauf anbot, die er in einer Papiertüte bei sich trug!

- Nach zehn Jahren verzweifelten Suchens fand ich endlich eine Stecknadel, auf deren Kopf das Vaterunser graviert war. Es war ein totaler Zufallsfund, den ich bei der Inventur einer Sammlung von Münzen mit Miniaturgemälden in Seattle machte.

- Nachdem ich je € 70 für insgesamt 20 mit Schnitzereien verzierte Zahnstocher bezahlt hatte, rief mich ein Zollbeamter an, um mir zu erzählen, dass er eine Schachtel vom Zoll abgeholt habe, in der nichts weiter als Zahnstocher gewesen seien! Vor meinem inneren Auge sah ich ihn sich schon mit meinen wertvollen Exponaten zwischen den Zähnen herumwühlen ...

- In Cochrane, Kanada, entdeckten wir durch Zufall den ausgestopften Kopf eines Albino-Elchs in einer völlig abgefahrenen, heruntergekommenen Bar. Wir boten an, den ganzen Laden zu kaufen, aber der Eigentümer ließ uns abblitzen. Jahre später rief er dann aber plötzlich an und verkaufte uns den Elch, der heute in unserem Museum in Branson, Missouri, ausgestellt ist.

HAST DU WAS VERPASST?

Bis heute sind fünf deutsche Ausgaben von *Ripley's – Einfach unglaublich!* erschienen, die fast alle noch über den Buchhandel bezogen werden können.

ISBN: 978-3-455-80000-5
256 Seiten, Hardcover
mit zahlreichen 4-farbigen Abbildungen
Erschienen im Juli 2006

Ein bizarres Universum voll atemberaubender Kunststücke, unglaublicher Vorkommnisse und seltsamer Artefakte. Absurde Rekorde, unbegreifliche Phänomene und außergewöhnliche Höchstleistungen. Eine einzigartige Sammlung von Fakten aus aller Welt.

ISBN: 978-3-455-80001-2
264 Seiten, Hardcover
mit zahlreichen 4-farbigen Abbildungen
Erschienen im Juli 2007

Das Neuste aus der wunderbaren Welt des Wahnsinns: Irrsinnige Ideen, extreme Essgewohnheiten, kuriose Kunststücke, menschliche Meisterwerke, geniale Gefährte, erstaunliche Erkenntnisse, prominente Peinlichkeiten, monströse Monumente, groteske Gesetze und verrückte Vorlieben.

ISBN: 978-3-455-80002-9
264 Seiten, Hardcover
mit zahlreichen 4-farbigen Abbildungen
Erschienen im Juli 2008

Witziges Wissen, bizarre Bilder, faszinierende Freaks. Skurriles Kippbild-Cover in faszinierender 3D-Optik. Umfassender Regionalteil mit wissenswerten Fakten aus Deutschland, Österreich und der Schweiz. Das neue Geschenkbuch für alle, die Spaß am Außergewöhnlichen haben. Neun mitreißende Kapitel, mehr als 2.000 Fakten, hunderte Infokästen und Statistiken auf über 250 knallbunten Seiten.

ISBN: 978-3-455-80003-6
264 Seiten, Hardcover
mit zahlreichen 4-farbigen Abbildungen
Erschienen im September 2009

Acht faszinierende Kapitel mit über 2.000 topaktuellen Tatsachen, knallbunten Bildern, skurrilen Geschichten und spannenden Interviews. Im eindrucksvollen Bildbandformat von 23,3 × 30,2 cm, 4-farbig gedruckt auf hochkarätigem Fotopapier.

ISBN: 978-3-455-80004-3
256 Seiten, Hardcover
mit zahlreichen 4-farbigen Abbildungen
Erschienen im September 2010
DIESER BAND IST BEREITS VERGRIFFEN!

Das Geschenkbuch der etwas anderen Art für alle, die gern Unglaubliches erleben!

Das neue *Ripley's – Einfach unglaublich!* erscheint im Sommer 2012!

RIPLEY'S MUSEUM LONDON

Robert Ripley mit einem echten Schrumpfkopf!

2008 öffnete am Piccadilly Circus in London das *Ripley's Believe It Or Not*-Museum seine Türen. Die Touristenattraktion bringt das Skurrile, Bizarre und Außergewöhnliche in eine der wichtigsten Metropolen Europas. Auf über 2.200 m² werden mehr als 500 authentische und unglaubliche Exponate ausgestellt. Jung und Alt haben ihren Spaß an dieser erstaunlichen Kuriositätensammlung – *Ripley's Believe It Or Not* bietet Unterhaltung und Wissen für alle Neugierigen, die sich für das Ungewöhnliche interessieren.

Der Tyrannosaurus Rex ist 12 Meter groß und verfügt über 28 cm lange Zähne

Ein mit über einer Million Swarovski-Kristallen bedeckter Mini Cooper

ERLEBE RIPLEY'S LIVE!

Im Eingangsbereich steht das kleinste Auto der Welt

Das australische *Ripley's Belive It Or Not*-Museum im Ort Surfers Paradise in Queensland verbindet den Spaß an der lässigen australischen Lebensart mit viel lehrreicher Unterhaltung für Jung und Alt. Hier bestaunen die Besucher Attraktionen wie den Saal der Miniaturen, den Mars-Stein oder die interaktive Ausstellung im Laserraum mit seinen verblüffenden Effekten. Neben Mystik und Magie, Illusionen und kuriosen Geschichten erwarten die Besucher viele unglaubliche Raritäten aus aller Welt, die zum Staunen, Lachen und Schaudern anregen.

Im Raum der Miniaturen befinden sich die faszinierendsten Kleinode, die die Welt zu bieten hat!

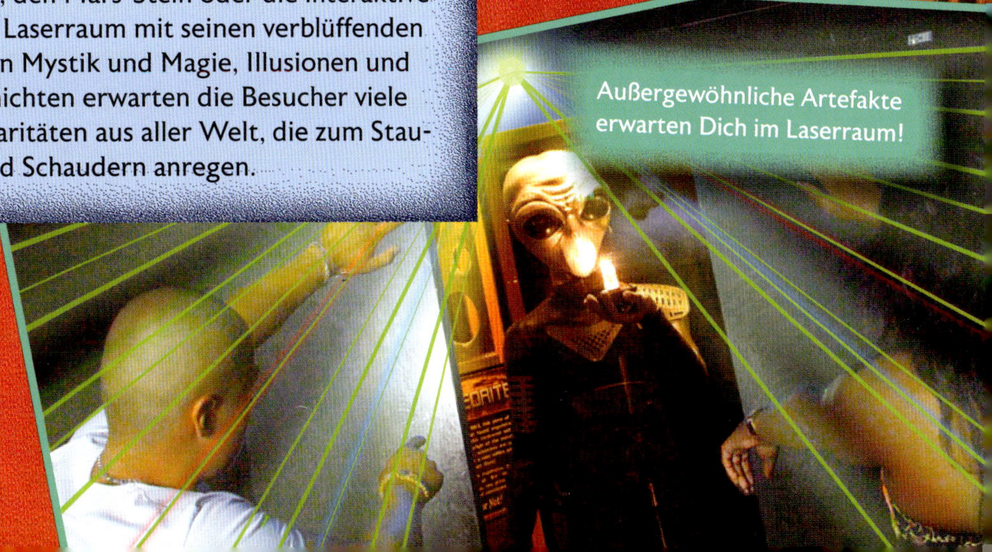

Außergewöhnliche Artefakte erwarten Dich im Laserraum!

BILDNACHWEIS

Cover: Roland Holitzky, www.foto-studio.at; 5 (o/r) AFP/Getty Images, (u/l) Reuters/Luke MacGregor; 6 Harald Mitterlehner, Frank Barthold Photography, Hamburg, Miniaturwunderland Hamburg; 7 (m) Carsten Sander; 8 (hg, r/o) Europark Salzburg, (l) Alexander Wengler, (r) Gerhard Luger; 9 (m/l, u/r) Arrowsmith Agency / Pia Dombrowski; 10 Quirky China/Barcroft Media Ltd; 12/13 Patrick Koster/Barcroft Media Ltd, 14 (o) UPPA/Photoshot, (u) heartlessmachine.com; 15 Blank Archives/Getty Images; 16 Kevin Beresford; 17 Wenn.com; 18 (o, r) Mark Moffett/Minden Pictures/FLPA, (u/l) Norbert Wu/Minden Pictures/FLPA, (u/r) Photolibrary.com; 19 (o/l) Pascal Goetgheluck/Science Photo Library, (o/r) Dr. Robert A. Patzner, (u/l) © NHPA/Photoshot, (u/r) Professor Nico Smit; 20 (u) Imagine China; 21 (o) Caters News, (u) Reuters/Pawan Kumar; 22 Werner Forman Archive/Ehemalige Hooper Collection/Verkauft über Christies; 24 (o) Reuters/Sukree Sukplang, (u) © EuroPics [CEN]; 25 Narinder Nanu/AFP/Getty Images; 26 © EuroPics [CEN]; 27(m) © EuroPics [CEN], (u) Wenn.com, (o) Monica Rueda/AP/Press Association Images; 28(o/l, o/r) Ian & Louise Fairburn, (u) © Extreme Cello; 29(r) Caters News; 30 Photolibrary.com; 32(u) Feliciano Guimarães, (o) Reuters/Bruno Domingos; 33 Tim Graham/Getty Images; 34 (o, m) Furious Earth, (u) mit freundlicher Genehmigung der Alexander Turnbull Library, Wellington, Neuseeland; 35 NASA/JSC; 36/37 Über Schiehallion, Perthshire, Schottland © Ken Prior; 38/39 Rhett Dashwood/ © Google Maps; 38 (u/r) GeoEye Satellite Image, (u/l) Keystone/ Getty Images; 39 (m, u) GeoEye Satellite Image; 40 John C. Chu; 42 Wenn.com; 43 Jerry Ting; 44 International Fiber Collaborative; 45 www.style-your-garage.com; 46 (o/l) © Roberto-Fotolia.com, (u/r) © Julien Scaperrotta-Fotolia.com, (u/l) © Stefanie Leuker-Fotolia. com; 46/47 Fotos von Keith Ducatel www.keithducatel.com; 48 (o) © Jeremy Horner/Corbis; 49 (hg) Foto von Debb Hall, (m/r) Sharon O'Dea/Bizarre Magazine, (u/r) Elizabeth Mackenzie-Barrett; 50 © EuroPics [CEN]; (o) Jung von Matt/Neckar, (u) Melissa Smith; 53 Brendan Beckett/Barcroft Media Ltd; 54 (o) Barcroft Media Ltd, (u) Bournemouth News/Rex Features; 55 Zak-n-Wheezie aufgenommen am 14.6.2007 von Frank und Barbara Witte von www.fresnodragons.com; 56 (u) Wenn.com, (l) Todd Mecklem, (r) Christopher Hall; 57 Foto vonIan McLelland im Auftrag der PDSA; 58 Wenn.com; 59 (o) Caters News Agency Ltd/Rex Features, (u) Gary Florin/Rex Features; 60 Cardoso Flea Circus von Maria Fernanda Cardoso, produziert vom Fabric Workshop and Museum, Philadelphia. Sammlung der Tate Gallery London. Foto von Ross Rudesch Harley; 61 (o) © Nicole Duplaix/Corbis, (m) © Hulton-Deutsch Collection/Corbis, (u/l) Hannah Grace Deller/Starstock/ Photoshot, (u/r) © Bettmann/Corbis; 60/61 © Bettmann/Corbis; 62 (l) Ringland Life Images, (u) Drew Fitzgibbon/Newspix/Rex Features; 63 © NHPA/Photoshot; 64 (u) Eric Cheng/Barcroft Media Ltd; 65 (o) ChinaFotoPress/Photocome/Press Association Images, (u) Heng Sinith/AP/Press Association Images; 66 (o/l, u) Dana Fineman mit freundlicher Genehmigung von The Venice Beach Freakshow, (o/r) Priscilla Cermeno-Shakur; 67 (o/l, m/r, u/l, u/r) Dana Fineman mit freundlicher Genehmigung von The Venice Beach Freakshow, (o/r, m/l) Asia Ray mit freundlicher Genehmigung von The Venice Beach Freakshow; 68 (o) Apichart Weerawong/AP/Press Association Images, (u) Barry Bland/Barcroft Media Ltd; 69 www. redfernnaturalhistory.com; 70 (o) © EuroPics [CEN], (u) Caters News; 71 (hg) Wenn.com; 72 (l, r) © UPPA/Photoshot; 73 (o) Reuters/Cathal McNaughton, (u) Martin Birchall/Rex Features; 74 (o) Rex Features, (u) Chris Ison/PA Archive/Press Association Images; 75 Caters News Agency Ltd/Rex Features; 76 Cindy Lane/Newspix/Rex Features; 77 Newspix/Rex Features; 78 Vaclav Silha/Barcroft USA Ltd; 79 Kelly Tarlton's Antarctic Encounter and Underwater World; 80 Getty Images; 82 (hg) Topher Donahue/Getty Images, (o/l) Photolibrary. com; 83 (t, u) Norman Kent/Barcroft Media Ltd; 84 (o) Shaun Curry/ AFP/Getty Images, (u) Reuters/Chaiwat Subprasom; 85 Dave Thompson/PA Wire/Press Association Images; 86 (o) www.lloydimages.com, (u) Marcus Brandt/DPA/ Press Association Images; 87 (o) www.jw-sportfoto.de, (u) Marcus Brandt/DPA/Press Association Images; 88/89 Michael Martin/Barcroft Media Ltd, 90 (u/l) National Museum of the United States Air Force, (o/l, u/r) Neoprenanzüge bydiddo.com ©; 91 Mery Nunez/Barcroft Media Ltd; 92 Getty Images; 94 © NHPA/Photoshot; 95 Rex Features; 96 (u/r) © EuroPics [CEN], (o/l) Beretta/Sims/Rex Features; 97 Kevin Smith/ Solent News/Rex Features; 98/99/100/101 Simon de Trey-White/ Barcroft Media Ltd; 102 Reuters/Yiorgos Karahalis; 103 Eileen Darby/ Time Life Pictures/Getty Images; 104 (u/r) © Andy Rain/epa/Corbis, (u/l) Archive Holdings Inc./Hulton Archive/Getty Images, (o/r) Geoffrey Swaine/Rex Features, (o/l) Wierzbicki/BEI/Rex Features; 105 (o/l) Wenn.com, (u/r) Rex Features, (u/l) FPG/Staff/Hulton Archive/Getty Images, (o/r) © Sky1/Andi Southam; 106 James Elsby/ Newspix/Rex Features; 107 Bild mit freundlicher Genehmigung von de Pury & Luxembourg, Switzerland & Studio Wim Delvoye, Belgien; 108 Fotograf: Sridar Sri; 109 (o/l, o/r) Jaime Puebla/AP/Press Association Images, (u, u/r) Lane Jensen/BizarreArchive.com; 110 (r, l) Miami New Times/Colby Katz; 111 (l) © EuroPics [CEN]; 114 (o/l, o/r) Richard Drew/AP/Press Association Images; 115 (o/r) Dazed & Confused/Rex Features, (u) © EuroPics [CEN]; 117 D. B. Denholtz Collection; 118 (u/l) D. B. Denholtz Collection, (o/l) Time & Life Pictures/Getty Images, (u/m) Getty Images; 119 D. B. Denholtz Collection; 118/119 (o, u) Time & Life Pictures/Getty Images; 120 © EuroPics [CEN]; 121 Reuters/Supri Supri; 122 Fotograf Jan Letocha; 124 (o) Wenn.com, (m) Reuters/Nozim Kalandarov, (u) Reuters/Nir Elias; 125 (o) Wenn.com, (l) Top Photo Group/Rex Features, (r) Reuters/Adrees Latif; 126 (o) Rex Features, (u) Marc Cameron/Mark Brown7Rex Features; 127 (u) John MacDougall/AFP/ Getty Images, (o) Chris Jackson/Getty Images; 128/129 Konzept, Design, Skulptur von John Towers von den Blue Flame Alley Studios, Florida/Fotos mit freundlicher Genehmigung von Horst Rösler,

Deutschland/Mit besonderem Dank an Kate Towers für ihre unendliche Unterstützung;130 Mark Malkoff; 131 (hg) National Geographic/Getty Images, (o, m) Canadian Press/Rex Features; 132 Johnny McCormack; 133 Scubacraft 2010; 134 Jeff Barnett-Winsby; 135 (o) Mit freundlicher Genehmigung der NASA-JSC, (u) Khalid Tanveer/AP/Press Association Images; 136 Hulton Archive/Getty Images; 138 Andrew J.K. Tan; 139 (hg) Walt Seng/Getty Images; 140 ® D.J. Struntz/Barcroft Media Ltd, (l) Simon de Trey-White/Barcroft India/Barcroft Media Ltd, (r) Photolibrary.com; 142/143 PPL Media; 144 (o) Wenn.com, (u) Barry Bland/Barcroft Media Ltd; 145 (o) Lisa Rastl/Barcroft Media Ltd; 146 (u) Niall Carson/PA Archive/Press Association Images; 146/147 The Space Cowboy; 150 AFP/Getty Images; 151 Wenn.com; 152/153 Niklas Halle'n/Barcroft Media Ltd; 154 (o, u) Guiness Rishi, (hg) © rawlex-Fotolia.com; 156/157 Chad Netherland; 158 (hg) Barcorft Media, (u) © EuroPics [CEN]; 159 M & Y Agency Ltd/Rex Features; 160 (l) Time & Life Pictures/Getty Images; (r) Getty Images; 161 (o/l) Chatham News, (o/m) Simon de Trey-White/Barcroft Media Ltd, (o/r) Bill Tremblay/The Independant, (m/l) AFP/Getty Images, (u/l) ChinaFotoPress/Photocome/Press Association Images; 162/163 Amy Sancetta/AP/Press Association Images; 164 SSPL via Getty Images; 166 Michelle Enemark von CuriousExpeditions.org; 167 (o) © epa/Corbis, (u) Bournemouth News/Rex Features; 168 (o) Jan Petter Jorgensen/Rex Features, (u) Reuters/Gopal Chitrakar; 169 Snap/Rex Features; 170 (l) © AixAchi-Fotolia.com, (u/r) Everett Collection/Rex Features, (o/r) Snap/Rex Features; 175 Fortean Picture Library; 176 (o) Paul Huber, (m) Reuters, (u/l) Pamela Bohnenstiehl, (u/m, u/r) Bishop Sean Manchester; 177 (o) AFP/Getty Images; 178 Olycom SPA(Rex Features; 180 Wenn.com; 181 Wenn.com, 182 Getty Images; 183 (o) Photolibrary.com; 184 Caters News; 185 (o) Zubova Zhanna, (u) Professor Andrew Davidhazy; 186 (o/l) AP/Press Association Images, (u) www.tropix.co.uk / V. und M. Birley; 187 East News/Rex Features; 188 YaYa Chou; 189 (l) Archant, (o/r) Wenn.com, (u) Vat19.com; 190 (o) Reuters/Thomas Mukoya, (u) Tony McNicol/Rex Features; 191 Wenn.com; 192 NTI Media Ltd/Rex Features; 194 (o) Heidi Hooper, (u) SWNS.com; 195 Leandro Granato; 196 Robert Bradford; 197 (u/l) Thomas Becker, Arnstadt, Deutschland, (u/r) Copyright Parks Victoria, (o) Solent News/Rex Features; 198/199 Caters News; 200 Benjamine Shine; 202 (o/l) David parry/PA Archive/Press Association Images; Fotolia.com; © michanolimit-fotolia.com, (o/r) Jeff Moore/allactiondigital.com/Jeff Moore/Empics Entertainment; © Studio-54-Fotolia.com; © MB-Fotolia.com, (u/l) Masatoshi Okauchi/Rex Features; © Kirill Zdorov-Fotolia.com; © agnelo.gi-Fotolia.com, (u/r) Scott Wade; 203 (o/l) Ripley Entertainment; © Lou Oates-Fotolia.com; © Claudio Baldini-Fotolia.com, (o/m) ChinaFotoPress/Photocome/Press Association Images; © Lou Oates-Fotolia.com; © Leo Do-Fotolia.com; (o/r) Reuuters/Claro Cortes; Fotolia.com, (m/r) Getty Images, © Kirill Zdorov-Fotolia.com; © François Roche-Fotolia.com; (u/r) © Invader/Solent News/Rex Features; © Kirill Zdorov-Fotolia.com; © Sergej Razvodovski-Fotolia.com; 205 (r/l) Solent News/Rex Features, (u) Rex Features; 206 (7/l, u/l) Dean Powell, (r) Ian Davie; 207 Alex Queral; 208 Egdar Müller/Rex Features; 209 Edgar Müller/Manfred Stader/Rex Features; 210/211 Enno de Kroon; 212 Unimedia Images/Rex Features; 213 (o/m) Terence Bogue; 214/215 Nicholas Hendrickx; 216/217 eckmanfineart.com; 219 Matthieu Gauchet; 220 Solent News/Rex Features; 222 Kostas Grammatis, leitender Ingenieur des Teams eyeborg; 223 (u/r, u/l) Reuters/Attila Cser, (o) Reuters/Michael Caronna; 224 (o, u) Reuters/Arnd Wiegmann; 225 (o) Reuters/Luke MacGregor, (u) Dr. David Cox, National Physical Laboratory, UK; 226 (l) David Cheskin/PA Wire/Press Association Images, (r) SSPL via Getty Images; 227 (hg, u) Aisling Magill/Barcroft Media Ltd; 228 (l/m) Getty Images, (r) © Photoshot; 229 (l) AP/Press Association Images, (r) Time & Life Pictures/Getty Images; 230 Paul Michael Hughes/Guiness World Records/Rex Features; 232 Wenn.com; 233 (u) © UPPA/Photoshot, (o) Wenn.com; 234 (u) Rex Features, (o) David Lovere/Rex Features; 235 (o, u) © EuroPics [CEN]; 236/237 (hg) © filtv-Fotolia.com; 236 (l, u/m, o/r) Niagara Falls (Ontario) Public Library, (m/r) © Bettmann/Corbis; 237 (o/l, u/l, u/m) Niagara Falls (Ontario) Public Library; 238 Kevin Walsh; 239 (u, m) Irish Revenue Commissioners, (o) David McLain/Getty Images; 240 (o) © EuroPics [CEN], (u) AP/Press Association Images; 241 © EuroPics [CEN]; 242 Tätowierung von Dan Hazelton; 244/245 Skulpturen aus recyceltem Stahl von RoboSteel www.Robosteel.com;

Legende: o = oben; l = links; r = rechts; u = unten; hg = Hintergrund

Alle weiteren Abbildungen stammen von Ripley's Entertainment Inc.

Die Inhaber der Urheberrechte wurden auf jedem möglichen Wege zu kontaktieren versucht. Wir entschuldigen uns im Voraus für ungewollte Auslassungen und Fehler, die wir in kommenden Auflagen selbstverständlich korrigieren.

IMPRESSUM

INTERNATIONALE AUSGABE

Ripley Publishing:

EXECUTIVE VICE PRESIDENT	Norm Deska
VICE PRESIDENT; ARCHIVES AND EXHIBITS	Edward Meyer
ARCHIVES ASSISTANT	Anthony Scipio
RESEARCHER	Lucas Stram
PUBLISHER	Anne Marshall
EDITORIAL DIRECTOR	Rebecca Miles
RESEARCHER & PICTURE MANAGER	James Proud
EDITORIAL ASSISTANT	Charlotte Howell
ADIITIONAL RESEARCH	Rosie Alexander
TEXT	Geoff Tibballs
EDITORS	Judy Barrat, Sally McFall
FACTCHECKER	Alex Bazington
INDEXER	Hilary Bird
ART DIRECTOR	Sam South
DESIGN	Dynamo Design
REPROGRAPHICS	Juice Creative

DEUTSCHE AUSGABE

PRINTED IN GERMANY

REDAKTIONS- UND OBJEKTLEITUNG	Arrowsmith Agency, Hamburg
GESTALTUNG	atelier eilenberger, Leipzig
ÜBERSETZUNG	Sarah Heidelberger
LEKTORAT	Nina Schnackenbeck
HERSTELLUNG	Stephan Born
REPRODUKTIONEN	atelier eilenberger, Leipzig

VERLAGSANSCHRIFT
Hoffmann und Campe Verlag GmbH
Harvestehuderweg 42
20149 Hamburg

www.hoca.de

www.ripleys.de

HOFFMANN UND CAMPE

Ein Unternehmen der
GANSKE VERLAGSGRUPPE

HINWEIS
Trotz sorgfältiger inhaltlicher Kontrolle übernehmen weder Ripley Publishing, noch Miles Kelly Publishing noch der Hoffmann und Campe Verlag Haftung für die Inhalte dieses Buches. Wir freuen uns jedoch über Hinweise von Lesern.

Ripley's

Einfach unglaublich!

www.ripleys.de